『十四五』国家重点图书

汉水流域文明研究文丛之乡村文化自信

明代汉水

——一条文化大江的峥嵘辉煌岁月

潘世东　丛书总主编

杨　涛　丛书执行总主编

潘世东　编著

WUTP
武汉理工大学出版社

图书在版编目（CIP）数据

明代汉水：一条文化大江的峥嵘辉煌岁月/潘世东编著. —武汉：武汉理工大学
出版社，2024.1
（汉水流域文明研究文丛之乡村文化自信）
ISBN 978-7-5629-6483-4

Ⅰ.①明…　Ⅱ.①潘…　Ⅲ.①汉水-流域-文化史-明代　Ⅳ.①K296

中国国家版本馆 CIP 数据核字（2023）第 092575 号

责 任 编 辑：刘　凯
责 任 校 对：李正五
装 帧 设 计：艺欣纸语
排　　　版：武汉正风天下文化发展有限公司
出 版 发 行：武汉理工大学出版社
社　　　址：武汉市洪山区珞狮路 122 号
邮　　　编：430070
网　　　址：http://www.wutp.com.cn
经 销 者：各地新华书店
印 刷 者：武汉精一佳印刷有限公司
开　　　本：710×1000　1/16
印　　　张：32.75
字　　　数：838 千字
版　　　次：2024 年 1 月第 1 版
印　　　次：2024 年 1 月第 1 次印刷
定　　　价：286.00 元

作者简介

潘世东，男，1962年3月出生，湖北省竹山县人。二级教授，汉江师范学院校领导，《汉江师范学院学报》主编，湖北省普通高校跨世纪学术骨干，湖北省新世纪高层次人才工程人选，湖北省高校重点人文社科基地汉水文化研究基地主任。十堰市政协委员会副主席，中国民主促进会十堰市委员会主委，曾担任郧阳师范高等专科学校副校长，第九、十、十二届湖北省政协委员会委员，曾兼职湖北省孝文化研究会副会长，十堰市科协副主席，十堰市社科联副主席，中国高校科技期刊研究会副理事长，全国高职高专学报研究会第五、六届理事长。主要著作有《写作人才学》《诗性的智慧——中国文化的自然观及其艺术表现》《中国文化自然精神》《汉水文化论纲》《汉水文化概论》《汉水文化研究论文选编》《荆楚文化与汉江文明》《汉江歌魂》（上、下）及《汉水流域文明暨中国古代文学学术研讨会论文集》《明代汉江文化史》等，主持国家社科基金资助项目"汉水流域民歌论纲"，是中央电视台与湖北省委宣传部大型历史文化纪录片《汉江》的第一撰稿人和学术顾问，承担并主持湖北省委重大调研项目"乡村振兴战略背景下的秦巴片区村级文化旅游发展研究"，在《中国文化研究》《文化研究》《武汉大学学报》《华中师范大学学报》《学术论坛》《宗教学研究》等重要期刊公开发表学术论文50多篇，多篇论文被人大复印资料全文转载。

"汉水流域文明研究文丛之乡村文化自信"
顾问及编委会

顾　问：

王生铁　湖北省政协原主席　全国政协提案委员会原副主任

周洪宇　第十三届全国人大常务委员会委员　湖北省人大常委会副主任
　　　　华中师范大学教授、博士生导师

喻立平　湖北省社会科学界联合会原党组书记、原常务副主席

尚永亮　长江学者　陕西师范大学文学院教授、博士生导师

杨鲜兰　湖北第二师范学院党委书记、博士生导师

傅广典　中国地域文化研究会主任　湖北省民间文艺家协会原主席

郑晓云　国际水历史学会原主席　法国水科学院院士

刘玉堂　湖北省社科院原副院长、博士生导师

刘守华　华中师范大学文学院博士生导师

张　硕　湖北省社科院研究员　湖北省荆楚文化研究会副会长

丛书编委会成员：

田　高	杨学忠	杨　涛	杨立志	喻　斌	杨洪林	程明安
彭东方	欧阳山	周进芳	聂在垠	饶咬成	罗耀松	王　进
王道国	郝文华	王洪军	宋　晶	夏红梅	徐永安	计毅波
梁中效	张西虎	戴承元	黄元英	郑先兴	杜汉华	梁小青
凌　崎	万由祥	黄有柱	朱运海	张　弢	李治和	李秀桦
陈心忠	王善国	李晓军	黄永昌	兰善清	李征康	陈人麟
殷满堂	冷遇春	冷小平	郭顺峰	曹　弋	曹　赟	赵崇璧
钟　俊	赵盛国	赵伯贤	王　艳	廖兆光	李　娜	夏书田
康　平	何道明	刘晓丽	邵文涛	陈德明	冷　静	潘龚凌子

丛书总主编：潘世东

丛书执行总主编：杨　涛

总　　序

　　汉水文化是我国流域文化中具有典型意义的特殊文化范型，是国内外学术界特别关注的学术焦点。

　　早在1956年，赖家度撰写的《明代郧阳农民起义》就从土地兼并和流民生计问题论证了流民起义的原因。20世纪90年代以来，关于该领域的研究异彩纷呈。王光德与杨立志著有《武当道教史略》，对中国道教在汉水中游的武当山异军突起作了全面且系统的梳理，这本书也成为研究汉水文化历史较早的史学专著。张国雄借助大量族谱资料完成名为《明清时期的两湖移民》的学术著作，对持续数百年的"江西填湖广""湖广填四川"作了初步梳理。牛建强的《明代人口流动与社会变迁》对汉水上游的地理、物产和人口概况作了详细的介绍，总结流民在该地区的活动以及朝廷由暴力镇压到安抚的策略变化过程，指出其作为内陆型移民代表的典型意义。葛剑雄主编、曹树基著的《中国移民史》（第五卷）按府级政区对汉水下游的洪武大移民和中上游的荆襄流民运动的过程与人口作了初步估算，可以看作是对20世纪该领域研究的系统总结。这一时期关于明代汉水流域经济开发的研究也已起步，具有代表性的文章是吕卓民的《明代陕南地区农业经济的开发》、张国雄的《江汉平原垸田的特征及其在明清时期的发展演变》等。21世纪以来，跨学科研究方法被广泛运用到该领域的研究中。受年鉴学派影响，武汉大学的一批学者不再把移民、经济、社会看成独立的研究单元，而是以长时段、多学科相结合的方式进行综合研究。2000年，鲁西奇的《区域历史地理研究：对象与方法——汉水流域的个案考察》出版，为区域历史地理创立了全新的研究范式。晏昌贵的《丹江口水库区域历史地理研究》将各个历史时期该地的政区、人口、聚落、经济研究结合起来，全面展示古代社会的生存状态。2007年，张建民的《明清长江流域山区资源开发与环境演变：以秦岭-大巴山区为中心》出版。潘世东的《汉水文化论纲》、刘清河的《汉水文化史》和柳长毅、匡裕从主编的《郧阳文化论纲》等著作则是从大文化史观的角度对汉水文化进行纵横梳理的务实探索。

此外，章开沅、张正明等主编的《湖北通史·晚清卷》，张正明著的《楚史》，蔡靖泉著的《楚文学史》，张正明、刘玉堂撰的《荆楚文化志》，潘世东、饶咬成、聂在垠主编的《汉水文化研究论文集（2）》，杨郧生编著的《汉水流域民俗文化》，李学勤、徐吉军主编的《长江文化史》，黄元英著的《商洛民俗文化述论》，左鹏著的《汉水》，鲁西奇著的《城墙内外：古代汉水流域城市的形态与空间结构》，陈良学著的《明清川陕大移民》，巫其祥著的《汉水流域的民居和民居风俗说略》，梁中效著的《汉水流域历史文化的和谐特色》，刘克勤主编的《文化襄樊》，王美英著的《明清长江中游地区的风俗与社会变迁》，周积明主编的《湖北文化史（上、下）》，王雄著的《汉水文化探源：一个河流守望者的文学手记》，徐少华著的《荆楚历史地理与考古探研》，刘玉堂、张硕著的《长江流域服饰文化》，夏日新著的《长江流域的岁时节令》，顾久幸著的《长江流域的婚俗》，姚伟钧著的《长江流域的饮食文化》，赵殿增、李明斌著的《长江上游的巴蜀文化》，刘韶军著的《楚地精魂——楚国的哲学》，曾小珊主编的《魅力汉中》，杨光才等编著的《南阳宗教文化》，赊店历史文化研究会编的《中国历史文化名镇——赊店》等，都有开一时风气之先的贡献。

汉江师范学院立足于文化历史学、文化社会学、文化哲学和文化地理学等学科背景，着眼于历史性、时代性、全面性、典型性、学术性和普及性等学术定位，运用现代学术规范，从全流域的角度，系统地梳理了汉水流域经济社会、历史文化发展的辉煌历程，汉水文化的形成和发展的古今概貌，揭示了汉水文化的基本内涵和特征，全面地描绘了汉水流域具有典型意义、异彩纷呈的文化事项和民风民俗，形成了"汉水流域文明研究文丛之乡村文化自信"这套独具特色的地域文化研究、流域与河流文化研究的丛书。

"汉水流域文明研究文丛之乡村文化自信"是一个涉及文化自信的建立、核心价值观的构筑和乡村振兴战略的实施等多个领域的综合性选题，是在特定时期（新时代）、特定区域（汉水流域），针对特定对象（乡村与基层），采用特定方式（乡村文化振兴）解决文化自信的建立、核心价值观的构筑和乡村振兴战略的实施问题，建设发展"产业兴旺、生态宜居、乡风文明、治理有效、生活富裕"的新农村，构筑"农业强大、农民富裕、农村美丽"的辉煌绚丽明天而提供的思考与讨论、启示与借鉴、思路与方案，以及目标任务和创造性举措。

"汉水流域文明研究文丛之乡村文化自信"将研究置于史论一体、宏微观结合的纵横坐标上，进行立体透视和系统把握，主要采用史论结合，即历史与逻辑相结合、理论思辨与实证分析相结合、宏观研究与微观研究相结合的方法和比较研究方法，以及美学和心理学研究方法，采取思维发展逻辑与社会文化语境相统一、理论分析与田野调查相统一、真理诉求与价值评判相统一的视角和研究方向，融原典阐述和现代阐发于一体，讲求研究方法的科学性和实效性。本丛书由9本书构成，主要包括《曲莫如汉——汉水流域历史文明巡礼》《汉水风神——一条古河的历史文化魅力》《明代汉水——一条文化大江的峥嵘辉煌岁月》《岁时节令与风尚习气——汉水流域历史文化风习》《童心不泯——一条大江千年不歇的儿童歌谣》《东方莱茵河——一条大江的钟灵造化神韵》《人类的故乡——一座汉江府城的千古沧桑》《古盐道上的文化奇迹——一个汉江古镇的千年歌唱》《乡风乡韵——一个汉江游子的古镇乡愁传奇》。该丛书以汉水流域为着眼点，通过对流域内一条大江、一群人、一个村、一个镇、一个城、一组歌谣、一种文明形态、一种文化等个案的历史阐释，揭示一方山川大地富饶壮美、历史文化博大精深、社会经济富丽繁荣背后的文明涵养力、支撑力、规范力和推动力的深远根源。

大略统览上述9本书，我认为"汉水流域文明研究文丛之乡村文化自信"具有四个方面的实践与理论价值。其一，该丛书具有较高的政治与学术理论站位，聚焦乡村振兴战略中的乡村文化振兴，聚焦汉水流域乡村文化的本色、底色、成色和特色，围绕汉水流域乡村文明的传承、保护与创新，分别从乡村文化的实践与探索、乡村文化的温馨与浪漫、乡村文化的情怀与梦想、乡村文化的创新与发展、乡村文化的奇迹与贡献等，展现汉水流域乡村文明特有的博大精深、伟大辉煌，展现汉水流域乡村文化在历史发展变革中坚实而持久的润化滋养作用、规范约束作用、支撑推动作用、激励引领作用，凸显乡村文化的价值与力量，着眼重塑乡村文化自信，凸显核心价值观，助推文化小康和乡村文化振兴战略。

其二，研究主题重大而紧迫，不仅紧跟时代，贴近现实，而且直接关乎物质文明、政治文明、精神文明、社会文明、生态文明五大文明建设，属当前亟须破题且强力推进的重大社会文化历史课题的主要内容。

其三，本丛书可以丰富汉水流域社会史、地方史研究内容，拓宽研究范围，纠正前人研究的部分偏见。本项目组将在全面收集官方、民间资料的基础上，全面总结和思考已有研究成果，综合考察移民开发、国家治理、文化建设之间的关系，将汉水流域社会历史文化研究引向深入。

其四，本项目组将汉水流域的"历史流域学"推向繁荣，将参与创设新的研究范式，推进人文社科重点研究基地建设。近年来，以流域为研究对象的"历史流域学"方兴未艾，本项目组将全面参与这种全新研究范式的创建，以汉水为例，丰富"历史流域学"的理论与方法。此外，本项目的研究具有较为重要的学术价值和区域经济社会发展等方面的现实意义。

作为特异型的流域文化，汉水流域文化在自身的历史进程中处于南北文化激荡交锋的锋面，融合黄河文化和长江文化的优长，具有兼容会通的特色，独树一帜，别具一格，是得天独厚、不可代替的流域文化范型。对汉水流域文化的观照和审视，从某种意义上说，就是对中华文化的重心和节点的观照和审视。真正学术意义上的汉水流域文化研究依然任重而道远。关于汉水流域文化赋存资源现代转型的研究和开发，对于中西部地区的经济、政治、文化、社会和生态建设，对于流域文化、城市文化等文化学学科建设，对于进一步振兴中华民族文化，具有重要的理论意义和现实意义；对于把全流域的文化资源优势转化为文化产业优势，对于推进文化强国建设和文化产业跨越式发展，对于鄂西生态文化旅游圈的开发和建设，都具有重要的参考借鉴与促进推动作用。

"好雨知时节，当春乃发生。""汉水流域文明研究文丛之乡村文化自信"是一套应节起舞、应运而生的地域历史文化丛书，我们诚挚地期待它能落地生根、开花结果，正如丛书主编潘世东教授的初衷设定："首次运用文化人类学方法、现代生态学和价值理论，立足哲学和社会学的理论背景，调查走访、科学论证和理论演绎并重，力求从理论和实践两个方面双管齐下，实现对汉水流域传统历史文化和经济社会发展模式的全面透视，解析汉水流域千年政治经济和社会文化和谐发展的成功奥秘，以达到总结历史经验教训、传播先进思想文化和科学技术、为决策者参考的目的。"

"不废江河万古流。"最后，我衷心祝愿汉水文化研究行稳致远、根深蒂固、生机勃勃！热切期待汉水文化研究基地成果丰硕、人才济济、兴旺发达！

湖北第二师范学院党委书记、博士生导师杨鲜兰
2022 年 5 月

序

　　明朝是汉水流域区域发展最关键的时期。元末明初的农民战争让汉水流域的人口消耗殆尽，明代初年的"江西填湖广""湖广填四川（陕南）"移民运动让这片沃土重现生机。明代中叶，在"北庄田，南乡官"的土地兼并背景下，大量失地农民涌入汉江上游，完成了汉水流域的人口重建。无序的移民带来了包括暴动在内的一系列问题，威胁到整个大明王朝的稳定。在武力镇压均告失败的情况下，原杰采用就地附籍、设立郧阳抚治的方法，基本解决了流民问题。明朝布政使司辖区的设置奠定了汉水流域行政区划的基本格局，为后代留下了宝贵的制度财富和治理经验。明代中叶，以农业垦殖为中心的山区开发使汉水上游面貌大为改观，伴随着垸田的发展，汉江下游农业经济跃居全国首位，由此出现了"两湖熟、天下足"的民谚。在粮食产量剧增的同时，以茶叶、菌类为代表的土特产品行销海内。在经济作物的销售环节，汉江航运发挥了重要作用，以官督民办的方式新修水利成为热潮。明代汉水流域的水利建设成果丰硕，无论建设技术还是工程管理都取得重大突破，明代的农业发展和工程建设在为后世留下物质财富的同时，也创造了许多宝贵的经验。

　　在明代，武当山是明皇室认定的"天下第一名山"，其政治地位和文化影响明显高于中国其他名山胜境。明皇室北建故宫、南修武当，使武当山脱胎换骨，一下子变成了闻名遐迩的道教中心，使武当山道教呈现出空前而持久的鼎盛局面。在此后的 200 多年中，由于明皇室的大力扶植和精心管理，武当山道教的地位显著提高，道士人数不断增加，宫观建筑规模宏伟、富丽堂皇，武当山道教成为明代全国最大的道教教团。与此同时，武当山道教的社会影响也日益扩大，不仅慕名而来的达官显贵、文人骚客多如过江之鲫，而且它还吸引了大半个中国的朝拜香火，促进了武当山地区进香民俗的发展。

明代汉水流域的教育事业发展迅猛，这不仅体现在学校等教育机构的数量上，而且也体现在学生与培养出来的人才数量上。明立国之初，就确定了"治国以教化为先，教化以学校为本"的文教政策，因此大力发展学校教育。汉水流域此阶段所建立的各级学校为数众多，各府、州、县皆建有相应的官学。受朝廷政策影响，社学也是星罗棋布，蓬勃发展。得天独厚的地理位置和南船北马的水陆交通，再加上宜人的气候，使汉水流域的经济取得快速发展，随之而来的是求学者不断增多，官学定额制度使得他们求学无门，在有识之士广建书院、振兴学术的大潮中，他们很多都投身书院，积极向学。

明朝历史上有很多特殊事物，藩王便是一朵奇葩。有明一代汉水流域的初封亲王共计 13 个，占藩王总数的 26%。其中兴王朱厚熜在因缘际会中一步登天，把汉水流域繁荣的孝道文化和强烈的道教信仰带到中央，引发了一系列政治冲突。藩王是寄生在地方社会上的毒瘤，但藩王消费又刺激了部分商业的畸形繁荣，奢侈品消费一定程度上带来了手工业的繁荣。有些藩王在文化上颇有建树，其在乐舞、图书印制上的贡献大大促进了地方文化的发展。

在明朝历史上，汉水流域不仅出现了震动文坛、影响深远的"公安三袁"和竟陵派，而且涌现出很多彪炳史册、流芳千古的学术大师，如文学大师李维桢、穷经巨擘郝敬以及影响了整个晚明政治走向、被后世誉为"宰相之杰"的张居正等。从文化名人的时空分布上看，汉水流域的文化建树集中在明王朝由盛转衰的中后期，这种格局似乎与整体国运走势相背离，但仔细分析便可发现，这正是经济基础决定上层建筑的具体表现。明代前期，土著外逃在带来人口损失的同时也造成严重的文化断裂，来自四面八方的移民落居以后，不同的地域文化碰撞融合，才催生出全新的地域文化。在文化碰撞过程中也产生了很多问题，如多次发生的流民起义，多与白莲教、弥勒教等的横行有很大关系。

明代，汉水流域的社会经济、科技文化高度发达，政治历史地位异峰突起，走向了全面鼎盛。从这里先后走出了两位帝王——渔民皇帝陈友谅和嘉靖皇帝朱厚熜，一位改革巨匠——宰相张居正，创造建设了两处世界文化遗产——武当山和明显陵，设立了历史上首个内陆维稳官职——郧阳抚治，江汉平原大粮仓和鄂西北丘陵地带随着农业水利技术的发展和浪潮般移民的涌入得到空前开发，藩王府衙沿江散列，星罗棋布，教育事业随着一大批书院如雨后春笋般涌现而走向极盛，文学艺术上公安三袁和竟陵派先后驰骋文坛……社会历史转折关头风云突变，李自成多次进出汉水流域，最终推翻了明王朝。明代汉水，系乎一方文化废立，关乎一代国运兴衰。

本书是首个从断代史的角度研究发掘明代汉水历史文化的书籍。在研究的基本思路和方法上，《明代汉水——一条文化大江的峥嵘辉煌岁月》将研究置于史论一体、宏微结合的纵横坐标上，进行立体透视和系统把握，主要采用史论结合即历史与逻辑相结合、理论思辨与实证分析相结合、宏观研究与微观研究相结合的方法和比较研究方法，采取思想发展逻辑与社会文化语境相统一、理论分析与田野调查相统一、真理诉求与价值评判相统一的视角和研究路向，融原典阐述和现代阐发于一体，讲求研究方法的科学性和实效性。

《明代汉水——一条文化大江的峥嵘辉煌岁月》企求实现的研究目标是：在以往研究的基础之上，本着长时段、整体性的原则，从流域因果性、系统性、链条性视角，开展多学科、长时段交叉研究，将历史事件还原到具体的地理空间当中。

潘世东

2023 年 5 月

目　录

第一章 明代汉水流域的辖治与社会治理

第一节 明代秦巴山区生态环境系统素描

环境史是当代史学研究的热点领域。关于汉水流域生态环境的研究，虽起步较晚，但如今已经硕果累累①。这些研究有一个共同的特点，即把明清两朝置于同一时段，指出当时的移民垦殖活动造成秦岭、大巴山区森林植被严重破坏，水土流失明显加剧，物种资源大量减少，生态环境全面恶化，甚至影响到汉江的灌溉、防洪和航运。然而这些成果所引用的史料多为成书于嘉庆、道光年间的《三省边防备览》《秦疆治略》及乾隆以后的地方史志，明清两朝时间跨度长达五百余年，这些史料的成书时间距明朝灭亡已有百余年，不能准确反映明朝的生态状况，因此这些成果有意无意地给读者造成一种明代汉水流域的生态状况已经十分恶劣的印象。其实，明代的秦巴山区流民聚集，农业开发变林地为农田，虽对环境有所破坏，但并没有达到严重的地步。且汉水流域位于亚热带季风气候区，环境自我修复能力较强，从当时的文献看，环境恶化是局部的而非整体的，移民开发并未对环境造成不可修复的影响。

---

① 已有的研究成果：邹逸麟，《明清流民与川陕鄂豫交界地区的环境问题》，载《复旦学报》（社会科学版）1998 年第 4 期；宋传银，《历史时期湖北人口与环境》，载《华中师范大学学报》（自然科学版）2000 年第 3 期；梁中效，《历史时期秦巴山区自然环境的变迁》，载《中国历史地理论丛》2002 年第 3 期；蔡苏龙、牛秋实，《流民对生态环境的破坏与明代农业生产的衰变》，载《中国农史》2002 年第 1 期；吴宾，《明清时期陕南移民农业开发及其对生态环境的影响》，载《内蒙古农业大学学报》（社会科学版）2005 年第 4 期；黄永昌，《明清时期汉水流域环境变迁及其影响》，载《湖北经济学院学报》（人文社会科学版）2012 年第 7 期。

一、明清文献中明代汉水流域生态环境的史实描述

张建民教授所著《明清长江流域山区资源开发与环境演变：以秦岭—大巴山区为中心》是明清秦巴山区经济社会史研究的集大成之作。此书在介绍移民、农业生产、手工业及矿产资源开发时都将明清两朝分开论述，显然注意到了时间跨度问题。然而在论及资源开发与环境演变的第十一章，却将明清两朝合并，可能是受明代环境史料缺失的限制。诚然，明朝移民对汉水流域的垦殖极大地改变了自然景观，如嘉靖年间远安、兴山一带，"河洛秦楚流民之集殆倍蓰"，以致"生息渐繁，流寓亦聚，遂更竭力于农事，虽穷崖绝谷，人迹罕到之处，悉为桑麻之区矣"①。桑、麻等农作物不会破坏植被，因此自然景观的改变不至于影响生态环境。嘉靖年间尚有人作诗赞颂兴山："坞长四十里，树老几千年。石骨肥流髓，山筋断竹泉。虽青不见日，未雨忽生烟。莫遣金旌动，休惊虎豹眠。"② 再说远安、兴山位于荆襄山区与襄宜平原接合部，是流民入山的门户，即使这里局部地区存在生态破坏也不足以代表整个秦巴山区。当然有些特殊行业如大宁的井盐业需要耗费大量木材以供柴薪，大规模长时间的砍伐造成涝峪水附近"两岸林木，艾剃童然"，但秦巴山区的井盐业仅限大宁盐场一处，这里的情况同样缺乏代表性。流民进山自然是为了生存，田园风光才是汉水上游最普遍的景观。明朝末年徐霞客游历武当山（又名太和山），以著名的《游太和山日记》记录山间的

①　朱宗岳：《文庙全祭记》，载《日本藏中国罕见地方志丛刊 （嘉靖)湖广图经志书》（上册）卷6《荆州府》，书目文献出版社1991年版，第666页。
②　陈良干：《簪叶坞》，转引自张建民《明清长江流域山区资源开发与环境演变：以秦岭—大巴山为中心》，武汉大学出版社2007年版，第601页。

景象：

> 登仙猿岭。十里余，有枯溪小桥，为郧县境，乃河南、湖广界。东五里，有池一泓，曰青泉，上源不见所自来，而下流淙淙，地又属淅川。……自此连逾山岭，桃李缤纷，山花夹道，幽艳异常。山坞之中，居庐相望，沿流稻畦，高下鳞次，不似山、陕间矣。但途中蹊径狭，行人稀，且闻虎暴，日方下春，竟止坞中曹家店。①

徐霞客笔下的武当山处处泉水淙淙，梯田鳞次栉比，好一幅桃源景象。这里植被茂密，风景优美，"满山乔木夹道，密布上下，如行绿幕中"②。然而太和山并非仅有茂密的森林：

> 太和则四山环抱，百里内密树森罗，蔽日参天；至近山数十里内，则异杉老柏合三人抱者，连络山坞，盖国禁也。嵩、少之间，平麓上至绝顶，樵伐无遗，独三将军树巍然杰出耳。③

武当山宫观兴建于永乐年间，武当山附近自然是秦巴山区开发较早、聚居流民较多、开发程度较高的地区之一。移民因地制宜开辟梯田的垦殖方式没有毁坏植被，也没有影响自然水系，徐霞客所经之处，处处都有涓涓细流，文中五次提到泉水，尤其是"竹笆桥"下流，"两崖翁葱蔽日，清流延回"，让旅行家感慨这里的植被和环境远胜于过度樵

① 徐弘祖：《徐霞客游记》，胡国浩注释，岳麓书社 2022 年版，第 89-90 页。
② 徐弘祖：《徐霞客游记》，胡国浩注释，岳麓书社 2022 年版，第 91 页。
③ 徐弘祖：《徐霞客游记》，胡国浩注释，岳麓书社 2022 年版，第 100 页。

采的嵩山和少室山。徐霞客还记录了当时汉水的景象：

> 行五里，上火龙岭。下岭随流出峡，四十里，下行头冈。十五
> 里，抵红粉渡，汉水汪然西来，涯下苍壁悬空，清流绕面。循汉东
> 行，抵均州。①

河流的含沙量最能集中体现流域内的水土流失和植被覆盖情况。徐霞客所经的"清流绕面"的红粉渡，当在今丹江口附近。关于汉江的水质，文献亦有许多记载。"汉江俗称神河，其异与诸水者，当夏秋涨发，中有跑沙，突起洪涛之中，出没无常……跑沙在老河口、襄阳一带尚有，至襄阳以下，则渐次稀少。推原其故，缘汉水流最劲疾，拥沙而行。"② 许多诗歌也反映了汉江的生态状况，明初俞士吉的《汉江鸭绿》云："落日行大堤，爱此春江绿。谁云可染衣，华我襄民服。谁云可作醅，取我襄民足。临流不敢唾，聊以鉴眉目。"薛瑄的《汉江晓泛》云："城下扁舟发，江清宿雾消。"可见在移民大量涌入前，汉江水是十分清澈的。经过天顺、成化、弘治三朝的开发，汉江水质发生了多大变化呢？嘉靖年间杨时作《登岘首阻雨四首》有"欲问荆人寻旧事，一江青泚自东流""江浮云影抱层栏，云外青山一水间"的句子。即使在大雨滂沱无法登山的日子，汉江还是"一江青泚"。万历年间李言恭在《汉江城楼》中写道："灯火深林里，星河流水中。"李固木在《汉水舟行》中写道："江空云影动，棹起浪花开。"吴廷用在《汉江》中写道："汉江雪后水初生，鸭绿粼粼万顷平。"从这些诗歌中可以看出，终明朝二

---

① 徐弘祖：《徐霞客游记》，胡国浩注释，岳麓书社 2022 年版，第 91 页。
② 严如煜：《三省山内风土杂识》，转引自杨郎生《汉水流域民俗文化》，湖北人民出版社 2018 年版，第 381 页。

百余年，徐霞客"清流绕面"的胜景在水流由湍急转向平缓的均州至襄阳段处处可见。汉江水质和含沙量并没有因为上游的移民开发而发生太大变化。

《徐霞客游记》还提到在武当山间"闻虎暴"，秦巴山区自古就是华南虎的栖息地之一。类似记载在其他州县的地方志中也大量存在。万历年间汉中襄城"乔木夹道，中多虎豹"①"自沔山峡，白额恣噬、初掠牛羊于旷野，渐窥犬豕于樊落，底今益横，屡报残人……以致山居者门户昼扃，食力者耕樵路绝，置邮莫必其命，商贾为之不通"②。为平息恐慌，恢复正常生活秩序，知府崔应科只得重金招募猎户上山打虎。明清之际，由于人口锐减，老虎愈加猖狂，据康熙《巴东县志》载，巴东县仅自崇祯十五年（1642年）至顺治九年（1652年）的10年间，百姓死于虎至万余人。康熙年间，西乡县"不特虎迹交于四郊，而且午夜入城伤害人民，殃及牲畜"③。清初聂焘出任镇安知县，其父聂继模以《诫子书》相赠，书中特别嘱咐儿子："山路崎岖，历多虎患，涉水尤险。因公出门，须多带壮役，持鸟枪夹护。"④老虎位于食物链的顶端，严重的虎患说明直到清朝早期，秦巴山区的野生动物数量都是十分可观的。郧阳府属于开发较早、垦殖程度较高的地区，同治《郧阳志·物产》载："昔年林丛箐密，家畜而外，种类甚繁。"⑤同时代府属各县也有类似记载，如竹溪县"昔荒山丛杂，兽类颇多"⑥，竹山县"从前林木盛而禽兽

---

① 张瀚：《松窗梦语》，中华书局1985年版，第41页。
② 崔应科：《捕虎记》，载严如熤《嘉庆汉中府志校勘》（下册），三秦出版社2012年版，第920页。
③ 王穆：《射虎亭记》，转引自李健超《汉唐两京及丝绸之路历史地理论集》，三秦出版社2007年版，第590页。
④ 楼含松：《中国历代家训集成》8，浙江古籍出版社2017年版，第4488页。
⑤ 同治《郧阳志》卷4《物产》，清同治庚午年重修版，第11页b。
⑥ 同治《竹溪县志》卷15《物产》，清同治六年版，第3页a。

多，农隙之时，居民猎取鲜肥，臂鹰搏兔"①，可见直到清朝中期，郧阳地区可能仍是野生动植物的乐园。

野生动物的生存须以大面积的森林资源为前提，大量野生动物说明明代秦巴山区的植被覆盖率总体上是不错的。成化年间，汉中新建庙学缺乏大木，却得天降祥瑞："维时六月，大雨连日，汉水暴溢，漂流巨木，蔽江而下，抵岸遽止，奚啻数千，皆硕材也。"② 嘉靖年间皇宫失火，三殿被焚，朝廷将皇木采办的任务分派山区各地。光化知县廖希夔只好翻山越岭到处搜寻，终于在今竹溪境内的慈孝沟发现了大片天然楠木林。完成这项艰巨的政治任务，廖希夔欣喜不已，当即作诗刻于崖上："采采皇木，入此幽谷，求之未得，于焉踯躅；采采皇木，入此幽谷，求之即得，奉之如玉；木即得矣，材即美矣，皇堂成矣，皇图巩矣。"③ 楠木生长十分缓慢，价格高昂，嘉靖年间尚能发现如此大面积高质量的楠木林，说明当时秦巴腹地还有大量人迹罕至的原始森林。明王士性在《五岳游草·蜀游上》中对留坝厅柴关岭进行描述："青山夹驰，绿水中贯，丰林前拥，叠嶂后随，去来杳无其迹，倘非孔道，真隐居之适矣。"④ 清代的地方史志也有大量森林的记载：

层峦叠巘，密箐深林历四百八十里。⑤（宁陕厅）

① 同治《竹山县志》卷 7《风俗》，清同治八年版，第 3 页 a。
② 严如熤：《嘉庆汉中府志校勘》（下册），三秦出版社 2012 年版，第 881 页。
③ 湖北省地方志编纂委员会：《湖北省志·文物名胜》，湖北人民出版社 1996 年版，第 146 页。
④ 王士性：《浙江文丛 王士性集》（上册），朱汝略点校，浙江古籍出版社 2013 年版，第 93 页。
⑤ 道光《宁陕厅志》卷 4《艺文》，转引自张建民《明清长江流域山区资源开发与环境演变：以秦岭—大巴山为中心》，武汉大学出版社 2007 年版，第 525 页。

　　幽篁丛木，蒙茸数十里不见山巅。行人与虎豹蛇虺争一线。①
（留坝厅）

　　房居万山中，林木阴森，刚卤交错。自国初以来，日渐开垦。②
（房县）

　　宝鸡、眉县、周至、宁陕、孝义、洋县、凤县，老林皆纵横分
布数百里。③（陕南）

　　通过对明清历史文献的分析可以发现，直到明朝灭亡，汉水上游的
森林植被依然比较完整，汉江的水质、含沙量也没有明显的变化，从而
说明水土流失仍在可控的范围内。野生动植物无论品种还是数量都比较
可观。总而言之，明代秦巴山区的移民垦殖虽对局部地区的生态环境造
成了一定影响，但并没有影响到全流域的生态平衡，汉水流域生态环境
状况总体良好。

二、地球环境科学视野下的秦巴山区环境状况
　　　追溯

　　汉水流域内地质情况十分复杂，从震旦纪到近代，几乎各时期的地
层都露头。尤以古生代变质岩系的分布最广，其次为新生代第三纪的红
色岩系和第四纪的疏松沉积物。古生代及其以前的地层主要分布在上
游，构成秦岭、大巴山和武当山等崇山峻岭。新生代和中生代地层多分
布在山间盆地、地堑及下游低洼地区，成为中低山地、平原及丘陵。具

---

① 袁永冰：《栈道诗钞》，陕西人民出版社 2010 年版，第 325 页。
② 同治《房县志》，台北成文出版社有限责任公司 1976 年版，第 248 页。
③ 杜喜春：《绿库：草本人间》，西安出版社 2015 年版，第 287 页。

体到秦巴山区，地质构造主要为发育疏松的片岩、板岩和变质灰岩。这种岩石由黏土岩、粉砂岩和中酸性凝灰岩经轻微变质作用形成，极易风化成黏土。秦巴山区崇山峻岭，有利于地形雨的形成，降水量明显多于汉水下游的江汉平原。亚热带气候为山区提供了充足的光照和热量，这些自然条件共同造就了山区强大的生态调节能力，只要不遭遇强烈持久的生态破坏，山区内的生态平衡就很难被打破。

科学研究表明，自然灾害与生态环境呈正相关关系。赵景波先生将明代陕南洪灾分为三个阶段[①]，第一阶段在 1369—1435 年之间，洪灾最少，为洪灾贫发阶段；第二阶段在 1436—1550 年之间，为洪灾多发阶段；第三阶段在 1551—1644 年之间，为洪灾较少阶段。灾害发生的原因，首先是气候异常与降水季节分布不均；其次是两山夹一川的地势结构；最后才是人为因素。第一阶段陕南尚处于封禁状态，人烟稀少，即使发生了洪涝灾害，由于未造成重大损失，也很难引起当政者的关注，故此阶段"洪灾贫发"很可能是记载缺失。总体上讲，开发后的秦巴山区洪涝灾害并未超过开发前。汉江下游的江汉平原，明代发生大水灾 7 次，特大水灾 2 次，而清朝这两项数据分别是 27 次和 36 次。[②] 明代汉水流域的旱涝灾害无论从数量还是强度上讲都远远低于清朝的，也低于同时代的周边地区的。周边流民源源不断地向山区聚集，也说明这里的灾害少于周边，自然条件相对优越。

---

① 赵景波、马莉：《明代陕南地区洪涝灾害研究》，《地球科学与环境学报》2009 年第 2 期，第 208 页。

② 鲁西奇、蔡述明：《汉水流域开发史上的环境问题》，《长江流域资源与环境》1997 年第 3 期，第 269 页。

三、人类活动进程中的秦巴山区自然环境盛衰

(一) 明代移民人口尚未超过环境承载力

明朝初年，朝廷对秦巴山区实行封禁政策。封禁政策非但没能阻止流民的进入，反而使得地广人稀、物产丰富的山区对流民更具吸引力。从明初开始就陆续有流民进入秦巴山区，到成化年间达到顶峰，人口峰值一度达到 200 万之众。[1] 这个数值相对于广阔的山区来说并不算多，远远低于山区的环境承载力。况且这 200 万人口的主体是居无定所的流民，他们对生活的要求仅仅停留在生存层面，对自然的索取远远低于常人。接连不断的农民起义正是流民生活水平极其低下的反映。陈良学先生的《明清川陕大移民》[2] 收集的大量家谱资料表明 80% 以上的家族都是清朝迁入，且多发生在雍正时期之后，包括笔者在内的至少 80% 秦巴山民都是清朝移民的后裔。鲁西奇先生通过数据统计指出清朝汉水流域总人口一度达到 2250 万[3]，秦巴山区的人口峰值保守估计也达千万之巨。产生这种差距的原因有三个：一是明朝的人口压力远不及清朝；二是明清两朝的移民政策截然相反，明朝自始至终强调封禁政策，而清朝则设置专门机构"招来馆"鼓励向山区移民；三也是最重要的一点，玉米、甘薯、马铃薯等美洲作物的推广使有限的土地能够养活更多的人口，这才是造成山区生态失衡的"罪魁祸首"。明代流民问题被时人广

① 张建民：《明清长江流域山区资源开发与环境演变：以秦岭大巴山区为中心》，武汉大学出版社 2007 年版，第 103 页。
② 陈良学：《明清川陕大移民》，中国文联出版社 2009 年版，第 16-38 页。
③ 鲁西奇：《区域历史地理研究：对象与方法——汉水流域的个案考察》，广西人民出版社 2000 年版，第 435 页。

泛关注并留下大量国史资料不是因为其人口规模，而是因为流民起义严重威胁到王朝的统治；相反，清朝移民人数虽远远大于明朝，但其进程缓慢而平和，没有引起剧烈动荡，受到当时政权和当今学界的关注反而较少。

（二）明代农作物品种不会造成大面积的水土流失

　　汉水上游地区以山地为主，山地面积占 86% 以上，平原（平坝、小盆地与河谷地）则不到 10%。明朝前期的移民自然会选择居住在自然条件优越、交通方便的汉水河谷及其支流的一连串小盆地中，只是随着人口密度的增加才慢慢向山区扩散。秦巴山地山高谷深，山地坡度多在 40 度以上，坡地的土地又比较贫瘠，对一般农作物而言没有开发的价值。玉米、甘薯、马铃薯在明朝中后期传入中国，得到了以徐光启为代表的经世派官员的大力推广，也许是因为战乱，汉水流域的明代文献中没有这些高产作物传入的记载。这说明直到明朝灭亡，这些作物都没有得到规模化种植。明末清初的顾炎武总结鄂西农业特点时说："山石硗确，地无平衍，农不宜穀，蚕不宜桑，仅资桐、茶、黍、粟、漆、蕨以为生理。"[①] 有些地方直到严如熤生活的嘉庆年间，仍然是"山内秋收以粟谷为大庄"[②]。明朝秦巴山区的主要农作物是水稻、粟和小麦，水稻只能在水田里生长，粟和小麦也对土壤水分和肥力有较高的要求，且明代自嘉靖以后进入"明清小冰期"阶段，全年平均气温比现在低 5～6 摄氏度，海拔较高、坡度较大的高山地区不具备开发的价值，流民自然不会垦

[①] 顾炎武：《天下郡国利病书》卷 75《归州巴东兴山说略》，蜀南桐花书屋薛氏家塾清光绪五年版，第 25 页 a。

[②] 严如熤：《嘉庆汉中府志校勘》（下册），三秦出版社 2012 年版，第 739 页。

殖。对于山间河谷和小盆地地带，流民在生存压力的驱使下积极修建水利工程，起到了灌溉和防洪的双重作用，有效阻止了水土流失。秦巴山区生态环境真正遭到破坏发生在清朝美洲高产耐旱作物传入并大规模推广以后。适应性强、产量高的玉米、甘薯被大量种植，使原来不适合耕种的坡地被大面积开垦以养活更多人口。新增加的人口为了生存继续开垦荒地，逐步陷入恶性循环，而山区的生态环境就在这种恶性循环中逐渐失衡以至于全面破坏。

（三）人民朴素的环保意识有助于生态环境的恢复

森林植被具有保持水土、涵养水源、保护生物多样性等多重功能。秦巴山区位于汉水上游，其植被覆盖率不仅影响到本地区水利设施的存废、农业生产的发展，还直接影响到下游平原地区的河湖淤积程度，从而直接作用于农田灌溉和人民生命财产安全。封建社会国家政权没有生态保护职能，但人们基于保护农田水利、培育木材、保护风水的需要，仍有朴素的环境保护意识。一些有识之士会将这种朴素的思想付诸实践，客观上达到了防止水土流失、保护生态环境的作用。此处仅以郧阳府上津县为例，以求管中窥豹。

上津县位于汉水支流夹河（今金钱河）下游东岸，上津城三面环山（至今尚存），由于土质疏松，近城地区时常发生地质灾害，知县胡岗调查发现：

> 津邑东山，近城一带旧有水道，宽广称之……近城东山，颇为高广，一经涨涌，水势甚大。先是山有林木，及时疏浚，居民安堵。及后因民图利，陆续开垦，锄种麦黍。骤雨淋冲，则石泥滚

壅，年复一年，失于浚导，以税漫没，为害匪细。①

这位胡知县对地质灾害的认识是相当准确的。老百姓贪图小利而盲目毁林垦荒造成水土流失，流失的水土淤塞水道，以致漫没为灾，影响到城池的安全。为了彻底解决问题，胡岗"令业主冯激等各自歇荒，多蓄树木以供致粮，是亦弭患塞源之要也"②。胡知县的做法与今日的退耕还林毫无差别，他也认识到退耕还林并非一朝一夕之功，"今与尔民约，苟有壅坍，居民各随地界用土挑浚。如此则水道疏通，城池完固，生民可免沉溺之患"③。胡知县的做法立足当下，放眼长远，以社会契约和政府强制相结合的方式解决生态灾害问题，在当时的时代背景下无疑是有远见卓识的举措。

众所周知，城池位于行政区域的核心位置，其人口密度远远大于处于边缘位置的周边地区，因此上津城周围的过度垦殖在秦巴山区不具有代表性。而这个身处偏僻小城的胡知县能够具有与今日环保思维十分相似的生态理念并付诸实践，说明明代先民的生态意识并非我们想象的那么匮乏，只不过尚未形成完备的理论体系而已。

综上所述，明代是汉水流域接纳外来移民、开垦荒地的重要时期，但当时的移民数量尚未超过环境承载力，汉水流域的地质构造和气候条件使当地环境具有强大的自我调节能力，再加上人民具有朴素的生态保护意识，明朝移民垦殖对汉水流域的生态环境虽有影响，但并无严重破

---

① 胡岗：《疏浚水道记》，载同治《郧西县志》卷18《艺文志》，清同治五年刻本，第10页 a、b。

② 胡岗：《疏浚水道记》，载同治《郧西县志》卷18《艺文志》，清同治五年刻本，第10页 b

③ 胡岗：《疏浚水道记》，载同治《郧西县志》卷18《艺文志》，清同治五年刻本，第10页 b

坏。汉水流域的生态恶化始于清朝移民大量涌入及玉米、甘薯、马铃薯等高山耐旱作物广泛种植，而明代汉水流域的生态环境整体上是比较和谐的。

明朝，汉水流域人口急剧膨胀，大量外来移民在这里集聚和落居。明朝初年，以山西籍为主的大槐树移民迁往南阳盆地，部分进入秦巴山区。在汉水中下游，大量江西移民涌入湖北中东部，形成浩浩荡荡的"江西填湖广"移民运动，汉水中上游则一直是流民集聚的中心区域。荆襄流民运动几乎贯穿于明朝的统治。明朝汉水流域的移民，总体上呈现由外到内，由东到西，由平原到山区的历史趋势。

第二节　移民视野下的汉水流域人口重建

一、元末战乱与汉水流域的人口损失

元末农民起义使汉水流域陷入了空前的浩劫。至正十一年（1351年），韩山童、刘福通等人在颍州（安徽颍上）发动起义，南北各地民众纷纷起兵响应。颍州起义后不久，邓州的王权（布王三）、方城的张椿在南阳一带起义响应，起义军首先占领了邓州城（今河南邓州），他们以此为据点，分头出击，先后攻克了南阳（今河南南阳）、唐州（今河南唐河），并迅速向周围地区渗透，攻占嵩州、汝州和河南府。至正十二年（1352年）正月，孟海马等人领导的起义军"南琐红军"攻取襄阳后，又相继攻陷房州、归州、均州、荆门等地。一时间，王权和孟海马领导的"北琐红军"和"南琐红军"威名大震，使汉水流域很快成为红巾军活动的中心区域之一。这两支活跃在汉水流域的起义军使元政府陷入巨大恐慌，元顺帝先后派四川、陕西两行省长官率大军多次前往围剿。襄阳、荆门被元宣政院同知桑哥率领的畏兀儿军夺去，南琐红军败走秦巴山区。与此同时，北琐红军在王权的率领下南向攻占襄阳。元朝廷命令答失八都鲁会同亦都护月鲁帖木儿、豫王阿剌忒纳失里、知枢密院事老章等进攻荆襄一带的红巾军，双方在襄阳城南展开决战。起义军在损失 30 多名将领的情况下被迫退到襄阳城内据险坚守，历时数月，终因寡不敌众，被迫撤出。南阳、唐河、邓州等被起义军占领的城池相继易手，北琐红军被血腥镇压。至正十三年（1353 年），答失八都鲁攻陷南琐红军在均州、房州、谷城的多处寨堡，彻底打败了南琐红军。

"北琐红军"和"南琐红军"的抗元斗争，使得汉江下游红巾军不断发展壮大。至正十二年（1352 年），徐寿辉、邹普胜领导的起义军攻克武昌，兵锋直指江西。曾法兴部溯汉江而上，攻占沔阳、安陆、荆州，一路势如破竹。汉水中下游大部分地区为红巾军所控制。不过，与中上游的两支起义军一样，红巾军在汉水中下游的胜利很不稳固，不少地方得而复失，从至正十一年（1351 年）开始，起义军和元军在汉水流域反复进行拉锯战，襄阳、荆门、荆州、武昌都曾多次易手。

历经多次浩劫，汉水流域人口数量锐减。从至正二十年（1360 年）开始的陈友谅与朱元璋的争霸战争，又多次波及汉水下游各地，使原已严重减少的人口再次锐减。正德《应山县志》"序"称："应山为楚之穷邑，当南山扼塞之孔道，昔经元末之战，此盖战场也，戎马蹂躏，化为兵火之墟，而无复畛畦之迹。"① 德安府，"元季之乱，民匿山砦仅数十家，五方杂集，地广民稀"②。襄阳在宋元战争中已经遭受毁灭性打击，

① 正德《应山县志》序，转引自曹树基、葛剑雄《中国移民史》卷 5，复旦大学出版社 2022 年版，第 123 页。

② 光绪《德安府志》卷 3《风俗》，清光绪十四年版，第 73 页 a。

经过几十年的短暂恢复后，又在元末农民战争中数次易手，人口、经济的受损程度可想而知。隶属中原的南阳盆地历经多次拉锯战更是赤地千里，人烟稀少。洪武元年（1368 年），连朱元璋都说：“今丧乱之后，中原草莽，人民稀少。”① 汉水上游开发较早的汉中府沔县直到宣德初年还向朝廷报告，“本县原有在编民户三百，后相继死亡、充军、逃徙，仅剩九十四户，共一百五十丁。而生员、吏典、水夫诸役皆是常额，且路当冲要，递送之役繁重，民不堪命”，请求朝廷“以罪当迁徙者补旧编民之数”②。以流放罪犯充实人口，地方官如此要求，实在是万般无奈之举。总之，汉水流域在元末明初遭受的人口损失，远远大于其他地区。

在自然经济条件下，人口数量的多少往往是一个地区社会经济发展状况的集中体现，而府州县的建立和撤废则是一个地区人口数量变化的晴雨表。明初南阳府由于人口锐减，所属州县户粮多不及数，所辖州县多有撤废，洪武元年（1368 年），省方城入裕州；洪武二年（1369 年），省泌阳入唐州，又将唐州改为县；洪武十年（1377 年），将镇平县并入南阳县。在湖北省，洪武二年（1369 年）七月，并武当县入均州，隶襄阳府。洪武九年（1376 年）四月，革汉阳府，所属的汉阳、汉川二县隶武昌府；改兴国府为兴国州，隶武昌府，并革所属永兴县；改德安府为德安州，隶黄州府；改随州为随县，隶黄州府；降沔阳府为沔阳直隶州，省并玉沙县；十一月，德安州改隶武昌府。洪武十年（1377 年）五月，并黄州府随县入应山县，应城县入云梦县，孝感县入德安；并襄阳府光化县入谷城县，枣阳县入宜城县，上津县入郧县；改房州为房县，将竹山县并入房县；又并当阳县入荆门县。大量州县的撤并，无非是因为人口稀少，粮赋不足，说明在元末明初汉水流域人口损失非常严

---

① 《明太祖实录》卷 37，洪武元年十二月辛卯。
② 《明宣宗实录》卷 26，宣德二年三月丁酉。

重。即使在没有撤销建制的地区，人口也十分稀少。朱国祯在《涌幢小品》中记述编户情况时写道："县有编户一里者，金州之平利县是也。然东至湖广郧阳府竹山县三百里，南至四川夔州府大宁县一千里，西南达县一千三百里，北至金州九十里，东北至洵阳县二百四十里，中间辽阔乃尔，大约溪山胶结，而居民稀少也。"① 其实汉水上游编户一里的远不止平利一县，仅秦巴山区就还有略阳县、兴县，远安县编户亦仅一里半，先秦时代就已建制的竹山县，编户也只有二里。汉中府所属十三州县，也仅有四十七里，民少役繁，闲田众多，地方官不得不请求迁徙附近州县丁多之民以实其地。

二、汉水中上游的移民与"山西大槐树"

经过元末明初的长期战乱，明初汉水流域经济凋敝，人口锐减。隶属中原地区的唐白河、丹江流域经历多次拉锯战更是赤地千里。朱元璋多次提到中原地区人口稀少的情况。如洪武十八年（1385 年），他在诏谕中称："中原诸州，元季战争，受祸最惨，积骸成丘，居民鲜少。"② 南阳和襄阳交界处的邓州，元季"民流城破，阖境数百里，草昧于荆棘者二十余年"③。可见遭受战争严重破坏的地区，人口和经济迟迟未能恢复。

洪武元年（1368 年）八月初二，以徐达、常遇春为首的北伐军攻克了大都，宣告了元朝统治的结束。十一日，朱元璋发布"大赦天下诏"，其中第八条和第十条均涉及垦荒政策。第八条云："各处荒闲田地，许

---

① 朱国祯：《涌幢小品》（第 6 册），上海进步书局 1912 年版，第 7 页 b。
② 《明太祖实录》卷 176，洪武十八年十一月乙亥。
③ 嘉靖《邓州志》卷 11《陂堰志》，上海古籍书店 1963 年据宁波天一阁藏明嘉靖刻本影印版，第 1 页 a。

令诸人开垦，永为己业。与免杂泛差役，三年后依民田起科税粮。"第
十条说："各处人民曩因兵燹，抛下田土已被有力之家开荒成熟者，听
为己业。其业主回还，仰有司于附近荒田内验数拨付耕作。坟茔、房舍
不在此限。"① 政府承认开垦者对所垦土地拥有产权，并享受免于承担杂
役、三年后起科缴纳赋税的优惠条件。第十条规定实际上是对第八条的
补充，为避免土地所有权纠纷，政府以明确的法令取消了原业主对荒田
的所有权，将其转让于那些垦田者。当原业主返回时，地方有司可在附
近荒田中按其原来数量拨与耕种。但原业主的墓地和房舍不在荒田之
列，仍归其所有。上述垦荒政策，切中实际，既便于无地者取得土地，
又可迫使流徙者还乡复业。

洪武三年（1370 年），开封府郑州知州苏琦上奏称：

> 自辛卯河南兵起，天下骚然，兼以元政衰微，将帅凌暴，十年
> 之间，耕桑之地变为草莽。方今命将出师，廓清天下，若不设法招
> 徕耕种以实中原，虑恐日久国用虚竭。为今之计，莫若计复业之民
> 垦田外，其余荒芜土田，宜责之守令召诱流移未入籍之民，官给
> 牛、种，及时播种。除官种外，与之置仓，中分收受。若遇水旱灾
> 伤，踏验优免。其守令正官召诱，户口有增，开田有成，从巡历御
> 史、按察司申举。若田不加辟、民不加多，则核其罪。如此，则中
> 原渐致殷实，少苏转运之劳，流移之民亦得以永安田野矣。②

如果说"大赦天下诏"为明初垦荒政策确定了基调，那么苏琦"垦
田以实中原"的奏疏则为垦荒政策提供了完善的实施方案。这些由政府

① 《皇明诏令》卷 1 《初元大赦天下诏》，上海古籍出版社 1996 年版，第 9 页 a。
② 《明太祖实录》卷 50，洪武三年三月丁酉。

提供耕牛、种子等基本生产资料的优惠政策对一无所有的流民无疑具有很强的吸引力。为招抚流民复业，政府专门设员管理。如嘉靖《邓州志》卷二载："洪武二年，命金吾卫镇抚孔显至邓，招抚流民。"① 洪武年间政府采取多项优惠政策吸引了许多流民返乡复业，但是由于长期的战争破坏，大量人口死于战火，荒芜的土地实在太多，单靠自愿复业的流民无法完成规模巨大的垦荒工作。洪武十五年（1382年），晋府长史桂彦良仍在《太平治要疏》中说："中原为天下腹心，号膏腴之地，因人力不至，久致荒芜。近虽令诸军屯种，垦辟未广。"他建议，"莫若于四方地瘠民贫、户口众多之处，令有司募民开耕。愿应募者，资以物力，宽其徭赋，使之乐于趋事。及凡犯罪者，亦谪之屯田。使荒闲之田，无不农桑，三五年间，中州富庶，则财用丰足矣"②。这说明最迟在这一时期，朝廷仍未强制平民迁移。洪武末年，为了进一步充实旷区人口，朝廷开始采取强制措施。洪武二十一年（1388年）八月，"徙泽、潞民无业者垦河南、北田，赐钞备农具，复三年"③。洪武二十二年（1389年）九月甲戌，"上以山西地狭民稠，下令许其民分丁于北平、山东、河南旷土耕种"④。但是荒芜的土地实在太多，直到永乐元年（1403年），南阳人少地多的情况仍未得到根本改观，以至于裕州地方官仍然上书要求向该地迁移人口："本州地广民稀，山西泽、潞等州县地狭民稠，乞于彼无田之家，分丁来耕。上命户部如所言行之。"⑤

---

① 嘉靖《邓州志》卷2，转引自曹树基、葛剑雄《中国移民史》卷5，复旦大学出版社2022年版，第228页。

② 《明太祖实录》卷148，洪武十五年九月癸亥。

③ 章培恒、喻遂生分史主编：《二十四史全译·明史》（第1册），汉语大词典出版社2004年版，第40页。

④ 《明太祖实录》卷197，洪武二十二年九月甲戌。

⑤ 《明太宗实录》卷18，永乐元年三月乙未。

　　不论是自愿还是强制，大量移民在洪武、永乐年间进入唐白河、丹江流域都是不争的事实。这种现象不仅在方志中有相关记载，族谱等宗族文献也可提供印证。

　　　南阳唐河桐河镇《惠氏家谱》：洪武元年，惠伯通从山西洪洞大槐树迁唐河。

　　　南阳唐河桐河镇《申氏族谱》：洪武二年，申流从山西洪洞县迁唐河。

　　　南阳邓州《孙氏族谱》：洪武二年，孙璞由山西洪洞迁邓州。

　　　南阳构林镇《马氏列祖碑》：洪武二年，马武由山西洪洞迁邓州。

　　　南阳小店乡《杜氏家谱》：永乐二年，杜玮由山西平阳府迁南阳。

　　　南阳桐柏《二槐堂王淮源宗支族谱》：洪武二年，王八老由江西吉水同水乡泥田徙居桐柏砂子岗。

　　　南阳唐河源潭镇《杨氏宗谱》：洪武十四年，杨澄由山西弘农迁至唐河。

　　　邓州赵集镇《崔家寨人六百年历史回眸》：洪武二十二年，崔成由山西洪洞迁邓州。

　　　南阳勾家滩《勾氏族谱》：明初，勾凤由山西洪洞迁入南阳。

　　　南阳市卧龙区英庄乡《贾氏宗谱》：明初，贾文举由山西洪洞大槐树迁入南阳。

　　　新野土集镇《白氏族谱》：明初，白敬甫由山西洪洞迁新野。

　　　南阳《李氏族谱》：明初，李文绎由山西洪洞大槐树迁入南阳。

　　　南阳《赵氏家谱》：明初，赵子敬由山西洪洞迁南阳。

邓州市地名志办公室编写的《河南省邓州市地名志》也通过走访、调查收集记载了大量明初移民资料，如：

> 高台庙陈氏：据碑载，明洪武二年陈兴由南京水西门外陈家沟迁来。
>
> 后张楼张氏：据祠堂碑，明洪武二年张忠良自南京府剪子巷至邓。
>
> 孔楼孔氏：据家谱载，孔显，南京凤阳府灵璧县人，明洪武二年知邓州事，于此建村。
>
> 丁家营丁氏：据家谱载，明洪武二年丁从善由江西南昌府迁邓。
>
> 周洼周氏：据家谱载，明洪武三年，周保官由陕西关中迁此。
>
> 花园王氏：据家谱载，明洪武二年，王道富由湖北麻城迁此。①

以上资料多称祖先迁居到此是在洪武二年（1369 年），可能是数百年口耳相传、相互影响以致以讹传讹的结果，实际指代的应该是整个明初时期。移民的本籍以山西居多，江西、湖北次之。明初移民进入南阳盆地时，在一般情况下会首先选择土质肥沃且易于开垦的平原地带。随着移民源源不断地进入，当平原土地被开垦殆尽时，人们才会选择相对容易开垦的平原到山地的过渡地区。当过渡地带也被开发殆尽时，人民为了生存只能进入当时正被政府封禁的荆襄山地乃至秦巴山区。所有明朝中期的荆襄流民运动一定程度上都是平原、盆地开发殆尽，流民却继续涌入导致的。如今秦巴山区中也有许多家族自称是山西大槐树移民的

---

① 邓州市地名办公室：《河南省邓州市地名志》，陕西人民出版社 1991 年版，第 41、283、32、41、79、326 页。

后裔。据陈良学《明清大移民与川陕开发》载，陕西汉中龙江闫家营有一块记载闫氏迁徙历史的石碑，其上云："始迁祖山西洪洞县人也，自明初隐居褒谷，结庐青桥之侧。"湖北十堰宣统年间所编《崇先堂·孙氏宗谱》云："尝闻前辈传有始祖自山西洪洞大槐树，因奉旨东迁南楚，暂居夹河关（今郧西县夹河镇）。未悉丁口众寡，安居数载。兄弟一分二支，成求仁里纯风，人希厚土，实欲子孙以歌乐土乐郊耳。一支插草于对峙河（今湖北竹山县），标地至今如是矣。想我先祖兄弟二人，更欲插里仁于西瓜坝（今竹山城关桥东村），上下标地顷百亩，落业定居数百年矣。"① 该谱还录前辈传闻：山西洪洞县城北二里贾村西侧，有一古槐，"树身数围，荫蔽数亩"。树上群聚汾河滩上老鸹，树下为阳光大道，旁有广济寺。每年秋后，由官府监督，强制移民，唯古槐屹立寒风中送行，真是"秋来朔风寒，广济古槐前，移民别故乡，老鸹道平安"②。《山阳县志》亦载："明洪武后期及永乐年间，先后有山西移民进入商州之山阳县。"③ 据田野调查：商州商南县的富水、曹营、清油河、白玉一带就定居有大量的山西大槐树移民。从发现的家谱、墓碑来看，清油河的李氏家族，梁家湾的魏氏家族、段氏家族，县城西关的余氏家族，东关的王氏家族等20余个姓氏或家族，都是明初的移民。他们在县城西南角还专门建起了"山西会馆"。湖北十堰郧县的左、王、蓝、董、尚、冷、余、陈诸姓，丹江的郭、李等姓也都自称是大槐树后裔。更有意思的是，今十堰、襄阳等地也流传着祖先迁自陕西大槐树的传说。众所周知，大槐树在山西洪洞县，"陕西大槐树"显然是历代口耳相传变异的结果。究其原因，一来荆襄山区的方言往往"山""陕"不

---

① 匡裕从：《十堰移民史》，长江出版社 2010 年版，第 143 页。
② 匡裕从：《十堰移民史》，长江出版社 2010 年版，第 143 页。
③ 山阳县地方志编纂委员会：《山阳县志》，陕西人民出版社 1991 年版，第 85 页。

分，年长日久混为一谈。二来陕西和山西人常合建"山陕会馆"，造成人们记忆混乱。鄂西北出现"陕西大槐树"之说，可能是陕西籍移民借用大槐树喻其故土的产物，也可能这些陕西人中实际上有些来自山西，他们因人数少而淹没在陕西籍移民之中，其移民文化借此保留了下来。从另一个侧面看，这恰恰反映出大槐树已经异化为一个文化符号，成为约定俗成的北方移民的标志。

从家谱资料和民间传说来看，明朝初期确有大批人口移入南阳和汉水上游其他地区。这个结论也可以从当时的官方文献中得到印证。为什么如此众多的移民会自称来自山西洪洞大槐树呢？安介生、葛剑雄是这样解释的：首先，洪洞县所属的平阳府是明代山西输出移民最多的地区；其次，自金元以来，平阳的经济文化地位一直居山西之冠，而洪洞在府属各县中又居领先位置。明代外迁的山西移民基本都是无地、少地的底层贫民，既无社会地位，又无文化；既没有煊赫的祖先和高贵的门第值得炫耀，又没有以文字记载故乡家世的能力，所以留给他们印象最深的，并由他们的子孙口耳相传的就是繁华的洪洞县和他们出发时告别的那棵郁郁葱葱的大槐树了。等到他们的子孙繁衍为人丁兴旺、富裕体面的大家族时，再要追溯祖宗迁出山西以前的踪迹和世系已不可能，所以只能以洪洞大槐树为故乡。那些来自山西其他地区的移民，在经过若干年以后，他们的后代已不知道祖先的具体来历了，既然自己的祖先来自山西，其他山西移民的后代又都说是洪洞大槐树人，自己自然也应该以大槐树为故乡。随着大槐树移民后裔的增加，这种文化上的认同和从众心理也会越来越强烈，以致明知自己祖先来自山西其他地方的人也会认同大槐树。从这一意义上说，大槐树的确成了全体山西移民后代心灵上的根，无论他们的先人来自山西何处。①

　　洪武、永乐年间，大量人口或自愿或被强制移入唐白河、丹江流域，由于史料的缺乏，具体数量已经难以考证，但我们可以从州县、里甲数量的变化管窥人口的激增。以南阳为例，成化十二年（1476 年）新置的县有淅川、南召、宝丰、伊阳、唐县。原来设置的县也因移民附籍落户，人口增加，县属行政区划不断扩大：如盆地中部的南阳县，原来只有 8 保，成化中增加 13 保，成为 21 保。邓州洪武二年（1369 年）只有 1 里，景泰前增至 7 里，景泰三年（1452 年）至成化十二年（1476 年）增加了 31 里，共计 38 里。新野县原有户 8 里，明中期增加到 18 里。这些新增加的里、乡、保等，大多都是附籍山坡丘陵地带的移民。盆地四周几个山区县情况大致相同。淅川县增设时只有 10 保，后陆续增加到 15 保。舞阳县原有 20 保，成化中增至 44 保。叶县原有 25 图，后增至 33 里。镇平县原有 4 图，后又增加 2 图 2 保 9 里。泌阳县原有 5 保，后增加到 36 保。内乡县有 16 保，后增至 39 保。终明一代，南阳一直是移民的理想目的地。

　　明初的移民由朝廷主导，自宣德以后，虽然朝廷不再组织和鼓励移民，但仍有大量人口涌入这一地区，这些未经朝廷许可的外来人口，在事实上已经成为非法的"流民"。当平原地带被垦殖殆尽，后期到达的流民为生存只能进入被政府封禁的荆襄山地乃至秦巴山区，荆襄流民运动一定程度上可以被视作"大槐树移民"的延续。有大量移民后裔声称来自大槐树，其祖先必不可能仅来自洪洞一县，而是涉及山西至华北的许多地方。在后期的历史话语体系建构过程中，洪洞或者说大槐树成为移民们共同的记忆，最终作为这次移民的文化象征和民众传承历史记忆

---

　　① 安介生、葛剑雄：《洪洞大槐树——中国历史上的移民发源地之六》，《寻根》1997年第 8 期，第 15 页。

的符号，根植于移民的历史记忆中，从而传承至今。

三、汉水中下游的移民与"江西填湖广"

在汉水下游的许多县市，到处流传着"江西填湖广"的传说。当地居民多称自己的祖先来自江西。地方史志、家族宗谱、碑刻中也充斥着类似的记载。20 世纪末，张国雄先生根据其收集的 339 个湖北家族的家谱统计发现，其中 279 族属外来移民。而从元末至明初，即元末红巾军起义到朱元璋立国治国之初，又是"江西填湖广"移民运动的高潮所在。此时迁移的家族达到 162 族（元末 26 族，明初 136 族，整个明朝合计 196 族），约占总数 279 族的 58%。[①] 虽然张国雄先生的研究以湖北为单位，部分资料来自不属于汉水流域的鄂东地区，但我们仍可在打折扣的前提下管窥汉水下游移民的大致情况。据其书后所附《移民档案》，汉水下游地区明代迁来移民家族达 43 族，占明代湖北移民（196 族）的 22%。天门县（今天门市）的 26 族中有 16 族迁自明代，沔阳县（今仙桃市和洪湖市）的 18 族中也有 12 族迁自明代。汉水下游的一些民间习俗也与"江西填湖广"有紧密联系。据张国雄调查："文化大革命"前，随州城乡每年祭祖，富者用全猪，次用猪头，再次用猪脖子肉，最穷的用一块豆腐，上面插一根筷子，头对江西东南方，表示祖籍江西，筷子喻迁自江西"大栎树"。这种习俗在今鄂东北的大悟、红安和江汉平原的云梦、黄陂等地也很盛行。[②] 可见"江西填湖广"移民运动不仅持续时间很长、人口移民规模庞大、地域分布广泛，而且对汉水流域的文化产生了深刻影响。

---

① 张国雄：《明清时期的两湖移民》，陕西人民教育出版社 1995 年版，第 15-16 页。
② 张国雄：《明清时期的两湖移民》，陕西人民教育出版社 1995 年版，第 41 页。

战乱等人为造成的社会动荡是制造移民的温床。中国人素来安土重迁，丢下几辈人创立的家业背井离乡，实在是为了保全性命的无奈之举。湖北是红巾军的重要策略地，随州明玉珍、罗田徐寿辉、沔阳陈友谅为红巾军三大主力。徐寿辉曾建都汉阳，焚江陵，破襄阳，陷长沙，溃武昌。陈友谅杀徐寿辉后，尽有江西、湖广之地。在鄂东、赣北一带先后与元朝及朱元璋的军队反复厮杀。战火所及之处，居民逃散，形成庞大的难民队伍。

一些家族的族谱中对这个阶段的人口迁移有很生动的反映。如 1913 年的江陵《胡氏族谱》卷一《五分合修谱·总序》言："洎乎元明革命，赣省兵燹迭见，人民不遑宁处，其由江右而播迁荆楚者，几如江出西陵，其奔流放肆，南合湘、沅，北会汉沔，其势益涨，而其源固同发于岷山也。"[1] 1935 年的《喻氏宗谱》说："徐寿辉之乱，楚地榛莽千里，虚无人迹。"[2] 康熙《云梦县志》称，洪武元年（1368 年）置云梦县，"是时土著丁户歼戮几尽"[3]。这些资料说明战乱除了造成大量人员伤亡，也迫使部分土著居民背井离乡，迁徙他地，这也造成了汉水下游人口大量流失。

有些家族的家谱记录了江西籍先祖移民的原因。如 1945 年的《陈氏宗谱》卷首："至元季，寇贼蜂起，环海兵戈，我祖万七公偕兄弟六人避徐寿辉之乱，由吴之楚，始居武昌新桥。"[4]《萧氏宗谱》卷二《春

---

[1]《胡氏族谱》，转引自张国雄《明清时期的两湖移民》，陕西人民教育出版社 1995 年版，第 84 页。

[2]《喻氏宗谱》，转引自张国雄《明清时期的两湖移民》，陕西人民教育出版社 1995 年版，第 87 页。

[3] 康熙《云梦县志》卷 9《仪礼》，清康熙七年刻本，第 26 页 a。

[4]《陈氏宗谱》，转引自张国雄《明清时期的两湖移民》，陕西人民教育出版社 1995 年版，第 84 页。

祭文》曰："迄元末与明初，遭兵燹之强虏，每扰攘于洪都，遂播迁于吾祖，离江西之故土，择嘉南之乐土。"① 1927 年的《横洲涧丁氏五修族谱》卷一《旧序》载："吾族所自来，从豫章由南昌之邑建，始祖必隆公，讳国才，避元末之乱，迁游荆楚，卜居上湘。"② 总之，元末的战乱使逃难成为江西、湖北人民普遍的生存方式，在当时的通信条件下，人们感觉到家乡的战乱严重危及人身安全，于是视外乡为乐土。湖北人多随明玉珍入蜀，江西人多向战乱相对较少的湖北迁移。这些难民中的幸存者战后有的返回家乡，有的定居下来繁衍子嗣，几百年传宗接代，才有了今日的移民后裔。

经济因素也是江西人外移的重要原因。在元明以前，江西是全国经济、文化最为发达的地区之一。北宋时期，江西人口曾居各路之首，江西在南方属于先进地区。及至明代，虽然江西人口较浙江稍逊一筹，居全国十三布政司的第二位，但每年所纳税粮有时甚至超过浙江。从总体趋势上看，当时东南沿江、沿海区域经济已日趋多元化，相比之下，地处内地的江西，以农业为主的单一经济结构和不断增长的人口数量使得当地百姓的生活水准每况愈下。在明人眼里，江西人的节俭是出了名的。在江西的一些地方，摆在日常宴席上的劝酒果品，只有时果一样可以食用，其他的都是用木头雕刻、上涂彩色装饰而成的，称为"子孙果盒"，意思是可以传之子孙后代。此外，其他各事也多有节制之法。譬如吃饭，约定俗成第一碗不许夹菜，到第二碗才允许以菜佐餐，美其名曰"斋打底"；馔品喜好购买猪的内脏、杂碎，称之为"狗静坐"，因为这些东西吃后没有骨头可吐，实在无须麻烦在旁摇头摆尾的家犬；为了

---

① 《萧氏宗谱》，转引自张国雄《明清时期的两湖移民》，陕西人民教育出版社 1995 年版，第 84 页。

② 《横洲涧丁氏五修族谱》，转引自张国雄《明清时期的两湖移民》，陕西人民教育出版社 1995 年版，第 84 页。

节省开支，献神的牲品都是从食店中租来的，祭祀结束后就马上归还店中，名曰"人没分"。对此，明人谢肇淛在总结各地人群性格时指出："天下推纤啬者，必推新安与江右。然新安多富，而江右多贫者。"① 由于地瘠人稠，他们只能选择外徙谋生。明人张瀚就曾指出：江西"地产窄而生齿繁，人无积聚，质俭勤苦而多贫。多设智巧、挟技艺，以经营四方，至老死不归"②。这种现象，给稍后的王士性也留下了深刻的印象："江、浙、闽三处，人稠地狭，总之不足以当中原之一省，故身不有技则口不糊，足不出外则技不售。惟江右尤甚……故作客莫如江右。"③ 经过洪武大移民之后的江西尚且如此，明初的景象就可想而知了。在地瘠民贫、生产方式单一的江西，伴随着人口的日益增长，人地矛盾日趋突出，外徙谋生成为当地人的必然选择。江西人口外移的另一原因是逃避租税。民国枝江《董氏家谱》卷首"总系"记载了始迁祖董居一的一段回忆："荆襄上游自元末为流寇巢穴。明祖定鼎，以兵空之。厥后，流民麕集。至成化十二年，命御史原杰招抚之，听其附籍受田。适逢当时江西催科甚急，逃赋者或窜入荆襄一带，原杰招抚，枝必与焉。"④ 明朝租税负担之重为学界所周知，时人已对江西人民外移原因有精妙的总结："物料夫差，百端催迫，至不能存，而窜徙于他乡。或商贩于别省，或投入势要为家奴佃仆。民之逃亡，此其故也。"⑤ 为了躲避官府和地主的压榨，不少无地或少地的贫苦农民宁做流民。

---

① 谢肇淛：《五杂组》，上海书店出版社 2009 年版，第 74 页。
② 张瀚：《松窗梦语》，上海古籍出版社 1986 年版，第 75 页。
③ 王士性：《广志绎》，中华书局 1981 年版，第 80 页。
④ 《董氏家谱》，转引自张国雄《明清时期的两湖移民》，陕西人民教育出版社 1995 年版，第 17 页。
⑤ 钱琦：《建县三条》，载陈子龙等《明经世文编》（第 3 册），中华书局 1962 年版，第 2381 页。

在传统社会，土地是最重要的生产资料，可是在汉水下游，时人竟以"插草为标"来标识土地所有权。据康熙《孝感县志》记载："（元至正）十六年（明）玉珍率兵袭重庆，称夏主，孝感人多随之入蜀。是时寿辉兵皆裹红巾。至今土人言红巾军作反，人杀尽，各处人来插草为标者，盖玉珍等事也。"① 京山县也有类似的情况发生："元末天下大乱，盗寇蜂起，京山杀戮最惨，邑民仅存七十余家……是时田土旷芜无主，流徙侨寓者悉插草为识，据为己业。"② 这充分反映出当时占田认耕的随意性，也反映了人口的稀少和土地的空旷。明朝初期，湖北的无主荒地随处可见，对寻找土地安身立命的移民无疑具有很大的吸引力。由于湖北、江西人口密度悬殊，国家对移民也持鼓励态度。丘濬《江右民迁荆湖议》云："以今日言之，荆湖之地，田多而人少；江右之地，田少而人多。江右之人，大半侨寓于荆湖。盖江右之地力所出，不足以给其人，必资荆湖之粟以为养也。"③ 老百姓权衡利弊，许多人积极响应号召。民国四年《许氏宗谱》卷首《始祖序》云："明定鼎初，始命徙江西大姓实江汉之地，吾祖遂依国令，偕妣李氏，同兄清浦公、妣，迁居楚黄。"④ 为增加税收，政府采取招民垦荒措施，"江西填湖广"移民中有相当一部分属于政策性移民。

湖北地近江西，是长江中下游移民西迁的必经之途，又无山川阻隔，土地肥沃，交通便利，自然被移民视为理想的创业地，也顺理成章

---

① 康熙《孝感县志》，转引自曹树基、葛剑雄《中国移民史》卷5，复旦大学出版社2022年版，第124页。

② 江苏古籍出版社选编：《中国地方志集成 湖北府县志辑43·光绪京山县志》，江苏古籍出版社2001年版，第551页。

③ 丘濬：《江右民迁荆湖议》，载陈子龙等《明经世文编》（第1册），中华书局1962年版，第608—609页。

④ 《许氏宗谱》，转引自张国雄《长江人口发展史论》，湖北教育出版社2006年版，第247页。

地成为江西移民的首入之区。大批江西等省的移民进入湖北首先立足于相距较近的鄂东，然后再渐次向西扩展，进入汉水流域。随着江汉平原的开发程度加深，接纳移民的空间缩小，后来的移民只好溯流而上，向汉水中游地区寻求发展。今汉水中下游地区人口多为江西移民后裔，如钟祥"地多异省之民，而江右为最"①。沔阳（今仙桃市和洪湖市）郑场、陈场、西流河、杨林尾四区民众大都称自己为"江西种"。天门县皂角市明代有三千户，"土著十之一，自豫章徙者七之，自新都徙者二之……自豫章徙者莫盛于吉之永丰"②。河南也有江西移民的踪迹。《河南省邓州市地名志》有大量江西人于洪武年间迁居邓州的记载。如乾庙乾氏，据碑载，明洪武二年（1369年），乾姓由江西抚州府金溪县迁此；小河曾氏，据碑载，明洪武二年（1369年），曾子成由江西吉安府永丰县迁此；大丁营丁氏，据家谱载，明洪武二年（1369年），始祖丁从善自江西南昌迁邓州。③ 在明朝前期，荆襄地区实行封禁，但这里仍有江西移民进入。同治《郧阳志》卷一《风俗》引《旧志》对郧阳山区的人口构成有一个总体论述："陕西之民四，江西之民三，山东、河南北之民一，土著之民二。"④ 这里的江西移民可能有相当一部分是郧阳建府之后从汉水下游再次迁入，相比于汉水下游，江西移民的比例已经大大减小。总体来看，江西移民在汉水流域的分布呈现自东向西，自下游向上游逐渐递减的趋势，有一个明显的由鄂东—江汉平原—鄂西北—陕南

---

① 万历《承天府志》卷6《风俗》，转引自鲁西奇《长江中游的人地关系与地域社会》，厦门大学出版社2016年版，第237页。

② 李维桢：《大泌山房集》卷87《刘处士墓志铭》，明刊本，第23页a、b。

③ 邓州市地名办公室：《河南省邓州市地名志》，陕西人民出版社1991年版，第221-222页。

④ 江苏古籍出版社选编：《中国地方志集成 湖北府县志辑58·同治郧阳志》，江苏古籍出版社2001年版，第188页。

逐渐拓展的过程。大部分移民在汉水下游落居，进入荆襄地区的不多，秦巴山区的分布自然更少。秦巴山区移民以陕西居多，正统十年（1445年）"镇守陕西右都御史陈镒等奏：'陕西安、凤翔、乾州、扶风、咸阳、临潼等府州县旱伤，人民饥窘，携妻挈子出湖广、河南各处趋食，动以万计'"①，这里的"湖广、河南"等处，当指两省交界的区域，也可能包含陕南，而二十多年后的成化初年，陕西布政司右参政朱英奏曰：

> 陕西地方灾重民饥，视他处尤甚。民业久废，仓廪尽虚。东北邻境山西、河南皆无可仰之地，所可求活者，惟南山汉中与四川、湖广边境耳。民之有识有力者，挈家先往，采山求食，或幸过活。②

朱英的奏议所说的"陕西"实际指关中地区，此奏描述了陕西移民的基本路径。"湖广边境"的郧阳与陕西距离较远，也不属同一个行政区，尚且"陕西之民四"，那么与关中相邻且同省的陕南，关中移民的比例就可想而知了。

"江西填湖广"移民运动对汉水流域尤其是下游地区产生了重要影响。时过境迁，我们已经无法获知移民人口的具体数据，只能依照遗留下来的材料做合理推测。这些移民的辛勤劳动使汉水中下游开发范围迅速扩大，开发程度不断提高。明朝中叶，"苏湖熟，天下足"的谚语变成"两湖熟，天下足"，此中虽有夸张成分，但在一定程度上反映了江汉平原经济实力逐步呈现出超越江浙的强劲势头。元明时期江西以文化

---

① 《明英宗实录》卷132，正统十年八月壬戌。
② 朱英：《救荒疏》，载故宫博物院《桂东县志 桂阳县志》，海南出版社2001年版，第438页。

发达著称，素有"翰林多吉水，朝士半江西"的美誉，江西移民的进入极大地丰富了汉水下游和鄂东地区的文化，为该地区的全面繁荣和文化崛起注入了新的活力。移民始迁祖吃苦耐劳、顽强创业的品质，成为教育激励后人的精神财富，从而逐步形成了汉水文化"首创首发，敢为人先"① 的特征。

四、秦巴山区的移民与荆襄流民运动

汉水上游的荆襄地区和秦巴山地是典型的山地地形区。这里崇山峻岭，老林密箐，处处"皆怪石嵯岈，谷深山阻，号称天险"②，在行政区划上分属鄂豫陕川四省，"地均犬牙相错。其长林深谷，往往跨越两三省，难以界划，故一隅有事，边徼悉警"③。这一地带既是秦楚门户，又是巴蜀咽喉，南临荆楚，东望江汉，是古今用武之地；其内又"郡邑辽远，有尽日之力而不与人遇者。监司不能以时巡历，故流逋屡猖，虽设官抚治之，乃其统体分裂，莫能相一，苟图逭责于己者，正以邻国为壑而已"④。可见这里历来就是"山高皇帝远"，朝廷控制力量相对薄弱的地区。元至正年间，北琐红军、南琐红军曾以此为根据地发动起义，波及唐、邓、均、房、襄、荆等地，使本来就人烟稀少、经济落后的山区再次受到毁灭性打击。

明朝建立后，仍有散兵流匪隐匿在汉水上游的万山丛中。据《明太祖实录》记载：洪武元年（1368 年）七月，新寨麻张等叛，邓愈遣安陆卫指挥同知吴复率兵讨平之。洪武四年（1371 年）九月，郧县民易文通

---

① 潘世东：《汉水文化论纲》，湖北人民出版社 2008 年版，第 636 页。
② 严如熤：《严如熤集》（第 3 册），岳麓书社 2013 年版，第 1188 页。
③ 严如熤：《严如熤集》（第 3 册），岳麓书社 2013 年版，第 1076 页。
④ 顾炎武：《天下郡国利病书》（第 5 册），上海古籍出版社 2012 年版，第 2738 页。

聚众作乱，集船五十艘，建官职，立旗号，劫掠地方。卫国公邓愈调襄阳卫兵征讨，斩其伪参政王某等人。洪武六年（1373 年）二月，兴山县仵某自称参政，拥立伪大王刘保保，劫众烧县治，杀主簿范某；同年五月，房州人段文秀自称参政，设置官属，聚众作乱，以鲤鱼山为根据地，亦被卫国公邓愈发兵讨平。针对这一数省交界、不易控制的山区的持续动乱，朱元璋"命邓愈以大兵剿除之，空其地，禁流民不得入"①。该地区遂成为明朝的重点封禁区域。成化七年（1471 年），项忠在驱遣流民出山以后的《善后十事疏》中称："荆州、襄阳、河南、南阳、西安、汉中、夔州七郡，所属州邑，在山谷中者三十三，介山地间者十四，国初禁不许人。自禁弛致流民啸聚。"② 明初封禁的范围包括整个汉水上游流域及其周围地区。由于封禁政策的实行，这里始终"居民鲜少，郊野荒芜"。据《天顺襄阳郡志》对襄阳府（当时尚未设立郧阳府）永乐十年（1412 年）的人口统计，当时襄阳县 2625 户、枣阳县 670 户、宜城县 849 户、谷城县 2203 户、南漳县 2162 户、光化县 768 户、房县 845 户、竹山县 257 户、上津县 259 户、均州 1437 户、郧县 983 户。襄阳乃天下腰膂，但此时整个襄阳府在籍人口只有 7 万多。虽然这个数据没有包含隐匿的人口，但即使扩大数倍，也不能改变地旷人稀的事实。

虽然明初的封禁政策十分严厉，但是地形因素决定了政策执行的难度。封禁政策使山区自然资源更加丰富、闲置土地更多，因此对流民更具吸引力。众所周知，明朝洪武二十四年（1391 年）以后的人口数据，已经不是实际的人口数，而只是承担国家赋役的人口，实际上汉水上游的山区存在不少的黑户。这些无籍人口大约分为两种：一是战后散居山

① 高岱：《鸿猷录·开设郧阳》，转引自谢国桢《明代农民起义史料选编》，福建人民出版社 1981 年版，第 391 页。
② 项忠：《善后十事疏》，载陈子龙等《明经世文编》（第 1 册），中华书局 1962 年版，第 359 页。

中的"溃兵散贼";二是为躲避赋税、徭役而逃避注册户籍的"流民"。由于明朝赋役沉重,为躲避户口清查,他们宁愿选择穴居也不在政府容易控制的河谷、山间的平地生活。如安陆一带,"洪武初,大索土著弗得,惟城东有老户湾屋数楹而无其人,乌兔山之阴,穴土以处者数人而无其庐舍"①。汉阴县"其居民星散在万山中,石多土少,刀耕火种,兼猎兽以为食"②。这种情况在兼有山区和盆地的汉中更为明显。洪武八年(1375年),陕西按察司佥事虞以文巡视汉中,发现这里"民多居深山,少处平地。其膏腴水田,除守御官军及南郑等县民开种外,余皆灌莽弥望,虎豹所伏,暮夜辄出伤人……所种山地,皆深山穷谷,迁徙无常,故于赋税,官不能必其尽实;遇有差徭,则鼠窜蛇匿。若使移居平地,开种水田,则须买牛具,修筑堤堰,较之山地,用力多而劳,又亩征其租一斗,地既莫隐,赋亦繁重,以是不欲下山"③。当时汉水上游像这样"潜遁山谷间,不供征徭,不惧法度"④的化外之民应该不在少数。他们既不纳粮当差,又是社会稳定的潜在威胁。洪武末年,汉中沔县发生了以高福兴为首的"山贼作乱",明政府派兵三万余人进山围剿,"宥其胁从者为军,凡四千余人"⑤。当时勉县在籍人口仅三百余户,能够组织起如此庞大的起义队伍,既说明秦巴山区的实际人口大大超过在籍人口,也说明此时已有数量可观的流民进入山区。总而言之,明朝的封禁政策是失败的,从明初开始,秦巴山区已经聚集了不少的流民。

明朝中期以后,社会经济发生了急剧变动,和平年代人口的快速增

---

① 康熙《德安安陆郡县志》卷5《田赋·乡里》,清康熙五年刻本,第19页a。
② 张大纶:《重修县治记》,载乾隆《兴安府志》卷25《艺文》,清道光刻本,第13页a。
③《明太祖实录》卷100,洪武八年五月己巳。
④ 张德信、毛佩琦:《洪武御制全书》,黄山书社1995年版,第741页。
⑤《明太祖实录》卷255,洪武三十年九月庚戌。

长使人地矛盾日益突出。随着土地兼并日益严重，小农经济受到严重破坏，大量自耕农沦为佃户，在繁重的赋役之外，还要受到地主的残酷剥削，使本已十分脆弱的经济基础变得更加脆弱。而此时又是中国历史上自然灾害频繁发生的一个时期。据邓云特先生统计，有明一朝的灾荒次数多达 1011 次。其中水灾 196 次、旱灾 174 次、蝗灾 94 次、雹灾 112 次、风灾 97 次，疫灾 64 次、地震 165 次、霜雪 16 次、歉饥 93 次。[1] 汉水流域以北的山西、陕西、河南等省自然灾害尤其频繁。灾荒迫使越来越多的人离开故土，逃流他地。华北流民的首选之地是明初政府鼓励移民的南阳盆地，但宣德以后，南阳盆地已经没有了开发的空间，流民只能继续向西南挺进，进入山高林密的荆襄地区和秦巴山地。

汉水上游的荆襄地区和秦巴山地山林深险，地貌复杂，属于亚热带季风气候区。山川相间的地方拥有富含矿物质的肥沃土壤，为流民活动提供了天然丰厚的物质条件。这里"山多地僻，川险林深，中间仍多平旷田地，可屋可佃；及产银矿砂金，可淘可采"[2]。既可渔猎采集以解燃眉之急，亦可垦殖开矿以备长久之需，对食不果腹、流离失所的流民无疑具有极强的吸引力。更重要的是地处湖广、河南、陕西、四川四省之间，政府控制力较弱，"平时则政令以远不易及，有事则军马以远卒难到"[3]，是流民躲避苛捐杂税、安居乐业的理想"世外桃源"。武当山皇家宗庙的修建使这一地区知名度大大提高，慕名而来的流民越来越多。从永乐到万历的近两百年中，这里的流民聚集从未间断。为了方便讨论，将有关流民史料汇总，见表 1.1。

---

[1] 邓云特：《中国救荒史》，台湾商务印书馆 1987 年版，第 55 页。

[2] 徐恪：《议处郧阳地方疏》，载陈子龙等《明经世文编》（第 1 册），中华书局 1962 年版，第 720 页。

[3] 徐恪：《议处郧阳地方疏》，载陈子龙等《明经世文编》（第 1 册），中华书局 1962 年版，第 720 页。

表 1.1　流民史料汇总①

时间	纪事	资料来源
永乐十六年（1418 年）二月癸巳	湖广随州及枣阳各处逃民 500 余户潜住	《明太宗实录》卷 198
宣德三年（1428 年）闰四月甲辰	山西饥民流徙至南阳等地不下 10 万余口	《明宣宗实录》卷 42
正统八年（1443 年）十一月辛未	河南汝州 100 余人寓居均州	《明英宗实录》卷 110
正统十年（1445 年）八月壬戌	陕西等地饥民出湖广、河南等处趁食，动以万计	《明英宗实录》卷 132
正统十年（1445 年）十月庚申	山东、山西、陕西饥民 70000 户流徙湖广、河南	《明英宗实录》卷 134
正统十年（1445 年）十月壬戌	湖广上津、陕西金州洵阳县山内流民 3000 余户	《明英宗实录》卷 134
正统十二（1447 年）年三月戊子	山东、山西流民 350 余户逃至邓州	《明英宗实录》卷 151
正统十二年（1447 年）五月壬子	山东、山西、南直隶 20 万流民徙河南	《明英宗实录》卷 154
景泰五年（1454 年）十一月辛酉	河南逃民 20 余万户转徙南阳唐、邓，湖广樊、沔之间	《明英宗实录》卷 247
成化元年（1465 年）七月辛未	南阳、荆襄等处流民不下 10 万	《明宪宗实录》卷 19
成化四年（1468 年）正月甲申	四方流民屯聚荆襄已达 20 万～30 万之众	《明宪宗实录》卷 50
成化四年（1468 年）三月庚辰	平凉、延庆、庆阳等府居民十有七八逃往河南、湖广、四川	《明宪宗实录》卷 52

① 晏昌贵：《丹江口水库区域历史地理研究》，科学出版社 2007 年版，第 73-74 页。

续表1.1

时间	纪事	资料来源
成化四年（1468年）四月乙卯	河南、荆襄附籍流民63000余户。未附籍者犹不知数	《明宪宗实录》卷53
成化四年（1468年）十二月丁酉	荆襄安沔之间流民不下百万	《明宪宗实录》卷61
成化六年（1470年）二月辛未	荆襄流民动以数十万计	《明宪宗实录》卷76
成化六年（1470年）四月壬戌	四方流民汇聚汉中，不下数万	《明宪宗实录》卷78
成化六年（1470年）十一月	时值大饥，流民入山者90余万	《明通鉴》卷31
成化七年（1471年）三月壬辰	流民扶老携幼出山者40余万	《明宪宗实录》卷89
成化七年（1471年）七月甲午	荆襄流民无虑百万；陆续出山复业者938000余人，四散奔走者51万余人；死于途中者90余万人	《明宪宗实录》卷93，《明经世文编》卷44、46
成化七年（1471年）十一月己未	复业流民507700余人	《明宪宗实录》卷98
成化十二年（1476年）十二月己丑	原杰奏称：流民之数113317户；438644口。俱系山东、山西、陕西、江西、四川、河南、湖广及南北直隶府、卫军民籍	《明经世文编》卷93
成化十三年（1477年）六月丙申	招抚荆襄流民190170人有奇	《明宪宗实录》卷167

续表1.1

时间	纪事	资料来源
弘治二年（1489 年）七月癸亥	流民在湖广荆、襄、郧三府已成家业愿附籍者 57824 人，未成家业回原籍者 13546 人；在行都司附籍者 2111 人，未附籍者 1622 人；在汉中府愿附籍者 5246 人	《明孝宗实录》卷 28
弘治十八年（1505 年）四月	清查出荆、襄、南阳、汉中流民 235600 余户，739600 余口	《续文献通考》卷 13
正德元年（1506 年）十月戊申	清查出荆、襄、郧阳、南阳、汉中、西安、商洛等府州县流民计 118971 户；愿附籍 92370 户	《明武宗实录》卷 18
嘉靖十年（1531 年）五月甲辰	郧阳巡抚清查流逋之民，或应附籍，或应发遣	《明世宗实录》卷 125
万历七年（1579 年）七月己酉	商南小邑，路夹郧、陕，逃户遗产尽属流民	《明神宗实录》卷 89

从表 1.1 可见，明初的封禁政策从来都没有有效执行过。正统年间，巡抚陕西行在户部右侍郎李新奏称：

河南南阳府邓州、内乡等州县及附近湖广均州、光化等县，居民鲜少，郊野荒芜。各处客商有自洪武、永乐间潜居于此，娶妻生子成家业者，丛聚乡村，号为"客朋"，不当差役，无所钤辖，虑其为非，乞命都布按三司躬亲验丁入籍，拨与绝户荒田耕种，纳粮当差。仍移文原籍勘实，有系逃军逃匠者，即便拘解。①

---

① 《明英宗实录》卷 16，正统元年四月甲子。

  荆襄流民早在洪武、永乐年间即有，宣德以后呈激增趋势。由于山区面积广阔，一直没有引起朝廷的重视。以至于当宣德八年（1433 年）兵部奏报"近有言四川、湖广、陕西接境有细水洞，一名水帘洞，有号赵大王者，聚众二千余人，据险为寨"，并要求派官兵围捕时，朱瞻基还将信将疑："言者亦未可遽信，再令体勘得实，方可裁处。"①

  明英宗统治时期，随着流民的不断涌入，社会矛盾日趋复杂。正统八年（1443 年），河南流民张端卞在均州借佛法煽惑众人，阴谋起事。天顺元年（1457 年）正月，镇守陕西内官王庄儿奏："汉中府洋县有寇聚众欲攻县治，烧栈道，占据汉中，已与守备官军设法擒其数人，解送按察司。皆本府地方广阔，逃民数多，恐乘机蜂起。"② 天顺八年（1464 年），巡抚河南的王恕在河南内乡境内的金斗山擒拿争矿杀人强徒汪四等 20 余人，安抚流民 22000 户。这几起事件仍没有引起政府的警觉。

  天顺八年（1464 年），刘通、石龙领导的房县大木厂起义使流民问题彻底暴露。虽然起义最终被兵部尚书白圭镇压下去，但问题仍未得到根本解决。针对流民户籍问题，白圭建议在荆襄流民中推行附籍与发还原籍相结合的政策：愿附籍者，必须纳粮当差，成为编户；不肯附籍者，发回原籍，纳粮当差。这本是一条完全合乎实际的建议，但这一政策尚未贯彻执行，第二次流民起义又爆发了。"白圭既平刘通，荆、襄间流民屯结如故。通党李胡子者名原，伪称平王，与小王洪、王彪等掠南漳、房、内乡、渭南诸县，流民附贼者至百万。"③ 这次起义发生在成化六年至成化七年（1470—1471 年），其实早在成化四年（1468 年）

---

  ①《明宣宗实录》卷 102，宣德八年五月己卯。

  ②《明英宗实录》卷 274，天顺元年正月壬申。

  ③ 章培恒、喻遂生分史主编：《二十四史全译·明史》（第 6 册），汉语大词典出版社 2004 年版，第 3480 页。

初，分守荆襄右参将都指挥同知王信就曾报告："四方流民屯聚荆襄者已二三十万。"① 同年年底，巡抚荆襄右副都御史杨璿又奏称"荆、襄、安、沔之间，流民亦不下百万"②，镇压这次起义的是有"刽子手"之称的项忠。据其《报捷疏》《抚流民疏》等统计，被驱遣出山的流民前后计 150 余万，谪戍者 1.02 万及其随居家属 5.9 万，斩首悬示等数百上千。仅此有数可稽者即达 160 万人以上，尚不包括"其余混处贼巢，无籍检查，四散奔走出山者，又莫知其数"③ 这一部分；更有"兵刃之加，无分玉石，驱迫不前，既草剃之。死者枕藉山谷"④ 的另一部分。估计至成化七年（1471 年），秦巴山区集聚过的流移之民曾达 200 万之众。⑤

项忠的大规模清山、驱遣、屠杀举动，给荆襄流民造成了深重的灾难。被其驱赶、杀戮的有相当一部分属于在册土著。据《明宪宗实录》记载："房县编户初不过四里，自永乐以来，仕宦侨居、流移附籍者增至四十余里，各安生业。而忠等逐之，十不存一。"⑥ 血腥屠杀仍然没有解决流民问题，成化十二年（1476 年），流民集复如前。于是宪宗派右副都御史原杰前往荆襄招抚。原杰在《处置流民疏》一文中记载了这次清理流民的过程和结果：

> 查照宣德、正统年间以来官司行过事迹，或编户籍附入州县，或驱遣复业，严立禁防，……陕西汉中等府，金州、商洛等县，俱

---

① 《明宪宗实录》卷 50，成化四年正月甲申。
② 《明宪宗实录》卷 61，成化四年十二月丁酉。
③ 《明宪宗实录》卷 93，成化七年甲午。
④ 《明宪宗实录》卷 98，成化七年十一月己未。
⑤ 张建民：《明代秦巴山区的封禁与流民集聚》，《中南民族学院学报》（哲学社会科学版）1998 年第 2 期，第 76 页。
⑥ 《明宪宗实录》卷 103，成化八年四月丙戌。

与荆、襄接境，系流民新聚处所。选委湖广、河南、陕西都布按三司官员王用等，遍历山谷，取勘流民共十一万三千三百七十一户，男妇共四十三万八千六百四十四丁口，审系山东、山西、陕西、江西、四川并本省军民等籍。随同镇守等官议得，前项流民先因原籍粮差浩繁，及畏罪弃家偷生，置有田土，盖有房屋，贩有土产货物，亦不过养赡家口而已，别无非为事端。若依前例，一概驱遣，尚恐去而复来。或各处顽民闻知土地空闲，纠集趁住，不数年，必有甚如今日之众，势难尽遣。合将近年逃来不曾置有产业、原籍田产尚存流民戴广等共一万六千六百六十三户，男妇共四万五千八百九十二丁口，并平昔凶恶断发原籍者，照例遣回。其本分营生流民张清等共九万六千六百五十四户，男妇共三十九万二千七百五十二丁口，仰遵圣谕，编附各该州县户籍，应当粮差，仍严立禁条，用度将来流徙。此非一时之安，亦有久远之计。①

经过原杰的努力，荆襄流民问题一度得到解决。但由于产生流民的经济基础依然存在，此后流民涌入的情况仍时有发生。郧阳设抚 6 年后的成化十八年（1482 年），郧阳抚台吴道宏等奏：“自去冬以来，河南、陕西、山西、北直隶流民，扶老携幼入荆襄境内，潜奔入山。”② 成化二十一年（1485 年），“陕西、山西、河南等处饥民流亡多入汉中、郧阳、荆襄山林之间”③。弘治元年（1488 年）“各处奏报灾伤者络绎不绝，而湖广、四川尤甚。各处饥民多流移荆襄等处”④。正德元年（1506 年），

---

① 原杰：《处置流民疏》，载裴应章、彭遵古《郧台志》，长江出版社 2006 年版，第 308—309 页。

②《明宪宗实录》卷 226，成化十八年四月壬子。

③《明宪宗实录》卷 260，成化二十一年正月己丑。

④《明孝宗实录》卷 19，弘治元年十月戊申。

先后担任郧阳抚治都御使的何鉴和孙需都清查过荆襄、南阳、汉中等处流民。三月，何鉴清查出流民 235600 余户①，半年后孙需又续清出 118971 户②，总计超过百万之巨；直到嘉靖十年（1531 年）、万历七年（1579 年）仍有流民事例报道。历代郧阳抚台处置流民的举措，基本依照原杰的既定政策，直到明朝灭亡，虽不断有流民涌入，也有多次流民起义发生，但都没有酿成影响全局的动乱。

五、汉水流域移民所折射的文化现象

明代的几次为人们熟知的大规模移民都与汉水流域密切相关。当我们把汉水流域作为整体来研究就会发现，"山西大槐树""江西填湖广""湖广填四川""荆襄流民运动"四大移民运动并非各自独立的个案，它们之间无论在时间还是空间上都存在传承和因果联系：正因为"湖广填四川"造成人口流失，才有"江西填湖广"移民运动；正因为"山西大槐树""江西填湖广"持续数年，平原地区开发殆尽，土著对赋税负担苦不堪言，才有了"荆襄流民运动"。总结明朝汉水流域的移民历史，还有几个有趣的现象值得深思。

第一，几次大移民留下了十分相似的群体记忆和文化符号。山西移民后裔多自称来自"洪洞大槐树"；江西移民多自称来自"鄱阳瓦屑坝"；"湖广填四川"移民更把成化八年（1472 年）就已经消失的"麻城孝感乡"当成自己的故乡。这三个地方可能都曾是移民集散中心，因年代久远，随着传说效力的递减，移民后代逐渐淡忘了具体祖居地，将记忆的思路集中定格于某一地区，这个地方就成为移民思乡情结的归

---

① 《明武宗实录》卷 11，正德元年三月辛丑。
② 《明武宗实录》卷 18，正德元年十月戊申。

宿，在历史话语体系构建过程中浓缩成一个特定的文化符号。同时，这也反映出移民中可能存在为融入人多势众的移民群而"冒籍"的现象。此外，这三次移民的后裔都把"解手"一词说成是自己祖先的发明，具体孰真孰伪如今已难以考证。正如赵世瑜所说："这表明不同地区的人民结合本地印象最为深刻的历史记忆，为同一传说创造历史背景。"① 这种现象也说明明初多次移民运动由朝廷强制执行，因为此事有损朝廷的光辉形象，被从史籍中抹去。

第二，汉水流域移民运动总体呈现由下游到上游，由平原到山区的历史趋势。按常理推测，平原地区的自然条件明显优于山区，开发难度更小，老百姓为何要舍易就难？其实这一方面说明经过一段时间的移民，原本人烟稀少的平原开发殆尽，出现新的人口压力，迫使后来的移民和部分土著继续迁徙。另一方面也反映出明朝赋役制度的失败。明朝前期对逃离人口的政策是"发还原籍"，但山区有为数不少的寨堡和山洞，稽查户口尚且十分困难，更不用说抓捕遣返了。不附籍就没有赋役负担，对普通百姓而言，流民比齐民拥有更高的生活质量。汉水流域的地方志中就经常出现"主贫客富"的记载。正因为如此，明初汉中"民多居深山，少处平地"②，大量平原沃土被荒废。流民即使被遣返或附籍，也有免税若干年的优待。巨大的诱惑造成部分贫民舍弃平原的家业进入山区，在遭遇项忠血腥屠杀的情况下仍"屯结如故"。而那些安土重迁的齐民不但得不到赋役优惠，反而要为逃户承担遗留的钱粮和徭役。当时就有人意识到这种制度的不合理性："新收逃户既得赈恤，复业流民又免粮差，惟安土重迁、始终不逃者，每代逃户陪粮服役，及不

① 赵世瑜：《祖先记忆、家园象征与族群历史——山西洪洞大槐树传说解析》，《历史研究》2006 年第 1 期，第 60 页。
②《明太祖实录》卷 100，洪武八年五月己巳。

能存。"①《沔阳志》在分析主贫客富的情况时指出："客常浮于主，然客无定籍，而湖田又不税亩，故有强壮盈室而不入版图，阡陌遍野而不出租粮者。"② 失败的赋役政策使得"存者被累，亦欲思逃"③。即使在没有自然灾害的年份，也产生了大量"逃户"，进而形成了人户普遍迁徙、反复迁徙甚至不同区域相互迁徙的奇怪现象。

第三，相比其他移民地区，汉水流域的土地矛盾并不突出，却经常出现鸠占鹊巢，反客为主的现象。如邓州"迩岁以来，客户集而土著徙"④。沔阳"他方之民萃焉。而江之右为甚，强者侵产，弱者就食，故客常浮于主"⑤。潜江"占田多者，皆流寓豪恣之民"⑥。土著和移民的争端无论何时都不可避免，在流移众多且政府控制力微弱的汉水流域，决定争端胜负的不是国法公理，而是实力强弱，弱肉强食的森林法则就是解决矛盾的基本原则。当时汉水流域客民的比例普遍高于土著，且有自下游到上游比例逐渐增高的趋势。谷城"土四而客六"⑦，郧阳"陕西之民五，江西之民四，德、黄、吴、蜀、山东、河南北之民二，土著之民二"⑧。这些客民往往又是举族迁徙："亲戚族党，因缘接踵，聚族于斯。"⑨ 即使在不同籍贯的客民之间，也很容易形成"同是天涯沦落人"的心理依附感，进而形成合力来对付土著。脆弱的生存基础造就的亡命心态在流民中普遍存在，还曾多次诱发暴乱，更使得这群"官吏不敢科

① 《明宪宗实录》卷 53，成化四年四月乙卯。
② 嘉靖《沔阳志》卷 9《食货》，上海古籍书店 1962 年影印本，第 256 页。
③ 《明宪宗实录》卷 52，成化四年三月庚辰。
④ 嘉靖《邓州志》卷 11《陂堰志》，明嘉靖四十三年刻本，第 1 页 b。
⑤ 嘉靖《沔阳志》卷 9《食货》，明嘉靖十年刻本，第 17 页 b。
⑥ 万历《湖广总志》卷 35《风俗》，明万历刻本，第 6 页 b。
⑦ 万历《襄阳府志》卷 26《风俗》，明万历刻本，第 3 页 a。
⑧ 周绍稷：《万历郧阳府志》（第 1 册），台湾学生书局 1987 年版，第 470 页。
⑨ 同治《竹溪县志》卷 14《风俗》，清同治六年刻本，第 2 页 a。

征，里甲不敢差遣"① 的亡命之徒在气势上压过土著。在这些因素的共同作用下，土著被迫"以逃窜为良图"，成为新的流民。如此年复一年，便陷入"以流寓而累土著，久之，而土著转为流寓"② 的恶性循环。

第三节　明代汉水流域的辖制区域

一、明代国家行政区划制度概述

洪武元年（1368 年），朱元璋建立明朝。在总结前代经验和教训的基础上，朱元璋设计了一套对后世影响深远的地方行政体系。明朝在一级（省级）政区设置承宣布政使司（以下简称"布政使司"）管理政务；提刑按察使司（以下简称"按察使司"）管理司法和监察；都指挥使司（以下简称"都司"）管理军务。布政使司下辖府或直隶州、县或属州，构成地方行政体系；按察使司下辖监察分道构成地方监察体系；都司与辅助它的行都司下辖留守司、卫、所构成地方军政体系。三司互不隶属，辖区也不完全重叠，有效防止了地方割据。为方便读者对后文的理解，特介绍三司的职能与演变历史。

承宣布政使司。明代的三司中以布政使司为正式政区，通常简称为"省"。关于"省"的概念，元朝和明朝有很大的区别。元朝的"省"指的是"行中书省"，是中央派驻地方的管理机构。而明朝的"省"，是在元代行省制度的基础上改革发展而成的布政使辖区。朱元璋发布的

① 王恕：《处置地方奏状》，载陈子龙等《明经世文编》（第 1 册），中华书局 1962 年版，第 304 页。

② 光绪《沔阳州志》卷 4《食货志·户口》，清光绪二十年刻本，第 4 页 a。

《承宣布政使诰》中这样解释承宣布政使司："朕有天下，更行省为承宣布政使司。所以承者朕命也，宣者代言之也，布者张陈之也；所以政者，军民休戚，国之利病；所以使者，必去民之恶而导民之善。"① 明朝的布政使司有很大的权力，它"掌一省之政，朝廷有德泽、禁令，承流宣播，以下于有司。凡僚属满秩，廉其称职、不称职，上下其考，报抚、按以达于吏部、都察院。三年，率其府州县正官，朝觐京师，以听察典。十年，会户版以登民数、田数。宾兴贡，合省之士而提调之。宗室、官吏、师生、军伍，以时班其禄俸、廪粮。祀典神祇，谨其时祀。民鳏寡孤独者养之，孝弟贞烈者表扬之，水旱疾疫灾祲，则请于上蠲赈之。凡贡赋役，视府州县土地人民丰瘠多寡，而均其数。凡有大兴革及诸政务，会都、按议，经画定而请于抚、按若总督。其国庆国哀，遣僚贰朝贺吊祭于京师。天子即位，则左布政使亲至。参政、参议分守各道，及派管粮储、屯田、清军、驿传、水利、抚民等事，并分司协管京畿"②。以明制规定，每个布政使司设从二品左右布政使一人，主管民政、财政以及对下属官员的考核，是一省最高行政长官。在明朝历史上共出现过 15 个布政使司，其中洪武时期设置了 13 个，永乐元年（1403年）改北平布政使司为京师（或称北直隶），永乐十二年（1414 年）设置贵州布政使司，永乐五年（1407 年）至宣德二年（1427 年）一度设置有交趾布政使司，宣德三年（1428 年）至明末则一直稳定为 13 个布政使司。③我们经常说的明朝"两京十三省"，实际上就是直隶中央的南北两京和分布全国的 13 个承宣布政使司。

提刑按察使司。按察使司是掌管一省刑狱和监察的最高机关，具体

---

① 朱元璋：《明太祖集》，胡士萼点校，黄山书社 1991 年版，第 75 页。

② 章培恒、喻遂生分史主编：《二十四史全译·明史》（第 3 册），汉语大词典出版社 2004 年版，第 1448–1449 页。

③ 郭红、靳润成：《中国行政区划通史·明代卷》，复旦大学出版社 2007 版，第 9 页。

职责是"纠官邪，戢奸暴，平狱讼，雪冤抑，以振扬风纪，而澄清其吏治"①。除了复核府州县的案件，按察使司还有监察地方行政的权力。"凡国家政令得失，军民利病，一切兴利除害等事，并听监察御史，按察司官各陈所见，直言无隐。"② 每个按察使司设按察使一人，官秩正三品。在明代中后期，朝廷又赋予按察使司许多临时性权力，如安抚流民、监理科举考试等。在汉水流域，按察使司辖区与布政使司辖区基本重合，故下文所述布政使司辖区，即有相应的按察使司辖区。

都指挥使司。为了防范外敌入侵和贼匪作乱，明王朝在全国各地设置卫、所并派兵驻守。"大率五千六百人为卫，千一百二十人为千户所，百十有二人为百户所。"③ 都指挥使司或行都指挥使司是统率卫所的单位。洪武十三年（1380年），朱元璋设五军都督府分别统领都司卫所，都司卫所体系作为明代基本军事制度固定下来。都司卫所有一套完整的管理体系，同时作为一种与驻扎地域紧密结合的军事组织形式，是军事制度与地方行政管理制度相结合的产物，在明朝历史上不仅有军事镇守的功能，还和地方上的行政管理、文化与经济的发展存在着千丝万缕的联系。④ 都司卫所制度与军户制度紧密结合，士兵们世守一地，屯垦自给，随着人口增加，拥有土地的卫所还要兼管驻地的百姓，渐渐发展成一种与布政使司辖区对应的军管型政区。

朱元璋设置三司制度，以分权的手段达到集权的目的，基本解决了

---

① 章培恒、喻遂生分史主编：《二十四史全译·明史》（第3册），汉语大词典出版社2004年版，第1450页。

② 李东阳：《大明会典》（第4册），江苏广陵古籍刻印社1989年版，第2780页。

③ 章培恒、喻遂生分史主编：《二十四史全译·明史》（第3册），汉语大词典出版社2004年版，第1755页。

④ 郭红、靳润成：《中国行政区划通史·明代卷》，复旦大学出版社2007年版，第249页。

地方权力过于集中的问题，但三司互不统属，又产生了很多弊端，最明显的是行政效率低下，难以应付突发事件。自宣德以后，或因边防有警，或因地方不靖，朝廷不得不向全国各地派出总督、巡抚（统称为督抚）统驭三司，代表中央行使管理地方的最高职权。督抚集辖区内的行政、监察、军事三权于一身，逐步演变为一种实际的政区。明代前期，督抚只是一种临时派出的类似钦差的官职，但到了明朝后期，为了应付内忧外患的困局，原本临时设置的总督、巡抚变为长期设置，有了固定的管辖区域，职权上既治军又理民，总督巡抚辖区成为三司之外的另一种高层政区。终明一代，督抚辖区始终未成为正式政区，但在明朝后期，它的确起着行政区划的作用。①

　　明代划分行政区划的界线，基本依照"山川形便"的原则，兼顾方言与风俗。合理的区域界线为有效的社会治理提供了极大的便利，明代的行政区域划界基本奠定了清代乃至今日的边界基础，位于天下之中的汉水流域尤其如此。下文将重点介绍明代正式政区——布政使司下辖的府州县，同时论及明代中后期逐步地方化的巡抚辖区。按察使司辖区和都司卫所辖区对社会治理和文化构建的影响有限，故不具论。

二、明代汉水流域的行政治理体系

　　元末明初，朱元璋曾依照元朝旧制设立湖广行中书省。洪武九年（1376 年），天下悉平，朱元璋下令改行中书省为承宣布政使司。当时的汉水流域，分别隶属湖广、河南、陕西三个布政使司。辖区与今天的行政区划无太大区别。明代的行政区划分"布政使司—府（直隶州）—属

---

① 郭红、靳润成：《中国行政区划通史·明代卷》，复旦大学出版社 2007 年版，第 2 页。

州—县（散州）"三级半制，其中州分直隶州、属州、散州三种。直隶州直接由布政使司管辖，层级相当于府；属州介于府县之间，下辖有县；散州是隶属于府而不辖县的州，地位与县相当。由于流域界线不像行政区划界线那么明确，且汉水下游江汉一体，更难分清流域范围，更有些县地跨两个流域。①

明代汉水流域的行政区划常有变动，以洪武和成化两个时期最为频繁。洪武年间政权初创，行政区划的设置处于摸索阶段。洪武二十四年（1391年），朱元璋曾将襄阳、德安、安陆三府划归河南，但很快又回归湖广。成化年间，随着移民的涌入，汉水流域的政区屡次变动。成化十二年（1476年），陕西西安府新置山阳县，成化十三年（1477年）又新置商南县，并复升商县为商州，领山阳、商南、洛南和景泰三年（1452年）设置的镇安县。这次复设商州，基本奠定了今天商洛市的格局。在河南南阳，成化六年（1470年）增设隶属邓州的淅川县，成化十二年（1476年）新置桐柏、南召二县。湖广地区变化更大，成化十二年（1476年），朝廷割襄阳府西部设郧阳府，并析竹山之尹店设竹溪县，析郧县之南门堡设郧西县，并在陕西汉中府洵阳之白石河设白河县，改属湖广郧阳府（次年又改回陕西）。此后的郧阳府拥有郧县、房县、竹山、郧西、竹溪、保康、上津七县，基本奠定了今日十堰的行政区划格局。

为方便后文的阅读，笔者参见《明史》《明实录》《明代政区沿革综表》《中国行政区划通史》将明代汉水流域各府、县的沿革介绍如下。

---

① 明代陕西汉中的略阳、宁羌州、凤县绝大部分地区属于嘉陵江流域；陕西西安府洛南县属于黄河流域，但在今日的行政区划中被划入商洛市，成为商洛唯一一个属于黄河流域的县。河南南阳东部的方城、桐柏均有部分地区属于淮河流域。汉水下游的江汉平原界线难明。

1. 南阳府

洪武元年（1368 年）依元代旧制设南阳府，治所在今南阳市。成化十二年（1476 年）后领 2 州 11 县。其中裕州所属的舞阳县、叶县属淮河流域，其余 1 州 9 县沿革如下。

邓州：属直隶州，原领穰、内乡、新野 3 县。洪武二年（1369 年）省穰县入州。洪武十三年（1380 年）复置穰县，洪武十四年（1381 年）再革。成化六年（1470 年）增设淅川县，此后州领 3 县。州治在今河南省南阳市邓州市。

内乡县：今河南省内乡县。

新野县：今河南省新野县。

淅川县：成化六年（1470 年）析内乡西部而置，县城初设马蹬镇，成化七年（1471 年），淅川县城由马蹬镇迁入老淅川城。丹江口水库建成后老城淹没，新县城移入现址。

南阳县：属附郭县。治所在今南阳市区。

镇平县：洪武十二年（1379 年）一度并入镇平，洪武十三年（1380 年）复置。治所在今河南省镇平县。

唐县：洪武三年（1370 年）置，起初隶属唐州，洪武十三年（1380 年）撤销唐州，唐县直隶南阳府。治所在今河南省唐河县，并非今河北省保定之唐县。

泌阳县：元为南阳府唐州附郭县，洪武二年（1369 年）并于唐州。洪武十三年（1380 年），唐州废，复置泌阳县，直隶于府。治所在今河南省泌阳县。

桐柏县：成化十二年（1476 年）分唐县桐柏镇地置。治所在今河南省桐柏县。

南召县：成化十二年（1476 年）分南阳县地置。治所在今河南省南召县东云阳。

2. 西安府

洪武二年（1369 年）设西安府，其中属于汉水流域的大约是今天除洛南县以外的商洛市。

商州：洪武二年（1369 年）西安府属下有商州建制，洪武七年（1374 年）商州降格为商县。成化十三年（1477 年）又升商县为商州，领洛南、镇安、商南、山阳四县。州治所在今陕西省商洛市。

商南县：成化十三年（1477 年）置，治于层峰驿，在今陕西省商南县南。不久迁治沐河西，即今商南县城。

山阳县：成化十二年（1476 年）置，直隶西安府，成化十三年（1477 年）改属商州。治所在今陕西省山阳县。

镇安县：景泰三年（1452 年）置，直隶西安府，治所在今陕西省柞水县南夜珠坪，天顺七年（1463 年）二月迁治谢家湾，即今陕西省镇安县城。成化十三年（1477 年）改属商州。

3. 汉中府

唐兴元元年（784 年）升梁州为兴元府，元初设兴元路，洪武三年（1370 年）五月改元代兴元路为兴元府。大概是考虑到该地名有兴盛元朝之意，洪武三年（1370 年）六月又改名汉中府，下辖略阳、洋县、南郑、城固、褒城、西乡 6 县和凤州、金州、沔州 3 州。洪武七年（1374 年）沔、凤二州皆降为县，此后直到成化年间汉中府基本维持 8 县 1 州的格局。这之后汉中府行政区划发生过两次较大变化，一是成化二十二年（1486 年）新置宁羌州，二是万历二十三年（1595 年）兴安州（前金州）改为直隶州，脱离汉中单独建制。

褒城县：洪武十年（1377 年）一度并入南郑县，后复置。治所在今勉县褒城镇。

南郑县：倚汉中府。治所在今汉中市。

城固县：治所在今陕西省城固县。

洋县：即元代洋州，洪武三年（1370 年）降为县，洪武十年（1377 年）省入西乡县，不久复置。治所在今陕西省洋县。

沔县：洪武三年（1370 年）置沔州，洪武七年（1374 年）降为县，洪武十年（1377 年）省沔县并入略阳县，后复置。成化二十二年（1486 年）改属汉中府宁羌州，嘉靖三十八年（1559 年）复直隶于府。治所在今陕西省勉县西北老城。

西乡县：治所在今陕西省西乡县。

凤县：即元代兴元路凤州，洪武三年（1370 年）改为汉中府属州，洪武七年（1374 年）改为县。治所在今陕西省凤县凤州乡。

宁羌州：洪武三十年（1397 年）于沔县之羊鹿坪设宁羌卫，隶陕西都司。成化二十二年（1486 年），设州治于宁羌卫之南。嘉靖三十八年（1559 年）改直隶于汉中府。领沔县和略阳县。治所在今宁强县。

略阳县：洪武三年（1370 年）由隶沔州改直隶汉中府。成化二十二年（1486 年）改属宁羌州。治所在今陕西省略阳县。

4. 金州（兴安直隶州）

元代兴元路设金州，明初改金州为散州，隶属于汉中府。万历十一年（1583 年）改名兴安州，后领六县。万历二十三年（1595 年）升为直隶州。

平利县：洪武三年（1370 年）置，原属四川大宁州，洪武五年（1372 年）改属汉中府金州。洪武十年（1377 年）一度并入金州，不久复置。治所在今陕西省平利县老城。

石泉县：洪武三年（1370 年）置，原属四川大宁州，洪武五年（1372 年）改属汉中府金州。嘉靖三十八年（1559 年）改直隶汉中府。万历十一年（1583 年）还属兴安州。治所在今陕西省石泉县。

洵阳县：洪武三年（1370 年）置，原属四川大宁州，洪武五年（1372 年）改属汉中府金州。治所在今陕西省旬阳市太极城。

汉阴县：洪武三年（1370 年）置，原属四川大宁州，洪武五年（1372 年）改属汉中府金州。洪武十年（1377 年）并入石泉县，寻复置。嘉靖三十八年（1559 年）改直隶汉中府。万历十一年（1583 年）还属兴安州。治所在今陕西省汉阴县。

白河县：成化十二年（1476 年）分洵阳县地置，一度属湖广郧阳府，成化十三年（1477 年）改属汉中府金州。治所在今陕西省白河县。

紫阳县：洪武三年（1370 年）置，洪武十年（1377 年）并入石泉县，正德五年（1510 年）设立紫阳堡，正德七年（1512 年）升为县，隶于金州。治所在今陕西省紫阳县。

5. 郧阳府

为加强对荆襄流民的控制，成化十二年（1476 年）将襄阳府西部的上津、房县、竹山、郧县析出，设置郧阳府。同时增设郧西、竹溪、白河 3 县。成化十三年（1477 年），白河县改属陕西金州，弘治十年（1497 年）新设保康县，从此郧阳府领 7 县。治所在今湖北省十堰市郧阳区，1969 年丹江口水库蓄水后淹没。

郧县：郧阳府附郭。至正二十五年（1365 年）设，隶襄阳府均州。成化十二年（1476 年）改属郧阳府。治所在今湖北省十堰市郧阳区。

房县：元为襄阳路房州，至正二十五年（1365 年）起隶襄阳府，领房陵、竹山 2 县。洪武十年（1377 年）撤销房陵县建制，又改房州为房县，省竹山县入房县。房县直隶于襄阳府。成化十二年（1476 年）改属郧阳府。治所在今湖北省房县。

竹山县：至正二十五年（1365 年）起隶襄阳府房州。洪武十年（1377 年）省入房县，洪武十三年（1380 年）复置，直隶襄阳府。成化十二年（1476 年）改属郧阳府。治所在今湖北省竹山县。

竹溪县：成化十二年（1476 年）析竹山之尹店置。治所在今湖北省竹溪县。

上津县：洪武八年（1375 年）置，属襄阳府，洪武十年（1377 年）省入郧县，洪武十三年（1380 年）复置。成化十二年（1476 年）改隶郧阳府。治所在今湖北省郧西县上津镇。

郧西县：成化十二年（1476 年）分郧县之南门堡置。治所在今湖北省郧西县。

保康县：弘治十年（1497 年）分房县地置。治所在今湖北省保康县。

6. 襄阳府

至正二十五年（1365 年）设襄阳府，下辖襄阳、宜城、南漳、枣阳、谷城、光化 6 直辖县和均州、房州 2 属州。其中均州领武当、郧县；房州领房陵、竹山。府治在今湖北省襄阳市。洪武二年（1369 年）撤销均州附郭武当县。洪武八年（1375 年）置上津县。洪武二十四年（1391 年）一度改属河南布政使司。成化十二年（1476 年）郧阳府设置后，郧县、房县、竹山、上津划归郧阳府。此后襄阳府下辖 6 县 1 州。

襄阳县：襄阳府附郭县。治所在今湖北省襄阳市襄城区。

宜城县：今湖北省宜城市。

南漳县：今湖北省南漳县。

枣阳县：洪武十年（1377 年）一度并入宜城县，同年复置。治所在今湖北省枣阳市。

谷城县：今湖北省谷城县。

光化县：洪武十年（1377 年）一度并入谷城县。洪武十三年（1380 年）复设。治所在今湖北省老河口市光化镇附近。

均州：至正二十五年（1365 年）设，洪武二年（1369 年）将武当县并入，州下只辖郧县。成化十二年（1476 年）郧县改隶郧阳府。州治在今湖北省丹江口市西北关门岸。

7. 德安府

洪武元年（1368 年）设德安府，下辖安陆、云梦、孝感、应城 4 直辖县和随州。随州领随县和应山县。洪武二年（1369 年）撤销随县，洪武九年（1376 年）德安府降为黄州府属州，四年后恢复。洪武二十四年（1391 年），德安府曾一度改属河南布政使司。但建文朝以后，德安府建制再未改变。

安陆县：洪武元年（1368 年）设，洪武九年（1376 年）废，洪武十三年（1380 年）复置。治所在今湖北省安陆市。

云梦县：建制变化与安陆一致。治所在今湖北省云梦县。李自成一度改云梦县为固州。

孝感县：治所在今湖北省孝感市。

应城县：洪武十年（1377 年）到洪武十三年（1380 年）一度并入云梦县。治所在今湖北省应城县。

随州：洪武元年（1368 年）设隶属德安府的随州，辖随县、应山县。洪武二年（1369 年）撤销随县。洪武九年（1376 年）改随州为随县，与应山县一起改直隶黄州府。洪武十年（1377 年）省随县入应山县。洪武十三年（1380 年）重设随州，属德安府，领应山 1 县。应山县治所在今湖北省广水市。

8. 承天府

至正二十五年（1365 年），朱元璋依元代旧制设安陆府，下辖京山 1 县。洪武三年（1370 年）设长寿。洪武九年（1376 年）废长寿县，降安陆府为安陆直隶州。弘治四年（1491 年），兴王朱祐杬就藩安陆，正德十六年（1521 年），明武宗驾崩，朱祐杬之子朱厚熜即皇帝位，是为嘉靖皇帝。嘉靖十年（1531 年），朱厚熜改安陆州为承天府，新设钟祥县为附郭县，同时增设显陵县，并将原属荆州府的荆门州及其下辖的当阳县、沔阳州及其下辖的景陵县、直属荆州府的潜江县划归承天府。

钟祥县：元为安陆府附郭长寿县，元末废，洪武三年（1370 年）复置，洪武九年（1376 年）废。嘉靖十年（1531 年）复置，改名钟祥。治所在今湖北省钟祥市。

京山县：洪武二十四年（1391 年）一度改属河南布政使司。嘉靖十年（1531 年）安陆州改为承天府，京山县随属。治所在今湖北省京山县。

潜江县：本属荆州府，嘉靖十年（1531 年）改属承天府。治所在今湖北省潜江市。

显陵县：嘉靖十年（1531 年）置，明末废除。治所在今湖北省钟祥市东北。

荆门州：至正二十四年（1364 年）朱元璋设荆门直隶州，领长林、当阳 2 县。洪武九年（1376 年）改州为县，撤销长林县建制，荆门县与当阳县俱改直隶于荆州府。洪武十三年（1380 年）升荆门县为荆州府属州，领当阳县。嘉靖十年（1531 年）改属承天府，仍领当阳县。州治在今湖北省荆门市。

当阳县：至正二十四年（1364 年）至洪武九年（1376 年）属荆门直隶州，洪武九年（1376 年）至洪武十三年（1380 年）直隶荆州府。洪武十三年（1380 年）后隶于荆州府荆门州。嘉靖十年（1531 年）后隶属承天府。治所在今湖北省当阳市。其辖地大部分属沮漳河流域。

沔阳州：明初设沔阳府，下辖玉沙、景陵 2 县。洪武九年（1376 年）革玉沙县，并改沔阳府为沔阳直隶州，领景陵县。嘉靖十年（1531 年）改隶承天府。天启元年（1621 年），沔阳州降为散州，无领县。治所在今湖北省仙桃市西南沔城。

景陵县：明代初期，景陵县为景陵卫。洪武三年（1370 年）撤卫改县，隶属沔阳。天启年间，改由承天府直辖。治所在今湖北省天门市。

9. 武昌府

武昌府是湖广布政使司治所所在地，位于汉江和长江交汇处。元朝末年，朱元璋打败陈友谅，即有武昌府建制。治所在今湖北省武汉市武昌区。武昌府统辖的区域多在今武汉市市区以东，属于汉水流域的只有江夏 1 县。

江夏县：附郭武昌府。治所在今湖北省武汉市武昌区。

10. 汉阳府

至正二十四年（1364 年）朱元璋占领湖广地区后所设，下辖汉阳、汉川 2 县。洪武九年（1376 年）一度降为武昌府属州，洪武十三年（1380 年）五月恢复。治所在今湖北省武汉市汉阳区。

汉阳县：治所在今湖北省武汉市汉阳区。

汉川县：治所在今湖北省汉川市。

三、明代汉水流域巡抚体制的变迁

"巡抚"之名，源于洪武二十四年（1391 年），朱元璋派遣太子朱标巡抚陕西。但此时的"巡抚"只是一个动词，并不具有官名意义。永乐十九年（1421 年），朱棣派尚书蹇义等 26 人巡行天下，安抚军民。洪武、永乐年间的巡抚因事而设，旋置旋罢，职能与钦差类似。洪熙、宣德以后，由于三司之间相互推诿的弊端日益突出，明宣宗向各省派驻巡抚，"自宣德以后，或因边防有警，或因地方不靖，又陆续在全国各地派出备有中央政府一二品大员职衔的'总督''巡抚'，集所督所抚地区内的军务、察吏、治民大权于一身，遂成为最高级的封疆大吏"[1]。嘉靖以后，督抚逐渐成为实际上的地方最高军政长官，所以至明后期，最高

---

[1] 谭其骧：《中国历代政区概述》，《文史知识》1987 年第 8 期，第 18 页。

一级地方行政区划事实上已不是两京十三布政司，而是几十个总督、巡抚辖区。从本质上讲，督抚辖区是一种向正式政区过渡阶段的"准政区"。① 这种制度不仅延续到明朝灭亡，还开启了清朝以督抚为地方最高长官的制度。

明代中后期的巡抚大体分为以下四种：一是分布于十三布政使司的巡抚，如湖广巡抚、河南巡抚、陕西巡抚等；二是两京的巡抚，其中北直隶有顺天巡抚、保定巡抚、宣府巡抚，南直隶有应天巡抚、凤阳巡抚；三是为维护边疆安全而专设的巡抚，如辽东巡抚、甘肃巡抚、宁夏巡抚、延绥巡抚；四是为解决移民和治安问题，在多省边界内陆地区设置的巡抚，如郧阳巡抚、南赣巡抚、松潘巡抚、偏沅巡抚。

在明代的正式行政区划中，汉水流域地跨三省。宣德年间，三省都设置与布政使司同名的巡抚。② 此后旋设旋罢，成化、弘治之后渐成定制。成化元年（1465 年），为解决流民问题，朝廷设置荆襄抚治，成化十二年（1476 年）更名为郧阳抚治，其辖区不仅涵盖整个汉水流域，还向外延伸。据《郧台志》记载，郧阳抚治辖区包括"湖广府凡三：郧县、房县、竹山、上津、竹溪、郧西、保康七县，俱郧阳府；襄阳、宜城、南漳、枣阳、谷城、光化、均州七州县，俱襄阳府；江陵、公安、石首、监利、松滋、枝江、夷陵、长阳、宜都、远安、归州、巴东、兴山十三州县，俱荆州府。河南府一：南阳、镇平、唐县、泌阳、南召、桐柏、邓州、内乡、新野、淅川、裕州、舞阳、叶县十三州县，俱南阳府。陕西府一：南郑、褒城、城固、洋县、西乡、凤县、兴安、平利、石泉、洵阳、汉阴、白河、紫阳、宁羌、沔县、略阳十六州县，俱汉中

---

① 郭红、靳润成：《中国行政区划通史·明代卷》，复旦大学出版社 2007 年版，第 720 页。
② 其中陕西巡抚设于宣德二年（1427 年），湖广、河南巡抚设于宣德五年（1430 年）。

府。并西安府属商州：洛南、商南、山阳、镇安四县，同时敕归督属"①。辖区督属之地，"东至德安府随州界，西至四川广元县界，南至四川巫山县界，北至河南灵宝县界。东西二千五百里，南北一千四百里"②。

　　需要特别说明的是，虽然郧阳抚治在明代汉水流域的社会治理中发挥了重要作用，但它自始至终都不是正式政区，郧阳巡抚也不是辖区内唯一的最高行政长官。明末清初，省域巡抚与区域巡抚的辖区是互相重叠的，出现了较为普遍的"一地两属"现象。③ 汉水流域基本属于这种情况。依明代惯例，巡抚一般不能直接指挥三司，其统治主要是通过三司所辖的道员来实现。郧阳抚治所辖道有九："于郧襄曰下荆南，荆州曰上荆南，河南南阳曰汝南，陕西汉中曰关南，各守巡一。商州曰商洛，独守守道。"④ 在实际政务运作中，道员会同时向省域巡抚、区域巡抚请示、汇报政务，接受双重领导。由此可见，郧阳巡抚更像一个协调机构，而不是正式的地方长官。

第四节　汉水流域的社会治理与明代宗藩制度

一、明代宗藩制度概述

　　作为中国最古老的政治制度，分封制源远流长。《左传》就有"禹

---

① 裴应章、彭遵古：《郧台志》，长江出版社 2006 年版，第 5 页。
② 裴应章、彭遵古：《郧台志》，长江出版社 2006 年版，第 39 页。
③ 傅林祥：《晚明清初督抚辖区的"两属"与"兼辖"》，《安徽大学学报》（哲学社会科学版）2010 年第 5 期，第 113-114 页。
④ 裴应章、彭遵古：《郧台志》，长江出版社 2006 年版，第 3-4 页。

合诸侯于涂山，执玉帛者万国"① 的记载。真正意义上的分封制度始于周朝，周公分封诸侯以拱王室，但事与愿违，最终形成春秋五霸、战国七雄的混乱局面。秦统一六国，废分封而行郡县，这种中央集权的地方管理制度基本被历朝历代沿用。西汉裂土封王，最终引起"七国之乱"；西晋广行分封，宗室权力强盛，"八王之乱"又起，王朝分崩离析。后世诸朝多引以为戒，虽封王但不授土，宗室虽有王侯之名，却只能衣租食税，没有实际的政治权力，但明朝却是一个例外。

　　明朝立国伊始，朱元璋考察历代宗室制度，认为"先王封建，所以庇民，周行之而久远，秦废之而速亡。汉晋以来，莫不皆然，其间治乱不齐，特顾施为何如耳"②。这位生性多疑的帝王对文臣武将皆不信任，他认为只有血缘纽带可保朱明王朝万世太平，甚至想当然地认为"天下之大，必建藩屏，上卫国家，下安生民"③。朱元璋梦想建立一种既能消除诸王拥兵自重、尾大不掉的弊端，又能使之成为拱卫京师、藩屏皇室的中坚力量的宗室制度。于是他"择名城大都，豫王诸子，待其壮，遣就藩服"④，"使其常岁操练军马，造作军器，欲为防边御寇，以保社稷，使帝业万世固也"⑤。朱元璋所封的藩王，王府都设有指挥使司，每府设三护卫，约一万六千人。若遇战事，亲王不但有权调动王府护卫，还能节制地方军队。燕王、晋王常率领北部边防军与游牧民族作战，当时的确起到了抵御外患、镇守边防的作用。在给予宗室崇高政治地位的同时，朱元璋又赏赐以特别丰厚的俸禄，使他们衣食无忧，一心拱卫皇室，起到"外卫边陲，内资夹辅"的作用。朱元璋煞费苦心地安排，本

---

① 左丘明：《左传》，蒋冀骋标点，岳麓书社 1988 年版，第 398 页。
② 《明太祖实录》卷 51，洪武三年四月辛酉。
③ 《明太祖实录》卷 51，洪武三年四月辛酉。
④ 夏燮：《明通鉴》，线装书局 2009 年版，第 228 页。
⑤ 陈力：《中国野史集粹》，巴蜀书社 2000 年版，第 392 页。

以为可以彻底解决棘手的宗室问题，可惜事与愿违，他刚刚去世，朱允炆眼见皇叔们个个拥兵自重，野心勃勃，便采用齐泰、黄子澄之议厉行削藩。燕王朱棣深感自己的地位岌岌可危，干脆孤注一掷，以"靖难"之名起兵，历时 4 年从侄儿手中夺得皇位。藩王出身的朱棣深知王权对皇权的威胁，称帝不久就继续执行建文帝未完成的削藩事业，全面禁止藩王干预地方事务，规定"自今王府非得朝命，不许擅役一军一民及敛一钱一物，不听从者有罚"①，对诸王严加管束。他还收缴王府护卫军，削弱藩王叛乱的军事基础。朱棣对藩王的违法行为严惩不贷，还借机增立藩禁，各藩王迫于形势，纷纷献土自保。然而朱棣虽对自己的兄弟刻薄寡恩，但依旧按照《皇明祖训》分封自己的儿子朱高煦（汉王）、朱高燧（赵王），为新的内乱埋下了伏笔。宣德元年（1426 年），朱高煦趁哥哥仁宗病故，侄儿朱瞻基立足未稳之际，欲效仿其父亲故伎重演，但很快被宣宗歼灭。经过几次皇族内战，藩王制度的弊端暴露无遗，但封藩是朱元璋制定的法度，谁也不敢贸然废弃，宣宗朱瞻基也只能在保留藩国形式的前提下，进一步限制和削夺诸王的权力。他收回藩王的兵权，使宗藩基本丧失了叛乱的军事实力。为了杜绝藩王叛乱，宣宗制定了更加烦琐的"藩禁"政策，规定"出城省墓，请而后许，二王不得相见，藩禁严密，一至于此"②。从此这些王室子孙困守藩地，不习四民之业，坐食宗禄，动辄被纠。经过宣宗的改革，分封制度发生了根本性的转变，时人张岱指出："我明自靖难之后，待宗室，其制愈严愈刻。在诸王之中，乐善好书者，固百不得一；而即有好饮醇酒、近妇人，便称贤王，遂加奖励矣。"③ 到宣宗时期，削藩基本完成，藩王最终演变成为

---

① 《明太宗实录》卷 19，永乐元年夏四月丁卯。

② 章培恒、喻遂生分史主编：《二十四史全译·明史》（第 4 册），汉语大词典出版社 2004 年版，第 2534 页。

③ 张岱：《石匮书、石匮书后集》（第 1 册），上海古籍出版社 2007 年版，第 87 页。

一个经济上依附国家供养、政治上没有任何权力、不劳而获、无所事事的寄生阶层。这不仅与朱元璋的初衷背道而驰，更给明代的地方经济、地方社会带来诸多灾难。毫不夸张地说，失败的宗藩制度是明朝覆亡的重要原因。

二、汉水流域藩王的时空分布及其事略

汉水流域位于天下之中，气候适宜，物产丰富，是皇子皇孙们的理想封藩地区。自洪武十四年（1381 年）楚王朱桢就藩武昌到天启七年（1627 年）瑞王朱常浩、惠王朱常润分别就藩汉中和荆州，有明一代就藩汉水流域的初封亲王共计 13 人（表 1.2）。

表 1.2　汉水流域藩王统计

初封亲王	身份	受封地	就藩时间	封除时间	备注
楚王朱桢	太祖第六子	武昌府	洪武十四年（1381 年）	崇祯十六年（1643 年）	传九代，末王朱华奎，被张献忠沉于长江
湘王朱柏	太祖第十二子	荆州府	洪武十八年（1385 年）	建文元年（1399 年）	仅一代，被人诬告谋反，惧而自焚，国除
辽王朱植	太祖第十五子	荆州府	永乐二年（1404 年）	隆庆二年（1568 年）	朱植本封于广宁州，后徙藩荆州府，传八代，末王朱宪㸅被废为庶人，国除

续表1.2

初封亲王	身份	受封地	就藩时间	封除时间	备注
唐王朱桱	太祖二十三子	南阳府	永乐六年（1408 年）	崇祯十七年（1644 年）	传九代，末王朱聿键在南明时称帝，被清军掳，绝食而崩
郢王朱栋	太祖二十四子	安陆州	永乐六年（1408 年）	永乐十二年（1414 年）	仅一代，无嗣国除
襄王朱瞻墡	仁宗第五子	襄阳府	正统元年（1436 年）	崇祯十四年（1641 年）	朱瞻墡本封于长沙府，后徙藩襄阳府，传八代，末王朱翊铭为农民军所杀
梁王朱瞻垍	仁宗第九子	安陆州	宣德四年（1429 年）	正统六年（1441 年）	仅一代，无嗣国除
兴王朱祐杬	宪宗第四子	安陆州	弘治七年（1494 年）	正德十六年（1521 年）	世子朱厚熜入嗣为帝，藩不复存，但王府建制仍在，后改为承天府，直到明末
岐王朱祐棆	宪宗第五子	德安府	弘治八年（1495 年）	弘治十四年（1501 年）	仅一代，无嗣国除
寿王朱祐楷	宪宗第九子	德安府	正德元年（1506 年）	嘉靖二十四年（1545 年）	朱祐楷本封于保宁府，后徙藩德安府，仅一代，无嗣国除

续表1. 2

初封亲王	身份	受封地	就藩时间	封除时间	备注
景王朱载圳	世宗第四子	德安府	嘉靖四十年（1561年）	嘉靖四十四年（1565年）	仅一代，无嗣国除
瑞王朱常浩	神宗第五子	汉中府	天启七年（1627年）	崇祯十七年（1644年）	农民军进逼汉中时外逃，后被杀于重庆，仅一代
惠王朱常润	神宗第六子	荆州府	天启七年（1627年）	顺治四年（1647年）	农民军进逼荆州时外逃，后被清兵俘杀，仅一代

资料来源：《明史·诸王列传》及《明实录》。

从汉水流域第一代藩王的时间和代际分布来看，13位藩王只有5代，分别是太祖5子、仁宗2子、宪宗3子、世宗1子、神宗2子。从空间分布看，这13位藩王的封地都在交通便利、沃野千里的平原地区。其中安陆州（德安府）6位，荆州府3位，武昌府、南阳府、襄阳府、汉中府各1位。楚王、唐王两藩存在的时间最长，几乎与大明王朝相始终，其次是襄王和辽王。封于安陆州（德安府）的6位亲王除兴王之子朱厚熜入嗣为帝外，其余5位都因绝后而除封。因此安陆（德安府）封王虽多，宗室人口却很少。但朱厚熜入嗣称帝，安陆摇身一变为"兴都"，世宗皇帝在家乡大兴土木扩建王府和王陵，产生的实际影响远远大于其他藩王。

三、明朝宗室对汉水流域城建与经济的影响

明朝的宗藩制度是一套依据宗法制建立的完整分封继承体系，根据

与皇帝血缘关系的远近，太祖子孙被分为 8 个等级：

> 明制，皇子封亲王，授金册金宝，岁禄万石，府置官属。护卫甲士少者三千人，多者至万九千人，隶籍兵部。冕服车旗邸第，下天子一等。公侯大臣伏而拜谒，无敢钧礼。亲王嫡长子，年及十岁，则授金册金宝，立为王世子，长孙立为世孙，冠服视一品。诸子年十岁，则授涂金银册银宝，封为郡王。嫡长子为郡王世子，嫡长孙则授长孙，冠服视二品。诸子授镇国将军，孙辅国将军，曾孙奉国将军，四世孙镇国中尉，五世孙辅国中尉，六世以下皆奉国中尉。其生也请名，其长也请婚，禄之终身，丧葬予费，亲亲之谊笃矣。①

按明朝的宗室制度，宗室不得习四民之业，只能坐食宗禄，出生时要报生、请名；成年之后要请封、请婚；去世后还要请葬。从生到死的一切事情均由中央和地方官府操办。汉水流域的宗藩星罗棋布，以各亲王为首，他们与郡王以下王府宗室共同构成一个个宗藩支派。如楚王系共有郡王 15 个，辽王系共有郡王 20 个，襄王系共有郡王 9 个。自永乐、宣德以后，针对宗室的"藩禁"越来越严格，宗室子弟不得参政、不得出仕、不得结交朝臣、不得自置官吏，就藩之后，同为藩王的亲兄弟至死不得相见。这些严苛的限制让宗室成员在政治上无所作为，只能转移注意力，凭借他人无可比拟的权势和地位，在经济上大肆掠夺。他们广布王庄，侵占平民土地，大量消耗禄米，拖垮地方财政。无休止的王府供应与徭役，更使得人民苦不堪言。他们还公然越制，凭借身份特权染

---

① 章培恒、喻遂生分史主编：《二十四史全译·明史》（第 3 册），汉语大词典出版社 2004 年版，第 2441 页。

指商业。宗室的所作所为，对于汉水流域地方经济的影响可以用"灾难"来形容。尤其是楚王、唐王、襄王、辽王等系宗藩，由于其存在时间长，繁衍人口多，分封的郡王、将军更多，对地方经济的破坏自然也更大。

藩王对地方经济的影响首先体现在王府庄田上，明朝的藩王都坐拥为数不等的庄田，是名副其实的大地主。藩王们获得庄田的途径主要有钦赐、奏讨、受献、夺占等。其中钦赐与奏讨往往同时进行，是藩王获取土地的主要形式。诸王受封之时，都可获得数量不等的庄田，以襄王府为例，正统二年（1437 年），"以湖广襄阳府所属襄阳各县无税田地三百九十六顷山二所给赐襄王"①，景泰三年（1452 年）又"给襄王瞻墡湖广襄阳等五县无粮空闲山地一百顷"②；天顺元年（1457 年），再次赐"山地五千余顷"③。郡王也是如此，按洪武九年（1376 年）定额："郡王诸子年及十五，每位拨赐田六十顷，以为永业，并除租税。"④ 皇帝所赐的田地已经不少，但这些皇子皇孙个个欲壑难填，如景王朱载圳于嘉靖四十年（1561 年）就藩湖广德安府，嘉靖皇帝下诏赐给他庄房 7处、水租房地 4 处达 900 余顷，这还没有包括分布于河南的土地，据说总数达 40000 顷⑤，但景王仍然"奏讨无厌"，地方官员碍于他是"帝王爱子"，也是"悉从其请"。更为恶劣的是有些藩王还经常将一些民田妄指为废地、河滩、无税田，奏请皇帝批准据为己有，奏讨往往变成了合法兼并。不仅藩王如此，就连当了皇帝的朱厚熜也参与其中。《明史·食货一》有言："初，世宗时，承天六庄二湖地八千三百余顷，领以中

① 《明英宗实录》卷 36，正统二年十一月丙申。
② 《明英宗实录》卷 223，景泰三年十一月乙丑。
③ 万历《襄阳府志》卷 3《郡纪下》，明万历刻本，第 8 页 b。
④ 《明太祖实录》卷 104，洪武九年二月丙戌。
⑤ 王毓铨：《莱芜集》，中华书局 1983 年版，第 136 页。

官，又听校舍兼并，增八百八十顷，分为十二庄。"王府庄田迅速扩张，上层宗室依靠不计其数的庄田过着锦衣玉食的生活，而广大的贫苦农民却失去田地沦为王庄的佃户。这一切直接激化了阶级矛盾，造成了社会动荡。虽然明中期以后，统治者对日益增长的兼并之风有所警觉，想方设法地给予制裁，无奈积重难返，许多限制兼并的政策沦为一纸空文。

宗室人口剧增形成的禄米负担使明末地方财政入不敷出，造成一系列社会问题。朱元璋确立宗藩制度之初，就给予宗藩优厚的岁禄，亲王各 50000 石。洪武二十八年（1395 年），考虑到子孙众多，"俸给弥广"，量减各王岁禄，按宗室的 8 个等级调整为亲王 10000 石、郡王 2000 石、镇国将军 1000 石、辅国将军 800 石、奉国将军 600 石、镇国中尉 400 石、辅国中尉 300 石、奉国中尉 200 石。朱棣剥夺了藩王的政治权力，其子朱高炽即位，就以增加禄米的方式给予经济补偿。这些禄米负担被分摊到地方州县，成为当地民众的沉重负担。汉水流域宗藩众多，负担较其他地区更为沉重。明朝初期，宗室人数有限，地方尚能承受一定数额的岁禄支出，但这些被剥夺政治权力的明朝宗室终日无所事事，衣足饭饱之余，以广播皇种、繁衍后代为能事，"百姓税粮有限，而宗枝蕃衍无穷"[①]。到明中后期，在宗室人口迅速增加、国家财政日益窘困的情况下，宗藩禄米数量急剧上升，朝廷不得不采用减少宗室岁禄的方法来维持。

大约从成化朝开始，宗室岁禄成为严重的财政问题。朝廷无法摆脱这种困境，只能一味扩大剥削范围从而压榨更多民脂民膏，这种敲骨吸髓的剥削方式只会让宗室缺禄程度更为严重。嘉靖四十四年（1565 年），朝廷号召各王府奏减禄米，但这种治标不治本的政策根本无济于事，新

---

① 梁材：《会议王禄军粮及内府收纳疏》，载陈子龙等《明经世文编》（第 2 册），中华书局 1962 年版，第 921 页。

增宗室人口所形成的新负担使地方财政赤字进一步扩大。天启以后，宗室人口继续繁衍，宗禄需求早已超出地方财政的支付能力，在别无选择的情况下，地方官府只得年年拖欠。等级差别本来就让宗室间存在非常严重的贫富分化，而拖欠宗禄使得部分花天酒地的宗室只能在衣食不继中艰难度日。霍韬在《天戒疏》中说："太祖皇帝初定天下，封建亲藩，禄制有差，固欲世世共享太平也。百六十年，宗支日广，禄粮不给。郡王以上，受享多禄。将军、中尉而下，奏告不得禄粮者屡至矣。有晨朝进食，仅一面饼，腹不充饥者矣；有假息蓬窝，无室屋以栖者矣；有不幸物故，无棺敛者矣；有女年四十，不得适人者矣。"① 这些皇室宗亲如同寄生在大明王朝体内的癌细胞，不断呈几何级数增长，如吸血鬼一般吞噬着国家财富，直到大明王朝油尽灯枯，才随明王朝一起成为历史。

明中期以后商品经济快速发展，汉水流域位于天下之中，宗室为了满足生活需求和对财富的追求，大量参与到商业活动中。嘉靖四十二年（1563年），景王眼红于荆州的沙市地处交通要道，商业繁华，派出王府鹰犬"强收为业"，荆州知府徐学谟无力阻止，"佃农渔户因利属本府，往往弃业以逃"②。藩王们凭借自己的特权控制物价，垄断市场，严重妨碍了正常的商业活动。

除侵占民田、索要禄米之外，朱明宗室无休止的王府供应、役使也使得地方百姓疲于奔命。按宗藩制度，王府修建宫室府第、陵墓祠寺，送往迎来，婚丧嫁娶等，都要驻地民众出钱出力。亲王就藩封地，都要择地建造王府。为彰显威严及地位，诸王相互攀比，王府规模越来越大。张仁熙在《高观山行》中描述楚府遗址："前有屏山侧有湖，宫城

① 霍韬：《天戒疏》，载陈子龙等《明经世文编》（第3册），中华书局1962年版，第1914页。
② 《明世宗实录》卷530，嘉靖四十三年二月癸丑。

仿佛是留都。滋阳桥下鱼龙见，猎马场中鸟兽呼。宫前十里为城郭，城砖都是郡县作。"① 明朝前期，王府兴建尚有定制，中后期以后，诸王无视祖制，肆意扩建宫室，不少亲王甚至郡王、将军都把宫殿修得富丽堂皇。正统三年（1438 年），襄王觉得旧王府气派不足，要求重修王府，朝廷在襄阳屡经旱涝、军民工力、物料均不足的情况下依然下令，"附近卫所州县发军夫工匠三千人往助之，物料取诸官，不足宜市于民，而官酬以直"②，这项工程一直持续到弘治二年（1489 年），襄阳官民苦不堪言。宗藩们不仅喜欢修建宫殿，也同样热衷于兴建坟墓。汉水流域最豪华的藩王陵墓当数兴献王的显陵工程，史称"显陵营造，计费可十余万而足，而当事者云必六十万"③。如此巨额的工程费用被摊派到湖广、南直隶、河南、浙江、江西、福建、广东等省，负担最重、受害最深的无疑还是当地百姓。诸王就藩，随行宫眷、官属、军校浩浩荡荡，沿途的铺设、供应耗费无度。天启年间，惠、桂、瑞三王先后至国，沿途铺设费用累计 17 万两，湖广、陕西、河南三省一起遭殃。瑞王就藩汉中，沿途经过襄阳、郧阳等地，郧阳地瘠民贫，实在无力承担如此巨额花费的迎送任务，只得要求南阳、西安协济。王府官校仗势欺人、沿途勒索，众小民敢怒不敢言。藩王对地方的扰害由此可见一斑。

　　在部分宗室横行霸道、为虎作伥的同时，也有一些藩王能够体恤民情，对于困难的民众伸出援手，积极关注地方建设，维护地方的长治久安。这些"贤王"主要集中在明朝前期。如第一代楚王朱桢，他"鉴前古藩王之失，府中官属，皆出廷授，未尝外通宾客。爱恤国人，恒恐伤之。地产之利，率推界民。不受贡献。岁歉，尝减禄米之半以抚民。军

---

① 陈诗：《湖北旧闻录》（中册），姚勇、邱蕤、杨晓兰点校，湖北人民出版社 1999 年版，第 633 页。
　　②《明英宗实录》卷 48，正统三年十一月癸未。
　　③《明世宗实录》卷 87，嘉靖七年四月庚午。

校遵奉戒约，毋敢侵越。国中怀德，如戴父母"①。嘉靖皇帝的父亲兴献王朱祐杬在灾荒之年赈济灾民，在汉江泛滥之时雇人驾舟沿江搜救。"其后又出资粮命官筑堤四十余里，自是水患乃绝，而军民濒水之田，皆恃以安"②。还有一些藩王从自身利益出发奏请朝廷开展城市和水利建设，客观上有利于地方社会经济的发展，如荆州的湘王虽因自焚一世而除，但正因为他就藩荆州，直接促成了荆州城的兴建。襄王朱瞻墡是水利建设方面的杰出代表，景泰、天顺年间，襄阳多次发生洪涝灾害，朱瞻墡奏称："襄阳城逼汉江，自昔有堤，号曰老龙环，护城郭岁久，为水冲激，已渐坍决，及城南有救生桥，水大人可度桥登山以免水患，今亦损坏，非大起工匠修筑，不足捍灾御患，请敕附近府州县并本处有司军卫为之事。"③朝廷经勘察核实后下令修筑堤桥，使襄阳城从此免于水患。无独有偶，弘治十三年（1500 年），分封于荆州的辽王朱宠㳢亦上奏："荆州府旧有护城堤岸，长五十里，近堤坏岸崩，致江水冲坏城门、桥楼、房屋，为患甚急，请命官修筑。"④朝廷复查之后令工部派人前往修复，使荆州不再遭受洪水的威胁。但这样的贤王毕竟是凤毛麟角，作用微乎其微，根本无法改变宗藩祸害地方的本质。

四、明朝宗室对汉水流域政治与社会治安的影响

　　明代的宗室政策分为三个阶段，第一阶段是洪武年间，诸王手握重兵，坐镇一方；第二阶段是建文至天顺年间，藩禁渐密，藩王逐步丧失

---

① 张高荣：《新编灵泉志》，武汉出版社 2006 年版，第 309 页。
② 《明武宗实录》卷 175，正德十四年六月己卯。
③ 《明英宗实录》卷 352，天顺七年五月壬辰。
④ 《明孝宗实录》卷 167，弘治十三年十月丙申。

政治权利；第三阶段是成化至崇祯年间，藩王彻底沦落为寄生阶层，随明王朝的结束而消亡。这三个阶段有明显的区别，从汉水流域宗室对地方政治的影响中也能得到体现。

汉水流域虽非边塞，但位居天下之中，武昌为南京上游重镇，是拱卫京师的战略重地，地位非比寻常。朱元璋封六子朱桢为楚王，封十二子朱柏为湘王，分别镇守武昌和荆州。洪武十八年（1385 年）湘西地区土司作乱，朱桢主动请缨，朝廷命朱桢为统帅，率楚藩护卫兵校六千五百人，会同信国公汤和等追剿贼首吴奋儿。冬十月，楚王"率兵过铜鼓，次十万坪。分四道，约期会古州。湖耳诸蛮饷至者千五百余人，遂遣诸将乘夜捣其巢。旦日，王至铜鼓督战，尽毁其栅砦，杀获四千余人，至屈团顿寨而还。既而，搜伏匿，发害藏，诱执吴奋儿及其子孙，悉送京师"[1]。此战大获全胜与楚王朱桢运筹帷幄、指挥得当密不可分，连开国大将汤和都称赞其有勇有谋。捷报传至南京，朱元璋喜出望外，大赞儿子朱桢"真吾子也"。封地在荆州的第一代湘王朱柏也有卓越的军事才能，他"喜谈兵，臂力过人，善弓矢刀槊，驰马若飞"[2]。明朝初年，一支蒙元降兵欲在常德起事，朱柏闻讯后当机立断，出奇制胜，将叛乱扼杀于局部，得到了朝廷的高度赞誉。洪武三十年（1397 年），古州蛮族再次叛乱，一路攻城略地。朱元璋起用楚王朱桢为主帅，湘王朱柏为副将，率军 20 万击破敌军，诛杀匪首林宽。两位藩王的赫赫战功，为巩固大明王朝、维护地方稳定做出了巨大的贡献。朱元璋在位时期，藩王确实起到了拱卫中央的作用。

朱元璋死后，皇孙朱允炆即位，为巩固自己的皇位，建文帝不断设

---

① 郭子章：《黔记》（中册），赵平略点校，西南交通大学出版社 2016 年版，第 774 页。

② 章培恒、喻遂生分史主编：《二十四史全译·明史》（第 4 册），汉语大词典出版社 2004 年版，第 2465 页。

法限制手握重兵的皇叔们的权力。骁勇善战的楚王朱桢再也没有带兵出征的机会；文武双全的湘王朱柏被告谋反，无以自明，被迫自焚，年仅28 岁。削藩严重损害了藩王的权益，在燕王进攻南京之时，驻扎武昌负有藩屏南京责任的楚王本应顺流而下抵御燕军，但楚王按兵不动，坐山观虎斗，直到朱棣取代建文帝。也许正是第一代楚王在靖难之役中保持中立，朱棣以后的历代帝王都对楚王系器重有加，给予无数赏赐，使楚王系成为汉水流域人口最多、势力最强的宗藩。

藩王出身的朱棣深谙诸王拥兵自重对帝王的威胁，表面上恢复诸王的权力，实际上暗中采取移藩、夺兵等措施，逼迫藩王自己交出实际权力。在这种形势下，第二代楚王朱孟烷专注于修身养性以图明哲保身。"宣德甲寅，武昌民饥，为糜粥济之，多所全活。近城累有虎伤人畜，王考出捕，悉射杀之，民免于害。"① 这种普度众生、为民除害的贤明姿态并没有摆脱朝廷的猜忌。宣德五年（1430 年），平江伯陈瑄遣其子向朝廷密奏楚藩兵多将广、粮饷充足，位居战略要地，一旦发难难以制驭，建议朝廷采取果断措施剪除楚王羽翼。楚王朱孟烷并无谋逆之心，闻讯赶紧奏请朝廷，将自己的三支护卫队中的两支交给朝廷。从此以后，汉水诸藩再无拥重兵者。明朝初年，公侯大臣见藩王都要"伏而拜谒"，可明末魏忠贤专权，楚王朱华奎"疏颂魏忠贤，捐资一千两请建祠于武昌城内高观山凤凰窝之阳"②。堂堂亲王最后沦落到为权阉修生祠的地步，真是滑天下之大稽。宗室丧失政治权利，无所事事，直接带来了三个后果，一是以开枝散叶为能事，导致宗禄剧增；二是刺激了宗室对经济利益的追求，他们奏请赐田、强夺民产，激化了宗室和人民的矛

① 陈诗：《湖北旧闻录》（中册），姚勇、邱葵、杨晓兰点校，湖北人民出版社 1999 年版，第 627 页。

② 《明熹宗实录》卷 87，天启七年八月辛亥。

盾，这是汉水流域农民起义频繁发生的原因之一；三是无所事事的生活刺激了部分宗藩的心理，不仅倚仗特殊身份欺压良善，横行乡里，甚至亲亲相残，内部倾轧不已，给地方带来了无可挽回的损失。

终明一代，汉水流域宗藩中对地方危害最大的当数荆州的辽王一系，第二代辽王朱贵烚，"王与江陵、泸溪二郡主乱，又通千户曹广等妻女数十余人，非理奸死者十余人，杖死长史杜述，擅笞荆州知府刘永，择强壮三百余人强买货物，侵占办课湖港，强网学舍池鱼；每年假以进贡，于夷陵等州、江陵等县夺军柑橘，起州县人夫递送，逼死者三十人"①。这位藐视律法、殴打朝廷命官、滥杀无辜、行同土匪的亲王最终被废为庶人，但并没有除封。百年之后，辽王府又出了一个朱宪㸅，此人"喜方术，性淫虐。时世宗奉玄，则亦假崇事道教，以请于上，得赐号清微忠孝真人，赐金印及法衣法冠等"②。他常常穿着这套行头擅入民宅，借"斋醮"之名索取巨额钱财。最令人发指的是此人曾"以符咒妖术，欲得生人首，适街有醉民顾长保者，被割丧元，一城惊怪"③。这位暴戾恣睢的王爷滥杀无辜能够逍遥法外，最后却因为嘉靖十九年（1540 年）害死一个叫张镇的护卫招来大祸，隆庆二年（1568 年）被废为庶人，关押在高墙内永远圈禁。这倒不是张镇有多大能耐，而是因为他有一个叫张居正的孙子。

朱元璋的皇子皇孙不仅对外残害百姓，内部也时常上演同室操戈的惨剧。其中以嘉靖二十四年（1545 年）楚王朱显榕为其世子朱英燿所弑一事最为骇人。朱英燿生性残暴，荒淫无耻，使宫女怀孕。朱显榕闻讯大怒，开始疏远这个败坏门风的儿子。而朱英燿依旧我行我素，甚至变

---

① 《明英宗实录》卷 53，正统四年三月庚申。
② 沈德符：《万历野获编》（上册），文化艺术出版社 1998 年版，第 127 页。
③ 沈德符：《万历野获编》（上册），文化艺术出版社 1998 年版，第 127-128 页。

本加厉，把妓女带进王府与之同居。朱显榕欲予以严惩，并有废立世子的打算。朱英燿心生怨恨，与楚府群小"谋以次年上元邀王赏灯，因举事，及期乃集其党田尧、谢六儿、张贵等歃血而盟，分执铜爪、木梃，蒙以面具，伏缉熙堂后，约举炮为号"①。楚王朱显榕就这样惨死在自己儿子的魔爪之下。楚王死后，朱英燿又鞭尸泄恨。最后事情败露，举国震动，朝廷将朱英燿"斩之于市，焚弃其尸，不许收葬"②。

万历年间，楚王府又发生了一场旷日持久、波及甚广、影响极大的内争。史称"假王事件"。事起于明隆庆五年（1571年），楚恭王朱英㷿去世，宫人胡氏于次年生遗腹孪生子朱华奎、朱华璧。万历八年（1580年），明神宗封朱华奎为楚王，朱华璧为宣化王。然而到了万历三十一年（1603年），楚宗人辅国中尉朱华越递上奏疏，谓朱华奎、朱华璧皆非楚恭王子，实为王太妃之兄王如言的侍妾尤金梅所生，朱华越有其妻王氏（王如言之女）言证。

万历皇帝接到奏疏后交由礼部处理。礼部尚书郭正域是东林党人，力主查勘虚实，并得到次辅沈鲤支持，而首辅沈一贯则以"宫闱暧昧""年月久远""事体重大"为由，主张缓办，可是郭正域依旧坚持己见，将案件发往湖广地方办理。巡抚赵可怀会同巡按应朝卿对王府有关员役70多人加以刑讯，都未获得能够证明朱华奎不是恭王所生的证据。只有朱华越的妻子王氏依旧一口咬定朱华奎是"伪王"。地方把勘问结果申报入朝，万历皇帝命各部院大臣会同有关官员复查，可此事已过去30余年，在当时的科技水平下难以查明。地方官员只好上报朝廷，称伪王之事毫无根据，神宗为了早日息事宁人，说："（楚王）嗣位二十余年，何

---

① 《明世宗实录》卷303，嘉靖二十四年九月丁丑。
② 《明世宗实录》卷303，嘉靖二十四年九月丁丑。

至今始发，且夫讦妻证，不足凭，遂罢楚事勿按。"① 将朱华越降为庶人，禁锢于凤阳；附和他的宗人朱蕴钫等，或罚减俸禄，或革爵幽禁。

宗室内部矛盾没有解决，事情自然不会结束，三个月后，"真假楚王案"演变成一桩冲击抚衙，殴死巡抚的"逆宗谋反案"：

> 万历中，楚宗人讦奏其王业，奉旨处分矣。王备物谢恩，因谢诸当事者。宗人欲申前说，三十二年闰九月三日，相率过汉阳府公馆，夺其私书并解京银四杠攫焉。本府闭城，黄典史走报分巡道。分巡副使周应治，鄞人也。仓皇请于巡抚赵可怀，带领军人捕楚其书，捉获宗人三十余人，裸其体，加桎梏而鸣金鼓，以入于会城。诸宗人见之，愤甚。初五日，糜至抚院，遇应治并学院窦某，共击之，应治窜伏赵内衙之神厨。赵出谕语，复不伦，登时打死碎尸，应治乘间弃敕印逃。②

楚王宗室怀疑朱华奎行贿朝中官员蒙混过关，行劫的目的本是获取楚王行贿的私书证据，殴杀巡抚纯属一时冲动。然而湖广巡按吴楷及内阁首辅沈一贯却向万历报告"逆宗反形大著"③。一时间郧阳、江西、河南等地的士兵整装待发，举国上下如临大敌。闹事诸宗见大军压境，只好束手就擒。审讯完毕，"斩两人，勒四人自尽，锢高墙及禁闲宅者复

---

① 章培恒、喻遂生分史主编：《二十四史全译·明史》（第 7 册），汉语大词典出版社 2004 年版，第 4595 页。

② 陈诗：《湖北旧闻录》（中册），姚勇、邱蕤、杨晓兰点校，湖北人民出版社 1999 年版，第 1024 页。

③ 查继佐：《二十五别史·明书》，倪志云、刘天路点校，齐鲁书社 2000 年版，第 1304 页。

四十五人……自是无敢言楚事者。"①

楚府宗人或杀或禁，举国震惊，但部分大臣觉得此案处理过于草率，武昌一带甚至传言行刑之时，楚宗祖陵地震，祖宗在天之灵为子孙鸣冤。一时冤案之说甚嚣尘上。神宗也逐渐意识到此案有颇多可疑之处，下了一纸书文将诸宗释放，该案就这样宣告结束。

五、明朝宗室对汉水流域文化事业的贡献

明朝前期，宗藩是朝廷在地方的代表，享有崇高的政治地位。但自宣德之后，严密的"藩禁"政策使他们彻底沦为无所事事的寄生阶层。部分宗室凭借皇亲贵族的特殊身份巧取豪夺，成为地方的一大公害，以至于顾炎武在总结明亡教训时说："宗属者大抵皆溺于富贵，妄自骄矜，不知礼义。至其贫者则游手逐食，靡事不为。名曰天枝，实为弃物。"②虽然宗藩作为腐朽势力的代表，直接加速了明王朝的灭亡，然而也不是所有宗室子弟都一无是处，他们当中也有很多人不甘沉沦，勤奋学习，著书立说，在文化领域取得了令人瞩目的成就。

朱元璋虽出身草莽，但对教育的重要性还是有比较清醒的认识。他曾对大臣说："朕诸子日知务学，必择端谨文学之臣兼宫寮之职，日与之居，讲说经史，蓄养德性，博通古今，庶可以承籍天下国家之重。"③为提高子孙的文化水平，朱元璋在宫中设立大本堂，"取古今图籍充其中，征四方名儒教太子诸王，分番夜直，选才俊之士充伴读。帝时时赐

----

① 章培恒、喻遂生分史主编：《二十四史全译·明史》（第4册），汉语大词典出版社2004年版，第2456页。
② 顾炎武：《日知录集释：全校本》（上册），黄汝成集释，上海古籍出版社2006年版，第552页。
③ 余继登：《皇明典故纪闻》，书目文献出版社1995年版，第125-126页。

宴赋诗，商榷古今，评论文字无虚日"①。当时的名流硕儒宋濂等都在宫中担任教习。诸王就藩时，朝廷不仅特意选派饱学之士担任王府辅导官员，还赐予大量图书。明末清初的大学者钱谦益在《黄氏千顷斋藏书记》中称："海内藏书之富，莫先于诸藩。"② 良好的教育条件使广大宗室有机会朝夕聆听名家大儒的教诲，遍览历代先贤宏著。在朱元璋的关注下，皇室形成了良好的学习风气。藩王中嗜书好学者甚多，如荆州的湘王朱柏"性嗜学，读书每至夜分"③，即使在带兵征讨蛮族的军旅生涯中，也要用丝囊装满书籍与身相随。楚王朱桢"惓惓奉祖训，率礼度，留心典籍，靡他嗜好"④。第二代楚王朱孟烷发现自己成为皇帝猜忌防范的对象后，为求自保藏身书斋，不问世事，著有《勤有堂诗集》和《勤有堂文集》，成为汉水流域第一个出版著作的藩王。即使在明朝中后期，汉水流域的宗室中也不乏潜心学术，勤奋好学的例子，如枝江王朱致樨喜读书，虽寝食时不废书，过目辄成诵。而那个欺官压民、作恶多端终致废国的辽王朱宪㸅，在音乐上却有独到的造诣。他"雅工诗赋，尤嗜宫商。其自制小词、艳曲、杂剧、传奇，最称独步。有［春风十调］［唾窗绒］［误归期］［玉阑千］［金儿弄丸记］，皆极婉丽才情。寻后安置凤阳，又编撰［卖花声］诸词数百阕，流传江表。含思凄楚，不减南

---

① 章培恒、喻遂生分史主编：《二十四史全译·明史》（第 4 册），汉语大词典出版社 2004 年版，第 2434-2435 页。

② 钱谦益：《黄氏千顷斋藏书记》，载黄虞稷《千顷堂书目》，上海古籍出版社 2001 年版，第 796 页。

③ 章培恒、喻遂生分史主编：《二十四史全译·明史》（第 4 册），汉语大词典出版社 2004 年版，第 2465 页。

④ 陈诗：《湖北旧闻录》（中册），姚勇、邱蕤、杨晓兰点校，湖北人民出版社 1999 年版，第 624 页。

唐后主'春意阑珊'"①。

　　由于明代严密的"藩禁"政策，地方宗藩的作品对政局及国家治理丝毫不敢涉及，他们的文化成果多集中在经史、音乐、律历等纯学术领域，此外多为吟风弄月、粉饰太平的文学作品。楚王一系的庄王朱孟烷著有《勤有堂诗集》以及《勤有堂文集》；宪王朱季埌著有《毓秀轩集》《维藩清暇录》《东平河间图赞》；端王朱荣减著有《正心诗集》；楚系郡王中的武冈王朱显槐，自号少鹤山人，有《少鹤文集》传世。据《千顷堂书目》辑录，第一代辽王朱植生前酷爱诗文，死后其后人整理有《辽简王遗稿》五卷。襄王一系的亲王中爱好诗文者不多，但郡王中的枣阳王朱祐楒涉猎极广、无所不览，有《朱仲子集》三卷、《式好传》若干卷流传于世。嘉靖皇帝之父兴王朱祐杬，在诗文和医学等方面都有所成就，著有《恩纪诗》七卷。汉水流域也有藩王长于音律，除辽藩末王朱宪燔外，据《千顷堂书目》收录，辽简王著有《莲词》二卷，樊山王著有《三径词》一卷，这些无不对传统音乐的发展大有贡献。② 宗藩中也有热衷于藏书和出版事业的。汉水流域较有代表性的是楚藩和辽藩。楚藩所刻《刘向新序》《大明仁孝皇后内训》《兴献皇后内训》《说苑》等质量较高。辽藩虽屡出不肖子孙，名声极差，但也不乏博学好文者，其刻书数量也达 18 种之多，其所刻的《元诗体要》《东垣十书》《后山诗注》《昭明太子文集》等都被誉为佳刻。③

　　明王朝的宗室政策是宗藩文化事业发达的原因之一。宗藩被禁锢在封地之中，不许从事四民之业，二王不得相见，甚至出城省墓都要请求

---

　　① 钱希言：《辽邸纪闻》，转引自凤阳花鼓全书编纂委员会《凤阳花鼓全书》（史论卷上），黄山书社 2016 年版，第 81 页。

　　② 黄虞稷：《千顷堂书目》，上海古籍出版社 2001 年版，第 786 页。

　　③ 章旋、邱昌文：《浅论明代湖广宗藩的文化成就》，《许昌学院学报》2010 年第 6 期，第 97 页。

批准而后许，名曰皇亲，实为囚徒。衣食无忧却无聊封闭的宗室生活使皇家子弟两极分化，大部分穷奢极欲、玩乐终生，更有甚者以胡作非为、扰害地方为能事；但也有人闭门读书、吟诗绘画，或藏书刻书、勤于著述，在文化事业中实现自我人生价值。皇帝出于宗室内部和地方社会稳定的考虑，多乐观其成，赐予宗藩大量书籍，为他们发展文化事业提供了良好的条件。但是不管怎么说，勤奋好学的贵族在众多王室子弟中毕竟是凤毛麟角，他们并不能代表汉水流域宗藩群体，他们的文化成就更不能掩盖宗藩为害地方的事实。

六、明末农民战争与汉水流域的藩王

朱元璋建立宗藩制度的初衷，是分派子孙驻守各地，世袭罔替，以期朱氏子孙在朝廷面临危难时出师勤王，拱卫京师。但两百多年的奢靡生活和严密的"藩禁"政策，使朱氏子孙大多堕落成纨绔子弟。在农民军摧枯拉朽般的攻势下，他们或望风而逃，或坐以待毙，非但没能保家卫国，自身也遭到毁灭性打击。

汉水流域是明末农民起义的主战场之一，张献忠、李自成的部队都曾在这里纵横驰骋。藩府既是皇室在地方的象征性代表，又是最显赫的富户，自然成为农民军的重点打击对象。汉水流域13个藩府中持续到明末的几大藩系无一例外全部毁于农民战争。楚系末王朱华奎、襄系末王朱翊铭，还有神宗时就藩的瑞王朱常浩都死于农民军之手。

襄系末王朱翊铭是汉水流域也是全国第一个被农民军杀害的藩王。崇祯十年（1637年），张献忠在谷城诈降，一年以后重举义旗，在房县击败左良玉，转战四川。朝廷派兵部尚书杨嗣昌围攻张献忠。崇祯十四年（1641年），张献忠得知襄阳兵力空虚，立即带兵离开四川，一天一夜急行三四百里，途经兴山、当阳、荆门、宜城，很快重返襄阳。行军途中，张献忠偶然截杀杨嗣昌使者，夺其军符，伪为官差，夜以数十骑混入襄阳城。农民军里应外合，襄阳城很快被攻破，襄王朱翊铭被俘。临刑前张献忠还不忘羞辱他："吾欲断杨嗣昌头，嗣昌在蜀，今当借王头，使嗣昌以陷藩伏法，王其努力尽此酒。"① 朱翊铭死后，尸体被投入火中焚烧。

襄王死前曾大骂张献忠，总算未失气节。汉水流域其他诸王的下场则更为凄惨耻辱。据《明季北略·三藩贼祸》载：

> 他处藩祸，闻而未见，旧年至岳州，则惠王播迁于民舍矣。过临湘，则唐王飘流于江上矣。今往州北，见瑞王颠连情状，不忍言说。自西安既陷，汉中风鹤有赵总镇标下兵，乘机抢劫，先掠民家，遂及王府。王积帑金八十万，一时俱尽。宫中眷属，不知存亡。瑞王仅与一妃逃出，王无车辇，将桌作轿，两人肩之。妃乘马，奔至保宁，保宁闭关不纳，乃暂住舟中，飘泊河上，头戴小帽，身着青布箭衣，口喃喃惟诵阿弥陀佛。他无所言。闻惠、唐两王亦然，为贼穷追，狼狈入粤，其光景必更有可怜者。三藩皆神宗皇帝子也，遂至此哉。②

瑞王朱常浩一生爱财如命，到了 25 岁还未选婚，这种情况在明代诸王中非常罕见。但他几乎每天都向户部索要结婚费用，先后领取白银共计 18 万两。他将这些白银藏在宫中，还说这点钱买冠服都不够。崇祯七

---

① 陈诗：《湖北旧闻录》（中册），姚勇、邱龚、杨晓兰点校，湖北人民出版社 1999 年版，第 655 页。

② 计六奇：《明季北略》，商务印书馆 1936 年版，第 306 页。

年（1634年）朱常浩曾因流寇问题上书祈求崇祯："臣肺腑至亲，藩封最僻，而于寇盗至迫，惟陛下哀怜。"① 崇祯十年（1637年）王斌在瑞王封地汉中发动起义，朱常浩积攒的万贯家财损失殆尽。面对农民军的进攻，这位养尊处优的王爷望风而逃，一路上就只能"喃喃惟诵阿弥陀佛"，全然不顾藩王的职责。为逃避追捕，他南逃四川避难，总兵侯良柱援助他到了重庆。崇祯十七年（1644年）张献忠攻破重庆，走投无路的朱常浩遇难。惠王朱常润与瑞王朱常浩俱为神宗之子，兄弟二人在危难关头的表现如出一辙，下场也极为相似。李自成破荆门，占领其封地荆州，朱常润先奔湘潭，在吉王朱慈煃处暂住。崇祯十五年末（1642年），张献忠攻陷长沙，他再走衡州，寄桂王朱常瀛篱下。后来衡州失陷，又逃至永州。直到顺治四年（1647年）朱常润被清兵俘杀在广州，这位王爷颠沛流离的流浪生活才宣告结束。

在明末农民战争的特殊时期，许多目光短浅的藩王家资巨万却一毛不拔。汉水流域也有这样的"糊涂王爷"：武昌的楚王府内钱财堆积如山，正值张献忠大兵压境之际，湖北地方大员齐聚楚王府，跪求楚王朱华奎捐资助饷，朱华奎指着洪武朝朱元璋赏赐的裹金交椅，说"此可佐军，他无有"②，令楚中大员失望至极。可是农民军攻入武昌后，"尽取宫中金银各百万，辇载数百车不尽"③，朱华奎的万贯家财宁可资敌也不犒军，他的下场是被张献忠投入长江活活淹死。

相比这些或疲于奔命或束手就擒但最终身死国灭的可悲藩王，南阳唐藩的朱聿键则显得深明大义，卓尔不群。朱聿键是朱元璋第二十二子

---

① 章培恒、喻遂生分史主编：《二十四史全译·明史》（第4册），汉语大词典出版社2004年版，第2527-2528页。

② 陈诗：《湖北旧闻录》（下册），姚勇、邱葓、杨晓兰点校，湖北人民出版社1999年版，第1660页。

③ 彭孙贻：《平寇志》，上海古籍出版社1984年版，第136页。

唐王朱桱的八世孙，生于明万历三十年（1602 年），其父朱器墭是唐端王朱硕熿的长子。朱器墭本已被立为唐王世子，但朱硕熿欲立宠妾所生之子为世子，借故将朱器墭囚禁。从 12 岁起朱聿键便随着父母过了 16 年的囚禁生活。崇祯二年（1629 年），朱器墭被异母弟毒死，朱硕熿为防事情败露，不得不册立朱聿键为世孙。崇祯五年（1632 年）朱硕熿去世，朱聿键正式受封为唐王。

长达 16 年的囚禁生活磨砺了朱聿键的坚强意志，也塑造了他有仇必报、敢于担当的鲜明性格。崇祯九年（1636 年），朱聿键杀死杀害父亲的叔叔，报了杀父之仇。同年八月，清兵攻占永平、迁安，京师危在旦夕。朱聿键愤而起兵，北上勤王。可是生性多疑的崇祯皇帝从未放松对宗室的猜忌，他对藩王掌兵尤为忌惮，以"越关擅毙"① 之罪，将朱聿键废为庶人，关进凤阳高墙。可怜朱聿键的爱国举动非但没有得到朝廷的奖赏，反而让自己再次身陷囹圄。又是 8 年冤狱，朱聿键受尽凌辱。直到南明弘光朝立，始得出狱，徙居广西平乐府。清顺治二年（1645 年），朱聿键行至杭州，遇到了镇江总兵郑鸿逵、郑彩，户部郎中苏观生。此时正值弘光朝覆灭、潞王降清的危急关头，"逵、彩与王语及国难，沾泣襟袂，奇之"②。一番长谈，他们认为唐王可济大业，便一同劝说朱聿键："清兵渡江，金陵不守，若以浙西为门户，立国于闽，大业可图也。"③ 朱聿键本就是位雄心勃勃的人物，他一心想着恢复大明江山，自然不会放过如此良机。就这样，因缘际会，朱聿键被郑芝龙、黄道周、张肯堂等迎请监国于福州，并于清顺治二年（1645 年）即皇帝

---

① 越关：擅离封国，举兵勤王；擅毙：杀叔。
② 孟森：《明史讲义》，商传导读，上海古籍出版社 2002 年版，第 352 页。
③ 李天根：《爝火录》（上册），仓修良、魏得良点校，浙江古籍出版社 1986 年版，第 487 页。

位，建元隆武。唐王朱聿键摇身一变，成了南明隆武皇帝。

朱聿键是南明小朝廷唯一一位奋发有为的君主。为恢复大明江山，隆武帝求贤若渴，一即帝位，便"设储贤馆，分十二科，招四方士"①，为了达到选拔贤才的目的，他还身体力行，亲自选拔。隆武帝知人善任，可与唐太宗媲美。民族英雄郑成功之名早已家喻户晓，而最初识其为英雄并加以重用的正是隆武帝。郑成功年仅22岁即被委以重任，多次领军进出闽、赣与清军作战。后清军入闽，其父郑芝龙投降，隆武帝用人不疑，一如既往地加以重任。郑成功也视隆武帝为明主，为报知遇之恩，毅然以民族大义为重，举起"杀父报国"的大旗，奋起抗清，誓死卫国。后又驱逐荷兰殖民者，收复台湾，名垂青史，成为家喻户晓的民族英雄。

隆武帝非常重视吏治和安民，他认为："天下之坏，不坏于敌而坏于兵；不坏于兵而坏于官。"② 他对官员贪污从不宽宥，明确规定"小贪必杖，大贪必杀"；针对南明官军随意杀戮被迫剃头的汉族士民时，特别下诏"有发为顺民，无发为难民"，严禁不分青红皂白地滥施屠戮。隆武治国，有功必赏，有过必罚。隆武二年（1646年），"上因黄克辉败绩，降郑鸿逵一级，改太师为少师。又以郑彩兵溃革职，令芝龙追缴永胜伯并大将军印、黄钺、敕剑"③。朱聿键能当上皇帝，完全是郑芝龙、郑鸿逵拥立的结果，他不可能不知道要想皇位永固必须依靠郑氏集团的支持，但他并不因此而对郑氏有丝毫偏袒，足见其赏罚分明的决心和胆量。

---

① 章培恒、喻遂生分史主编：《二十四史全译·明史》（第9册），汉语大词典出版社2004年版，第5665页。

② 边大绶等：《虎口余生纪（外十一种）》，北京古籍出版社1999年版，第294页。

③ 张怡：《謏闻续笔》卷2，上海进步书局1920年代版，第5页b。

朱聿键称帝之后，通过汲取弘光朝覆亡和朱常淓降清的教训，清醒地认识到朝廷的真正敌人乃是满洲贵族建立的清朝，因此一改弘光朝以"平寇"为主的方针，果断地竖起"御虏"大旗，以民族大义积极联合昔日的敌人——农民起义军共赴国难。由于隆武帝积极联合农民起义军抗清，两湖抗清形势大为改观，一时间颇有恢复之势。朱聿键在大敌当前的情况下，以民族大义为重与农民起义军化敌为友，是一位深谋远虑、有卓识远见的政治家。

隆武帝一生节俭，史赞其"恭己俭约"，身居皇位却"不御酒肉"，不备金玉，只用磁瓦铜锡等件。宫中除了皇后之外，没有妃嫔。隆武二年（1646 年）四月初五是皇帝诞辰，诸臣先一日请贺，朱聿键坚辞不受，他说："朕奉大统，已近十月，孝陵不见，百姓不安。文因循于内，武扰害于外。中兴事业，茫无端绪。蔬菜自勉，岂可晏然自居，以听群工庆祝耶?"① 在他的心目中，中兴大业比什么都重要。但是隆武朝偏安一隅，经济濒临崩溃，军事实力无法与清朝铁骑相抗衡。而隆武帝外掣肘于鲁王，内受制于郑氏，纵有文韬武略，满腔热血也无法施展。因此隆武政权仅维持一年零三个月便告终。隆武帝朱聿键的一生，充满了坎坷与悲情。他出生于宗室之家，可是祖父的冷酷无情和崇祯皇帝的刻薄寡恩，让他 44 年的人生经历中竟有 24 载的牢狱生涯。但是他遭逢患难、磨砺愈坚，在短暂的从政期间，勤于政务，"批阅章奏辄丙夜不休"②。其克己奉公、勤政爱民的高尚品质，非但同为藩王的众多纨绔子弟不能与之相比，就连被奉为明君的弘治、崇祯皇帝也望尘莫及。

---

① 边大绶等:《虎口余生记（外十一种）》，北京古籍出版社 1999 年版，第 239 页。
② 钱澄之:《所知录》，黄山书社 2006 年版，第 18 页。

第五节 郧阳抚治（上）

一、明代巡抚制度与荆襄抚治沿革素描

（一）明代巡抚制度

都察院是明清两朝的中央监察机构。巡抚、总督是明清两代特殊的职官制度。

明初，朱元璋沿用前朝制度，在中央设置御史台作为国家最高监察机构。洪武十三年（1380年），朝廷发生了丞相胡惟庸谋反案，朱元璋因此"罢御史台"。洪武十五年（1382年），朱元璋将御史台改设为都察院。洪武十六年（1383年）朱元璋又将都察院提升为三品衙门。洪武十七年（1384年）朱元璋再将都察院提升为二品衙门，同时，提升左、右都御史为二品官，左、右副都御史为三品官，左、右佥都御史为四品官，十二道（后为十三道）监察御史为正七品官。至此，都察院与六部平级，都御史与六部尚书合为七卿。都察院的职责是"专纠劾百司，辨明冤枉，提督各道，为天子耳目风纪之司"①。

明代的巡抚制度可以远溯到西汉之初。《史记·淮阴侯列传》文谓："因请立张耳为赵王，以镇抚其国。"② 可以说这是地方置抚治的起始。明朝朱元璋统一天下，在一定区域设立都指挥使司、布政使司、按察使

---

① 章培恒、喻遂生分史主编：《二十四史全译·明史》（第3册），汉语大词典出版社2004年版，第1384页。

② 司马迁：《史记全本新注》（第4册），张大可注释，华中科技大学出版社，第1728页。

司，使三权分立，地方事权往往与中央难以统一协调，于是产生了巡抚之制。起初，派出巡抚官员，借中央的名义调和三司。这时的朝廷派官巡抚某地，主要职责是"宣德意，抚民人，扶植良善"[①] 和赈灾济民，区处税粮，提督水利，或解决某一重大问题，事毕回朝复命。随着时间的延续，事实证明巡抚这种机制非常适合当时的政治体制，于是逐渐形成定制，成为朝廷在地方的常设官职，成为领导地方、辖治三司的最高长官。其所划抚治区域，即为原定南北直隶和十三个布政使司的辖区。但在这十五个抚区之外，又别增抚区，荆襄抚治即其中之一。

明代设立巡抚，起源于洪武时懿文太子朱标巡抚陕西。永乐十八年（1420 年），朱棣命右都御史王彰巡抚河南。永乐十九年（1421 年），又派尚书蹇义等 26 人"巡行天下，安抚军民"[②]。宣德五年（1430 年），朝廷派赵新、赵伦、吴政、于谦、周忱等分别巡抚江西、浙江、湖广、河南、南直隶（今南京）等地。自此，巡抚开始专抚一地，成为地方行政长官。

《明史·职官志》共记载明代巡抚 33 个，从设置上可以分为四类。第一类是在十三布政司（行省）设置巡抚。第二类是为了对边境地区加强统治或解决两直隶（北京、南京）管理混乱问题而设置巡抚。第三类是在数省交界的山区或少数民族居住区设置巡抚，这类巡抚全国只有四个：南赣（今江西赣州）巡抚、郧阳（今湖北十堰郧阳区）巡抚、松潘（今四川松潘）巡抚、偏沅（此巡抚驻地先在贵州省偏桥镇，后常迁驻湖南的沅州，因此称偏沅巡抚）巡抚。郧阳巡抚为解决农民起义和流民问题而设置，辖鄂、豫、陕、川八府、九道、九州、六十五个县，到清

---

① 孙承泽：《天府广记》，北京古籍出版社 1984 年版，第 309 页。
② 章培恒、喻遂生分史主编：《二十四史全译·明史》（第 5 册），汉语大词典出版社 2004 年版，第 3137 页。

康熙十九年（1680 年）置镇，存在 204 年。第四类巡抚是为组成战区而置的。无论从哪一个职位改任巡抚，都要挂一个都察院都御史（副、佥都御史）的衔。郧阳巡抚中就有许多人是布政使或其他朝廷官员改任。巡抚的衙门也称都察院。

明朝的总督起初系因事临时设置，具有监察（考核地方官）和提督军务的职权，名称也不固定，有总督、总理、提督、经略、总制等名称。总督和巡抚一样，往往也以都御史充任，最初具有文臣监督武臣的性质，后来职权不断扩大，包括军务、民政、盐政、河道、漕运、农桑等。总督所管辖的地区也由边关扩大到内地，从一省扩大到数省。明崇祯年间有管辖五省或七省的总督，被尊称为督师。明朝总督的设置比巡抚要少，只有 10 多个。

都察院、巡抚、总督的建制被后来的清朝所沿用，并成为定制。

（二）荆襄流民起义与郧阳抚治的设立

明朝初年，朱元璋对秦巴山区实行封禁政策，这一区域北至终南山、熊耳山，东到河南泌阳的桐柏山，东南到湖广随州境内的大洪山，西南毗连秦、蜀、楚三省的大巴山，包括长江三峡、巫山十二峰以及荆山、武当山、神农架，可谓是最大的一个封禁区。然而封禁并没有成功阻止流民的流入，随着土地兼并，赋役加重，再加上天灾人祸，濒于绝境的农民便不顾禁令，相率逃亡入内。这一带幅员广大，山高林密，土地肥沃，既有可开之矿，又有可耕之地，既无官府压迫，又不上交粮税，引得四方流民蜂拥而入，并将之视如乐土，经景泰到天顺之末，人口已达一百七八十万。久而久之，这里流民川汇，兵匪不分、鱼龙混杂，各种社会隐患越来越多，朝廷深以为忧。掩耳盗铃式的社会治理使得这一地区长期处于无政府状态，不利于国家的长治久安和社会稳定。成化元年（1465 年），刘通、石龙起义在房县爆发；成化六年（1470 年），又发生李原、小王洪起义。虽然两次起义均被镇压，但明王朝的统治还是因此受到沉重打击。

　　流民问题已经严重威胁到明王朝的统治秩序，朝廷不得不予以重视。成化初两次流民起义期间，朝廷对待流民的主要措施是发兵围剿。尤其是第二次起义期间，项忠对荆襄流民展开了血腥的屠杀。原屯集竹山县官渡的李原所部 600 人、驻扎均州龙潭沟的小王洪所部百人均被斩首示众。其余流民一概逐回原籍，甚至明初即已取得本地户籍的守法良民亦在驱逐之列，"兵刃之加，无分玉石，驱迫不前即草剃之，死者枕藉山谷"①。那些被发配他乡的流民，命运也极其悲惨："其解去湖、贵充军者，舟行多疫死，弃尸江浒，臭不可闻，怨毒之气上冲于天。"② 项忠的恶行天怒人怨，不仅遭到正直官员的严厉弹劾，也让朝廷意识到强行驱逐和血腥镇压不能从根本上解决社会矛盾，这不仅有违人道，而且只是治标不治本的权宜之策。

　　成化十二年（1476 年）二月，针对上述情形，监察御史冯贯等上言："流民啸聚荆襄，朝廷已诛其元恶，而驱逐出境，然其地连络陕西之汉中，河南之南阳，旷远肥饶，趋利者易于往，守隘者难为防，万一屯结如前，患害非细。乞敕才干大臣一员，驰驿往视，无惮深入，设人众势大，即博访舆情，区画长策以闻。"③ 有鉴于此，国子监祭酒周洪谟特撰《流民说》，特别提议仿效东晋侨置郡县是处置荆襄流民问题的良方，建议朝廷"听其近诸县者附籍，远诸县者设州县以抚之，置官吏，

---

① 《明宪宗实录》卷 98，成化七年十一月己未。
② 《明宪宗实录》卷 98，成化七年十一月己未。
③ 《明宪宗实录》卷 150，成化十二年二月戊戌。

编里甲，宽徭役，使安生业"①。成化十二年（1476 年），朝廷上下终于达成了共识，明宪宗恢复了原设于成化元年（1465 年）的荆襄抚治，命左副都御史原杰赴南阳、荆襄抚定流民。原杰"遍历诸郡县，深山穷谷，无不亲至。至则宣朝廷德意，问民疾苦。诸父老皆忻然愿附版籍为良民"②。原杰在部署流民附籍的同时，不断探究治本之策。最终他上奏朝廷设置郧阳府，改革行政建制，并力举将荆襄抚治治所移到位于秦巴山区中心的郧阳。正是在原杰不懈的努力下，郧阳抚治才得以应运而生，而他本人也成为首任郧阳巡抚。

二、明代设立郧阳抚治的动因

(一)《郧台志》的发现

明代以来，专门为抚治修纂志书的只有明代万历年间刻印的《郧台志》。2003 年 6 月，有台湾籍郧人发现了明万历十八年（1590 年）刻本《郧台志》，并影印赠予十堰市地方志办公室。万历《郧台志》是在郧阳抚治设立 114 年后由第 83 任巡抚裴应章组织，彭遵古负责具体编纂的。全书近 20 万字，现在仅存台湾一本，为海内外孤本，极其珍贵。

《郧台志》的重新问世，揭开了郧阳抚治的神秘面纱。

《郧台志》记述了从明成化十二年（1476 年）到万历十八年（1590 年）在郧县设立郧阳抚治的史实。抚治管辖范围包括鄂、豫、川、陕毗邻地区的荆州、襄阳、南阳、汉中、郧阳等八府，上下荆南道、关南道、汝南道、商洛道等五道，商州、金州（安康）、裕州、夷陵州、归

---

① 谷应泰：《明史纪事本末》（第 2 册），中华书局 1977 年版，第 566 页。
② 谷应泰：《明史纪事本末》（第 2 册），中华书局 1977 年版，第 567 页。

州等九州，辖六十五个县。志书记载了 84 任郧阳巡抚，兵部尚书原杰、凌云翼，工部尚书潘旦、王以旂，吏部尚书王学夔，刑部尚书王世贞等著名人物都曾在郧阳抚治任职。

《郧台志》的分目体例比较独特，分建置、舆地、宪体、宦迹、官属、版籍、兵防、储饷、奏议、著述等 10 大类。

《郧台志》的整理者、十堰市地方志办公室主任潘彦文认为，《郧台志》记载巡抚制度的有价值之处有以下几点：一是记载了明代特殊的巡抚职官制度。来到抚治地任职的巡抚都带着朝廷中央部院的官衔，一般都挂都察院左、右副都御史或佥都御史的职衔，少数挂大理寺卿职衔。巡抚长官俗称风宪大臣和中台大臣。二是保存了不少有价值的皇帝敕谕和大臣的疏奏。《郧台志》记载了皇帝的敕谕 25 道，中台大臣的疏奏 35 篇，兵部、礼部等部的勘札（文函）9 篇；皇帝与臣子、中央部院与巡抚的文移交流，反映了当时中国的重大事件和封建王朝治国安邦的谋略与理念。三是记载了明代中期以后推行的经济制度"一条鞭法"，记载了明代压在人民头上的"岁办、均徭、里甲"三大徭役的实施情况。其中记载的明代计量钱物的十多个度量单位让当今的人们感到不可思议。四是《郧台志》在记载本区域山川的同时也记录了本地域从古到今发生的历史事件和人文遗迹，保存了许多珍贵的古代历史文化和许多渐已失传的古代习俗，成为我们今天抢救和发掘优秀传统文化的线索和依据。

郧阳抚治从成化十二年（1476 年）开始到清康熙十九年（1680 年）置镇，共历时 204 年。《郧台志》记载止于 1590 年。郧阳抚治存在的 204 年中共有 120 名朝廷重臣来郧任职。据查证，其中有 50 多人在《明史》中有传。

可以与《郧台志》相互印证的是郧阳师范高等专科学校冷遇春父子的《郧阳抚治两百年》一书。郧阳抚治裁撤几百年以来，郧阳大地上的居民早已经流徙，对于抚治的印象也越来越模糊。1947 年底，国民党政府从郧阳撤退时，把档案资料装船准备运往襄阳，在途中船翻沉入江底，郧阳抚治的历史至此变得越发扑朔迷离。

冷遇春先生于 20 世纪 90 年代从故纸堆里发现了郧阳抚治的线索，就与儿子冷小平教授联合，在《明史》《清史稿》《明实录》《清实录》《湖广通志》《细说明朝》《楚文化志》《明朝总督巡抚辖区研究》《五千年野史》《万历野史编》《清代野史》等几十本典籍中钩沉梳理，经过10 余年的努力，在 2003 年完成了《郧阳抚治史实类纂》，并于 2004 年在湖北人民出版社正式出版《郧阳抚治两百年》一书。

《郧台志》的发现，可以与冷氏父子的《郧阳抚治两百年》相互印证和补充，使得我们对郧阳抚治的历史了解得更加完备周全。

（二）明代设立郧阳抚治的主要动因

为什么要在郧阳设立抚治呢？主要原因在于以下三个方面：

一是郧阳便于流民的生存和逃匿。郧阳地处汉江中游，为汉江从秦巴腹地冲入江汉平原的最后一道屏障，其江北有秦岭余脉，江南有大巴山余峰，气候宜人，土地肥沃，有大面积的山林可供开荒，既不用向朝廷纳赋税，也不用服徭役。而且这里有水陆之利，南方人到此可以水耕，北方人到此可以陆种，加之长期封禁，地广人稀，成了流民求生的好去处。明代中叶后，土地兼并日益严重，大量土地逐渐集中到了官绅大户手中。而赋税徭役仍以户为基本单位，按丁、粮多寡分为三等九则编征。所谓丁，指 16 至 60 岁的男子。所谓粮，指田赋，但摊派于田亩的比重很小。没有土地的农民却要承担大比重的税徭，负担越来越重，举家逃徙的越来越多，荆襄之郧阳就成为江浙及湖广农民出逃的首选目的地。

正统十四年（1449 年）、天顺八年（1464 年）、成化年间（1465—1487 年），因土地兼并、赋税徭役，中原和华东等地的数百万流民再次进入荆襄山区。向前更可追溯到西晋时期，因"八王之乱"曾有 10 多万北方流民进入荆襄山区。而在宋末金初，宋金交战造成的流民潮一直持续到元朝，流民连年不断涌入荆襄。可以说，历经千余年，荆襄山区已经积聚了大量的流民后裔，这里几乎是流民的天下。

流民的无序过度聚集一地，蕴藏着巨大的隐患，引起朝廷的极大恐慌。

二是郧阳所处的交通区位具有非同寻常的经济、社会、军事等战略意义。明初朝廷对郧阳实行封禁，对人口管理极其严格，实行只出不进的政策。

郧阳地处中国的腹心地带，其地理位置极其特殊，它不仅是汉江从山地到平原处的最后一道屏障，更是汉江及其重要支流丹江、堵河、金钱河等的锁钥与咽喉。在水陆交通俱不发达的古代通过它几乎可以控制整个中国的经济命脉。汉江是中国大陆唯一一条能够沟通东西、联结南北、拉近长江与黄河距离的金纽带，是我国历史上北方政治中心控制南方和南方物资进入北方的一条重要传输带。明清时期从汉口到汉中大型船只可以畅通无阻，但无论如何都绕不开郧阳。

郧阳还控制汉江的重要支流丹江，丹江是我国江南进入中原的一条重要通道，除水运可以直达秦岭主峰下外，丹江上的荆紫关码头，地连鄂、豫、陕三省，距离河南卢氏县的洛河不远，是到达洛阳、进入黄河的一条捷径。

郧阳境内的堵河是汉江上最大的支流，是一条发源于秦巴山地、川陕鄂三省交界处的大河，它西通川贵，北接甘陕，连接长江三峡，自古就是中原商贾入川的重要通道之一。

金钱河是汉江上游连通商洛驿道、荆襄驿道的另外一条重要支流，其上津码头已经深入秦岭脚下，是关中与江南之间的一个重要节点。

不难看出，郧阳虽然处于十万大山之中，但居中扼要，通连四方。有道是郧阳稳，则天下稳；郧阳宁，则天下宁。这也正是明朝廷封禁郧阳的深层原因，也是后来设立郧阳抚治，把抚治范围划定为整个汉水流域和大宁河、清江流域的深层原因。

三是大量流民已经啸聚山林，造成了明朝国家财政上的巨大损失和社会稳定的重大隐患。如果这些流民造反生乱，势必阻断汉江通道，从中心地带破坏国家统一，对国家将是致命的打击。因此，朝廷派员抚治汉江上下不仅势在必行，而且是重中之重。

三、明代郧阳杰出抚治人物举略

自明成化十二年（1476 年）到康熙十九年（1680 年），郧阳抚治的设立长达 204 年之久，先后有 120 位朝廷重臣出任郧阳巡抚。这些封疆大吏大多学识渊博，方略出众，为官勤政，处事果断，在处治流民、化乱为靖、助民拓荒、布军征剿、安邦治乱、修筑城池、抵御外患、修堰灌田、兴教办学等方面功勋卓著，业绩斐然。现选叙几位以飨诸君鉴赏。

（一）首任巡抚原杰

原杰，字子英，山西阳城人。正统十年（1445 年）进士榜列三甲54 名，出身有差。正统十二年（1447 年）任南京监察御史，主管纠察刑狱、巡按地方，后遣北京。原杰以关心民众疾苦、方略出众、处事果敢等政声，颇受朝廷赏识。

成化四年（1468年），屯聚荆、襄的流民已达二三十万，并与邻境南阳寇盗多有往来，不服管制，难以防御。朝廷命户部右侍郎杨璇为都察院右副都御史，抚治荆、襄等处，流民有63000余户附籍，未附籍者尚不知有多少，一旦遭遇饥寒不能救济，流民便四散或窜聚，前面刚刚驱去，后面旋即转来，无法安置。成化六年（1470年）五月杨璇奏："请以均州千户所正伍官军委官操练，以备不虞。"① 但仍有刘通余部李原等再起，乃由总督军务都御史项忠及镇守湖广右都御使李震奉旨平之。项忠兵刃相见，无分玉石，至死者纵横山谷，充军者亦多疫死，尽弃尸江浒，臭不可闻，即使有如此之惨象，荆、襄流民仍守居山谷。项忠欲请除之，仍令遣还，所以怨声载道，朝野多有谴责。

成化十二年（1476年）五月，原杰以左副都御史的职衔出任荆襄巡抚。原杰为长治久安之计，遍审地势，以襄阳所辖之郧县位居竹、房、上津、商洛诸县之中，道路四通八达为由，奏准朝廷开设湖广郧阳府，即其地设湖广行都司、卫所，移荆襄都御使驻此，其学校、巡检司、邮传各有所制。随之开拓郧县古城，建置郧阳府，分割襄阳领地之郧县、上津、竹山、房县，并新置郧西、竹溪，俱隶郧阳府。原杰推荐邓州知州吴远为郧阳第一任知府，并在所属县中尽选良吏，委以文武守长、佐贰等职。

郧阳府既为府衙所在，又是抚治中心，于是设都御史提督镇驻，并增兵设防，按部就班开展抚治新局。抚区计割四省之边，得八郡之地，即以陕西之汉中、商州，河南之南阳、唐邓，四川之夔州，湖广之荆、襄、安沔，俱属郧阳抚区。原杰将此方案陈奏皇上，皇帝全数照准并下

① 《明宪宗实录》卷79，成化六年五月辛卯。

诏推行。

成化十三年（1477年），原杰任满升右都御史，推荐吴道宏接抚郧阳。按照原杰本意，希望还归北京，适逢南京兵部尚书缺员，有人上奏："南京根本重地，必择其人，宜以命杰。"① 朝廷随之改派原杰担任南京兵部尚书。原杰抚郧期间，积劳成疾，闻命郁郁不乐，奏本请辞，皇上不允，带病赴任，于是年六月三十日卒于南阳驿舍，享年61岁。诏赐祭葬，赠太子少保。原杰猝然病逝，郧民因感其恩，无不流涕，且为之立祠，春秋祀之。

清人谭大勋在《郧中杂咏》中写道："南汝金商割郡州，三边控制小诸侯。百年节钺谁名宦，万古荆襄此上游。"② 由此可见，原杰功勋卓著不为后人所遗忘。

（二）德政巡抚戴珊

戴珊，字廷珍，江西浮梁（今江西景德镇）人。自幼好学上进。天顺末年进士，数年未仕，不怨天尤人。后被朝廷授予御史衔，督导南畿学政，一时开风气之先。成化十四年（1478年）提升陕西副使，仍督学政。因其正身率教，在陕西学界极有威望，其所关注培养之士诸多成才。随后，历任浙江按察使、福建布政使，都能坚守本色，老成持重，廉洁奉公，从不取非分之物，每遇馈赠，必婉言拒之。

弘治二年（1489年），戴珊由王恕推荐擢升右副都御使，抚治郧阳。戴珊到任前，蜀盗王刚率众匪进犯竹山、平利等处，居民不堪骚扰之苦，相继外逃。戴珊汇集川、陕各路兵马，并令副使朱汉等率军征讨，

---

①《明宪宗实录》卷167，成化十三年六月丙申。

② 柳长毅：《吟陨诗集》，郧县地方志编纂委员会2009年版，第188页。

最终生擒魁首及其从众。按大明律例无论匪首还是士卒俱应处死，而戴珊仅惩其首犯，其余以胁从论处，赦免了众多兵卒的刑罚，被誉为德政。弘治三年（1490年）五月，戴珊遵旨复设湖广荆州府兴山县。该县自洪武初设置，后并入归州，但因民言不便远役，故复置之。又因房县地阔，从东到西逾千里之遥，且山深林密，屡有匪寇出没，县令鞭长莫及，地方难靖，遂奏请割房之修文、宜阳二里置保康县，仍隶郧阳府，但此奏请，直到戴珊离职后数年才成为事实。

戴珊抚治郧阳期间，地方稳定，民众安居，政绩卓著。弘治四年（1491年）三月奉旨任刑部尚书，进而擢升为左都御史，掌管国家的法律、刑狱事务。山西宁化王朱钟铴奸淫妇女，暴虐百姓，不孝敬父母，调查没有得到证据，上命戴珊再行深查，经核实奏闻，遂夺其爵位。弘治五年（1492年），荆王朱见潚与其长子朱祐柄作伪证，也经戴珊核实奏闻，皇上召见朱见潚进京，将其与长子一同降为庶人。弘治十七年（1504年），朝廷考察京官，戴珊廉洁不苟合，给事中吴舜、王盖连疏诋毁兵部尚书马文升，并诬陷戴珊纵妻子纳贿，戴珊不与争辩，奏乞罢官。御史冯允中等进奏云：“文升、珊历事累朝，清德素著，不可因浮词废计典。”[1] 皇上查实，诚心慰留，等到事情真相大白后，遂罢黜吴、王二人。

弘治末，戴珊以年老多病，子尚年幼，数次请退，而每次总是诏令挽留。于是戴珊恳请当年同榜进士刘大夏向皇上进言。大夏以戴珊病实上告，乞听其归。孝宗朱祐樘云：“彼属卿言耶？主人留客坚，客则强留。珊独不能为朕留耶？且朕以天下事付卿辈，犹家人父子。今太平未兆，何忍言归？”拳拳之意，透纸而出。大夏出，以帝言告之。珊泣云：

"臣死是官矣。"① 没过多长时间，孝宗驾崩，武宗朱厚照继位，改年号为正德。戴珊以新君始立，不忍言去，带疾视事，疾不能治，遂卒。戴珊的死讯传出之后，陕籍在京御史杨仪等及数十国子生惊悉，同具疏称："珊学行履历无可疵指，其督学应天、陕西一以随材施教、敦实抑浮为主，所至人才倍出，士论归之。"② 又述及抚治郧阳所施之德政，谓"人无冤称"，又谓"比掌都察院事，正身率属，风纪肃然"③。皇帝充分认同诸人所奏，赠戴珊太子太保，谥"恭简"。

戴珊不仅文学功底丰厚，而且胸怀大志，腹有良谋。他在《刘岭》④中写道：

> 凿开石窍路方通，万木森阴翳太空。
> 洞水飞花流不尽，峰峦耸翠望无穷。
> 玄猿夜啸山间月，猛虎时生岭外风。
> 更有松杉兼桧柏，大材空老万山中。

由此可见他的人品与吏治的理念。

（三）惠民巡抚沈晖

沈晖，字时旸，直隶宜兴人。明代天顺四年（1460 年）进士，授南京户部主事，升员外郎，郎中。成化十四年（1478 年），改任南京礼部，

---

① 章培恒、喻遂生分史主编：《二十四史全译·明史》（第 6 册），汉语大词典出版社 2004 年版，第 3616 页。
②《明武宗实录》卷 10，正德元年二月壬戌。
③《明武宗实录》卷 10，正德元年二月壬戌。
④ 裴应章、彭遵古：《郧台志》，长江出版社 2006 年版，第 433 页。

不久升为陕西布政司参议。弘治三年（1490 年），擢升为广西右布政使，次年转任江西左布政使。

弘治七年（1494 年）四月，沈晖升都察院右副都御史抚治郧阳。沈晖操履清约，立法严整。他赴任后，即下令允许无田百姓开荒种地，免租三年。召之农事，行经年余，颇见成效。郧阳抚区增粮田数千顷，民生也有所好转。为防患于未然，沈晖随命加固城池，抵御侵犯，以永保疆土无虞。上奏改唐德观名为"迎恩观"，为举行盛大仪典开辟了活动场所。

沈晖抚郧时，郧城中有旧井四口，仅可供官府、司卫饮用。而居民饮水，必须到城外一里多路的汉江去挑，往返甚为劳苦不便，饮之者多生瘿疾，加之城门按规定的时间开关，百姓出入多有烦扰。沈晖组织官民新凿水井六口，以供城中居民饮用，免除了百姓奔波之劳、瘿疾之苦。又见郧襄往来的汉江上无桥，令造船八十艘，连成浮桥渡人，遂致人民往来方便。

沈晖抚郧期间，有言必行，行必有果，政绩卓著，颇得民心。诏改沈晖巡抚湖广兼理军务。当时武冈知州刘逊坐裁抑藩府被诬，沈晖得知有冤情，即为之纠正。弘治十一年（1498 年）沈晖调为南京工部侍郎。逾年，以言官论劾，力求去，遂致仕。弘治十三年（1500 年）去世。

沈晖在官近四十年，从不失职。去世以后，相继为官者，当阅旧牍，感其所行，颇以沈晖办事风格为镜子，力求把利民之事办实办好。沈晖在《郧阳十井记》中写道："圣人治天下，使菽粟如水火，焉有至足而反缺用者乎！此虽细故，亦宜究心。"[1] 可见，他把民众的疾苦时刻挂在心上。

---

① 裴应章、彭遵古：《郧台志》，长江出版社 2006 年版，第 447 页。

（四）兴教巡抚王鉴之

王鉴之，字明仲，浙江山阴人，明成化晚年进士。初以御史提学南畿。弘治十四年（1501 年）为大理寺左少卿，是年十一月升为都察院右副都御史，提督军务，代樊莹之职抚治郧阳等处。

王鉴之初到郧时，郧阳抚区尚不安宁，因前抚樊莹任内，有何淮者称荆平王，率众攻劫荆、襄等地，未及平息，故履职之初，王鉴之便首重治乱，迅即征派大军征剿。何淮被擒，地方化乱为靖。王鉴之抚郧期间，颇重视地方建设。郧阳郡守胡伦，拟重修武阳、盛水二堰，以此事奏请郧阳巡抚。王鉴之察其举措及其规模，认为此举确有利于民，当即赞许，并告诫要慎重办理。此事深得朝野君臣的认同，很快便得分守提督太岳太和山内宫太监李公麟及参议右华君山资助，遂命都指挥甄昂组织劳工修筑，又命指挥徐琬、推官周训督办工程质量。两堰修筑后，民众不再担忧旱涝之事。王鉴之在《重修郧阳府武阳、盛水二堰记》中写道：

> 水居五行，得生气为最先，其在天地间，犹元气之在人身，得其平，则利用济物；失其平，则汤汤方割，荡荡怀襄，必有良医如扁鹊起而治之，则患可弭而利兴。
>
> 先代有以郡治之东、灵泉之西凿石为渠，斩河为堰，引以溉田者二，曰武阳曰盛水，为利甚博。
>
> 当今之务，孰有急于水利者？孔子以惠而不费为从政之美，今计其所费廉而覆其所利大，政孰有美于此者？凡此皆可书。①

---

① 周绍稷：《万历郧阳府志》（第 2 册），台湾学生书局 1987 年版，第 769—772 页。

这一篇记文，既是对水利经验理念的总结，又不乏自重之情，对后世颇有影响。

郧阳旧有学宫，成化十二年（1476 年）开府，随之升为儒学，其规模学制较之他地逊色，其地偏远狭小，出入不便。王鉴之莅郧就任后，遂起重建府学宫之意；但因政令尚未得到民众接受，且财力又不充裕，未敢贸然从事。弘治十六年（1503 年），王鉴之以府库有盈蓄，地方有余力，遂奏准其事，令郡守胡伦督建，限期完成。府学宫为正堂九间，雕梁画栋，左右两侧建有偏房，配列有先贤之尊位，雅范可敬，俨然圣明之居。大学士李东阳作《修建郧阳府学孔子庙记》云：

> 虽然圣人远矣，道之可求者，在于六经，而散见于日用之间，苟不尽其实，徒于文焉求之。则所谓经者，亦糟粕耳，况于土木之间乎……
>
> 王公举进士，初提学南畿，兴学立教，乃其所志，修废举坠，具有成绩。而其于学舍修饬尤谨，盖庙其重且大者也。[①]

弘治早年，戴珊抚郧之际，曾经奏请割房县以东之地置保康县，延至弘治十年（1497 年）六月，朝廷诏准开设湖广郧阳府保康县。但其时该县县治尚未筑城。王鉴之抚郧，始于保康筑起新城，此举在当时亦属巩固城防之需。至此，府属七县，皆有城池。

---

① 程国政：《中国古代建筑文献集要》（增补篇），同济大学出版社 2016 年版，第 200 页。

（五） 文治巡抚王世贞

王世贞，字元美，号凤洲，苏州府太仓（今江苏太仓市）人，生性聪明，有过目不忘之能。嘉靖二十六年（1547 年）进士。他好诗文，在文坛上声誉卓著，被誉为明后七子之首。万历二年（1574 年）九月，他由太仆寺卿擢升为右副都御史，遵旨接孙应鳌之职，以提督军务兼抚治郧阳。王世贞深知抚治离不开武功之力，离不开劲旅扼守，更离不开足够的军需，一旦军队缺乏军需，必然造成哗变，致使兵患更胜于匪患。鉴于郧土地瘠民贫，国家战事频仍，府治经费及军需绝不可能完全依赖于朝廷筹措。王世贞莅任后，先上奏具呈了地方职守事宜，涉及体统、举荐、成绩、提升等问题。继而，又疏奏屯田、戍守、兵食等数条，一一据理备述。因其陈奏涉及国家长远的发展方略，先后被朝廷采纳。

王世贞抚治期间，关心民间疾苦，体恤大众苍生，既反感"以狱市扰困"，更以酷吏项忠"主讨戮杀"为戒，所以很欣赏原杰奏请开设湖广郧阳府，设行都司、卫所以及新设县治的创举，上疏奏请神宗皇帝对已故兵部尚书原杰赐以补谥。他大力推崇原杰这样的重臣，在《重建提督军务行台记》中他特别指出："距弘治于今未百年，而叛者十三，一杀卒，二杀令，三杀尉，而祸未已竟也。"[1] 由此可见他对郧阳抚治是非常担心的，也是戒备不懈的。他特别以民生为重，大力惩戒横行乡里的恶人，在《房县澌澥斗门堰碑记》的铭文中提醒后来者："房南穰穰，民靡虞岁。爰戒来者，毋怠成事。"[2]

作为明后七子的领袖，王世贞自然关心地方文化生活。他在郧阳设

---

① 裴应章、彭遵古：《郧台志》，长江出版社 2006 年版，第 456 页。
② 王学范：《王世贞抚郧诗文集》，长江出版社 2009 年版，第 363 页。

置"清美堂",筑"牡丹亭",题字"春雪楼",并捐俸从文化发达繁盛之地购回数百种书籍置于清美堂,大力提倡读书。他专门题写郧阳府的诗有《郧阳道中》《题清美堂》《登春雪楼诗》等,专门纪游郧阳行迹的散文有《重建提督军务行台记》《保厘堂续记》《祈雨文》《谢雨文》《房县�斗门堰碑记》等。经王世贞改建的春雪楼,在初春时节,可览茫茫白雪掩城,绿水环绕,赏心悦目,加上他的题诗,便成了郧城的一大景观。

他吟颂、纪游武当山的诗文达 40 多篇,俱成为盛赞武当山的佳作。其脍炙人口的散文有《元岳太和山赋》《自均州玉虚宫宿紫宵宫记》《由紫宵登太和绝顶记》等,至今被人们称颂不绝。

尊重人才,也爱推荐人才,是王世贞的重要政声。令人不解的是,他在这方面不但未受到褒奖,反而遭到吏部的反对,弹劾他"举荐凡庸",贻误朝政,受到罚俸处分。但最终朝廷还是还了他公道,虽受小挫,但未殃及仕途,后来他还做了南京刑部尚书。在《送吴士游郧阳,用贫士韵》其一中,王世贞不胜感慨:"躄足未朝餐,原尝代其饥。千载士夫职,鼎鼎私所悲。"[1] 其情系郧阳,关注民众疾苦的一片赤心透纸而出。

(六) 平乱巡抚卢象升

卢象升,字建斗,江苏宜兴人。他自幼好学,才若天赋。天启二年(1622 年),卢象升考中进士,因父亲南康辞世,循礼奔丧,未入仕途。天启四年(1624 年)授户部主事,晋员外郎中,以其尚廉,又具吏才,升任大名府太守。大名府向来社会混乱,冤狱累积,实属难治之地。卢

---

① 王学范:《王世贞抚郧诗文集》,长江出版社 2009 年版,第 9 页。

象升莅任，严刑峻法，奖惩并举，多方严加治理，终于化乱为靖，政声日高。

崇祯二年（1629 年），清兵逼近京师，卢象升以大名府太守的身份募兵万人入京守卫。次年升任右参政兼副使，整顿大名、广平、顺德三府兵备。他兼擅文治武功，治兵有方，训练之兵皆精锐，号称"天雄军"，战无不克，令行禁止。崇祯四年（1631 年），卢象升升任按察使。继任后，他组织军民依险立寨，凿沟设障，资粮备械，耕牧其中，加强战备，巩固地方。崇祯六年（1633 年），山西流贼入畿辅，卢象升指挥若定，设伏于石城，歼敌于青龙岗、武安等地，而他自己则身先士卒与贼格斗，连斩贼魁 11 人。自此之后，吃足苦头的匪寇告诫后来者："勿犯卢公之境。"

崇祯七年（1634 年）三月，诏命卢象升为都察院右佥都御史、提督军务，代蒋允仪抚治郧阳。卢象升单骑起行，日夜兼程赴任。时逢蜀寇返楚者驻扎在郧县黄龙滩，卢象升闻报，即领军策马而驰，与总督陈奇瑜分道夹击，自乌林关、乜家沟、石泉坝、康宁坪、狮子山、太平河、竹木砭、箐口等地连战皆胜，斩首 5600 多人，汉南寇殆尽。战乱之后，他立即采取措施，减税赋，修城郭，贷邻郡仓谷，募商采铜铸钱，郧阳得以安定。

崇祯八年（1635 年）五月，卢象升擢升都察院右副都御史，兼提督军务，代唐晖巡抚湖广。八月卢象升著以巡抚职衔，总理河北、河南、山东、四川、湖广军务，统领各兵，形成了"洪承畴督剿西北，卢象升督剿东南"的局面。卢象升自思难以胜任，特上疏恳辞总理五省军务重任，但皇上不许。十月到任，继而誓师，亲督进剿，因自身吃苦在前，能为将士表率，备受拥戴。是年，起义军自河南荥阳大会以后，继分东西。闯将高迎祥、闯王李自成、八大王张献忠侵犯华东，陷凤阳，焚皇陵，明廷为之震惊。崇祯九年（1636 年）正月，卢象升会战诸将于凤阳，继而转战于河南，连战皆捷。卢象升原想乘胜追击一鼓作气歼灭起义军，即遣使告知湖广巡抚王梦尹、郧阳巡抚宋祖舜，令布兵阻于汉江，二抚竟放弃抵御，致使起义军逃往山中与明军周旋。

崇祯十一年（1638 年）卢象升以身殉国，时年 39 岁。卢象升战死之后，高起潜不报忠烈，杨嗣昌阻止抚恤。事隔多年，南明福王朱由菘追认卢象升为忠烈，赠太子少师，兵部尚书，赐祭葬，世荫锦衣千户。

（七）两朝巡抚徐啟元

徐啟元，字贞复，别号望仁，合肥人，明代举人。崇祯十二年（1639 年）授郧阳同知，官至郧阳府知府。

崇祯时，张献忠自陕来楚，徐啟元与按察使高斗枢招降贼渠王光恩，奋起抵抗，屡战皆捷。崇祯十五年（1642 年）十二月，李自成率部从白马洞渡江攻陷襄阳，南阳、承天、荆州等地俱望风瓦解，唯郧阳独存。李自成轻视郧，遣骑万余直抵城北安营扎寨，料定郧城可在旦夕攻下。徐啟元亲率壮士奋起抗击，出其不意，直捣敌营，杀敌将士 3000 余。崇祯十六年（1643 年）二月，刘宗敏统兵五万攻城，三面夹攻，来势凶猛。徐啟元誓师动员，歃血盟誓曰："今日战事，有死无二，且历数顺贼者将士被惨杀。"将士为之感动，泣下如雨，无不奋勇杀敌、以一当百。他部署诸将，分兵迎敌，终日对阵，枕戈披甲 70 余日，敌军死伤过半，逃归襄阳。同年四月，刘宗敏率部卷土重来，夜间在距城百步的地方，用麦秸杂土筑起 45 座与城墙齐平的麦草炮台，架炮击城，城内军民望而生畏、人心惶惶，郧城危在旦夕。徐啟元对诸将曰："郧之存亡，在此举矣，与其婴城兀守，曷若以战为守，而守乃固。"① 五月二日，全城倾兵出战，用火罐、火箭燔烧麦草炮台，麦草炮台顷刻化为灰烬。李自成听到战报，亲督精锐来援，行至淅川知守军火器精利，加之将士皆殊死奋战，度不能取胜，因转邓州，回襄阳。崇祯十七年（1644年）正月，李自成复令骁将路应标带兵来攻郧阳，总计连攻49昼夜。徐启元身先士卒，奋勇御敌，斩杀敌军无数，敌军溃败，只有军将孤身逃遁。十二月，路应标再犯郧阳，徐启元率精锐迎战，并密派暗探入敌营为内应，半夜开战，内外夹击，敌军惊惶失措，关闭东门逃窜，徐率部乘胜追击杀敌殆尽，路应标被歼。

清顺治二年（1645年）二月，清英亲王阿济格追剿流贼于陕西，将至湖北地界。徐启元遣王光恩歼灭襄阳贼众，收复均州、光化、谷城、南漳，准备船只接济大兵，投降。英亲王疏言：以王光恩署总兵官，徐启元仍以原官抚治郧阳。二年六月，徐启元驻襄阳，遣参将刘世安驻南漳，副将王光泰驻宜城，阻击贼降。十二月，匪首刘体纯率兵犯襄阳，徐启元同王光恩鏖战3日，杀敌无数，敌弃战逃跑。

顺治三年（1646年），徐启元进京面见皇上，被授予都察院右副都御史。顺治五年（1648年），迁升左都御史。顺治六年（1649年），加太子太保。顺治八年（1651年）三月，朝廷考核甄别部院大臣，皇帝认为徐启元不称职，等候调用。顺治十年（1653年）二月，又有旨下，降补启元为大理寺卿加太子太保衔。不久因年迈致仕，驿归故里。顺治十五年（1658年）徐启元去世。

---

① 辽宁省人民政府地方志办公室：《奉天通志》第9函，辽宁民族出版社2010年版，第5388页。

第六节　郧阳抚治（下）

明朝前期，朱元璋对以十堰为中心的荆襄山区实行封禁，这一政策的推行使山区拥有大量无主的闲置土地，反而吸引了大量破产农民。从永乐年间开始，流民陆续突破封禁进入山区，景泰、成化时期达到高潮。为平息流民聚集引发的社会动荡，朝廷先后派王恕、项忠入山驱逐。在多次军事行动均告失败的情况下，明宪宗命左副都御史原杰赴山区抚定流民。成化十二年（1476 年），朝廷正式采用原杰的建议"开设湖广郧阳府，即其地设湖广行都司卫所及县"①，并"专设郧阳抚臣，兼制三省"②。于是，郧县县城由一个偏僻县城一跃成为郧阳抚治、下荆南道守道、湖广行都司及郧阳知府衙门的治所，"三省官僚之往来，四方客商之辏集，视昔加数倍"③。使今十堰地区得居中控制之利，社会经济和文化教育事业蓬勃发展。关于郧阳抚治与其辖区社会治理的研究，冷遇春、冷小平父子的《郧阳抚治两百年》曾有所提及；湖北汽车工业学院的徐永安先生申请了湖北省教育厅人文社科基金重点资助项目"明朝郧阳府历史研究"（2005z156），对这一问题做了系统研究；武汉大学贾勇博士及华中师范大学马桂菊则对郧阳抚治与辖区教育做了专题研究；中国地域文化研究会主任、湖北省民间文艺家协会主席傅广典对郧阳抚治在中国制度史上的地位作了详细论述。试将已有成果综述如下，以飨读者。

---

① 《明宪宗实录》卷 160，成化十二年十二月乙丑。
② 申时行等：《明会典》（万历朝重修本），中华书局 1989 年版，第 672 页。
③ 周绍稷：《万历郧阳府志》（第 2 册），台湾学生书局 1987 年版，第 776 页。

一、明代郧阳抚治管辖区域沿革

早在天顺年间，朝廷就注意到了荆襄流民问题。天顺八年（1464年）十一月癸丑，"升工部员外郎刘子鐘为湖广布政司左参议，专抚治荆、襄、汉阳流民。"[①] 这是朝廷第一次派专官处理汉水流域的流民问题。成化元年（1465年），刘通、石龙发动流民起义，朝廷派王恕前来镇压，王恕的身份是"都察院右副都御史"，职责也是"抚治南阳、荆、襄三府流民"。成化四年（1468年），朝廷又"改户部右侍郎杨璿为都察院右副都御史，抚治荆襄等处流民"[②]，直到原杰就任郧阳巡抚并移治所于郧阳，郧阳抚治才初成定制。此后的200多年，除了3次短暂的撤销，郧阳抚治一直是一个辖四省八府九州六十五县的大特区。

郧阳抚治辖域范围特别大，共包含湖广、河南、陕西和四川等四省的八府九州六十五县。其中，八府为郧阳府、襄阳府、荆州府、安陆府、南阳府、西安府、汉中府和夔州府；九州为均州、裕州、邓州、商州、金州、归州、荆门州、夷陵州和宁羌州。其辖域边界东起河南漯河、湖北簰洲湾、湖南岳阳一线，西到甘肃与陕西交界处，南起湖南岳阳至重庆云阳一线，北到陕西洛南至河南漯河一线。可以说，大巴山主脉以北部分、秦岭主脉以南部分、江汉平原大部、整个南阳平原和几乎整条汉江，都在郧阳抚治辖域之内，辖域面积20多万平方千米，人口约120万。

郧阳抚治的属地范围在不同的时期大小有所不同，变化均为安陆和夔州两府的往来去留。在郧阳人的口中，习惯称最大范围时的郧阳为九

[①]《明宪宗实录》卷11，天顺八年十一月癸丑。
[②]《明宪宗实录》卷52，成化四年三月戊辰。

府七十一州县。

郧阳府：郧县、郧西县、上津县、房县、竹山县、竹溪县和保康县。

襄阳府：襄阳县、宜城县、南漳县、枣阳县、谷城县、光化县和均县。

荆州府：江陵县、公安县、石首县、监利县、松滋县、枝江县、长阳县、宜都县、远安县、兴山县、巴东县、夷陵州和归州。

夔州府：奉节县、巫山县、大昌县、大宁县和建始县。

承天府（安陆）：钟祥县、京山县、潜江县、荆门州、当阳县、景陵县和沔阳州。

南阳府：南阳县、镇平县、唐县、泌阳县、南召县、桐柏县、内乡县、新野县、淅川县、舞阳县、叶县、邓州和裕州。

汉中府：南郑县、褒城县、城固县、洋县、西乡县、凤县、沔县、略阳县和宁羌州。

兴安府：平利县、洵阳县、白河县、紫阳县、石泉县和汉阴县。

商州府：洛南县、商南县、山阳县和镇安县。

郧阳抚治设置于明成化十二年（1476 年），于清康熙十九年（1680 年）裁撤，共延续了 204 年，跨越了明清两个朝代。在这 204 年里，朝廷曾经三次对它"罢镇"。第一次起自明正德二年（1507 年）十一月至五年（1510 年）八月，第二次从明万历九年（1581 年）四月至十一年（1583 年）正月，第三次在清康熙三年（1664 年）四月至十二年（1673 年）。虽然郧阳巡抚与其他省的巡抚级别相同，但郧阳这座城市却没有升为省城，而只是一个副省级的镇。所谓"罢镇"就是朝廷召回巡抚而没有再委派，罢镇后的所属机构并不会一下子全部撤销，大多仍然要按惯性继续运作一段时间。

巡抚制度对于明朝而言是一种崭新的制度，虽然类似巡抚的做法在明代之前的唐初甚至北周就已经有过，但那都是临时性的差遣。洪武二十四年（1391 年）朱元璋派遣皇太子朱标巡抚陕西，也属于临时差遣。既是临时差遣，就如同今日的临时动议，其与御史出巡在形式上有相同之处，当然使命不同。御史出巡重在监察，事毕报告复命；而巡抚的使命是"巡行天下、安抚军民"，既在监察巡视，更在安定地方、抚恤百姓。宣德五年（1430 年）朝廷陆续在浙江、湖广、江西和河南等省专设巡抚，巡抚才逐渐固化，一改临时差遣成为常设封疆大吏，巡抚衙门号称"抚治"，也正式成为新的相当于省级的权力机构。巡抚制度正式确立之后，巡抚成为地方的军政首长，其主要职责是督理粮税、抚治流民和整饬边关等事宜。弘治、正德以后，巡抚统辖一省的承宣布政使司、提刑按察使司和都指挥使司三司，全国十三布政使司均设定员巡抚，设有巡抚衙门。巡抚衙门也叫都察院或抚台，抚治地方、考察属吏、提督军务，确保地方长治久安。时至嘉靖时期，巡抚制度已经成熟，模式有四：一、专抚一地，是省级最高权力机构，统管"三司"；二、强化边境管制，创建新的管制区；三、特事特办的特别区；四、强化边境的战区。郧阳抚治属于第三种模式，是针对流民问题而设立的特事特办的特别区。

郧阳抚治设于明成化十二年（1476 年）。与此同时，为了郧阳抚治而设立郧阳府，在郧阳府设立巡抚衙门，并由相当于现在省军区的湖广行都司进驻。郧阳府的辖境和今天的十堰市大致相当，首府设在郧县。

郧阳抚治存在了 204 年，而郧阳府存在了近 500 年，中华人民共和国成立后改为郧阳专署。1994 年郧阳专署又与十堰市合并，并以"十堰市"命名。即便如此，由于郧阳这一地理名称在深厚的历史积淀中早已深入人心，许多十堰居民尤其是居于郧阳治所的郧县居民依旧称自己为"郧阳人"。著名作家梅洁、浙江大学博士郭嗥等文化学者甚至在郧阳政区建制已经不存在的情况下坚持在发表文章时以"郧阳人"自居。20 年中，恢复郧阳地名的呼声一直没有停止。在社会各界的努力下，2014 年 9 月 9 日，中国国务院正式批复撤销郧县，设立十堰市郧阳区，以原郧县的行政区域为郧阳区的行政区域，作为行政区划的"郧阳"再次复活。

二、郧阳抚治与鄂西北地区的经济文化发展

郧阳抚治的设置，受益最大的当然是鄂西北地区。这 200 多年，是今十堰地区人口重建、山区开发，文化重构的关键时期，为清代至今的经济社会发展打下了坚实的基础。

（一）郧阳抚治与十堰地区的农田水利事业发展

明代前期，今十堰地区归襄阳管辖，失败的封禁政策使这里逐渐沦为流民渊薮。郧阳抚治的设置为流民提供了安身立命之所，也使朝廷坐收赋税之利。抚治设置的前 50 年，安置流民、恢复生产、重构社会秩序始终是巡抚的首要工作。设置抚台之初，原杰会同镇守太监韦贵及湖广、河南、陕西抚、按官等，安置"流民之数，户凡一十一万三千三百一十七，口四十三万八千六百四十四"①，其中大部分落户于郧阳府。正德元年（1506），郧阳巡抚何鉴"清查过荆、襄、南阳、汉中等处流民二十三万五千六百余户，七十三万九千六百余口。其愿附籍者，请各给户田，收入版籍；愿还乡者，量宽赋役"②。在历任巡抚的努力下，郧阳

①《明宪宗实录》卷 160，成化十二年十二月乙丑。
②《明武宗实录》卷 11，正德元年三月。

府各县人口和田亩数都有不同程度的增长。徐永安先生根据嘉靖年间的《湖广图经志书》，统计了郧阳府成化八年（1472 年）与正德七年（1512 年）田赋数（表 1.3）。

表 1.3　郧阳府成化八年与正德七年的田赋数

县名	成化八年（1472 年）				正德七年（1512 年）			
	户	口	田（亩）	赋（石）	户	口	田（亩）	赋（石）
郧县	2481	9327	40957	5006	2984	36843	185326	5434
上津	2086	7312	17683	690	1390	16131	20148	1075
竹山	1340	6348	13722	1608	2120	14253	19857	1869
房县	1207	5030	48538	3281	1467	11317	43373	3030
郧西	1198	3188	18141	1014	1657	12253	21037	1081
竹溪	1379	6744	12409	1256	1390	16130	25643	1791
保康	267	750	699	351	1257	9827	11096	555
合计	9958	38699	152149	13206	12265	116754	326480	14835

在 40 年的时间里，郧阳山区的人口比建府之前增加了两倍，超过了11 万，所开发的土地面积达到了 32 万多亩，实现了倍增，国家赋税也增加了 12%[1]，这还不包括大量隐匿于万山丛中的棚户。

与山区开发相对应的是农田水利的兴起。十堰位于秦巴山区东部，气候温和，降水丰沛，属亚热带气候区，但崇山峻岭的地形条件限制了农业的发展。在清朝人口压力骤然加剧以前，农耕土地多集中在山间盆

---

[1] 徐永安：《明朝郧阳抚治对郧阳府区域文明的历史贡献与启示》，《湖北社会科学》2011 年第 12 期，第 117–118 页。

地和河谷地带。粮食作物以稻、麦、粟为主，三者中以水稻为大宗。在秦巴山区，稻米生长旺盛期恰值伏旱季节，如果没有堰渠灌溉设施，水稻丰收几乎无望。因此，农业发展与水利灌溉密切相关。古代劳动人民因地制宜，兴建了一些水利工程，改变了农业生产面貌。随着移民潮的兴起和郧阳抚治的建立，十堰的农田水利事业在明朝中叶迎来了中兴。万历年间修纂的《郧阳府志》专门开辟《水利》一章，记载了郧阳府所辖6县的农田水利工程：郧县的柳陂、盛水堰、武阳堰、十堰、九顷坪堰、白龙堰、横塘、方塘、甄家堰；房县的潵澥堰、化龙堰、高枧堰、马栏堰、东方堰、白窝堰、白土堰等；竹山的高峰堰、架枧堰、大梵堰、中堰、郭家堰、红岩堰、谢家堰、安河堰、东川堰、磻口堰等；上津的五峪堰、愚谷堰、颧河堰、八里川堰、黄云洞堰；竹溪的官堰、头堰、二堰、三堰、陈家堰、白水堰、泽峪堰、杨家堰、老虎堰、石堰等；郧西的千工堰、五里河堰、马鞍山堰、火车堰、箭流堰、麦峪河堰、土门堰等；保康（今属襄阳）的王家堰、官庄堰、姚七堰、蛇渠堰、河步堰、梅子堰、秦家堰、方家堰、车家堰等。当时属襄阳府均州，今十堰丹江口市有金陂塘、香炉堰、狮子沟堰、坪堰、土陂堰等。水利事业的兴起，为山区经济的发展提供了重要保障。

在兴建农田水利的同时，民众生活与航运水利设施也有突破性发展。在郧阳抚治设立之前，郧阳百姓的生活尚处在原始状态，"郧在襄汉万山之中，自古无井，民惟饮江水"①。对这种极不卫生的生活习惯，以流民为主的当地民众习以为常。但追求较高生活质量的官员无法接受这种饮水习惯，于是"知府吴远始于府廨中凿一井，既而都指挥佥事吕钟辈各就司卫近地凿三井，城中人乃得井饮，至今赖之"②。郧阳设抚以

---

① 周绍稷：《万历郧阳府志》（第 2 册），台湾学生书局 1987 年版，第 775 页。
② 周绍稷：《万历郧阳府志》（第 2 册），台湾学生书局 1987 年版，第 776 页。

后，政治地位的提高必然带来城市规模的扩大和人口的增加，"三省官僚之往来，四方客商之辏集，视昔加数倍。食口日众，汲者日多，四井不足以供饮用。又井在司府官廨，江在城外，门禁早晚启闭有时，军民不得擅出入，往往缺水或用钱三四文始得一二斛，甚至争汲斗殴、破面流血者有之"①。已经形成饮用井水习惯的居民自然不愿再用江水，而井水不足不仅造成水价暴涨，还威胁到社会稳定。为解决日益尖锐的人水矛盾，郧阳巡抚沈晖"因檄有司，浚治旧井，使源泉清冽，不至于污泥。仍于各坊里通衢，相地之宜，增凿井六以便汲"②。此后"居民皆得井饮，无复不足，且免江汲之劳、瘿疾之忧"③。这项深得民心的水井建设工程为府城居民解决了饮水难题。

从洪武元年（1368 年）到成化十二年（1476 年）的百余年间，十堰地区的水利建设近乎停滞。郧阳设抚以后，水利事业迅猛发展，这主要得益于历代抚臣的行政督导和朝廷的资金支持。郧阳抚治设置初期，巡抚并不直接领导水利建设。郧阳府城的捍江堤始建于成化十三年（1477 年），首任都御史原杰只是"委官督民修筑，以防汉水之患"④。弘治以后，情况渐渐发生变化，"武阳堰，（郧）县西北二十里。弘治中，都御史王鉴之穿。正德中，都御史刘琬檄府重修"⑤。这两次修堰都是巡抚督导，知府主持。"壬戌，十五年秋八月，都御史王鉴之增饬文庙宫垣……重修盛水、武阳二堰，城保康。"⑥ 到明朝中后期，由郧阳巡抚亲自主持修葺盛水、武阳二堰可能已经成为惯例。纵观郧阳抚治 204

① 周绍稷：《万历郧阳府志》（第 2 册），台湾学生书局 1987 年版，第 776 页。
② 周绍稷：《万历郧阳府志》（第 2 册），台湾学生书局 1987 年版，第 777 页。
③ 周绍稷：《万历郧阳府志》（第 2 册），台湾学生书局 1987 年版，第 777 页。
④ 匡裕从、屈崇丽、袁绍北：《十堰通史》，中国文史出版社 2003 年版，第 311 页。
⑤ 周绍稷：《万历郧阳府志》（第 2 册），台湾学生书局 1987 年版，第 514 页。
⑥ 裴应章、彭遵古：《郧台志》，长江出版社 2006 年版，第 217 页。

年，巡抚对水利建设由审批、督促到领导最后直接主持甚至亲自捐俸，关注程度总体呈上升趋势。究其原因，对抚治初期的巡抚而言，平定匪患、招抚流民入籍是最紧迫的任务。弘治以后，安定社会、防止抚民再度流移成为巡抚的主要职能，水利建设无疑是改善生产生活条件、促使附籍流民安居乐业的最佳途径。巡抚工作重点的转变促进了对水利关注程度的提高。

（二）郧阳抚治与十堰地区的文教事业

《管子》中提道："仓廪实而知礼节，衣食足而知荣辱。"郧阳设抚以后，随着社会经济的恢复和发展，兴学立教、移风易俗成为抚治官员关注的焦点。弘治十四年（1501 年），巡抚王鉴之下车伊始，见郧阳府教学设施落后，立志重修学宫。但因财力不足，只得暂且作罢。两年后，见"官有赢蓄，储有余财，庶可以不顿于民"，便马上开始学宫的重修工作，新建的学宫"梁栋峻耸，轮奂辉赫，庑陛轩级，层起叠见，渊乎神明之居"，气势雄伟，功能完善，"左右则庑舍环列……庑之前为门，为棂星门，其旁为宰牲之厨，藏器之库"①。经过此番修复，郧阳府学宫亦可等齐国家标准，成为地方学子的一大福祉。自王鉴之开启重教重文的良好风气后，郧阳府学宫又几经迁修。其中以嘉靖三十六年（1557 年）章焕主持的府学宫改建修缮规模最大。新修的学宫面积扩充数倍，相应的功能也非常完善。时人记之曰："外为王道坊，为棂星门，其次为戟门。前为文庙，为雨庑，文庙之后为启圣祠，祠之后为明伦堂，为遵经阁。最后为敬一亭，其左为杏坛亭，为博士衙，为名宦乡贤

①《同治郧阳志》卷 2《建置·学校》，载湖北省十堰市地方志编纂委员会办公室《郧阳志汇编》（下册），台湾师范大学图书馆藏影印本，第 1092 页。

祠。其右为洙泗亭，为五贤祠，为时雨堂。凡广若干丈，深若干丈，为门者三百九十有奇，为楹者一千六百八十有奇。"① 郧阳府的学官，无论是品级格局、规模还是师资声望、实力，均为郧阳抚治诸城之最。

在抚治期间，还有多所书院得以设立。其中影响最大的当属黄纪贤创办的龙门书院。自万历三十三年（1605 年）起，黄纪贤治郧五年，功绩颇多，除致力于民生之外，还特别重视文治教化，人才培养，他非常关心郧阳的教育事业。因见郧人"罕事诗书"，且受大比之年郧襄二郡仅一人中举的刺激，遂下定决心改变郧阳文教事业的落后局面。在府库空虚、财力掣肘的情况下，"捐餐钱五百金，与臬使者王公计之，王公亦捐餐钱四十金"②，择购城中一地为书院。因抚台治所靠近龙门山，故名"龙门书院"。书院建有两个厅堂，前面厅堂题曰"讲堂"，校艺其中；后面厅堂命名为"石室"，储书于内。两堂旁边有号房七十余间，以为生徒的起居、静修之所。不仅如此，他还广置学田，构建辅房，以此来确保书院有充足的修葺之资。万历三十五年（1607 年）龙门书院建成，黄纪贤传檄三省（楚、豫、陕）之士肄业其中，郧阳学风从此大盛，人才辈出。

研究明代郧阳的文教事业，不能不提明代文坛领袖王世贞。王世贞于万历三年（1575 年）至四年（1576 年）任郧阳巡抚，郧阳之闭塞让其大为惊愕，"走一郡数邑，问他本，亡论不得，即不能举其名。而其为诸生，自经学数种外，间与语子史百家，则大怪骇，以为欺我……而郧以僻陋，故去嵩洛图书之国不千里，而邻于鴂形鸟言之民，抑何其不

---

① 裴应章、彭遵古：《郧台志》，长江出版社 2006 年版，第 453–454 页。
② 《同治郧阳志》卷 1《沿革表·古迹》，载湖北省十堰市地方志编纂委员会办公室《郧阳志汇编》（下册），台湾师范大学图书馆藏影印本，第 1060 页。

幸也"①。为开启民智，王世贞派人"北走燕，南走建业"，再到自己的家乡苏州购买书籍。这次采购所获颇丰，"得十三经，二十一史，衰周以至盛明诸文章"②，共计三千余卷。王世贞"印识其首尾"，以此特别标示为公有，并藏之于清美堂，安排专人负责看管。清美堂不仅可以让王世贞满足书瘾，更让当地学子获得了丰富的图书资源，有了开阔眼界的机会。王世贞抚郧期间，不仅建造了资料丰富的"图书馆"，甚至还带动了郧阳府的"出版业"。王世贞除了广购图书置于清美堂以供众阅外，还于万历三年（1575 年）汇融自己读书治学的心得，历时数月编定《文论》《表策选》《四书文选》各一部。三书付梓后，他颁给三省学子，以盼能够启迪诸生。刊印数量应该不在少数。编订刻印图书，这对当地的文化教育事业具有重大的意义。③

郧阳抚治的历任巡抚均为三品大员，不仅个人具有相当的文化素养，大多也醉心于文教事业。他们广储书以阔视野，兴教化以美风俗，育人才以应科举，极大地促进了郧阳的文教事业。抚臣们不仅注重对于学宫、书院的筹建，更参与到其教学、日常管理当中，甚至亲自到书院讲学，如黄纪贤，每当政余，往往至龙门书院，与诸生讨论四书五经、诸子百家等。这种反复讨论、相互问答的教学活动，自然使士子获益匪浅。科举成绩是一地文教发展程度的标志。万历丙午（1606 年）科，郧、襄二府只有 1 人中举。龙门书院建成后仅两年的万历己酉（1609 年）科乡试，郧阳就有刘大受、梁雷两人中举，再加上襄阳的刘奕芳、方岳

①　王世贞：《弇州山人四部稿》（第 4 册），伟文图书出版社有限公司 1976 年版，第 3663-3664 页。

②　王世贞：《弇州山人四部稿》（第 4 册），伟文图书出版社有限公司 1976 年版，第 3664 页。

③　贾勇：《郧阳抚治与明代十堰的文教发展》，《郧阳师范高等专科学校学报》2015 年第 4 期，第 22 页。

朝、贾论，人数提高到 5 人。在翌年的会试中，竹溪人欧阳照更是高中进士。这些数据较文明开化之地显然过少，但对于穷乡僻壤的郧阳而言，已经是很大的进步了。

三、明代郧阳抚治的制度文化建设

（一）郧阳抚治的名称演变

郧阳抚治的名称从提出到定型经过了数十年时间，其名称不断变化。

从成化十五年（1479 年）到弘治十七年（1504 年）的 26 年间，郧阳抚治基本上以"抚治郧阳""抚治郧阳等处"署名。从名称上看，此机构的职责主要是在安抚治理方面。弘治十八年（1505 年）六月，出现了"提督抚治郧阳"的称谓，从名称上看，此机构的职责增加了对军事力量的提领和督查。从正德元年（1506 年）到嘉靖时期"提督抚治郧阳"一名使用较为频繁，多达 30 多处，但仍以"抚治郧阳"最常见。正德六年（1511 年）十一月，又有"巡抚郧阳"的名称。嘉靖年偶尔用之。直到隆庆六年（1572 年）八月才出现了官署称谓性的"郧阳巡抚"。万历二年（1574 年），抚治郧阳的都察院右佥都御史孙应鳌，奏请朝廷将"提督抚治"玺书变更为"提督军务兼抚治"，并授命节制荆襄、南阳、金州、商州、汉中等地官军，同年三月癸卯，"改提督抚治郧阳等处都御史为提督军务，兼抚治郧阳等处"①。自此，"提督军务兼抚治郧阳""提督军务，兼抚治郧阳等处地方"等表述陆续见于各类诏书之中。对此，王世贞指出：郧阳建府时之抚治，"其指乃在抚而不在

---

① 《明神宗实录》卷 23，万历二年三月癸卯。

督……今天下……无乱形有乱端，其用不得不改而督"①。在这里，王世贞较清楚地阐述了此一官职名称变化的社会原因和现实需要。

到万历年间，郧阳抚治的称呼比较混乱。一是"巡抚郧阳"与"郧阳巡抚"大量出现，竟多达十余处。二是出现了"郧阳督抚"的提法，如万历九年（1581 年）八月吏科给事中秦燿等奏"郧阳督抚原辖"②。三是有时针对一人几种称呼都用，如"升右通政黄纪贤为右佥都御史，提督军务，兼抚治郧阳等处地方"③，"郧阳巡抚右佥都御史黄纪贤引疾乞归"④，"准抚治郧阳都御史黄纪贤回籍"⑤。不过，相比较还是"抚治郧阳"最为常见。

徐永安先生认为，以上现象说明开始暂定的"抚治郧阳"名称，经过一段时间，逐步向习惯性的用法转变。到万历年间，"抚治"与"巡抚"的经常互用，说明人们对抚治作为巡抚的形式之一已经完全认同了，但名词性的"郧阳抚治"称呼在人事任免中很少出现。在当时督抚制度基本定型的背景下，一旦明确认识到郧阳抚治需要转化为定设，这一套制度的各个方面及其实践经验就很自然地被套用或借鉴。因此，成化十五年（1479 年）后，郧阳抚治就融入了督抚制度中，并表现出许多共性的特征。⑥

---

① 王世贞：《重建提督行台军务记》，载周绍稷《万历郧阳府志》（第 2 册），台湾学生书局 1987 年版，第 796 页。

② 《明神宗实录》卷 115，万历九年八月丁酉。

③ 《明神宗实录》卷 416，万历三十三年十二月丙午。

④ 《明神宗实录》卷 474，万历三十八年八月戊寅。

⑤ 《明神宗实录》卷 482，万历三十九年四月乙酉。

⑥ 徐永安：《略论郧阳抚治的制度文化》，《江汉大学学报（人文科学版）》2011 年第 3 期，第 83 页。

（二）郧阳抚治的官阶变化

总体上看，郧阳抚治挂都察院右副都御史身份者为最多（少数为左副都御史），其次是挂右佥都御史者，少数为其他职务。根据明朝官阶制度，前者为正三品，后者为正四品。然而从具体的时间分布上，又有一些规律性的特点，即在郧阳抚治这个特殊职位上，从明朝官职演变时间维度上表现出前高后低、前重后轻的趋势。从成化十五年（1479 年）经弘治、正德到嘉靖九年（1530 年），共 51 年中，有 36 位郧阳抚治（不算兼理者），只有成化十八年（1482 年）、正德十一年（1516 年）、正德十五年（1520 年）是右佥都御史身份，其他绝大部分是右副都御史。正德六年（1511 年）的李士实、正德十四年（1519 年）的文贵甚至是右都御史正二品的身份。然而从嘉靖十年（1531 年）起到四十五年（1566 年）的 35 年中，31 位抚治有 19 位是右佥都御史身份。从隆庆元年（1567 年）到天启七年（1627 年），其中万历朝有 48 年，总共 60 年，32 位抚治有 14 人是右佥都御史身份。说明嘉靖十年（1531 年）以前，郧阳受到重视，多以一省巡抚官的宪职派出。随着荆襄地区社会、政治、经济等进入平稳发展时期，这里对国家而言，已无大乱需平、大险需救、大患需除，其全局地位有所下降，以至于万历九年（1581 年）裁革抚治。自郧阳抚治复设以后，尤其是万历中晚期直到崇祯末年，其宪职基本上都是右佥都御史。①

---

① 徐永安：《略论郧阳抚治的制度文化》，《江汉大学学报（人文科学版）》2011 年第 3 期，第 83 页。

（三）郧阳抚治的任职、离职与任期

　　明代督抚制度发展到嘉靖、天启年间基本稳定成熟，其标志就是督抚任职制度的完备，赴任时间的规范化。具体分述如下：

　　一是前后任之间强调无缝交接。例如，嘉靖三年（1524 年）令："各巡抚都御史遇有迁秩，或以忧去者，必候代离任代者，亦宜亟往。如违言官劾奏。"①

　　二是限期立即赴任。凡新任之督抚，要求立即赴任，限期极为短促。例如，隆庆二年（1568 年）题准："凡遇推补督抚员缺，吏部移咨兵部差人赍文前去，如以别官升迁巡抚，及在原籍起用者，限文到五日，以巡抚升总督者，限交代次日，即各起程赴任。仍将起程日期于所在衙门申报各巡按具奏，如咨文已到不即起程，或已交待未便离任，或未交待擅自回籍者，并参治。"②

　　三是前任一旦交接完毕，立即离任，超期问责。例如，"或已交代，未便离任；或未交代，擅自回籍者，并参治。"③ 这种官职交接制度，使得明代的行政效率有了较大提高。考察嘉靖年以后郧阳抚治任命离任与任命上任的具体时间可以发现，在交通极为不便利的情况下，当时官员们的离职就职，时间间隔多在 5 天到 15 天之间。其中，亦有因赴任迟滞而受到弹劾的。隆庆三年（1569 年）闰六月癸亥，"陕西盗何勉等杀百户鲁卿、巡检王鸢，事闻，给事中张卤因论陕西巡抚张师载、郧阳巡抚武金久不赴任，逗留观变，不畏简书，非人臣敬事之礼……"④（武金得

---

① 申时行等：《明会典》（万历朝重修本），中华书局 1989 年版，第 1042 页。
② 申时行等：《明会典》（万历朝重修本），中华书局 1989 年版，第 1042 页。
③ 申时行等：《明会典》（万历朝重修本），中华书局 1989 年版，第 1042 页。
④ 《明穆宗实录》卷 34，隆庆三年闰六月癸亥。

到任命在隆庆三年二月）

四是任职时间的灵活性。从"在任期限"数据看，短期有 1 月至数月者，长期有 1 年至数年者，说明没有固定的任期，以辖区事务的实际需要而定。不同于巡按御史——"凡巡按御史，一年已满，差官更代"①，有明确的任期时间。这种情形又反映了督抚制度早期的特点，即因地、因时制宜，具有一定的灵活性。从成化十五年（1479 年）的吴道宏到崇祯四年（1631 年）的梁应泽，152 年中（包括罢设的时间）有 98 位抚治（其中孙应鳌一人两任），任期在 1 年以上者 64 人次，1 年以下者 34 人次，分别占 65.3%，34.7%。在某些时段甚至连续出现抚治就任不足 1 年即更换就任者，如：正德十四年（1519 年）七月至嘉靖元年（1522 年）二月，2 年 8 个月，更换 5 任抚治；又嘉靖三十九年（1560 年）四月至嘉靖四十二年（1563 年）六月，3 年 2 个月内，更换 6 任抚治。

出现这一现象的原因，或原任命者不合适，或任命后不久即改他任，或暂时任命以待更调等，但其中一个重要的原因是抚治辖区内社会稳定，没有大的突发事件，各府州、县官员发挥正常的管理职能，抚治的频繁更替不会影响辖区的正常运行，因此朝廷对有关官员的调用可以从大局考虑而无后顾之忧。②

（四）权力层级与管理体制

郧阳抚治又下设各"道"。各"道"设有巡道和守道二职，又称分

---

① 申时行等：《明会典》（万历朝重修本），中华书局 1989 年版，第 1046 页。
② 徐永安：《略论郧阳抚治的制度文化》，《江汉大学学报（人文科学版）》2011 年第 3 期，第 84 页。

巡、分守。郧阳巡抚管理职能主要通过所抚地区的"道"来实现。洪武二十九年（1396 年）："改置天下按察分司为四十一道……湖广四道：曰武昌道，治黄州、德安、武昌、汉阳四府；曰荆南道，治荆州、岳州、襄阳三府，沔阳、安陆二州；曰湖南道，治长沙、衡州、宝庆、永州四府，桂阳、郴二州；曰湖北道，治常德、辰州二府，靖、沅二州。"①

根据《郧台志》"分道"条记载，郧阳抚治所辖道有九：郧襄为下荆南道，荆州为上荆南道，河南南阳为汝南道，陕西汉中为关南道，各设分守、分巡一名。商州为商洛道，只设分守道。② 故所辖九道为分守道五，分巡道四。其中，分守下荆南道于永乐初年专为提督太和山而设，驻均州③，自设郧阳抚治起，又兼抚民分守之职责。起初以布政司参议担任此职，万历九年罢郧阳抚治，改驻郧阳府，遂以布政司参政兼佥事负责兵备，兼管汉、南（汉中、汝南）。郧阳抚治复设后又还其原职。上荆南道驻澧州以控湖湘，同时统领兵备。最后设汝南道，镇驻南阳。

对三省各道分工，在《郧台志》"文职"条中记载得分外详明。

> 湖广布政司：分守下荆南道参政，或参议提督太岳兼管抚民；分守上荆南道参政，或参议抚治荆襄兼九永等处兵备。按察司分巡下荆南道副使，或佥事抚民兼郧襄兵备；分巡上荆南道副使，或佥事抚民兼施归兵备。
>
> 河南布政司：分守汝南道参政，或参议抚民；分巡汝南道副使，或佥事兼兵备。

---

① 《明太祖实录》卷 247，洪武二十九年十月甲寅。
② 裴应章、彭遵古：《郧台志》，长江出版社 2006 年版，第 3-4 页。
③ 裴应章、彭遵古：《郧台志》，长江出版社 2006 年版，第 4 页。

陕西布政司：分守关南道参议，或参政兼抚民；分守商洛道参议，或参政兼抚民。分巡关南道佥事，或副使整饬汉羌兵备兼抚民盐法。①

（五）郧阳抚治的礼仪制度

历时 200 多年，郧阳抚治在制度建设方面，留下了一笔不菲的财富。这些制度为我们了解汉水流域明代的历史和文明，提供了可靠的参考和翔实的史料。以下仅依《郧台志·宪体》之"仪节"条②收录为据，说明郧阳府志的礼仪制度。

上任　本院驻节公署，有司择吉请期，届期鼓吹。前导礼生引至本院下车，易公服。露台东北向预设香案，望阙谢恩，行五拜三叩头礼，毕，易吉服升堂，开视关防。阖院吏役，以次叩见，毕，督属序进。莅属：守、巡道同都司进见。出：知府率各官进行庭参礼，驿丞逐次禀报。先知府四拜，次同知、通判、推官、守备二拜，次都司首领官二拜，次指挥免拜，次知县二拜，次府、卫首领，次镇抚、千百户俱免拜，次儒学教官二拜。次主簿，次典史，次仓、驿、阴、医、僧、道、杂职等官俱叩见。次生员、次监生俱二拜。次武生免拜。次省祭官，次吏承，次阴阳生、医生、乡约里老、僧、道人等各叩见毕出。乡官进见。次举人进见。

① 裴应章、彭遵古：《郧台志》，长江出版社 2006 年版，第 237 页。
② 裴应章、彭遵古：《郧台志》，长江出版社 2006 年版，第 178-179 页。

　　如此庄严隆重，气派堂皇，可见郧阳抚治地位超出三司官员的事实，以及它和下属各级、各部门的权力关系结构。

　　拜命　　本院恭接敕谕等类，黎明具吉服，送于馆驿，行五拜三叩头礼。率属先导诣本院露台东北，望阙谢恩，仍行五拜三叩头礼。诣龙亭前跪受敕谕，伏俯礼毕。

　　庆贺　　凡遇万寿圣节，正旦冬至，先期一日习仪。本院黎明具吉服，诣迎恩观左丹墀，面西向鸣赞唱，行出使礼。引至露台下左旁，五拜三叩头，毕，复位鹄立，视众官行礼山呼。次日，漏下五鼓，拜牌于行、都司，如前仪。

　　迎诏　　本院具朝服，率属迎于驿馆龙亭前，行五拜三叩头礼。鼓乐导至本院门外，众官先入，文武官东西立候龙亭至公庭中，捧诏官立于龙亭东，本院率众官就班乐作赞，四拜。捧诏官奉诏授展读官，展读官跪受，诣开读案宣读。本院北向跪，众官皆跪。读讫，展读官奉诏授捧诏官，捧诏官奉诏于龙亭中，俯伏，兴四拜，舞蹈山呼，俯伏兴四拜毕。本院诣龙亭前问候圣躬万福，毕，复具鼓乐送诏于官庭，捧诏官庭谒，行两拜礼。

　　敕护　　本院露台上随日月向设香案，日食朝服，月食素服，行四拜礼。鸣赞唱，击鼓三声。鼓毕，敕护，阴阳官历报初亏、食甚、复圆、生光等，仍行四拜，礼毕。

　　谒庙　　本院上任后三日，谒先师庙。守、巡道、都司陪行，四拜礼，毕，都司回避。该道随同本院升明伦堂，各官序参。命教官掣签，生员讲书，府正佐官、县正官、两学教官，俱赐坐听讲。讫，赏赉笔札。仍另期考校文艺、品第，优赏，以示作兴。谒文庙，毕，次原、吴二公祠，次本院土地祠，各二拜礼。遇旱、溢，于迎恩观祈谢，行四拜礼。丁祭，先一日及长至元旦拜牌毕，各诣文庙行四拜礼。

其中，拜谒原、吴二公祠，原是指原杰，吴是指吴道宏。原杰是首任郧阳抚治，吴道宏是原杰的继任者，他们二人承前启后地开辟了郧阳抚治早期的良好政声。抚治辖区的人们为之立祠，表明二人具有高风亮节、懿德美行，是历任郧阳抚治的楷模。此外，一旦地方遭遇水、旱灾害的时候，抚治大人还负有与神灵沟通、为百姓祈福禳灾的职责，临时承担着宗教和巫师的职责。

阅武　本院阅操，司、卫官先期呈请赏格，至期黎明，鼓吹旌旄前导，诣武场进辕门，都司迎于露台下，升演武厅。守、巡道迎参毕，都司暂避，府、县各官参毕，中军官宣军令，列营剿杀。报捷讫，设的校射委府正佐官分校杂艺，赏罚有差。复合营彻队受赏。各官前导回院，次日阅视城池。

《郧台志》中的这些郧阳抚治的制度文化，是今天研究明朝督抚制度的一份宝贵的文献资料。

（六）郧阳抚治公署

抚台衙门为郧阳抚治官署所在地，为首任郧阳巡抚原杰在任时所建。在嘉靖《郧阳府志·公署》中，名为"都察院"，从志前所附"郧县之图"，可以看清其在郧县县城中的大致位置：都察院处于城南两门之间，偏西，向东邻接布政分司，再向东为儒学，西隔南北大街与预备仓相望，再向西为府君庙；都察院隔东西大街，北对申明亭，东北对湖广行都司，西北对郧县县衙，隔南北大街西北向、预备仓与府君庙正北为郧阳府治。与万历《郧阳府志》记载的布局大致相沿。从中可以看到郧阳抚治设置时的"三位一体""一府四衙"（加上郧县县衙）的空间地理布局，这一多种机构集中于一处、配置共存的情况，在当时的各个州府中是十分特殊的。

万历《郧台志》前有"镇署图"，展示了抚治衙门的空间布局以及内部结构，但是各个细分空间没有标上名称，而《郧台志》"公署"条①中的详细描述，弥补了这个遗憾，使得我们可以窥见各个建筑空间的文化内涵。

> 成化十三年春，都御史原公杰至郧，经理底绩，乃于城中卜宅，经营逾月而成。中为正堂，匾曰：帅正。嘉靖辛卯，都御史潘公旦更曰：保厘。万历丙子癸未，张公国彦复更曰：绥靖。前曰：文武总宪，则匾自都御史孙公应鳌云堂东为题名碑。都御史胡公东皋立，大宗泊湛公若水记，西为提督行台碑，都御史王公世贞立并自撰文，堂东南为贴书房，门房西南为京书房。前为仪门，内曰：三藩总镇处，由提督军务仪门，外东为土地祠，西为抄案房。又前为大门，匾曰：都察院。殿正堂而北者，为后堂。匾二，一曰：集思广益；一曰：步思。北为内堂，匾二，一曰：持廉秉公；一曰：正大光明。左斋曰：勤政轩。右斋曰：仕学斋。徐公学谟记穿堂，西为官厨，东为迎宾馆。匾曰：清美堂。后为中厅寝室，寝室后为卷蓬，为内书室，室东为内书房，前有园亭馆，北为内厨，内厨后王公新凿为之铭。室西为案房为两薨。大门外树坊二，东曰：抚

---

① 裴应章、彭遵古：《郧台志》，长江出版社 2006 年版，第 23—24 页。

安；西曰：肃清。甲寅，都御史陈公志改题东坊曰：控制上游；西曰：抚镇三省。万历八年，杨公俊民复改题曰：抚绥辽旷，三藩风纪。院门外西南为行都司官厅，凡各省三司有事来参台者皆憩焉。西北为守备厅，东南为府厅，南为卫县所官厅各一，以为各属官候见之所。隆庆四年冬，毁于火。都御史汪公道昆重建规制观，益饬至匾额，则多新设焉。

可见，公署的建设完备周详，底蕴深厚，不仅倾注了多位抚治官员的辛劳智慧，更是郧阳抚治文韬武略之精神的物质表现。

此外，抚治张国彦任职期间，朝廷赐予了郧阳抚治关防、令旗、令牌等特权信物，它们也是构成制度文化的有机部分，这些特权信物的配备使郧阳抚治的地位和影响得到了加强。

四、明代郧阳抚治的历史文化意义

（一）明代郧阳抚治的政治文化价值

郧阳抚治是中国国家治理制度史上的创举。205 年抚治制度的产生、实施与终结，为未来国家治理留下了许多珍贵的启示。中国地域文化研究会主任、湖北省民间文艺家协会主席傅广典先生认为，郧阳抚治为中国的政治文化提供了三个方面的重大启示。

第一，充分尊重国情、地情、时势，顺势而为、因势利导、特事特办，是治国安邦应有的制度机理。

设立郧阳抚治无论在当时的国家制度里还是在后来的社会发展中都是一个特例，特就特在是针对无序集聚在荆襄山区这个特定地域里的

260 万流民设立的抚治。20 年里由 3 次大的流民潮而集聚在荆襄的流民，基本上都是因为土地的丧失。土地丧失的直接原因是社会腐败、官吏弄权。加之朝廷无理粗暴执法，采取惯用的驱赶和杀戮的做法，最终导致矛盾总爆发，流民四散逃生，矛头直指当朝，造成了重大社会危机。

朝廷上，君臣们在一般场合也强调"事秉于权，道因于法"。但是在荆襄流民的问题上，却长时间处于被动应付的状态，习惯于用旧的规章制度套用新的现实，而不习惯于推陈出新，因时而变。因为法规制度脱离实际，即便主动出击、主动清剿，结果仍是南辕北辙。首任巡抚原杰能直面社会现实，深入流民之中走访、调查，与流民沟通，体察民情，化解民困，抚治民瘼民病，充分吸纳民意民智，具体情况具体分析，在民间和民众之中寻找良方与治策，特殊情况特殊对待，特病特方，特事特办，找到了问题的解决办法。郧阳抚治设立的成功之处不单单在于解决了流民问题，还在于探索出因势利导、特事特办，依情而法、善法善治的治国安邦的新途径，创造出国家制度的新方向，在理论和实践上都是前所未有的突破。

第二，以民为本是治国安邦的根本法则。

自春秋战国以来，民为邦本渐渐成为帝王们的统治共识。到了明朝，民为邦本的思想几乎已经深入人心。在《明实录》中，我们可以经常看到帝王们的这种认识，比如：成化帝有"众以为是，虽已废之法，在所当行；众以为非，虽已行之事，亦所当改"① 的敕谕，弘治帝有"为治之道，莫切于养军、恤民，民惟邦本，而军所以卫民也。军民安，则天下安"② 的敕谕。但令人啼笑皆非的是，这些帝王却常常言不由衷，言行二致。成化帝对荆襄流民实施高压屠戮政策，将流民统统看作蟊贼

---

① 《明宪宗实录》卷 153，成化十二年五月丁卯。
② 裴应章、彭遵古：《郧台志》，长江出版社 2006 年版，第 133 页。

而杀人无数就是一例。

受郧阳抚治的镜鉴影响，在后来处理民生问题时，明朝廷变得非常开明。弘治帝在敕谕第 6 任郧阳巡抚时，对民生疾苦就格外关照，曰："民苦于征科，贫者终岁勤动，妻子冻馁；富者劝贷频仍，家室空虚。一遇水旱灾伤，不免转徙流离，死亡枕藉。"[1] 责令勉修职务，以期绩效于方来。不仅皇帝心中装进了百姓，地方首长也多能体恤民困与民瘼，比如，第 20 任郧阳巡抚任汉奏疏乞免国家在正税正差之外的额外派办，说："正谓财已竭而敛不休，民愈穷而赋愈急。""近年既遭兵荒，又罹水旱，掘取草树根皮、栗橡等物煮食度命。官府既乏抚字又鲜赈恤，却乃事事剥削，物物搜求，柁木甫完而柴炭继至，炸块方了而车辆又来，挎木、散木之叠派，羯羊、尾羊之并征，财尽民穷，岂胜科索？"建议："如事可缓，暂且停止……若系急用，业已施行，不可停减，亦须从长议处。"[2] 正德帝准奏。

此类事件在《郧台志》中多有记载。万历十一年（1583 年）四月二十日至二十五日，郧县连降暴雨，江连日水暴涨，致使沿江住户房屋、货物被大水冲走。二十五日半夜，洪水从东门冲进县城，城内水深三丈，城墙大半倒塌，城内仓廪粮食及居民的房舍与家产被"一洗而罄，溺死者无算"[3]。时任第 79 任巡抚的张国彦奏疏赈灾，"恳乞天恩俯赐，破格赈恤，以保遗黎，以安地方"[4]。万历帝准奏。同年六月，张国彦再次因洪水灾害为汉中府和金州（安康）奏疏赈恤，万历帝准奏，地处汉江上游安康与汉中的百姓同样得到了朝廷的救济。

第三，治国重在治吏。

---

① 杨立志点校：《明代武当山志二种》，湖北人民出版社 1999 年版，第 301 页。
② 裴应章、彭遵古：《郧台志》，长江出版社 2006 年版，第 323-324 页。
③ 裴应章、彭遵古：《郧台志》，长江出版社 2006 年版，第 373 页。
④ 裴应章、彭遵古：《郧台志》，长江出版社 2006 年版，第 372 页。

考察人类历史可以发现，吏治为百治之源。虽然国家治理的对象是百姓，但重点却在官员。也正是基于此，治吏比治民更为重要。这也正好印证了孔子的名言：“政者，正也。子帅以正，孰敢不正？”政者，吏也。从政者必须堂堂正气，大义凛然，公正无私，只有这样，才能以身作则，以上率下，带领百姓崇德向善，以过硬的政风淳化、优化、美化良好的民风、社风，促进国家兴旺发达、政通人和、长治久安。官吏弄权祸国殃民，这已经是被历史反反复复证明的事实。治国重在治吏，明朝郧阳抚治从正反两个方面给了足够的启示。

（二）明代郧阳抚治的历史文化意义

十堰市民间文艺家协会主席明安生给郧阳抚治的历史文化贡献作了清晰客观的定位。他认为，站在历史坐标轴上去考量这段历史，就会发现，郧阳抚治对包括十堰在内的秦巴地区的人文历史产生了四个方面的重大而深远的影响。

第一，郧阳抚治的设置加强了明清王朝对秦巴地区的有效控制，是解决明末流民问题的治本之策。明朝初年，明成祖朱棣为巩固皇权、牢牢掌控南方，在“北修故宫”的同时“南建武当”，希望以宗教为掩护长期经略秦巴地区，并以修武当的名义屯兵郧阳。50多年后，朱棣的预判成为现实，百万流民为获得无主土地并逃避赋税蜂拥进入荆襄秦巴地区。成化年间，刘通、石龙、李原、小王洪相继起义，客观上在中国腹心地带形成了一个牵一发而动全身的动乱隐患中心。于是明朝政府决定成立郧阳抚治，简称“郧台”，又称抚台、抚军或抚院，其驻地称行台。

郧阳抚治的设置确保了明朝和清初荆襄秦巴地区的安宁稳定。明末清初，郧阳抚治的存在，对于对抗李自成起义军及其余部产生了重要作用。清朝撤销郧阳抚治后，这一地区旋即产生了白莲教起义，酿成清朝数年动乱，这不能说与撤销郧阳抚治没有关系。

第二，郧阳抚治的设置进一步显现了秦巴地区居中扼要、牵动四方的战略中心地位。从郧阳抚治的管辖范围来看，它实际上是一个中央直属的跨地区的省级行政军事机构，并设立湖广行都指挥使司，郧阳巡抚拥有军事职能，加提督官衔，提督军务，节制总兵，统兵作战。明朝在武当山以宗教的方式实行"文治"，以郧阳抚治加强武备，形成文治武守的态势与格局。

从历史上看，这里埋藏着一部"人类文明通史"。从古老的"郧县人"，到古代方国，经秦汉魏晋南北朝，直到唐宋元明清，文明在这里延续。不论中国政治中心是在长安与洛阳一线，还是由南京北上至北京一线，统治者都不敢漠视这一地区。在历次政治、军事的"博弈"中，其战略地位进一步凸显，号称为"天关""地机"所在，枕秦巴，控川陕，撬豫鄂，西进东出、不东不西、既南又北的边缘地带实实在在构成了天下锁钥之重。

第三，郧阳抚治的设置带来了汉水中上游秦巴地区的大联合、大开发、大繁荣。从地理学意义上说，郧阳抚治区域覆盖了汉水中上游秦巴地区。但长期以来，由于行政区划分属不同区域，人为形成了不相往来，甚至分庭抗礼的局面，阻挡了彼此的交流与合作。郧阳抚治的设置第一次使秦巴荆襄卯榫成一个建制完整的行政板块，形成以郧阳城为中心的行政点，号令九州八府六十五县，并使秦巴荆襄成为沟通南北、连接东西、居中扼要的国家战略交通枢纽之地。

第四，郧阳抚治的设置是秦巴文化的一次大改造、大融合、大梳理。郧阳抚治的设置第一次对四省边界的政治、经济、军事、人文进行了一次大整合，为沉寂的中国腹地吹进了一股革故鼎新、移风易俗的新风，为四省边缘地区人们的交流找到了一个理由和一种情结纽带。200
年间文化积淀深厚，特别是一大批高官文人云集郧阳，对挖掘、整理这
一地区的文化资源具有可贵的意义，120 位三品、四品抚台对地方历史
文化产生了巨大的影响，他们带来了先进的理念，教化深山风气，赋诗
作文，涵养了浓郁的文化气息，传承和延续了文化的记忆，特别是明代
"后七子"之一的王世贞以及汪道昆等人在郧阳抚治任上，不仅以各种
方式购买图书经典，新建学宫书院，而且创作了大量的诗文，留下了大
量游记，奏疏、政论等，以各种方式丰富了郧阳文化。

第七节　明代汉水流域的社会动荡

　　明朝统治的 270 余年间，汉水流域先后发生了两次规模较大的社会
动荡，一次是明中叶荆襄山区的流民起义，另一次是明末的农民起义。
除此之外，小规模的、零星的社会动荡不断发生，有明一朝，几乎一直
处于动荡之中。

一、明早期汉水流域的社会矛盾与动荡

　　明王朝建立早期，汉水流域就发生了多次社会动荡。明王朝建立
后，民间仍时有借助明教等宗教聚众起事者。

　　洪武四年（1371 年）九月，襄阳府郧县人易文通聚众起事，很快聚
集战船 50 艘，并建立旗号，扰乱州县，劫掠地方。卫国公邓愈调襄阳卫
军队前往镇压，捣毁其山寨，斩其所立参政王某，事态才逐渐平息。

　　洪武六年（1373 年）五月，房州（今房县）人段文秀自称参政，

并伪命官吏，设置机构，聚众起事，骚扰周邻，占据鲤鱼山一带，被卫国公邓愈镇压。

洪武十二年（1379年），沔阳渔民陈友谅旧部官校孙谅等在荆州谋划起事，事情败露后被捕杀。

宣德八年（1433年）五月兵部接到报告：在湖北、陕西、四川交界的荆襄山区有地名为细水洞，又名水帘洞者，有自号赵大王的人聚众二千余人起事，占山为王，据险为寨，与官府为敌作乱。

正统八年（1443年），又有河南汝州人张端卜流寓均州（今均县），更名清古潭，假借佛法蛊惑人心，惑众煽乱。张端卜造谣妄说兵卒张清为紫微星降生，推为盟主，其余皆为青衣童子，可为将军。计划于正统九年（1444年）在光化县九龙冈举事，先占泌阳、枣阳、舞阳，再占襄阳、汴梁诸地，推翻明王朝统治。事情败露后，被巡抚、左少卿于谦镇压。

总之，在汉水流域，明前期特别是明初的矛盾与冲突，有一部分属于元末冲突的继续。新朝初建，统治地位不稳固。不过，明前期的矛盾冲突及其引起的社会动荡一般规模较小，影响亦较轻。

二、明中叶的流民起义

（一）荆襄流民起义的背景与原因

到明中叶，明王朝统治已近百年，各种累积、潜伏的社会矛盾趋于尖锐。其中，最为集中的是土地兼并日益加剧，"而为民厉者，莫如皇庄及诸王、勋戚、中官庄田为甚"①。由于土地的集中及赋役、地租的苛重，破产失业的流民大量出现，社会动荡不安。此外，赋税差役亦不断加重且负担不均，豪强地主利用"奏乞""投献"诸名目百般舞弊，加速着贫富不均、分化的进程，社会矛盾日趋激化。在明中期延续 100 多年的时间里，农民起义连绵不断，不仅起义的次数多，涉及的地区广泛，几乎遍及全国各个省区，而且往往是一个高潮平息不久，又有新的高潮到来，高潮之间间隔也很短，其中以正统、成化、正德时期最为集中。

人民为了逃避丧失土地的贫穷和不断增加的沉重赋税，纷纷逃离原籍，于是产生大量的流民。约自宣德年间始，流民问题已经引起有识之士的关注。正统以后，矛盾进一步加剧，人民流亡之势愈来愈猛，呈现出"千里一空，良民逃避，田地抛荒，租税无征"② 的情形。正统三年（1438 年），山西繁峙县农民逃亡达 1/2 以上。③ 山东仅诸城一县，逃亡者即达 12800 余户。④ 全国 13 个布政使司都不同程度地存在人民流亡的现象。尽管明政府采取了许多防止人民流亡的政策措施，但收效甚微。黄册出现了"固有族繁千丁而户悬数口，又有家无孑遗而册载几丁"⑤的现象。

湖北地区同样存在人民逃亡现象。正统二年（1437 年）六月，四川马湖府同知杨礼奏称："湖广黄州等府连年亢旱，人民流移。其子女或

---

① 章培恒、喻遂生分史主编：《二十四史全译·明史》（第 3 册），汉语大词典出版社 2004 年版，第 1492 页。

②《明英宗实录》卷 175，正统十四年二月己未。

③《明英宗实录》卷 45，正统三年八月乙卯。

④《明英宗实录》卷 152，正统十二年四月戊申。

⑤ 万历《慈利县志》卷 8《户口》，上海古籍书店 1964 年据宁波天一阁影印版，第 3 页 a。

为人奴，或被略卖，深为可悯。"① 在汉水流域承天府，"土著之民，贫者或遘罹转徙"②。甚至竹山、巴东等大山腹地僻远州县，亦有人民流徙逃亡问题存在。

地处四川、陕西、河南、湖北数省交界地带的荆襄山区，"川陵延蔓，环数千里，山深地广"③，许多失去土地的农民流亡到这里垦荒开矿，官府难以禁止，这里成为明代流民最为集中的地区。到成化年间，这里集聚的流民总数达 200 万之众。荆襄山区在明初就被严厉封禁，"禁流民不得入"，因此，荆襄山区的流民一开始就是作为明朝统治的对立面而存在的，二者的矛盾冲突激化到一定程度就要爆发，最终演化为成化（1465—1487 年）、弘治（1488—1505 年）、正德（1506—1521 年）、嘉靖（1522—1566 年）时期接连不断的流民起义。

(二) 荆襄流民军起义

据张建民先生研究，荆襄山区第一次流民起义爆发于天顺八年（1464 年）冬天，地点在距房县城西北一百多里的大木厂。刘通在这里树起黄旗，自称汉王，年号"德胜"，以梅溪寺为宫殿，封石和尚为谋主，另设有将军、元帅、国师、总兵诸官号，很快集众至数十万。刘通，河南西华人。据说他能用单手掀翻千斤巨石，故又称刘千斤。正统年间流亡到房县山中，后与和尚尹天峰等结识，传弥勒佛降生之说，谋划推翻明朝统治。其他重要人物除石和尚（又名石龙）外，还有国老刘

---

① 《明英宗实录》卷 31，正统二年六月乙亥。
② 顾炎武：《天下郡国利病书》卷 75《湖广》（第 4 册），蜀南桐花书屋薛氏家塾清光绪五年版，第 12 页 a。
③ 项忠：《报捷疏》，载陈子龙等《明经世文编》（第 1 册），中华书局 1962 年版，第 359 页。

长子（原名冯喜），先锋苗龙、苗虎，国师常通，给事中王靖以及刘通的儿子刘聪等。流民聚众起义，震动朝野上下。成化元年（1465年）五月，朝廷命抚宁伯朱永佩靖虏将军印充总兵官，统率京营及山东下班官军开赴荆襄，与湖广总兵官李震部及巡抚河南副都御史王恕部会师于襄阳前线，准备对刘通流民军进行围剿。双方先后在房县城下、隘门关、梯儿崖、梅溪寺，夷陵州（今宜昌县）的金竹坪、南漳县城、司空山、沙子岭、界山，保康县的大市坪、古路山，房县格兜山、后岩山等地展开激战。当年六月，刘通、苗龙等40余人被绞杀，大批被俘流民军亦被斩首。

与此同时，突围的石龙等率领的流民军一部继续转战在四川东北部及川鄂交边的大昌、巫山、奉节、巴东、秭归、竹山、通明、巴山、东乡（今四川宣汉县）以及陕南的镇平、紫阳、镇巴等地，曾攻破大昌和巫山县城。坚持到成化二年（1466年）十月，这支流民军被官军瓦解。据《彭文宪公笔记》记载：

> 石和尚、刘长子以计脱走，深入险阻。抚宁病愈，自领兵搜剿。有襄阳艾总旗者，隶都督喜信、指挥张英部下。一日，刘长子欲杀之，艾曰："官军即寻石和尚，而无干，你若能擒石和尚，必重有升赏。"约与俱见张指挥。张具酒食劳之，长子以为信然，遂入山擒石和尚，出诸营前。[1]

由于刘长子的出卖，石和尚被诱捕杀害。

此后不久，群龙无首的流民军遭到官军的突然袭击，战死一万余人，包括刘通的妻子连氏、国师常通、给事中王靖、都司张石英等首领

---

[1] 彭时：《彭文宪公笔记》，转引自谢国桢：《谢国桢全集》（第3册），北京出版社2013年版，第33页。

在内的数百人被俘。就这样，荆襄山区第一次流民起义便被官军镇压下去了。荆襄山区第一次流民起义虽然失败了，但导致起义的社会矛盾并未因此而消除，流民合法拥有土地和身分附籍问题依然存在，流民仍在不断进入、聚集到荆襄山区。

（三）荆襄流民第二次起义

时隔四年，就在成化六年（1470 年），荆襄山区爆发了第二次流民起义，其首领是李原（绰号李胡子）、蒋虎、小王洪、王彪等人。李原本是河南新郑县农民，曾参加过刘通、石和尚领导的起义军。刘通、石和尚相继失败后，李原等人继续在山区流民间进行秘密活动，往来于湖北的南漳、房县，河南的内乡，陕西的渭南一带。另一首领王彪是陕西蒲城人，也曾参与刘通部起义军，主要在陕南山区一带不间断进行小规模造反活动。

对于这次流民军的造反活动，历史上有较为清晰的记载："白圭既平刘通，荆、襄间流民屯结如故。通党李胡子者名原，伪称平王，与小王洪、王彪等掠南漳、房、内乡、渭南诸县。流民附贼者至百万。"① 另一记载指出："李胡子，新郑人，刘千斤余党也。千斤败，与其党王彪走免。纠合余党小王洪、石歪膊往来南渲、内乡、渭南间，复倡流民为乱，伪称太平王，立'一条蛇''坐山虎'等号，官军累捕不获，荆、襄、南阳为之骚然。"② 由此可知，这次起义的规模不同凡响，影响亦颇大。与前相同，汉水流域的河南的南阳，陕南的商州、南漳、竹山等

---

① 章培恒、喻遂生分史主编：《二十四史全译·明史》（第 6 册），汉语大词典出版社 2004 年版，第 3480 页。
② 谷应泰：《明史纪事本末》卷 38，中华书局 1977 年版，第 564 页。

地，依然是此次大规模起义军活动的中心地带。

就在成化六年（1470 年）十一月，明朝任命项忠为右都御史，总督河南、湖广荆襄军务，调动京营等精锐部队及神枪火器等先进武器，专门抽调永顺、保靖两地土司的苗兵来对付荆襄起义军。特别值得一提的是，在开展军事进攻的同时，项忠着手实施分化瓦解流民的策略，以威胁、劝谕等手段促使流民离开山区，企图以釜底抽薪之法，彻底解决流民起义问题。史载，在项忠的软硬兼施之下，到成化七年（1471 年）三月，"流民携扶老幼出山，昼夜不绝，计四十余万"①。至成化七年秋七月，山中流民"其有贯址、姓氏者，谨依诏旨省谕，遣散出山复业，陆续共九十三万八千余人。混处贼巢无籍检查四散奔走出山者，又莫知其数"②。

在另一方面，项忠全面调集官军、士兵共计 25 万，分 8 路进攻起义军。项忠等人奏称："其贼首小王洪有众五百，屯于均州龙潭沟；李胡子有众六百，屯于竹山官渡。官军分道，首擒二贼，余多散亡，及诸军前后共斩首千级，并入山俘获胁附之党与族属老幼共二万八千七百余人。"③

连续大捷之后，项忠与湖广总兵官李震等人依然以为"余孽未尽"，再次率军进入僻远山区深处竹山等地，分兵多路进行围剿，史称："凡省谕出山复业流民刘兴等五十万七千七百，擒获贼首王安、王通等二百八十六，斩首枭令者六百四十，减死充军并家属张凯等三万三百，夺获器仗共二千三百五十，马、骡、牛一千八百五十。"④ 到成化七年（1471年）年底，起义军首领李胡子等 23 人以谋反罪被凌迟处死，另有鄂福

① 《明宪宗实录》卷 89，成化七年三月壬辰。
② 《明宪宗实录》卷 93，成化七年七月甲午。
③ 《明宪宗实录》卷 93，成化七年七月甲午。
④ 《明宪宗实录》卷 98，成化七年十一月己未。

等 53 人被问斩，起义军家属配发功臣之家为奴。历时一年多的第二次荆襄山区流民起义就这样无果而终。

与历次流民起义引发的社会矛盾不同，此次造成的动荡相当剧烈。从记载看，起义波及地区广大，影响人员众多，仅项忠奏疏报告中被驱遣出山的流民即达 150 万，而未经官军登录造册、四散奔逃出山的不知其数，还有驱遣过程中被杀死者，数量亦不容小视。史载项忠等人在清山驱遣行动过程中，"兵刃之加，无分玉石，驱迫不前即草薙之，死者枕藉山谷。其解去湖、贵充军者，舟行多疫死，弃尸江浒，臭不可闻"①。由此可见其残酷惨烈程度。

关于此次镇压流民军起义的烈度，可以在成化七年（1471 年）十二月吏部尚书姚夔等上疏弹劾项忠残酷行动的奏疏中得见："荆襄等处流民连年被逐，死者无虑千万，甚伤和气，况所奏招出一百五十余万，已皆无家可归，不过逃死四散而已。"② 由于比次镇压行动空前惨烈，前所未有地触及了人们对人性的反思和感怀，直到次年四月，兵科都给事中梁璟还在弹劾项忠等人的残忍滥杀行为，说项忠偏听检讨张宽、御史刘洁、总兵李震等人，贪功要利，"所过州县既遣捕无籍及为盗者，而见在附籍者不论久近，亦概逐之……又纵兵驱逼，略无纪律，以致冤声震天，肝脑涂地"③。死亡的人数不可低估。而为数巨大的出山流民无论重新流亡到哪里，都将对所到地方社会经济、社会秩序造成不同程度的冲击；至于驱遣流民造成山区生产的破坏、开发的停滞，其危害更在不言之中。

这场驱遣流民的事件，对贪官污吏们来说是发财的良机，而对于广

---

① 《明宪宗实录》卷 98，成化七年十一月己未。
② 《明宪宗实录》卷 99，成化七年十二月辛巳。
③ 《明宪宗实录》卷 103，成化八年四月丙戌。

大劳动人民来说，则无疑是一场空前浩劫。梁璟在弹劾疏中指出，刘洁"贪婪素著，一善无闻，为忠所诱，且其归时，以所获人口、财物枉道送家。及在叶县，寄收男女三四十口，而所带子女财物尤多。议者纷纷，欲食其肉，然后为快"①。

明中期社会动荡，仅荆襄山区就有弘治三年（1490 年），野王刚起事于竹山一带；正德三年（1508 年），又有蓝廷瑞、鄢本恕、廖惠等起事于四川保宁，很快波及荆襄山区，持续 6 年之久；嘉靖八年（1529 年），杨文政等又起事于陕西商南、湖北上津一带；嘉靖十九年（1540 年），竹山、竹溪等地流民又起，杀死竹溪主簿张文英等，"猖獗一时"；隆庆元年（1567 年），保康县又被"流贼"洗劫，知县张士勋等人被杀。其他还有正德十一年（1516 年）贺璋、罗大洪聚众起事于嘉鱼、蒲圻等地；嘉靖三年（1524 年）麻城县万民福等伪造妖书惑众，招纳亡叛，谋划推翻明朝统治；嘉靖三年公安县"强贼"熊振昂等数百人流劫石首等县；嘉靖四年（1525 年）荆州府"流贼"邢文宪起事；等等。

另外，正德七年（1512 年）五月，"刘六等五百余人由团风夺船，溯流至夏口……既而贼焚劫汉口"②。闰五月，"贼自河南入罗田，转掠黄陂"③，"流贼皆西北人刘六、刘七之党也，由兖豫历荆襄深入罗田劫掠，民逃深山，县治如洗"④。

三、反对矿监税使的斗争

万历年间湖广发生的另一件值得载入史册的民变，是以城镇居民为

---

① 《明宪宗实录》卷 103，成化八年四月丙戌。
② 《明武宗实录》卷 87，正德七年五月丙寅。
③ 《明武宗实录》卷 88，正德七年闰五月丙戌。
④ 嘉靖《罗田县志》，成文出版社有限责任公司 1975 年版，第 101 页。

主的反对税监的斗争。万历二十四年（1596 年）初，明神宗因修建三殿二宫耗费巨大，向全国各地派遣了大批矿监税使，以征收矿商税为名，大肆搜刮民间财富。矿监税使所到之处，变本加厉，横征暴敛，一开始就受到各地矿民的抵制和反对。

万历二十七年（1599 年）初，内官陈奉被派到湖北荆州等地征收店税。他假皇帝诏谕，巧取豪夺，"逮水陆车船，搜肉见骨，下至鸡豚蔬果之属皆遭攘夺"，甚至网罗民间恶少为羽翼，到处敲诈勒索，奸淫妇女。或指某家墓地有金可采，或诬某家藏有非法御用之物，迫使其倾家荡产行贿税监，以求免祸。其仗势欺人、无恶不作的行径，令人发指。"又于诸郡邑布列征税官，虽小市亦有五六人。其曹数十人。朝为俑屠，夕即冠进贤冠，建高车黄盖，出入里闬，轩轩然直撞入郡县，建鼓至堂皇，稍与抗即告之奉。奉上疏以抗旨。"①

据张建民先生分析，因为有皇帝为他们撑腰，所以陈奉等矿监税使敢横行无忌。对于矿监税使的恶行，不少官员接连上疏请求万历皇帝加以制止，同时也对他们采取软磨硬抗的抵制。万历二十八年（1600 年）初，湖广巡抚支可大鉴于"楚地辽阔，民情犷悍，易动难安。近自采木派饷，又益抽税开矿，追取黄金，搜括积羡，小民赔累不堪，嚣然思乱"②的局面，请求将荆州、襄阳两府税银仍交由税监征收，而其余 13 府 2 州税银，参照山东、河南先例，交日地方有司代征而后解送税监，将税监有关参随人员全部撤回。当年七月，湖广巡按王立贤上疏参劾陈奉贪纵暴虐，激变地方，"乞皇上俯念根本重地，亟召还奉，别选中宫老成谨厚者以代其任"③。结果奏呈被中途拦截，石沉大海。

---

① 陈诗：《湖北旧闻录》（中册），姚勇、邱蕤、杨晓兰点校，湖北人民出版社 1999 年版，第 1022–1023 页。

② 《明神宗实录》卷 343，万历二十八年正月戊申。

③ 《明神宗实录》卷 349，万历二十八年七月戊午。

　　此等行径，无不令有识之士拍案而起。万历二十九年（1601 年）初，兵备佥事冯应京上疏参劾陈奉肆行不法九大罪状。但油滑世故的陈奉反参冯应京故违明旨，阻挠税务。结果，冯应京被逮下狱 4 年，放归后不久含恨离世。当冯应京被劾去任之日，百姓夹道送行，"小民家家痛哭，追送应京"①，民心向背一目了然。

　　对此，张建民先生深入研究指出，冯应京并非第一个，更非唯一因参劾陈奉，反对矿税而获罪的湖广官员。此前，万历二十七年（1599 年）八月，"以湖广税监陈奉奏，切责按臣曹楷阻挠，降知府李商耕、赵文焕，知州高则巽各一级，逮推官革钰、经历车任，从重究问。"② 万历二十九年（1601 年）二月，陈奉又奏参 "楚臣上下朋谋，揰勒清查钱粮，乞行严究"③。结果，力阻开矿造福一方百姓的枣阳知县王之翰和襄阳府通判邸宅被革职为民。后来，王之翰甚至被下狱拷打致死。襄阳府推官何栋如被锦衣卫星夜扭解赴京治罪，且颁谕旨云："如再有不遵的参来，参来重治不饶。"④ 接着，又有武昌府同知卞孔时于矿税事务抗违怠玩，被降一级调任；吏科都给事中郭如星等因参劾湖广巡抚支可大、赵可怀纵容、庇护陈奉而触怒皇帝，被降调边方杂职，并被要求严厉惩处，不得从轻宽恕。

　　对于陈奉等税官在各地的恶行，湖北官民群情愤慨，众口一词，连有庇护之意的巡抚支可大亦不得不承认 "奉肆行已极，民怨日深"⑤。大学士沈一贯也深知湖广地方 "不独省城，即通省无不怨奉"⑥。即便是与

---

① 《明神宗实录》卷 358，万历二十九年四月壬午。
② 《明神宗实录》卷 338，万历二十七年八月丁丑。
③ 《明神宗实录》卷 356，万历二十九年二月戊戌。
④ 《明神宗实录》卷 356，万历二十九年二月戊戌。
⑤ 《明神宗实录》卷 357，万历二十九年三月甲子。
⑥ 《明神宗实录》卷 358，万历二十九年四月壬午。

陈奉同为御马监监丞的李道，对陈奉在湖广荆襄的所作所为也愤愤不平、痛恨至极："奉之在楚也，水则阻塞舟商，陆则拦截贩贾。所辖十五府，官尽与为寇仇；周历数千里，民咸剥其肤肉。"① 万历二十九年（1601 年）六月，"武、汉、黄等府州县耆老李之用等言：'冯应京之忠节，陈奉之贪墨，皆不可枚举。应京遭诬被逮，百姓如失慈母，万身难赎，不远四千里哀呼奔随，乞命于皇上之前，乞宥应京而重处奉。'"② 其民愤之大，真是天怒人怨。

让人特别不解的是，对于地方官民对陈奉的弹劾，万历皇帝竟一概不予理睬。相反，如前所述，陈奉对不阿附于己的地方官之参劾，却每次都很快准允，信之不疑。遭陈奉诬陷而被逮问的襄阳府推官何栋如曾上疏奏辩，结果是罪加一等，遭到更重的处罚。在万历皇帝看来，"何栋如既奉旨拏问，自当席藁待罪，静听处分，乃敢逞臆饰词强辩，好生可恶。本当轻处，还拏送镇抚司好生着实打问了来说，不许疑畏卖法"③。冯应京、邸宅等都曾得到万历皇帝的刻薄对待。直到内官李道上疏揭发陈奉的恶行，陈奉才被召回听候处分。

与官方的步伐几乎同时，民间反对陈奉等矿监税使的斗争，自万历二十七年（1599 年）就已经开始了。据《道听录》记载："万历二十七年十二月，武昌、汉阳民变，击伤税使陈奉。"④《明神宗实录》对此亦有反映。湖广巡抚支可大的奏报中提道，因不堪矿税搜刮，"武昌、汉阳土民数百奔赴抚按，击鼓声冤，旋噪税监门，拥众攻打"⑤。真是群情

---

① 《明神宗实录》卷 358，万历二十九年四月乙酉。

② 《明神宗实录》卷 360，万历二十九年六月壬寅。

③ 《明神宗实录》卷 360，万历二十九年六月乙丑。

④ 陈诗：《湖北旧闻录》（中册），姚勇、邱蕤、杨晓兰点校，湖北人民出版社 1999 年版，第 1022 页。

⑤ 《明神宗实录》卷 343，万历二十八年一月戊申。

激愤，民怨沸腾。

万历二十八年（1600 年）二月，内阁大学士沈一贯奏称："陈奉入楚，始而武昌一变，继之汉口，继之黄州，继之襄阳之光化县，又青山镇、阳逻镇，又武昌县、仙桃镇，又宝庆，又德安，又湘潭，又巴河镇，变经十起，几成大乱。"① 由此可知，在万历二十八年（1600 年）二月之前，湖广发生过公开反对矿监税使的民变十数次，其中发生在今汉水流域的就有数次。这表明当时矿税一事在汉水流域贻害之深、为害之广，遭到了民间的普遍反对。

令人发指的是，万历二十九年（1601 年）正月，陈奉宴请地方官员，用甲士上千人自卫，并发射火箭焚烧民居，一时激起民愤，民众群集陈奉门前抗议。陈奉却派人袭击人群，打死多人，且碎尸抛掷于道。冯应京上疏参劾陈奉十大罪状（或云九大罪状），请依法严惩。陈奉不仅没被法办，反诬奏冯应京违抗圣旨，阻挠税务，皇帝偏听偏信。冯应京先被降杂职调用边境，后因科道官如给事中田大益、御史李以唐、都给事中杨应文等参劾陈奉，疏救冯应京，万历皇帝恼羞成怒，命令将冯应京与襄阳府通判邸宅、枣阳知县王之翰等一并逮京问罪。

万历年间发生的朝廷纵容矿监税使四处搜刮及汉水流域各地反对矿监税使的斗争，在一个层面上反映出明王朝统治的腐朽和没落，也在一定程度上显示出明王朝行将衰亡的命运。正如当时吏部尚书李戴等针对矿监税使之害所指出的："今间阎空矣，山泽空矣，郡县空矣，部帑空矣，国之空虚如秋木脉液将干，遇风则速落。民之穷困如衰人血气已极，遇病则难支。"② 诚然如此。

---

① 《明神宗实录》卷 344，万历二十八年二月庚寅。
② 《明神宗实录》卷 359，万历二十九年五月丁未。

四、明末农民战争与李自成转战汉江之滨史略

明朝末年，政治腐败，灾害频繁，民不聊生，各地的起义、暴动此伏彼起，最后分别形成了以李自成、张献忠为首领的两支农民起义军。这两支起义军分别建立了大顺、大西两个农民起义政权，在全国范围内掀起了一场轰轰烈烈的反对明王朝统治的斗争，而在汉水流域则掀起了起义狂涛。

（一）明末李自成农民起义始末

李自成，万历三十四年（1606 年）八月出生在米脂河西 200 里的李继迁寨，距他的老家长峁鄯 60 多里。李自成先祖由甘肃太安迁入陕西省米脂县李家站居住，其祖父李海因生活所逼，迁至原米脂地长峁村。

米脂李姓，分太安里二甲李氏和永和石楼李氏。一支是太安里二甲，李自成家庭属太安里二甲，明代前由甘肃太安里迁徙来；而另一支李氏是由山西永和石楼县迁移到米脂的。两支李氏不属于同宗同室。太安里二甲的李氏，是一大族，遍及米脂城乡各处。

青壮年时期的李自成命运多舛，处处遭遇坎坷。李自成少年喜好枪马棍棒，父亲死后他去了明朝负责传递朝廷公文的驿站当驿卒。李自成因丢失公文被裁撤，失业回家，并欠了债。同年冬季，李自成因缴不起举人艾诏的欠债，被艾举人告到米脂县衙。县令晏子宾将他"械而游于市，将置至死"，后由亲友救出。出狱后，李自成杀死债主艾诏和与盖虎通奸的妻子韩金儿。两条人命在身，吃官司必死无疑，于是就同侄儿李过于崇祯二年（1629 年）二月到甘肃甘州（今张掖市甘州区）投军。

当时，杨肇基任甘州总兵，王国任参将。李自成不久便被王国提升为军中的把总。同年在榆中（今甘肃兰州榆中县）因欠饷问题杀死参将王国和当地县令，发动兵变起义。

崇祯三年（1630 年），李自成率众投农民军首领不沾泥，继投高迎祥，号称八队闯将。崇祯六年（1633 年），在农民军首领王自用病卒后，收其遗部 2 万余人。后与农民军首领张献忠等合兵，在河南林县（今林州）击败明总兵邓玘，杀其部将杨遇春，随后转战山西、陕西各地。

崇祯七年（1634 年），李自成率部连克陕西澄城、甘肃乾州（今乾县）等地，后在高陵、富平之间被明总兵左光先击败。崇祯八年（1635年），李自成率部与各路农民军首领会师河南荥阳，共商分兵定向进攻之策。之后转战江北、河南，又入陕西，在宁州（今甘肃宁县）击杀明副总兵艾万年等。随即又在真宁（今甘肃正宁县西南）打败明军，迫使总兵曹文诏自杀。

崇祯九年（1636 年），高迎祥被俘遭明军杀害后，李自成被推为闯王。他率领农民军“以走致敌”，采取声东击西、避实击虚的战法，连续攻下阶州（今甘肃陇南市武都区）、陇州（今陕西陇县）、宁羌（今陕西宁强），然后迅速兵分三路入川，于昭化（今四川广元西南）、剑州（今四川剑阁）、绵州（今四川绵阳）屡败明军，击杀明总兵侯良柱。

崇祯十年（1637 年）冬，李自成围攻成都多日未克，随即挥师转攻梓潼，迎战明总兵左光先、曹变蛟失利。为尽快摆脱强敌，于是分道返陕，移师潼关，途中遭明军伏击，将卒伤亡散失甚众，几近全军覆没。李自成率部将刘宗敏、田见秀等 18 骑隐伏于陕西商洛山中。不久，李自成亲赴湖北谷城，成功鼓动已经被明廷招抚的张献忠参加农民军，使农民军力量大增，声势大振。

崇祯十二年（1639 年），李自成与张献忠合兵攻破竹溪，移师截断明军粮道。随后又协助罗汝才于香油坪击败明总兵杨世恩部。

崇祯十三年（1640 年），李自成被明总兵左良玉重创于房县，被迫重入河南，攻破永宁（今河南洛宁县），斩杀万安王朱采缪。同时又与当地农民军首领一斗谷合兵，兵众达数十万之多，旋即攻克宜阳。大军前进到达卢氏县，俘获当时高士牛金星，李自成接受属下献策，礼贤下士，将牛金星用为谋士。同时，顺应时势，又坚决果断地采纳了李岩均田免赋的策略，深得民众拥护，所到之处，人民欢欣鼓舞，竞相高歌歌谣"迎闯王，不纳粮"。

崇祯十四年（1641 年）春，李自成率农民军包围洛阳，得到明朝守军策应攻破城防，杀死万历皇帝的儿子福王朱常洵，并号称"奉天倡义文武大元帅"。之后李自成乘胜挥师，在一年半之内三围开封未果，崇祯十五年（1642 年）秋向南奔袭邓州，并在邓州与脱离张献忠的罗汝才合兵，兵众号称百万。趁着明军四路向河南新蔡、项城调集，李自成派遣精兵在中途伏击，致使明军阵乱败逃，明总督傅宗龙在项城被活捉处死。随之又在河南郏县大败明陕西巡抚孙传庭。

崇祯十六年（1643 年）三月李自成在襄阳称"新顺王"，杀不服号令的农民军领袖罗汝才、贺一龙，四月再杀叛将袁时中。十月，李自成攻破潼关，杀死明军督师孙传庭，占领陕西全省。崇祯十七年（1644 年）正月李自成在西安称帝，以李继迁为太祖，建国号"大顺"。

崇祯十七年（1644 年）二月李自成东征，先后攻克太原、大同、宣府等地，明朝官吏姜瑞、王承胤纷纷来降，接着又攻下居庸关、昌平。三月十七日半夜，守城太监曹化淳率先打开京师外城西侧的广宁门，农民军由此进入今复兴门南郊一带。三月十八日，李自成派在昌平投降的太监杜勋入城与崇祯秘密谈判。据清徐燕《小腆纪年附考》卷四载，李自成提出的条件为："闯人马强众，议割西北一带分国王并犒赏军百万，退守河南……闯既受封，愿为朝廷内遏群寇，尤能以劲兵助剿辽藩。但不奉诏与觐耳。"最终双方谈判破裂。三月十九日清晨，兵部尚书张缙彦主动打开正阳门，迎接刘宗敏率领的大军进入北京城。崇祯皇帝闻讯后万念俱灰，在煤山自缢，李自成下令予以"礼葬"，在东华门外设厂公祭，后移入佛寺，二十七日，葬于田贵妃墓中。李自成入主紫禁城，封宫女窦美仪为妃。大顺军进城之初尚有军纪，京城秩序尚好，店铺营业如常。但从二十七日起，大顺军开始拷掠明官，四处抄家，强令官吏豪富助饷，"中堂十万，部院京堂锦衣七万或五万、三万，科道吏部五万、三万，翰林三万、二万、一万，部属而下则各以千计矣"[1]，刘宗敏制作了五千具夹棍，"木皆生棱，用钉相连，以夹人无不骨碎"。城中恐怖气氛逐渐凝重，人心惶惶，"凡拷夹百官，大抵家资万金者，过追二三万，数稍不满，再行严比，夹打炮烙，备极惨毒，不死不休"[2]，谈迁《枣林杂俎》称死者有 1600 余人。李自成手下士卒抢掠，臣将骄奢，《甲申传信录》记载："杀人无虚日，大抵兵丁掠抢民财者也。"[3] 四月十四日，西长安街出现告示："明朝天数未尽，人思效忠，于本月二十日立东宫为帝，改元义兴。"[4] 因为早在十三日，李自成已亲率 10 万大军奔赴山海关征讨吴三桂，这是明显的乘虚兴乱。

　　顺治元年（1644 年）四月二十一日，李自成与驻守山海关将领吴三桂进行一片石战役。战至四月二十二日，吴军渐渐不支。吴三桂乃降于清朝摄政王多尔衮，两军联手击溃李自成，主将刘宗敏受伤，李自成急令撤退。二十六日李自成携三万余人逃到京城，二十九日李自成在北京称帝，怒杀吴三桂全家，次日，由山西、河南两路撤退，逃往西安。义

---

① 杨士聪：《甲申核真略》，浙江古籍出版社 1985 年版，第 26 页。
② 计六奇：《明季北略》，中华书局 1984 年版，第 479 页。
③ 中国历史研究社：《甲申传信录》，上海书店出版社 1982 年版，第 117 页。
④ 计六奇：《明季北略》，中华书局 1984 年版，第 487 页。

军临行前火烧紫禁城和北京的部分建筑，七月渡黄河败归西安，不久，又放弃西安，途经蓝田、商州，从武关败逃。由于南明朝廷的建立和大顺军的节节败退，农民军军心动摇，很多投降大顺的原明朝将领复投南明或清朝，李自成疑心日重，妄杀李岩等人，致使人心离散。

顺治元年（1644 年）十二月，清军出击潼关，大顺军列阵迎战，清军因主力及大炮尚未到达，坚守不战。顺治二年（1645 年）清军以红衣大炮攻破潼关，李自成避战流窜，经襄阳入湖北。四月李自成入武昌，但被清军一击即溃。五月在江西再败，在湖北通城山遭遇当地地方民团武装伏击，神秘消失。一说李自成辗转到湖北石门县夹山寺隐居为僧，号"奉天玉和尚"，69 岁圆寂。李自成退出大顺历史舞台后，30 万余部先后在李过、李来亨等人的领导下，继续李自成的事业，与南明抗清将领何腾蛟等联合，坚持抗清斗争 18 年，直至康熙四年（1665 年）在清朝统治者的镇压下才彻底失败。

（二）闯王李自成八进八出商洛山

在举世闻名的明末农民起义领袖李自成南征北战、坎坷峥嵘的起义历程中，汉水流域占据着重要的政治、军事地位。

据研究，李自成先后"八进八出"转战隐伏商洛山，屯兵整军，操戈秣马，振奋军威，汉水流域的商洛成了他推翻明王朝的隐伏复兴之地。

明崇祯六年（1633 年）十二月初，李自成率农民军十万余众，破河南伊阳、卢氏、洛阳、新野等州县之后，乘势前进，遍达新安、陕州、灵宝、信阳、淅川、内乡等州县。当月下旬又进湖广的郧阳地区，破上津。紧接着分兵五路进军商洛，经山阳、漫川、中村，直扣武关（今丹凤县辖）迤西屯集百余里，连克山阳、商南、商州，俘商州防守阎调化。阎调化被扣押三日后死亡。李自成军又进景村（今洛南县辖）直逼洛南县城，沿路战杀南河司巡检段文采，大有入秦入蜀之势。川、秦、楚三省告急。陕西巡抚练国事急发商州都司解文英、游击郑嘉栋等星夜驰援，又着原任守备弥孚远、标兵中将守备史大勋统领韩城、郃阳营兵7000 余人，自西安赶赴商洛。农民军一部舍洛南，取卢氏，经汝州至光化。李自成率军与其侄李过及顾君恩、高杰遂弃商洛入湖北郧阳。这是李自成第一次进入商洛山。

明崇祯七年（1634 年）五月，明王朝五省总督陈奇瑜从郧阳飞马奔驰到达均州，部署明军布防。六月，陈奇瑜与郧阳抚治卢象升在郧西上津会师，对李自成率领的农民军进行凶猛围剿。明王朝大军压境，气焰凶悍，为避开明军的锋芒，农民军主动实施战略转移，全部撤退到商洛山中。随后又迅速撤出商洛，途经汉中栈道，千里远驰，进入陕西凤翔、宝鸡一带，粉碎了明王朝大军的又一次围剿。这是李自成第二次进出商洛山。

明崇祯八年（1635 年）正月，高迎祥、李自成农民军发展迅猛，声势浩大，在战场上由战略防御转入强劲反攻，在河南连克上蔡、汜水、固始、荥阳等地，威名大震。正当此时，明王朝命总督洪承畴出潼关，会同山东巡抚朱大典东西夹击汇集在河南地区的义军。高迎祥、李自成、张献忠、罗汝才等率领的农民军部将聚会于荥阳，商讨对敌作战方案。李自成提出"联合作战、分兵迎敌"的主张，得到大家的赞同，于是农民军分兵四路进攻明军，进展顺利。但不久，张献忠与李自成因意见不合而分裂，两支大军分道扬镳，各奔东西。高迎祥、李自成率领农民军由河南进入陕西洛南，经商州，西出镇安，然后进入汉中。这是李自成第三次进出商洛山。

明崇祯九年（1636 年）三月初，李自成率五千余人马在光化的羊皮滩渡过汉江，自江北进入河南，再经过归德到达新野，一路转战到了商州。不久就与驻守在商州城东爬楼山（今东龙山）的明军发生激战，农民军交战失利。在撤退到洛南途中，又再次遭遇明军四川总兵杨玉振的袭击。双方在梁原展开大战，杨玉振被打死，他带来的三千蜀兵被李自成消灭。为了避免明王朝大军的报复，李自成迅速带领大军翻越秦岭经蓝田去延安。这是李自成第四次进出商洛山。

崇祯十一年（1638 年）十月初，李自成率领农民军在汉中休整数月。为了打开局面，绕道至潼关南原，准备扫荡中原。途中遭遇明王朝三边总督洪承畴和陕西巡抚孙传庭的伏击。在农民军没有任何防备的情况下，明王朝大军伏兵突然尽起，由于被洪承畴和孙传庭的部队前后合围，农民军大败，损失惨重。激战中，李自成与其妻女失散，仅率十八骑突出重围，飞奔数百里，退隐到商洛山。

李自成等人先在洛南石门杜家寨栖息休整后，便聚集部分溃散将士到商州野人沟、麻街、马莲峪、熊耳山一带隐匿。在隐伏商洛山期间，李自成终日面壁读书，静心思考，勤于武功。一方面总结成败得失之理，一方面放眼四方，洞察天下风云变化，等待东山再起的时机。在谭吉璁所撰的《延绥镇志》中记载了李自成当年的生活情景和精神状况，李自成在商洛山中，"昼则射猎，夜则读书"，他曾经激励勉慰部将高一功说："昔汉，沛公百败，而得天下。汝亦知之乎？"① 希望以此坚定信心，安抚军心，鼓舞将士志气。著名作家姚雪垠在《李自成》一书中收录了一首据说是李自成当时抒发抱负的军旅七绝："收拾残破费经营，暂住商洛苦练兵。月夜贪看击剑晚，星辰风送马蹄轻。"② 其间既有对李

---

① 谭吉璁：《延绥镇志》，三秦出版社 2006 年版，第 471 页。
② 姚雪垠：《李自成》（第 1 册），中国青年出版社，第 246 页。

自成商洛整军艰苦岁月的生动写照，又表现出他并不因失败惨重而灰心丧气，反而意志愈坚，决心与明王朝血战到底的英雄气概。

不久，李自成到谷城鼓动张献忠再次发动起义，罗汝才、贺一龙等闻风而动，群起响应，便重整旗鼓，公开打出旗号，招兵买马，占据麻街岭东侧"鼎龙山"修筑寨栅，把"鼎龙山"修建得坚固异常，壁垒森严，做防御准备。自此以后，这里便成为李自成隐伏商洛山安营扎寨的寨堡，成为一块进可攻、退可守的战略要地。后来人们称"鼎龙山"为"闯王寨"。

崇祯十二年（1639年）六月，李自成练兵数月，队伍不断壮大，不久便同明军再起战火，对明官府进行大反击，并旗开得胜，连战连捷，军威大振。此年冬，明王朝参将郑国栋、都司艾文彬合兵夹击农民军，同李自成在商州军岭川展开大战。由于双方兵力悬殊，农民军不敌，李自成遂撤军东进，直到商南，驻扎富水镇南"九里十三寨"，将主帅大营设在主寨"金钟山"，其余各寨设"铁匠营""将军营""后营"和"擂鼓营"。其间，李自成计收"李三蛮"弟兄三人（李三思、李三靠、李三让）为部将。"三蛮"人如其名，蛮勇无敌，跟随李自成征战，屡建战功。次年春，李自成从商洛出征东下，进河南入内乡、淅川一带。这是李自成第五次进出商洛山。

崇祯十三年（1640年）七月初，李自成从湖广胡其里落败后，于十三日进抵安康、洵阳，游弋往返于安康平利一线。明王朝巡抚杨嗣昌火速命令秦陕巡抚丁启睿进攻李自成。经过多日的往来拉锯交战，李自成率军于八月初转入镇安一带。这时，明王朝秦陕巡抚丁启睿在北边据险而待，一代名将左良玉在南边牢牢地控扼着武关（今丹凤县辖），李自成前后受阻，只得整军以待。直到当年十一月，张献忠、罗汝才联军自川北折还，杨嗣昌防其袭击走川东一路，便檄令左良玉西行追击。左良玉为了应付，只能做做姿态。李自成趁左军略为移动之际，于十一月十七日率五百余骑衔枚疾走，经过商州，飞奔到棣花，然后闯过龙驹寨，突破武关，绕道商南突破重围而出，前哨至淅川，二十二日全部撤出商洛到内乡一带。这是李自成第六次进出商洛山。

崇祯十六年（1643年）十月，李自成在鱼腹山被明王朝大军围困受挫，轻骑突出重围，一路奔逃经郧县进入山阳、镇安。十月八日分遣右营制将军锦侯袁宗第、果毅将军光山伯刘体纯以及白鸠鹤、蔺养成，由宛邓抵商州。当月十二日，前锋到达商州，在城西闯王寨安营扎寨。当月十三日，大兵尽至围州城三日，城内官军炮矢俱尽，陕西布政司右参议兼理商州道黄世清命城中妇女取街道铺路石为武器继续顽抗。当月十五日中午，农民军一举拿下州城。商州城破后，农民军势如破竹，向北又进攻洛南，不久再破临潼。明王朝关中州县无不土崩瓦解。农民军以破竹之势一时席卷河南省黄河以南五府七十八州县，同时又攻取荆襄诸府，与河南连成一片，直到崇祯十七年（1644年）正月初一，李自成在西安称帝，定国号大顺，建元永昌。二月，李自成统兵从西安出发，东渡黄河入山西，克太原，长驱直入居庸关。这是李自成第七次进出商洛山。

李自成进入北京后，一些将领以为大功告成，昏昏然不可终日，纵色情，乱军纪。当时，明将吴三桂据守山海关，勾结清军，引狼入室。李自成不听忠言谏阻，率军东征，战斗失利，返回北京，匆忙登基武英殿，因清兵袭击不得已而退出北京，南下撤离至西安。直到顺治二年（1645年）正月，因战局不利，李自成又不得不退出西安，经蓝田，走商州，过龙驹寨，出武关，入襄阳，奔往湖广武昌。这是李自成第八次进出商洛山。

（三）李自成在汉江上下的起伏跌宕

1. 李自成在汉中

崇祯七年（1634 年）春，陈奇瑜凭借五省军务总督的身份，下令调集各路官军在河南陕州（今陕县）会师，然后移师南下，向湖北均县、竹山一带的李自成农民军进剿。为了避其锋芒，李自成、张献忠率部向西进入陕西。由于陈奇瑜在河南、湖广地区打了几次胜仗，又见农民军纷纷向陕西、四川转移，于是以为农民军已经溃不成军。当他得到李自成、张献忠等部转移到陕西的消息以后，乘胜追击，意在全歼这股农民武装部队。农民军走到汉中栈道地区时，误入险地。这里山高人稀，道路狭窄，峡谷两岸山势险峻，两壁矗立，长四十余里，加之当时天气反常，连阴雨四十余日不晴，道路泥泞难行，弓矢胶弦俱脱，"弩解刀蚀，衣甲浸，马蹄穿，数日不能一食"①。加之出口被明军把守得严严密密，农民军供给不济，粮草几尽，一时间大军疲惫不堪，人马伤亡减员过半，又有官兵追赶，首尾不能相顾，难以应战。李自成、张献忠等部数万人几乎面临绝境。在万分危急情况之下，为了摆脱这种困难局面，李自成等决定采取伪降手段。他们下令把军中缴获所得金银财物集中起来，派人"入奇瑜营，遍贿左右"②。官军本来就贪生怕死，不愿与农民军打硬仗，得了贿赂以后就更加极力主张招抚。陈奇瑜也在得意忘形之下出现误判，同意招抚农民军。他的这个报告得到了朝廷兵部尚书张凤翼的支持。经崇祯皇帝批准，这年六月，陈奇瑜代表朝廷同农民军达成了招安协议：由陈奇瑜按农民军战士数目，每一百人派一名安抚官加以

---

① 康熙《灵寿县志》，台湾成文出版社有限责任公司 1976 年版，第 385 页。
② 康熙《灵寿县志》，台湾成文出版社有限责任公司 1976 年版，第 386 页。

监视，负责遣返原籍安置；所过府县由当地政府供应粮草；同时下令官军停止进攻，以免发生冲突。

史料记载，当时农民军汇总的受抚人数有四万多名。于是农民军"乃整旅出栈，与奇瑜兵揖让酬饮，易马而乘，抵足而眠"，"无衣甲者皆整矣，无弓矢者皆砺矣，数日不食者皆饱腹矣"①。农民军化险为夷渡过难关。然而就在此后不久的一天夜里，农民军秘密串通，突发暴动，"尽缚诸安抚官，或杀，或割耳，或杖责，或缚而掷之道旁，攻掠宝鸡、麟游等处，始纵横不可制矣"②。五省总督陈奇瑜这时才如梦初醒，方知闯下了大祸，但悔之晚矣。他先推罪于宝鸡知县李嘉彦，说他阻挠抚局，滥杀降卒激发兵变；然后又把责任推给陕西巡抚练国事。朱由检原本不明就里，加之这次招抚是自己批准的，出于遮羞护短的考虑，也就将错就错，先后下令逮捕了李嘉彦、练国事等人，命李乔接任陕西巡抚。不久，由于给事中顾国宝和陕西巡按傅永淳等人纷纷上疏披露真相，朱由检才不得不将陈奇瑜革职拿问。

汉中诈降突围是明末农民起义多次诈降中的一次较大的诈降。在这次诈降之前，发生在崇祯六年（1633 年）冬的河北武安的诈降，使农民军得以偷渡黄河，实现了千里跃进；而崇祯七年（1634 年）的汉中诈降，则使一支以李自成为首的农民武装的主力挫败了陈奇瑜部署的围剿，避免了覆灭的命运。学术界某些把起义农民作为斗争策略的诈降一概说成是"动摇""叛变""投降"的做法是不足取的。

汉中也是李自成、张献忠所率农民军的龙腾虎跃之地。明崇祯七年（1634 年）二月，陕北农民军张献忠部进入汉中，歼灭明将杨芳所部，然后转战西乡南山一带。

---

① 康熙《灵寿县志》，台湾成文出版社有限责任公司 1976 年版，第 386 页。
② 中国历史研究社：《烈皇小识》，上海书店出版社 1982 年版，第 97 页。

同年，陕北农民军的另一支人马，进入四川后又北渡利州河（今四川广元），转回汉中，屯兵在阳平关、白水关等险要关隘，同时数万大军进驻宁羌州。明王朝三边总督洪承畴经汉中北行到褒城青桥驿（今留坝县境）得知军情后，率领大军向西行进，增援汉中官军，农民军随之向巩昌（今甘肃陇西）转战。次年二月，张献忠部攻克宁羌州杀死了知州周应泰、指挥同知王履泰、镇抚曹云梯，全歼守军之后，农民军立即向陇南转战，让随后赶到的洪承畴望尘莫及。

崇祯九年（1636年），农民军高迎祥部围攻西乡县城，历时三月，未克而去。同年五月，明三边总督洪承畴遣总兵柳绍宗自徽州往略阳"剿"李自成。九月，李自成、"过天星"等十几支农民军自秦州（今天水）出发，取道徽州、略阳，向汉中进军，一路声势震天。朝廷急调总兵曹变蛟赶赴汉中，于夜间进入汉中府城。九月二十六日，农民军不知官军增援部队已赶到，以为汉中府守御单薄，贸然攻城。曹变蛟不动声色，等到农民军冲到城濠附近时，突然雷鼓喧天，旌旗山立，矢石如雨而下。农民军措手不及，大败。汉中失利后，李自成、"过天星"等首领决定率部南下四川。十月，李自成、"过天星"、惠登相率张天琳、郭汝磐、高汝砺、高迎恩等组成九部联军先破陕西通往四川的咽喉宁羌（今宁强县城），处死明王朝指挥徐大行，然后兵分三路进入四川，一路由黄坝驿七盘关攻朝天；一路由黎子口入麦子坪；一路由阳平关袭青坪、土门塔，转入白水。三路大军，声势浩大，让驻守明军神魂不安。农民军进四川后如入无人之境，明地方官吏望风而逃。明四川总兵侯良柱被击毙于梓潼县。短短一个月内，李自成等部连克昭化、剑州、什邡、汉州等州县县城30多座。

崇祯十一年（1638年）二月，农民军分路突破官军阻截，又出川北上。李自成部"争世王""过天星""混天星"等取道汉中阳平关、略阳，北经平凉、庆阳，折回陕西。

崇祯十三年（1640 年），张献忠部过剑门关，经广元，直趋汉中阳平关，蜀总兵赵光远防守甚严，农民军攻而不克，复入西川。

崇祯十六年（1643 年），李自成部田见秀由秦岭南冲出汉中，先是攻破城固县城，杀死司五教。接着，又攻破汉中城，并留下韩文、贺珍共同防守汉中城。至清顺治二年（1645 年），兵部郎中胡全才诱胁贺珍投降。贺珍只是表面周旋，实则是又一次诈降。次年正月贺珍又高举义旗反抗大清，后在汉中、兴安（今安康）一带活动达数年之久。

李自成、张献忠领导的农民军在汉中活动多年，此间，汉中社会长期动荡不安，民不聊生，但也沉重地动摇了明朝的统治基础。

2. 李自成在湖广

崇祯十一年（1638 年）初，张献忠部与明朝总兵左良玉等战于郧西，失利后曾受抚于明兵部尚书、总督军务的熊文灿，率部先后屯于郧西、谷城，自称能使郧阳、襄阳、荆州、承天（今钟祥）诸府数百里内无一农民军。其实是假受抚而实休整，屯其部曲于谷城四境，并无降意，亦不从明将征调，并暗中与农民军各部联络。当年受抚的还有罗汝才部，被熊文灿安置于房县、竹山一带，与百姓错壤而处，暗中与张献忠互为声援。

张献忠在谷城，得谷城举人王秉真、诸生徐以显等人出谋划策，演练阵法，补造器械，于崇祯十二年（1639 年）五月再次举兵，杀谷城知县阮之钿、御史林鸣球等。罗汝才在房县、竹山起而应之。两部合兵，在房县西罗喉山大败明军左良玉部。左部仅余残卒数百逃回房县，左良玉、熊文灿均因此被革职，后熊文灿被明廷处死。此后一两年中，张献忠部活动于鄂西、川东一带山区，曾在四川太平县玛瑙山被明军击败。

崇祯十四年（1641 年），张献忠、罗汝才部自川东再入鄂西，过兴山、房县、当阳、宜城等地，于二月攻占鄂北重镇襄阳，杀明兵备副使张克俭、推官郦日广，焚襄王府，执杀襄王朱翊铭及贵阳郡王朱常法，得军资器械山积。发银 15 万两赈济饥民，深受欢迎。接着，相继攻克樊城、当阳、应山、随州，在南阳受到左良玉军袭击，兵败西走，围攻郧阳，攻克郧西，获马骡器甲甚众，声势大张，众至数十万。

崇祯十五年（1642 年）十一月，李自成率部攻下了汝宁城（今汝南）。至此，河南黄河以南地区全部被攻陷。

李自成在横扫河南后，于崇祯十五年（1642 年）闰十一月率部众40 万人，由河南南阳进入湖广，向襄阳进军。

当时据守襄阳的是左良玉部。左良玉在朱仙镇被李自成、罗汝才打败后，逃回襄阳。经一段时间的恢复后，此时又有部众 20 万，号称 30万。不过朝廷只给饷 2 万 5 千人，其余的粮饷只能靠自筹。说是自筹，实际上就是搜刮甚至抢劫，因此给襄阳地区造成了极大的灾难。军民关系自然是形同水火，十分紧张。

此时的左良玉已非昔比，他再也不敢与李自成打硬仗。当他得知李自成、罗汝才大兵压境时，便于樊城造船，准备随时顺汉水退走东南。不料襄阳百姓对他已恨之入骨，竟放火烧毁了他的船只。左良玉闻讯大怒，下令抢掠民船，载运军资、家眷先走，自己则率部屯兵樊城高地，设阵布防，准备阻击。

李自成部抵达城下，先遭左良玉部火铳阻击，后经当地百姓指点，绕过左良玉部防线，渡过汉水，攻击樊城。左良玉见势不妙，于十二月三日拔营东遁，樊城随即沦陷，襄阳也于次日被攻占。郧阳巡抚王永祚护送襄、唐二王之子弃城而走。樊城、襄阳之战，充分显示了人心向背对战争所起的巨大作用。当时的百姓已对朝廷失去信心，甚至是痛恨万分，人心思乱，一见风吹草动，便纷纷闻风而动，反过来支持农民军。

十二月十四日，农民军占领荆门州，偏沅巡抚陈睿谟此前已护送惠王朱常润等弃城逃往荆州。

荆门之战，是李自成率领农民军进入湖北后第一场激战。卢学古、沈方对农民军缺乏了解，成了明王朝的殉葬品，也让荆门人民付出了惨重的代价。荆门城垣被毁达三分之一，城内建筑如凤凰台（州衙）、守备署、游击署、大小校场、土门文明楼被夷为平地。战后，明统治者把卢学古、沈方树为忠君典型，在龙泉书院右侧建了一座规模宏伟的"全忠祠"。之后，农民军攻占荆州，挥戈东向，不费吹灰之力就攻克了承天、显陵，并放火烧了显陵。

农民军攻克承天后，继续东进，连克潜山、京山，并于正月十五日占领汉川县。此地离省会武昌只有100余里，且可由汉水顺流直达。

当时左良玉部已在武昌。由于兵饷缺乏，左良玉曾去见过楚王，并说只要给他10万人饷，就可保武昌无忧，楚王不肯答应。此时见李自成大军逼近，左良玉开始抢掠大量民船，向九江撤退。从此以后，左良玉部便没有与李自成交过手。

正月十八日，农民军攻占汉阳府城，并随即发动部队渡江，攻打武昌。由于风急浪大，农民军又多为北方人，不习水性，渡江失败。二十一日，李自成经云梦返回襄阳。

李自成自崇祯十五年（1642年）闰十一月进兵湖广，至此只用了3个月，便把湖广长江之北的襄阳、荆州、承天、汉阳、德安、黄州等府统统攻陷，仅剩下郧阳一府。郧阳府守将王光恩，原也是陕北的农民军首领，后降朝廷。他死心塌地守城，誓不投降，攻城的刘宗敏没有办法，只好不了了之。

李自成回到襄阳后，便开始组建政权。改襄阳为襄京，设奉天倡义文武大元帅府，自任文武大元帅，并设各种官职。当时李自成设官的地区，大致有河南的开封府（改称扬平府，治在禹州，今禹县）、南阳府、信阳府、汝宁府，湖广的承天府（改称扬武州）、荆州府、德安府（改称安陆府）、襄阳府等。后来其势力又扩大到长江之南。

李自成一生中，在襄阳活动时间不是太长，自崇祯十五年秋至崇祯十六年秋，只有两个年头，但是，他在襄阳采取的措施，却对农民军建立自己的政权，推翻朱明王朝的统治，争取群众的广泛拥护和支持，起到了极为重要的作用。

其一，李自成在襄阳，整顿军队，严明军纪，刻意加强军队的组织性和纪律性，保护人民的利益，甚得民心。

其二，李自成在襄阳，一改过去的流寇主义倾向，初步建立了农民自己的革命政权。他改襄阳为"襄京"，自立为新顺王，创官爵名号，大行署置，任将军、上相、左辅、右弼，委各地官员为侍郎、侍中、从事等。这种政权建设，为大顺政权在西安及北京的发展奠定了良好的基础。

其三，李自成在襄阳召开大会，筹划方略，选择路线，进军北京，为推翻朱明王朝的统治奠定了成功的基础。

至此，李自成拥兵百万，形成了以荆襄为中心的根据地，并着手建立自己的政权，明末农民起义达到新高潮。

在历史上，郧阳很长时间以来是湮没无闻的。自明成化十二年（1476 年）明朝设郧阳府及湖广行都司（郧阳抚台），郧阳便改变了历史上湮没无闻和近百年封禁造成的蛮荒局面，逐渐融入封建大一统社会。而为安置流民就地附籍所设的郧阳府，在人脉渊源上牵涉中国 20 多个省。为绥靖鄂豫川陕毗连的广大地域所设的湖广行都司（郧阳抚台），在明清两百余年间极盛时期曾辖鄂、豫、川、陕四省八府九州六十五县。明清于此设抚台衙门的 204 年间，先后在此任职的 100 多位郧阳巡抚、提督，大多是具有全国影响力、文武双全的封疆大吏。兼之荆襄大移民就地附籍安置的全国 20 多个省的流民中，多的是能工巧匠、经营高手，郧阳便如火如荼地迅猛发展起来，成为明中期流民安居乐业的一方净土。明代中期，天下万方流民曾在此处安身立命、开拓发展。

在地理上，郧阳地处汉江中上游之交，属军事交通要地，西通巴蜀沃壤，东连江汉大平原，北接秦陇高地，南达沃野中原。其境内崇山耸立，大河中流，物产繁茂，百业繁盛。退则山大林密，可生存，可与敌周旋；进则可借黄金水道汉江迅速杀向全国。所以自春秋战国以至后世，郧阳历来为兵家必争之地，从而导致灾难深重，屡兴屡衰。到了明末李自成、张献忠农民军初起时，郧阳及周边便成为农民军与官兵搏杀的主战场，郧阳设府以来所创造的和平与富庶在连天战火中被毁灭殆尽。

历史上向来有"铁打的襄阳""纸糊的郧阳"之说。其实，在明代后期李自成农民起义中，这种说法恰恰应该颠倒过来。襄阳最终被李自成攻破，拥城称王；而郧阳则让李自成连连败北，顿挫失意。

第二章 明代汉水流域的经济社会发展与生态水利文化

第一节 明代汉水流域的经济发展

明代是汉水流域经济发展的重要时期。随着移民的涌入，秦巴山区得到充分开发，粮食产量显著增加，经济作物广泛种植，木材、茶叶等土特产渐成规模。汉水下游的垸田，成为天下粮仓，并因此获得"苏湖熟，天下足"的美誉。渔业经济虽不及江浙发达，但已经成为汉水流域经济的重要组成部分。农业的发展带动了手工业、商业的繁荣以及市镇的兴起，交通运输条件也较前代有了很大改善。关于明代汉水流域经济的研究，武汉大学的张建民教授、张国雄博士着力颇多，张建民的《湖北通史·明代卷》《明清长江流域山区资源开发与环境演变：以秦岭—大巴山区为中心》更是集大成之著作。明代汉水流域的充分开发，为清代至今汉水流域的经济繁荣奠定了重要基础。

一、明代汉水上游的资源开发与荆襄流民

汉水上游山区在元末明初长达二十余年的时间里，一直处于剧烈动荡的状态，几乎所有的州县都饱受战火，人民或逃或死，社会经济遭受严重的破坏。明朝初年，统治者对荆襄山区和秦巴山地采取封禁政策。这种政策虽然保护了汉水上游地区的生态环境，但是严重阻碍了区域经济的恢复和发展。明人赵贞吉曾谓："予尝浮汉江横郧而东者屡矣，其地枕秦跨楚，包络险阻，幅员数千里。元季弃之为荒，国初歼之为墟，

间置数县，以领其遗民。而在三省之徼，司燎击柝，弃不顾者殆数十年。"① 从他的记载判断，明初汉水上游土地荒芜，人烟稀少，如无人之境。但是，"自终南一带东至荆襄，其地肥饶闲旷，物产天然之利，贫无育者亦合招安，不得弃诸无用。"② 宣德以后，大量失地农民涌入山区，在政府尚未觉察的情况下开发朝廷控制力量薄弱的山林土地。成化年间，郧阳地区发生了两次流民起义，包括在籍居民在内的山区人民遭到血腥屠杀。成化十二年（1476 年），朝廷设郧阳抚治，从此"流离之民，俱为土著，生有产业，死有坟墓，男婚女配，各遂所愿，安土重迁，绝无他慕"③。

自郧阳设立抚治以后，封禁令名存实亡，破产的农民不断进入山区，到了弘治十八年（1505 年），山区的人口已增至二十三万五千多户，七十三万五千多口。从成化十二年（1476 年）开始，直到明末农民战争，山区没有发生过战争，加之人口增加，农业稍有发展。明末著名的旅行家徐霞客曾经过山区，在他的游记中写道："十一日登仙猿岭。十余里，有枯溪小桥，为郧县境，乃河南、胡广界……自此连逾山岭，桃李缤纷，山花夹道，幽艳异常。山坞之中，居庐相望，沿流稻畦，高下鳞次，不似山、陕间矣。但途中蹊径狭，行人稀，且闻虎暴。"④ 从上面的描述来判断，郧阳一带的山间小盆地中，居民比较稠密，河谷的坡地上也开辟了梯田，说明山区的农业已经得到长足的发展。

---

① 赵贞吉：《郧阳追祀抚治大理少卿吴公记》，载裴应章、彭遵古《郧台志》，长江出版社 2006 年版，第 477-478 页。

② 章潢：《图书编》卷 49《郧阳流贼》，转引自张建民《明清长江流域山区资源开发与环境演变：以秦岭—大巴山为中心》，武汉大学出版社 2007 年版，第 146 页。

③ 徐恪：《议处郧阳地方疏》，载陈子龙等《明经世文编》（第 1 册），中华书局 1962 年版，第 721-722 页。

④ 徐弘祖：《徐霞客游记》，胡国浩注释，岳麓书社 2022 年版，第 89-90 页。

荆襄流民主要来自南北直隶、山东、山西、陕西、河南、江西、四川等社会经济比较发达的地区，因此，这些流民带去的不仅仅是劳动力资源，还有先进的耕种经验和手工业技术，这些因素都极大地促进了荆襄山区的开发。明代中期流民对荆襄山区的开发主要表现在以下两个方面。

（一）耕地数量和粮食产量显著增加

移民带来了大量劳动力，为地区的经济开发提供了必不可少的人力资源，对荆襄山区乃至全国的经济发展起了很大的促进作用。

流民的汇聚加速了山区的综合开发。流民入山后或结聚屯耕，或单独营生，或依附土著充当承佃户。他们辛勤劳作，开荒辟地，使山区垦殖面积迅速增加。万历《郧阳府志》称："郧固遐僻，然自列郡以来，生齿日繁，开辟日滋，礼教日兴，骏骏乎富庶之邦矣。"[1] 因为是新设州府，时人对其关注更多，比如明指挥阮刚《题郧西县》诗称："暴客销兵皆犊佩，逋民乐业尽刀耕。"[2] 在此前后还有《题上津》诗云：

> 一城斗大在穷陬，鸡犬寥寥树木稠。
> 江路南来通汉水，天桥西去逼商州。
> 民生野朴多秦语，俗务农耕好楚讴。
> 喜见岗峦尽开辟，流逋乐业永无忧。[3]

新设的郧阳府人民安居乐业，闲置土地大量开垦。其他地区的情况

---

① 周绍稷：《万历郧阳府志》（第 1 册），台湾学生书局 1987 年版，第 369 页。
② 周绍稷：《万历郧阳府志》（第 2 册），台湾学生书局 1987 年版，第 995 页。
③ 周绍稷：《万历郧阳府志》（第 2 册），台湾学生书局 1987 年版，第 991-992 页。

也可与郧阳媲美，如与之毗邻的襄阳府：隆庆年间，"襄阳郡属生聚日蕃，土地颇辟"①。南阳府淅川县："盛时人浮于地，坡岭沙滩无不种植，故地无旷土，赋籍亦多。"② 陕南汉阴县："当明季盛时，烟火万家，桑田绣错，富庶甲诸邑。"③ 陕南平利县："我朝开设之初，土旷人稀……逮成化纪元，圣皇御极，生齿日繁，利源大兴。"④ 荆州府远安县："军民杂处，生息渐繁，流寓亦聚，遂更竭力于农事，虽穷崖绝谷，人迹罕到之处，悉为桑麻之区矣。"⑤

　　秦巴山区土地垦辟扩张，在耕地面积的统计中也有相应体现。从各地方志的土地数据记载看，弘治十七年（1504 年）较之洪武二十四年（1391 年）襄阳府属耕地面积增加 75480 亩。南阳的附籍流民人口占荆襄流民的六成之多，其耕地垦辟情况也十分可观。从洪武二十四年（1391 年）到万历三十一年（1603 年）的两百多年中，耕地面积由1452400 亩增加到 18674000 亩，增长幅度近 12 倍。在陕南地区，汉中府耕地面积明末较嘉靖年间增长 829381 亩，其中金州一州增加 105945 亩。商州下辖洛南、山阳二县耕地面积万历年间较嘉靖年间增长了 271646亩。可见汉水上游各地的土地面积都大幅度增加。耕地面积的增加必然促进粮食产量的增长，使得汉水上游各地经济发展十分迅速。

---

① 江苏古籍出版社选编：《中国地方志集成 湖北府县志辑 63·光绪襄阳府志》，江苏古籍出版社 2001 年版，第 171 页。

② 上海书店选编：《中国地方志集成 河南府县志辑 59·咸丰淅川厅志》，上海书店 2012年版，第 102 页。

③ 许又将：《汉阴近代盛衰述略》，转引自李启良等《安康碑版钩沉》，陕西人民出版社 1998 年版，第 43 页。

④ 凤凰出版社选编：《中国地方志集成 陕西府县志辑 54·嘉庆兴安府志》，凤凰出版社2007 年版，第 209 页。

⑤ 朱宗岳：《文庙全祭记》，载《日本藏中国罕见地方志丛刊（嘉靖）湖广图经志书》（上册）卷 6《荆州府》，书目文献出版社 1991 年版，第 666 页。

(二) 经济作物的种植和多种经营的发展

汉水上游山区地域辽阔，地形复杂多样，气候资源也很丰富，以山林为基础的林特产品品种多，质量优，具有较高的经济开发价值，有的地方甚至有压倒粮食作物种植的倾向。

秦巴山区自古是中国重要的产茶区之一，明朝初年，依照前朝旧制建立了"茶马制度"，在川陕设置茶马司，以内地之茶易西蕃之马，交易旺盛时每次用茶百万斤，可换取骏马 14000 余匹。汉中、兴安、保宁、夔州等府州所产茶叶，成为易马茶叶的主要来源之一。明初定制缜密，严禁茶叶私营。据洪武四年到洪武五年（1371—1372 年）统计，陕西汉中府金州、石泉、汉阴、平利、西乡县产茶，共有茶园 4572 亩，茶树 864058 株。四川巴州茶叶产地 427 处，共有茶树 2386943 株，民茶取十分之一特产税，官屯茶取十分之八特产税。纳课茶之外，余茶亦须卖与官府，不得私相买卖，违者茶园入官。其后，茶叶私营盛行，屡禁不止。正因种茶有利可图，茶叶生产获较快发展。产茶业主竟以细茶货卖，而以粗茶纳官，以致不得不在汉中、保宁、夔州等地设官巡茶，又在紫阳建置茶坊，为盘验课茶总汇，后来干脆以汉中府等地民纳茶叶及巡获私茶为易马茶源。

若从规定上交的茶叶数量推算，远在成化以前，汉中地方的茶叶生产能量已然不小。前引洪武四年（1371 年）就拥有茶树 80 余万株，规定上交的茶叶数量在 6000 斤左右。后来，仅金州一地生产茶之七铺一里即定规定上交的茶叶数量 6220 斤，而西乡一县产茶之云停、归仁、游仙三里之规定上交的茶叶数量更高达 18568 斤，加汉阴县之 1308 斤，石泉县之 192 斤，共计近 26290 斤，已是原规定上交的茶叶数量的 4 倍左右。

到成化年间，金州又增加 3872 斤有零，西乡县增加 5651 斤，汉阴县增加 723 斤，石泉县增加 669 斤，计增加规定上交的茶叶数量 10915 斤有零，总计规定上交的茶叶数量 37196 斤。弘治、正德年间，汉中府规定上交的茶叶数量分别解纳洮州茶马司 10190 余斤，河州茶马司 18370 余斤，西安茶马司 25600 余斤，共计 54160 斤，已是洪武初年规定上交的 9 倍。

杨一清在《关中奏题稿》中特地以汉阴厅为例：

> 汉中府金州西乡、石泉、汉阴三县俱系产茶地方，如汉阴一县，原设在廓、新安二里，后因招抚流民，增添九里。近因大造黄册，又添一里，今以十里之民，止纳二里之课，况自招抚之后，其延安、庆阳、西安等府人民流移到彼，不可胜纪。见今开垦日繁，栽种日盛。其沿江一带茶园，多不起课，乞行严督各该州县官员查理。①

从他的报告中我们不难看出，陕南汉中一带的茶种植业较明初有了显著发展，"新开茶园，日新月盛"，漫山遍野"连山接陇"，茶叶生产量今非昔比。同时，个体茶园的规模超乎想象，其规模之大三五日步行不能走遍，一处茶园至少有数十百顷之广。要知道，洪武初年汉中地方包括"无户茶园"在内，总共茶园面积不过四十余顷。陕南茶种植业取得如此快速的发展，可以直接归功于各省流移人民聚集。流移人民经营茶种植业有两种途径：佃买老户茶园和开垦土地栽种。

木材采伐是明代汉水流域经济发展的又一重要方面。秦巴山区盛产材木，隋唐建都长安，都城建筑材料与生活用薪炭主要依赖山内提供。

---

① 杨一清：《关中奏题稿》卷 3，明嘉靖刻本，第 20 页 a、b。

宋元以后，都城迁移，秦岭林木资源的利用减少，大片茂林得到恢复、成长。明朝时，此地已是深山大箐，穷谷茂林，形成绵亘八百余里的"老林"，是内地十分罕有的森林资源。由于得天独厚的气候优势，这里木材种类齐全。

山内老林面积广大，木材采伐是山区的重要经济活动，鄂西北竹溪县曾是明朝一个非常重要的皇木采伐点。当年的慈孝沟皇木采伐地已被考古工作者发现，在今竹溪县鄂坪乡。崖上刻有嘉靖年间采伐皇木时留下的诗作，云："采采皇木，入此幽谷，求之不得，于焉踯躅；采采皇木，入此幽谷，求之既得，奉之为玉；木既得矣，材既美矣，皇堂成矣，皇图巩矣。"落款为："嘉靖戊午蒲月七日，光化知县福人廖希夔撰，典史华亭瞿华。"皇木采伐地交通颇多险阻，山高路险，即使今日仍不易接近，由此可想而知当年采伐之难。据成化十一年（1475 年）刊立的《汉中新建庙学碑》记载："工师度材，方以不得大木为忧，维时六月，大雨连日，汉水暴溢，漂流巨木，蔽江而下，抵岸遽止，奚啻数千，皆硕材也。宪副君暨守备都指挥李武率军民辇至，屹如山积，阖郡惊讶，皆谓天相斯文为有在……"①

上游山中所伐数千根木材顺流而下被下流收捞，一时堆积如山，引得满城军民惊叹不已。这种现象从侧面说明了当时伐木经济的繁盛。

生漆是明代汉水流域另一种重要的经济作物。秦岭、大巴山、巫山、武当山是我国最重要的生漆分布区，历史上著名的金（州）漆、平利漆、大宁漆等，即产于秦巴山区的安康、平利、竹山、兴山、巫溪、城口等地。李时珍《本草纲目》记载："漆树，人多种之，以金州者为佳，故世称金漆。"

---

① 陈显远：《汉中碑石》，三秦出版社 1996 年版，第 148 页。

二、汉水下游的垸田大兴与"湖广熟，天下足"

"湖广熟，天下足"之谚始见于明代嘉靖年间。这句谚语初始之时并非是从粮食角度来说的，而是从赋税角度来说的。其所谓"熟"不是指粮食收成而是指荒地开垦，所谓"足"不是指粮食而是指赋税，其中心意义也不是指食有余粮而是指地有余利。直到万历初年，随着江汉平原及洞庭湖平原垸田的开发，这句谚语才真正指代湖广地区有大量剩余粮食可以外运。

汉水流域幅员辽阔，土地肥美，但多旷闲未耕之土。崇祯时包汝楫在《南中纪闻》中说："襄江道中，沿堤上下，芦荡不知几千顷……此吾乡腴田也。不识何故，弃不树艺，竟作樵渔汤沐邑，海内旷土，总不如湖广之多，湖广真广哉。"①

明代万历末年以后，整个社会的经济走向衰落，但江汉平原的垸田经济仍处于方兴未艾的阶段，记崇祯间事的《南中纪闻》说："楚魏间滨河处淤田，往往弥望无际，其开垦成畦者，动辄千亿，真天地间未辟之利也，但彼中治田，不若三吴之勤，岁不过一稔，以此收获，亦不甚奢，然楚中谷米之利，散给海内几遍矣。原大则饶，其然其然。"② 这里所说的"楚中谷米之利，散给海内几遍'，其实就是"湖广熟，天下足"的变语。

汉水下游粮食产量的迅速增加离不开广大移民对垸田的开发。所谓

---

① 包汝楫：《南中纪闻》，载国学扶轮社《古今说部丛书》第 4 集第 2 册，中国图书公司和记 1915 年版第 65-66 页。

② 包汝楫：《南中纪闻》，载国学扶轮社《古今说部丛书》第 4 集第 2 册，中国图书公司和记 1915 年版第 63 页。

"垸田"（也叫院田）① 就是筑围堤、防御洪涝的水利田，嘉靖《沔阳志》卷八《河防》谓"沔居泽中"，地势低下，"江溢则没东南，汉溢则没西北，江汉并溢则洞庭沔湖汇为巨壑""故民田必因地高下修堤防障之，大者轮广数十里，小者十余里，谓之曰'垸'"②。据张国雄考证，两湖地区垸田的兴起，大致在南宋晚期，不迟于 13 世纪中期的南宋端平、嘉熙年间。南宋晚期与元代江汉平原的垸田主要集中在西部的江陵、荆门一带。明朝前期，随着移民的大规模迁入，江汉平原的广大湖滩河滨很快得到开发。嘉靖《沔阳志》记沔阳州垸田之开发情形大致如下：

> 明兴，江汉既平，民稍垦田修堤，是时法禁明白，人力齐一，堤防坚厚，湖河深广，又垸少地旷，水至即漫衍，有所停泄。……故自洪武迄成化初，水患颇宁。其后佃民估客日益萃聚，闲田隟土，易于购致，稍稍垦辟，岁月浸久，因攘为业。又湖田未尝税亩，或田连数十里而租不数斛，客民利之，多濒河为堤以自固，家富力强则又增修之。③

洪武至成化初是汉水下游平原垸田的初始开发阶段；成化至正德是垸田发展的高潮期；嘉靖以后，是垸田开发增长的高峰期，其典型表现是垸田向沼泽化的湖区和淤塞河港扩展；明清之际的动乱阶段，是垸田开发利用的式微期，此阶段绝大部分堤垸均被废弃，直到清朝才逐渐恢复。

---

① 本书统一写作"垸田"。
② 嘉靖《沔阳志》卷 8，上海古籍书店 1962 年版，第 2 页 a。
③ 嘉靖《沔阳志》卷 8，上海古籍书店 1962 年版，第 3 页 a、b。

汉水下游平原的垸田主要集中在沔阳、景陵（天门）、潜江、监利、汉川和汉阳、应城、云梦等州县，其中沔阳、潜江、监利、景陵、汉川地势低洼，湖泊相连，垸田开发最早也最为密集。嘉靖《沔阳志》卷八《河防》录嘉靖三年（1524 年）知州储洵上疏谓江水若自监利车木堤水口冲塌，"不惟其县受害，而沔阳后泽茅埠凡一十六村、熊家汗潭凡四十余垸、税粮八千余石高低潴没，尺土不堪耕种"；若潜江排沙头、班家湾、新开便河及沔阳石牌铺等处水口冲塌，"每遇襄汉水发，则潜江、景陵二县，沔阳深江、西范凡二十七村、莲河、柘树凡七十余垸、税粮一万五千余石，亦无尺土耕种"①。到嘉靖初，沔阳州至少已有 110 余垸。潜江县在成化、正德时已有 48 垸，到万历间增至百余垸。监利县在成化间由知县焦钦主持一次即修建堤垸 25 处，"田之名垸者，星罗棋布"。景陵县在宣德年间（1426—1435 年）也已出现垸田。嘉靖《湖广图经志书》卷十一沔阳州下记景陵县有古堤二，一在县东北，长五里，以防义河水势；另一也在县东北，上下有剅，一名穴河，一名红花。遇旱则贮湖水以灌田，泛则开剅以防潦。此二堤虽不以垸为称，但从功能来看，显然是垸堤。

汉川县垸田出现得比沔阳、潜江、监利晚；嘉靖《汉阳府志》与《湖广图经志书》所记汉阳府农田水利多为阪堰，垸堤较少。汉川垸堤之大兴大约是在隆庆（1567—1572 年）、万历（1573—1619 年）年间。白鱼垸原为汉江南河分流的一个支汊，隆庆时，白鱼垸淤阜成陆，障堤成垸。细鱼垸本为湖渠，明万历年间因淤筑垸。南河垸是隆庆年间障堤为垸，延袤八十余里。天启四年（1624 年），汉川县同时兴建了教子台、太实、永固 3 垸。尽管如此，汉川堤垸的数量与规模还是远远比不上沔阳、监利等州县。

---

① 嘉靖《沔阳志》卷 8，上海古籍书店 1962 年版，第 6 页 a、b。

一部垸田史就是一部江汉平原农业社会和经济全面发展史和开发史。垸田的迅猛发展催发了江汉平原政治经济、人文地理，乃至自然生态的全面变化，昔日十年九涝，荒草丛生，苍凉荒蛮的湿地变成了堤防与排灌水利工程配套的高产粮田，从而确立了江汉平原作为千秋永续的国家粮仓和百姓的衣食父母的历史地位。"历史时期缺乏整体规划和宏观控制的无限制、盲目围垦，因违背江汉平原河湖交错地区的自然规律，又使垸田的发展不得不以水系紊乱、湖区调蓄功能削弱，生产不稳为代价，深深影响了近代江汉平原生产潜力的充分发挥。教训是深刻的。明代垸田的发展使我们看到，江汉平原的开发利用，'水'是核心问题。今后只要运用现代科学技术知识与装备，以综合利用为目标，做好'治水'的工作就可以使江汉平原的农田水利面貌焕新，使本地区地理面貌进一步更深刻的变化。"①

三、明代汉水流域的渔业经济

汉水中下游的潜江、沔阳、安陆地区有数量众多的中小湖泊，河湖水系十分发达。这些水体大多营养度较高，鱼类天然饵料丰富，具有养鱼的优越条件。明代该区域有大量专门从事渔业的渔户，官府在此设有数量众多的渔税征收机构——河泊所对其进行管理。

沔阳地区包括明前期之沔阳州，辖境幅员广大。嘉靖《湖广图经志书》卷十一载沔阳州有24湖。

嘉靖《沔阳志》卷六《提封下》载该地风俗："民足鱼蜃之饶"，

---

① 张国雄：《江汉平原垸田的特征及其在明清时期的发展（续）》，《农业考古》1989年第2期，第246-247页。

"以渔罟、耕耨为业"[①]；沔阳八景中涉及水体及渔业的更达四处之多，如"三澨波光""沧浪渔唱""丙穴钓秋""东沼红莲"；景陵十景中又有"三澨鱼歌"[②]。在明代前期文人之诗集中对此描绘了一幅生动的图画。

> 我闻沔阳湘楚间，楚波浩荡湘回环。春至遥连渚宫泽，秋清远见湘君山。水边人家半渔户，唱歌捕鱼自朝暮。得鱼归来先报官，半售商船半输赋。君今再任苦不难，依先税法更宜宽。莫辞微禄养廉薄，尼父尝为委吏官。[③]

童承叙的《与余方伯论鱼牙书》一文从另一个侧面对此作了客观的佐证，"沔沮洳之区、蓬苇之泽，诚鱼鼋之所聚、网罟之所集也"，沔阳之民皆以捕鱼为业，"故鲂、鲹、鳢、鲤、鳜、鲋、鳅、鳝，此沔之所服食而商贩之所贸也"[④]。

因为渔课获利颇丰，所以明廷分封藩王和地方衙门对此多有觊觎，都想不择手段将辖境内有利可图的湖泊收入囊中。据史载，明初安陆州共设城北湖、赤马野猪湖、芦洑长湖三河泊所，嘉靖十年转隶承天府钟祥县。城北湖河泊所位于州北 5 里，赤马野猪湖河泊所位于州东南 150 里，芦洑长湖河泊所位于州南 30 里。明代前期三河泊所获渔利颇丰，其渔课早在孝宗弘治以前即已赐予兴王，弘治年间兴王又奏请欲于原赐赤

---

① 嘉靖《沔阳志》卷七，上海古籍书店 1962 年版，第 11 页 a。
② 嘉靖《沔阳志》卷七，上海古籍书店 1962 年版，第 13 页 a、b，第 14 页 b。
③ 谢晋：《送杨水虞复官沔阳》，载谢晋《兰庭集》（第 1 册），商务印书馆 1935 年版，第 32 页 b，第 33 页 a。
④ 童承叙：《与余方伯论鱼牙书》，载光绪《沔阳州志》卷 11《艺文》，清光绪二十年刻本，第 1 页 b，第 2 页 a。

马野猪、芦洑长湖诸河泊所免设官吏，听其自管，以便大肆搜刮。后经"户部议以为天下河泊衙门定有额课，正所以防有司之过取也"①，未准才没实行。

对湖泊渔业、渔课的掌控，也随着自然灾害带来的损毁破坏，而不断发生变化。据万历《湖广总志》载，正德以后，汉水下游十年九涝，堤防时告溃决。承天府"属邑大半滨江，而受害甚者，北岸则钟祥、京山、景陵之红庙，南岸则荆门、潜江、沔阳之沙洋也"；钟祥县境在郡治石城一带汉水洪峰，"旧有城北湖、池河、殷家等河之注蓄，今皆淤平"；在红庙堤蔡家桥一带，"旧有口通二圣套入湖杀汉势，又有流涟、金港二口通枝河达赤马野猪等湖由青树湾入军台港大分汉流……今半湮塞"。② 城北湖、赤马野猪湖、芦洑长湖在嘉靖年间淤塞均较严重，已无鱼可渔，无利可图，前两个河泊所均于嘉靖三十三年（1554 年）裁革，后一湖泊所也于嘉靖三十七年（1558 年）裁革。

湖泊淤平淤废以后，地方藩王和官宦又将目光转向了湖泊淤地，因为淤地蕴藏着粮棉果蔬种植之利。前述兴王的行为就是典型的表征，此时他"分外奏乞湖广赤马、野猪二湖淤地千三百余顷"③，内中已有军民人户一千七百余家居住耕种，经有司部门多年踏勘清丈明白后，孝宗乃命将其淤地按照惯例"每亩征银三分，各该有司收贮"④。兴王不同时期的不同奏请清晰地勾勒出了江汉平原由渔业经济向农业经济转变的历史变迁。

至明万历年间，由于湖泊淤浅、淤废严重，渔利所获到近乎可有可无的程度，钟祥县城北湖、赤马野猪湖、芦洑长湖岁征渔课各项料银共

---

① 《明孝宗实录》卷 125，弘治十年五月丁卯。
② 徐学谟：万历《湖广总志》卷 33，明刻本，第 17 页 a、b。
③ 《明孝宗实录》卷 162，弘治十三年五月丁卯。
④ 《明孝宗实录》卷 162，弘治十三年五月丁卯。

只 256 两，再行保持渔课官衙便会得不偿失，于是其课奉例改由守备太监征收。

综上所述，明代前期湖北荆州、沔阳、安陆地区湖泊众多、渔利丰厚，其中又以沔阳地区为最。官府在该区域设有大量河泊所进行税收管理，渔业课税成为政府财政税收的重要来源之一。渔课在课税总额中所占比例相当突出，渔业经济在总体经济结构中居于重要的地位。自明中叶以后，由于河流湖泊逐渐淤浅、淤废，故明代后期渔利有所下降、渔业渐趋衰落，多处河泊所被裁革，江汉平原渔业经济开始向农业经济转变。

四、其他行业的发展

（一）矿业

明代秦巴山区的矿冶业，除了官营和民营两种形式外，还普遍存在着民间私采（盗矿）的现象。明中前期，由于大量流民需要矿冶谋生，民间私采活动成为秦巴山区矿冶业的主要形式，规模大，延续时间长。元末，秦巴山区为南琐红巾军的根据地，被朱元璋视为造反流寇易于藏匿和滋生之地，故被明政府划为封禁的山区之一。但由于"荆襄多长山大谷，物产富饶，寒易以衣，饥易以食，此天地自然之利也，利之所在，民必趋之"[①]。加上秦巴山区封建统治力量相对薄弱，因此四方流民无视封禁蜂拥而入，凭借自由垦荒、采矿冶炼等其他途径维持生计。成化七年（1471 年）十一月，总督军务石都御史项忠、镇守湖广右都督李

---

① 曾熙：《创置竹溪县治记》，载《郧阳志汇编》之四康熙《湖广郧阳府志》，湖北省十堰市地方志编纂委员会版，第 665 页。

震等陈奏荆襄便宜十事："湖广之郧县、均州、上津诸州县，山产银矿，多有奸民聚众以窃矿为业，巡矿官吏莫敢谁何，至有交通以分利者。亦宜榜谕，如有窃矿者，枷之三月，谪戍边卫。官吏贪贿故纵者，问拟如律。三司抚民巡守官不亲历山场者，听巡抚、巡按奏治……"① 其中，至为重要的有二，一是民间私采（主要以银矿为主）严重，且和流民的大量涌入有直接关系，流民之中有不少专以采矿为生的人；二是民间私采从明初发展到明中叶已是司空见惯，形成从采矿、冶炼到售卖的原始产业链，已经泛滥成灾，不可收拾，以至于"巡矿官吏莫敢谁何"。

为了打击民间私采活动，扼制国家财税大量流失，明政府批准并推行项忠等提出的"如有窃矿者，枷之三月，谪戍边卫"② 的严厉处罚，但由于采矿冶炼的巨大收益导致流民铤而走险，因此禁矿效果不佳，民间私采私冶仍屡禁不止，官府不得不又制定了更严厉和具体的惩治盗矿的条律。隆庆三年（1569 年）陕西洛南县矿民何术等"聚众三十余人，窃白花岭诸洞十有八所，逐捕久之不获。至是就擒，抚治郧阳都御史武金案贼首术等八人论斩，其党施朝凤等一十九人、刘恩等二十四人发遣有差，余悉解散以闻。且请饬所司塞诸矿洞，严开凿之禁"③。

严刑峻法只能治标却不能治本，也只能激化社会矛盾，流民被逼上梁山。明政府有鉴于此不得不改变策略，一是抚恤流民，以安其生，使他们不因过于饥寒而铤而走险进行盗矿；二是以官府主导，民间为主体，由官府介入和控制采矿活动，并加以组织和管理。万历二十四年（1596 年）九月，郧阳巡抚马鸣銮乞留上班官军防矿。万历二十五年（1597 年）五月，郧阳巡抚马鸣銮以采矿利薄，民困难堪，乞赐停止，

---

①《明宪宗实录》卷 98，成化七年十一月辛酉。
②《明宪宗实录》卷 98，成化七年十一月辛酉。
③《明穆宗实录》卷 40，隆庆三年十二月丁未。

但未被批准。从有"官军防矿"这一点来看，明中后期，秦巴地区开始建立官矿。万历三十年（1602 年），郧县"时有开矿采金之议。差珰至郧，妄指百炉沟有金穴，需淘金床千张，岁征郧白金三千，黄金三千，横索肆敛，民将不支，违之者获罪。公极力曲承，得其欢心，遂得一切板罢"①。这里明政府派矿监在郧县征采金、银矿的主导作用显而易见，足以说明郧县已存在官办金银矿的开采。

利之所在，业之所兴。在官营矿业出现的同时，民营矿业也开始出现。到明末，官营采矿作坊的数量明显上升，占据了主要地位，但是很快走向衰败。

明代秦巴地区矿冶业开采的种类除金银矿外，还有铁矿、铜矿、绿松石等。

有史料记载，关于铁矿的开采，万历元年（1573 年），均州的岁贡中有"熟铁四千九十七斤"一项。根据朝廷的例制，从岁供的熟铁数量，按照"每三十分取其二"抽贡，可以大致推断生铁的年产量至少在 6.5 万斤（旧制每斤十六两，以此换算约合今 50 吨）以上，说明当时均州铁的产量已达到一定规模。

同治《郧阳志》记，"金石之属则五色绿松产竹山，自昔著称，今不复贵。若铜若铁，矿苗不旺，亦禁开采。"② 说明绿松石、铜、铁等矿，在明朝经过了大规模的滥采之后，现存矿产已丰，而矿产储量却大为下降。

明朝本地区的铸造工艺和水平，以武当山所铸造的构件与神器等为代表。从成化九年（1473 年）起至嘉靖五年（1526 年），皇室相继为武

---

① 刘作霖，杨延耀：康熙湖广《郧阳府志》卷 17《宦迹》，载《郧阳旧志辑录 2 明·清郧台志·府志》，长江出版社 2009 年版，第 60 页。

② 吴保仪、庆裕、王彦恭：同治《郧阳志》卷 4《田赋志·物产》，载《郧阳旧志辑录 3 清代郧阳府志》，长江出版社 2010 年版，第 454 页。

当山主要宫殿添设了成套的真武神像、供器等，其工艺之精湛，造型之优美，集中体现了明朝铸造工艺的最高水平。这些神像和各类器物以及金顶金殿铜质构件都是在北京制作完成，由太监专程护送，经过长途水、陆运输送抵武当山的。然而民间个人或集体捐资造像却是在本地完成的。武当山现存明代铜制模型（圆形，高1.31米，直径0.53米），其上铸有均州城捐资者姓名。上津县的清明寺历史悠久，弘治六年（1493年）三月，由清明寺僧侣主持，各方信善捐资铸造了重达两千多公斤的双龙衔顶八卦钟（铸铁），其上铸有缘由、捐资者姓名、佛教偈语和道教八卦图等，此钟后运至郧阳府，悬于钟鼓楼。这两件器物可以代表明朝秦巴地区铸造工艺水平和生产技术水平。

有明一代，对民间采冶金银诸矿的活动基本上是严厉禁止的，所以，明代秦巴山区地下矿藏的开采，大多以"窃矿""盗矿"的形式进行，开矿者因为本属违禁违法，所以在朝野史志中大多被黑化、丑化。

（河南）南召、卢氏之间多有矿徒，长枪大矢，裹足缠头，专以凿山为业，杀人为生，号毛葫芦。其技最悍，其人千百为群，以角脑束之，角脑即头目之谓也。其开采在深山大谷之中，人迹不到，即今之官采亦不敢及。[1]

陕西终南山接连河南卢氏、永宁等处，俱有银矿，常为本地奸民聚众窃取。虽封闭之固，守护之严，巡视之谨，而愚民重利，罔畏典刑，接踵徙流，略无忌惮。[2]

湖广之郧县、均州、上津诸州县，山产银矿，多有奸民聚众以

---

① 王士性：《广志绎》，中华书局1981年版，第41页。
②《明宪宗实录》卷21，成化元年九月辛未。

窃矿为业，巡矿官吏莫敢谁何，至有交通以分利者。①

　　秦徽等州有矿砂之利，盗窃常多，宜专委廉能军职一员领军巡视。②

　　明代万历年间发生的"矿监税使"之害，影响广泛深刻，使人们对秦巴山区的采矿冶炼产业的认识更为多元扭曲。乾隆《雒南县志·矿冶》有关明代矿冶的记载如下：

　　明初开采石青，置厂于邑东页山之洞岭。凿彻洛河，汹涌上溢，数百人溺死其中。每夜或阴雨，鬼哭声不绝。后建雷神庙镇之。

　　嘉靖八年，黄龙山矿盗发，极为民害。主簿童诚同防守指挥戴龙驱矿徒、填矿口，民赖以安。

　　嘉靖二十九年，王家庵矿盗猖獗，黄守巨为之魁。潼关指挥使盛德往剿捕，为所戕，子愈谦誓必手刃此贼。后协擒守巨，即杖杀之。

　　嘉靖末年，土人何恕等聚众白花岭盗矿，至万有余人，且十年不可得制。后请于朝，会兵始剿平。

　　隆庆间，白花岭矿盗大哄，邑令徐旭往谕遣之，为贼所围困，民人奔救获免。

　　万历中，采榷四出，几遍郡邑。卢灵悍徒往来，日事攻夺。而恶珰横索课额积逋，邑中奸恶钻营总甲牟利，寻多破家亡身，而帮贴赔纳之害，波及于里戚……

　　万历末年，金堆城矿寇横起，令贺贡轻骑往视，被贼重围，赖

---

① 《明宪宗实录》卷98，成化七年十一月辛酉。
② 《明宪宗实录》卷113，成化九年二月庚午。

僧兵捍护获免。①

有明一代的盗矿、禁矿斗争，滋生出不少贪腐酷吏，也造就了一批体恤民生，廉洁执政的地方循吏。仍以雒南县为例，乾隆《雒南县志》卷三《秩官志·循卓传》载：

> 洪其道，商城人也。万历中以进士除雒令……时方议采矿南阳，雒薄产金锡，其道恐遂及于雒，具揭帖痛陈利病，为十不便之议，缅缅千余言，深中肯綮，载艺文志。卒不听。后矿祸一如其言……
>
> 杨鹤，武陵进士。万历中令雒，距洪令日未久也。当采榷四出，群趋矿利，卢灵悍徒日相攻夺，居民皇皇如沸。而恶珰横索课额，破家流亡帮贴赔纳之害，往往波及于族里，官民困窘。鹤切挹掌径，力质矿使，议减岁额万金，往复数四，至以去就争，仅乃得之……
>
> 徐旭，富顺人，隆庆中以贡除雒南……当邑西北之白花岭矿贼猖獗，依山为险，焰颇张，旭躬率捕卒讨之，为贼围困，百姓数十里内闻风相率趋救，得免，贼寻溃……
>
> 李灿，荥阳人，以举人知县事……时矿徒争利相攻剽，杀伤日闻，灿严法禁捕，稍得敛戢……
>
> 贺贡，崞县举人，继李灿治雒……矿使四出，而矿徒所在，以千百数，辄盘结林箐间，恣为暴横，贡轻骑往谕遣之，不听，转鼓噪围贡，从隶格斗尽死，用相亳寺僧徒数百人具拳勇奔救，死战溃

① 乾隆《雒南县志》卷10《矿冶》，清同治刻本，第18页 b，第19页 a、b。

贼围，得脱，贼亦鸟兽散……①

矿业成为矿害、矿乱，不少贻害一方，鉴于此，万历知县洪其道专门作《矿害揭帖》从十个方面痛切陈述开矿之祸害，竭力反对开矿。②其实，很多矿乱矿害是因为官府简单粗暴一刀切式的封禁，只堵不疏，只禁不导，民间采矿不能正常进行，不得不采取"窃矿"的方式，而"窃矿"的活动又难免使有序变无序，使可控变难控，给地方社会带来积重难返的消极影响，这类影响势必激起地方和民间的反对，加之官府的刻意黑化、丑化式渲染，私开矿业的难度更大，少数执意求矿利者所用手段更加激烈，导致的后果更为严重，反对的呼声亦更加强烈。如此恶性循环，以致明代的秦巴地区一地鸡毛，矿业始终呈畸形发展状态。

（二）交通发展

建学浚井、修桥补路是地方政府理政安民的基本职能。除了允准流民附籍，并在承纳赋役方面给予相应优待外，明政府为改善秦巴山区交通条件而在道路修建等方面所做出的努力，也有利于山区经济的发展。大者如成化后期巡按湖广御史吴道宏以郧阳为中心修了四条大道，一抵汉中，一抵西安，一抵南阳，一抵保宁、夔州。在平阔地段道路宽一丈五，在险狭处道路宽六七尺。沿途增置驿铺客舍，疏通危障，凿穿险阻。"商旅络绎不绝，公文四达无留，居民乐业，政令流通。"③ 这些道

① 乾隆《雒南县志》卷 3《秩官志》，清同治刻本，第 23 页 b、第 24 页 a、第 25 页 a 、第 25 页 b。

② 洪其道：《矿害揭帖》，载《雒南县志》卷 11《艺文志》，清同治刻本，第 10 页 b-第 14 页 a。

③ 余子俊：《地方事》，载陈子龙等《明经世文编》（第 1 册），中华书局 1962 年版，第 496 页。

路极大地促进了地方政治、经济和社会的发展，极大改善了民众生活，对于山区开发的积极意义不可否认。其余小的道路如弘治年间郧阳巡抚沈晖"于襄樊往来要津造浮梁八十艘，以便涉者"①。

不少循吏之治，显著功德都在交通道路上，比如嘉靖年间抚治商洛道都元洪、万历七年（1579 年）商州知州王邦俊先后主持修整商州境内说法洞至石佛湾、五鬼窑至说法洞等地山道。万历四十七年（1619 年）郧西知县黄翊鸠工修浚源出陕西山阳县、汇入汉水的天河，通舟以利货运。云阳知县杨鸾捐俸开凿洞口镇至云安场山路，"山势险碍……巉岩绝堑，咸工凿易治，厘为大道，凡肩担背负者早暮通行，自是无患，其利溥矣"②。万历年间钟化民在略阳县修白水路，宋时架阁为道，久而倾塌，行人苦之。钟化民开凿山路后，"舆马仆卒，履若坦途。自下望，恍然云霄之上"③，被百姓称为奇迹。景川侯曹震修贵州通保宁、达陕西之大道，普定侯修连通陕川的连云栈道等，皆与秦巴山区的交通相关联，规模亦很可观。一通百通，一阻俱阻。山川阻隔、道路不通是制约山区经济发展的重大因素，至今论及山区的社会经济发展，仍以"要想富，先修路"为要旨。上述道路、浮梁的建设，对改变"深山穷谷，不通辙迹"的状况，促进山区内外流通和交流显然具有重要意义。

（三）中药材的研制

汉水流域秦巴地区历来被视为动植物资源宝库，其中，防己、雷丸、千年艾、黄精、厚朴、绿毛龟、白花蛇、贝母等地道动植物药材，

---

① 《明武宗实录》卷 166，正德十三年九月辛亥。

② 巴蜀书社选编：《中国地方志集成 重庆府县志辑 31·嘉靖云阳县志》，巴蜀书社 2017 年版，第 317 页。

③ 陈显远：《汉中碑石》，三秦出版社 1996 年版，第 175 页。

享有极高声誉。石斛、积实、鹿茸、麝香等常见药材在汉水流域亦有分布，荆三棱、葛蒲主要分布于汉水下游地区，地道性不甚明显。汉水主航道、堵河航道与唐白河航道、丹江航道优良的水上运输条件使得大规模的药材运输成为可能，然而地道药材不一定是主要贸易商品，其数量受自然条件制约较大，有明一代虽有开发，但未成规模。

明代药物学著作中多有汉中与武当山种植防己的记载。《本草蒙筌》曰："防己，味辛、苦，气平、寒。阴也。无毒。多生汉中府。"《本经疏证》云："防己，味辛，苦平，温无毒……纹如车辐理解者良，生汉中川谷，二月、八月采根阴干。"宣德《敕建大岳太和山志》亦有防己的记载，表明植被茂盛的武当山地区也是防己产区之一。

第二节　明代汉水上游的水利事业发展与水利文化梳理

农业生产是国计民生的基础，水利则是农业生产的命脉所在。水利的成败兴废，不仅影响着社会经济发展和人民生活水平，更关系到整个国家的税收和稳定。水润万物，有道是：水利兴，百业兴。因此，水利事业历来受到统治阶层、地方官员和民间社会的普遍重视。明朝汉水流域的水利事业不是对前代遗留工程的简单修复和改建，而是在工程技术和管理制度上的全面革新。明代中后期，汉水流域的民间冲突多因水利而起，地方社会构建也紧紧围绕水利事业开展。毫不夸张地说，在汉水流域，水利兴则百业兴，水利废则百业衰。

汉水流域的地形大致可分为以秦巴山区为代表的上游山地和以江汉平原为代表的下游平原，两者的水利环境有根本区别。上游海拔高，山势陡峭，难以储水，山区百姓多惜水如油；下游河湖纵横，水高于田，平原人民皆视堤如命。明人对治水已有比较成熟的认识："上流不浚，无以开其源；下流不浚，无以导其归。"① 基于地理环境的差异，山地和平原分别形成了堰渠和堤防两种不同的水利景观。

一、明代汉水上游的农田水利建设

汉水上游山区属亚热带气候区，气候温和，降水丰沛，但崇山峻岭的地形条件限制了农业的发展。在清朝人口压力骤然加剧以前，农耕地区多集中在山间盆地和河谷地带。粮食作物以稻、麦、粟为主，三者中以水稻为大宗。在秦巴山区，稻米生长旺盛期恰值伏旱季节，如果没有堰渠灌溉设施，水稻丰收几乎无望。因此，农业发展与灌溉工程密切相关。秦汉以来，劳动人民因地制宜，利用水资源改变农业生产面貌，兴建了不少水利工程。这些工程在不同历史时期时兴时废，随着移民潮的兴起，汉水上游的水利工程在明朝迎来了中兴。

明朝前期，封禁政策制约了山区的农业发展，水利设施也随之荒废。成化以后，随着流民的涌入，秦巴山区迎来了一个兴建、修复水利工程的高潮。汉中无疑是汉水流域最重要的灌溉农业区，仅城固一县，就有六条规模较大的堰渠得以重修。据万历二十七年（1599 年）刻《重修六堰记》载："汉中为关陕雄郡，城固为汉中巨邑。县西北四十里有高堰，西四十里有上官堰，西北三十三里有百丈堰，三十里有五门堰，二十里有石硖堰，县北十五里有杨填堰。"② 其他各县也有为数不少的堰渠。据嘉靖《陕西通志》卷三十八《水利》记载：在汉中府，南郑

---

① 《明孝宗实录》卷 99，弘治八年四月甲寅。
② 陈显远：《汉中碑石》，三秦出版社 1996 年版，第 180 页。

有沙堰、羊头堰、石梯堰、石碑堰、山河堰等；洋县有溢水堰、二郎堰、土门堰、高堰、杨填堰等；西乡有金厢堰、五渠堰、官庄堰、空渠堰、龙溪堰等；褒城有金花堰、鹿头堰、山河堰、石门堰、流珠堰等；沔县有马家堰、石崖堰、天分堰、金公堰、罗村堰等；今安康地区的金州有大积堰、长乐堰等；石泉有七里堰、长安堰等；汉阴有永兴堰、风亭堰等；洵阳有蜀河堰、汉镇堰等。就连灌溉农业不甚发达的商州，也有引丹水、乾佑河灌田百余顷的小型水利工程。湖广郧阳开发较晚，但水利工程也不少：如郧县的武阳堰、盛水堰；竹山的红岩堰、城子坪堰；竹溪的头堰、白水堰；上津的八里川堰、黄云洞堰；房县的澂澥堰、穿山堰；郧西的千工堰、马鞍山堰等。这些堰渠有的地连两县，如褒城、南郑共有的山河堰、流珠堰；城固、洋县两县共有的杨填堰，有的甚至跨越两省，如千工堰在嘉靖《陕西通志》和万历《郧阳府志》中都有记载，金州和郧西地界犬牙交错，该堰显然是两省共修共有的水利工程。南阳地区既有不少旧堰修复，亦有许多新堰不断建成，水利事业出现从河谷向山地延伸的苗头，故有的串联式陂渠和新兴的泉水灌溉工程共同发展，保持着这个地区水利事业的长盛不衰。总之，明朝汉江上游山区新建、修复的大小堰渠不计其数，因遗留资料不多，今天已经无法了解当时的全貌，只能将规模较大、资料保存较完整的代表性工程列举如下。

（1）山河堰

山河堰在汉中褒城县，相传为汉初名相萧何所造。该堰以汉水支流褒水为水源，分六级筑坝引水，南宋最多时灌溉汉中良田 23 万余亩，元明之际近乎荒废。严如熤纂修的嘉庆《汉南续修郡志》卷二十《水利》记山河第一堰曰："相传以柏木为桩，在鸡头关下筑堰截水，东西分渠，溉褒城田。今堰久废，其故址亦无可考。"① 据此推测山河堰在明朝确有整修，只是木质结构使用年限短，较易荒废而不见记载。但其他几堰发挥的作用是不容低估的。万历二十三年（1595 年）汉中府推官（司理）宋一韩为第二堰上下坝定下四六分水制度。后人记之云："汉南水利之大者无如山河堰。自高堰子迄三皇川为洞口者四十有八，溉军民之田四万四千八百二十有三，上坝与下坝利实共之。"② 可见明朝中后期的山河堰，虽规模、效用不及南宋，但仍然是汉中最大的水利工程。

（2）百丈堰

百丈堰在汉中城固县西北三十里，是湑水③五堰之一。万历二十七年（1599 年）所立《百丈堰新建高公桥碑》云："城固之北，有湑水河，经流境内，平洋沃壤。在昔留心民事者，相其高下之势，障石为堰，凿渠引水，灌溉稻田万余顷，城民之生养，永赖其利泽，匪浅鲜也。"④ 百丈堰修建时采用垒石为堰的建造方式，渠口咽喉紧要之处与干沟为邻，常遭暴雨冲淤。万历年间，知县高登明为免百姓疏凿之苦，自愿捐资购置石材，并组织民工建造石桥。"桥拱三洞，每洞阔四尺许，高八尺许，仍于两岸筑堤数十丈，遇暴水，则用板闸洞口，庶洪流可御，而渠道无复冲淤之患。自是收成无失，而民生以遂其利，不亦远且大哉。"⑤ 百姓感其恩德，特立碑纪念。百丈堰在嘉庆年间仍灌田 3720余亩，可见明朝的这次修复是卓有成效的。

---

① 严如熤：《汉南续修郡志》卷 20《水利》，民国 13—14 年刻本，第 12 页 b。
② 凤凰出版社选编：《中国地方志集成 陕西府县志辑 51·道光褒城县志》，凤凰出版社 2007 年版，第 386 页。
③ 也写作壻水，本书统一为湑水。
④ 陈显远：《汉中碑石》，三秦出版社 1996 年版，第 182 页。
⑤ 陈显远：《汉中碑石》，三秦出版社 1996 年版，第 182 页。

（3）五门堰

五门堰在汉中城固县北三十里的湑水上，因渠首并列五洞进水，故称五门堰。相传为汉代郡吏唐公昉所创，实际可能筑于五代或北宋。此堰有灌溉和为水磨提供动力的双重功能。元末至正七年（1347年），知县蒲庸力排众议，亲力亲为，在故渠的基础上进一步开凿、疏理、加固斗山下的过水渠道，并凿穿斗山下的石嘴，使灌溉面积进一步扩大。明代的五门堰经历了三次大规模翻修。一次是弘治五年（1492年），在知县郝晟主持下，把以前"渠深广才以尺计，加以年久倾圮，水弥漫则仅能得一二"的废堰改造成"渠深二丈，广倍之，延袤六七里，逾月工告成，峡遂豁然一通，渠水荡荡于田亩，高下无不沾足"①，灌溉面积高达五万亩的大堰。八十余年后，万历四年至七年（1576—1579年），知县乔起凤又主持了一次全面维修。乔公"身先经理，不惮寒暑，分委责成，罔懈夙夜"②，时人以之比郑国、白起。万历二十六至二十七年（1598—1599年），知县高登明在不动用官帑的前提下"捐俸金及赎锾，买办石灰六百余石，使工锻冶石条八百余丈"③，主持对五门堰的第三次全面整修。此次整修使用石灰和石条，大大延长了使用寿命。这几次维修奠定了五门堰的基本格局，乔起凤、高登明所创设的维修制度也被后人编成《乔令-高令手册》，直到清朝仍被沿用和推广。

（4）杨填堰

杨填堰地跨汉中城固、洋县两县，一渠浇灌两县田亩。据康熙《城固县志》卷四《水利》载："杨填堰，县北一十五里，出湑水河，宋开

---

① 刘於义、沈青崖：《敕修陕西通志》卷40，三秦出版社2014年版，第16页b，第17页a。

② 陈显远：《汉中碑石》，三秦出版社1996年版，第171页。

③ 陈显远：《汉中碑石》，三秦出版社1996年版，第181页。

国侯杨从义①填成此堰，故名。"② 而《杨从义墓志》曰："初，洋州有杨填等八堰，久废不治，公皆再葺之，溉田五千余顷，复税租五千余石。"③ 可见在杨从义之前，此堰已经存在，杨公只是修葺而已。此堰上游易于得水，不肯为下游水利出力；下游难以得水，缺乏修堰动力。地跨两县更加剧了协调难度。万历二十七年（1599 年），洋县知县张以谦与城固县令高登明共商修堰大计，得到汉中知府的支持。经过数月努力，先前"以杙梁横竖于外，荆棘绸缪其中，籍为障水具"的简单水坝变成"敞其门为五洞，傍其岸为二堤，水涨则用木闸以阻泛溢，水消则去木闸以通安流"④ 的坚固石堰。这次大规模整修增建了渠口、岸堤、木闸等设施，在增强蓄水能力的同时免去了一岁一修的烦琐劳动。

（5）盛水堰、武阳堰

盛水堰、武阳堰传说为春秋时伍子胥所修。据万历《郧阳府志》卷十九《水利》载，盛水堰在郧阳府郧县北五里。"成化间知县戴琰穿，计四百余丈。弘治中，都御史王鉴之檄府重修，有碑，立迎恩观。万历五年冬，堰长张大纹、李梁告乞修理堰渠，本府知府宋豸诣所亲勘，请于都御史徐学谟，委官督修，甫三月毕工。"⑤ "武阳堰，县西北二十里。弘治中，都御史王鉴之穿。正德中，都御史刘琬檄府重修。"⑥ 同书《艺文》收有王鉴之《重修郧阳府武阳、盛水二堰记》，可见王鉴之也是修复而已，武阳堰古已有之。戴琰所修的实际上是盛水支堰："成化初，

---

① 也有写杨从仪，本书统一为杨从义。

② 凤凰出版社选编：《中国地方志集成 陕西府县志辑 51·康熙城固县志》，凤凰出版社 2007 年版，第 523 页。

③ 陈显远：《汉中碑石》，三秦出版社 1996 年版，第 128 页。

④ 李时孳：《新建杨填堰碑记》，转引自陕西省地方志编纂委员会《陕西省志 第 13 卷 水利志》，陕西人民出版社 1999 年版，第 738–739 页。

⑤ 周绍稷：《万历郧阳府志》（第 2 册），台湾学生书局 1987 年版，第 514 页。

⑥ 周绍稷：《万历郧阳府志》（第 2 册），台湾学生书局 1987 年版，第 514 页。

知县戴琰率民旁鉴一渠，计地四百余丈，以备灌溉，自是田无高下皆稔。”① 为保证农田灌溉，郧县军民年年亘修二堰，但这种修筑“不过伐木畚土，苟简目前而已。时雨骤作，山溪饮满，水势奔突，昔所伐以畚者举随之去矣”②。弘治十三年（1500年），知府胡伦主持修复。“仍旧址剔沮洳，去柿翳，甃以巨石，翼以良干，栉比而鳞次，虽高深广袤，丈尺不加于旧，而规模宏远，制度精密，续泄有则，斡旋有机，视昔盖十倍有加。”从此“吾侪小人无复旱涝是念矣”③。从时间上看，胡伦主持的这次修复和上文所载的“王鉴之檄府重修”应该是同一件事，只因二人一为郧阳抚巡抚，一为郧阳府知府，两级官员戮力共事，而此文又为王鉴之所作，不忍掠下属之美，以谦谦君子自示而已。此后嘉靖二十二年（1543年）八月，都御史王守重修武阳、盛水二堰。万历三十四年（1606年），都御史黄纪贤发公帑修盛水堰。两年后，黄纪贤又捐俸修武阳堰。由郧阳巡抚主持对武阳、盛水二堰的修葺很可能在明代中后期成为惯例。此二堰至今仍有遗迹可循，盛水堰已更名为徐家堰。以武阳堰命名的地名“武阳岭”保留了下来。

（6）澈澥堰

澈澥堰在郧阳府房县南十五里。世传为西周尹吉甫所凿，灌田万余亩。水源出自滴水岩，属泉水灌溉系统。其灌溉区域为长条形梯级谷地，按高下分三畈依次取水。如果上畈者住水口则中下畈无法得水，但下畈为生存往往决口偷水，一旦成功，上畈必定干涸绝收。这种水利环

① 薛刚、吴廷举：《日本藏中国罕见地方志丛刊（嘉靖）湖广图经志书》（下册），书目文献出版社1991年版，第889页。

② 王鉴之：《重修郧阳府武阳、盛水二堰记》，载周绍稷《万历郧阳府志》（第2册），台湾学生书局1987年版，第771页。

③ 王鉴之：《重修郧阳府武阳、盛水二堰记》，载周绍稷《万历郧阳府志》（第2册），台湾学生书局1987年版，第771-772页。

境导致争讼不断，官府疲于应付。为彻底解决问题，房县县令朱衣率乡民"环畈而圩之，毋使旁泄。自上而中，而下，至绾穀之口，凿石为斗门，大者三，小者三十有五……上溢则版以障之，下涸则启以泄之"①。王世贞抚郧在万历二年（1574 年）至万历三年（1575 年），《澂瀫堰斗门碑》出自他之手，澂瀫堰此次改造大概也在这两年中的某段时间。

（7）千工堰

千工堰地跨陕西金州和湖广郧西，始建于洪武年间。千工堰引天河黑龙潭水灌田千余亩。② "彼因人物鲜少，堰工浩大，倾塌未修。成化十有一年，设立县治，军民杂处，力食者众。弘治癸丑县令广东刘君理，以民食为急，国税为重，择委里老王恭督率工役，聚石采木，重为修造，匝一岁厥功告成，虽曰使民，实有利于民也。今令尹西蜀王君才下车，尤重其事，不时省视，损即随修，以是水利疏通，岁获丰稔。"③ 此堰名曰"千工"，想必是堰工浩大，每次维修动费千工的缘故。自移民聚集，郧阳设抚、郧西设县以后，千工堰受到高度重视，维修成为官府和百姓每年必做的工作，始终保持着"水流之滔滔，田禾之蘱蘱"的壮美景象。

（8）钳庐陂

钳庐陂在河南南阳府邓州东南五十里，为西汉南阳太守召信臣在淯水（今白河）旁砌石筑坝，壅土而成。张衡《南都赋》里所谓"钳卢玉池"就是指的此处。西汉以后代有兴废，逐渐形成引湍水、刁河水等多

---

① 王世贞：《澂瀫堰斗门碑》，载周绍稷《万历郧阳府志》（第 2 册），台湾学生书局 1987 年版，第 836 页。

② 此为万历《郧阳府志》数据，可能不涉及陕西辖地，而嘉靖《陕西通志》只记堰名，无确切数字。故千工堰实际灌溉面积应高于此数。

③ 何春：《千工堰记》，载周绍稷《万历郧阳府志》（第 2 册），台湾学生书局 1987 年版，第 890 页。

河取水，连接陂塘三十余个的串联式水利系统，灌溉效益最大时灌田三万顷。钳庐陂不仅是南阳地区最大的水利工程，也代表着南阳水利的工程特色。元末明初的战乱使钳庐陂几近芜废。"明洪武初，孔显知州事，稍为疏导。正德中，州人王瑞倡议修复，于常额外清理得三十一。嘉靖三十三年，知州王道行修陂凡三十有八，堰一十有四。启祯以后，又皆堙废。"① 明朝三百余年，钳庐陂似乎经历了一次轮回。几次修复中，以明初孔显主持的修复最具成效，他"收集军民，渐为披剪，陂堰之址可复寻而理矣。嗣是生齿繁，土地辟。守牧者重民食，为之修置疏导，设渠子、堰长以领其事，灌溉稻秣，遍于四境，家给人足，不苦凶岁"②。这次修复虽在工程技术上无太多创新，但其对日常管理和制度建设的重视无疑为后世树立了典范。

明代汉水上游的水利建设总体上以引水灌溉渠系为主，由于汉水干流地势太低，流量较大，这些工程主要分布在汉水上游的各支流上。正如严如熤所说："汉中水，汉江为大，然用之溉田者，则漘水、浍水、濂水、乌龙江数水，皆注汉支河。汉流大而难用，支河小而易于堤防也。"③ "汉江不船，龙江不船"这句谚语说的也是这种水文特征。郧阳也大抵如此。南阳地区最有特色，受地理环境和水利传统的影响，其河谷地带多以堰渠连接陂塘，形成多河取水、点线结合的串联式水利系统。这种设施能将非灌溉季节的河流径流通过沟渠引到陂塘存蓄起来，以供灌溉季节使用，汛期还能起到防洪作用。山地和丘陵地区的山泉也被用作灌溉水源，从而修建了澈瀰堰、柳泉铺渠、泉水堰等水利工程，这都是先民智慧的结晶。

---

① 穆彰阿：《大清一统志》卷 210《南阳府一》，商务印书馆 1934 年版，第 23 页 a、b。

② 潘庭楠：嘉靖《邓州志》卷 11《陂堰志》，上海古籍书店 1963 年版，第 1 页 b。

③ 严如熤：《汉中修渠说》，载魏源《魏源全集》（第 19 册，《皇朝经世文编》卷 106 至卷 120，工政），岳麓书社 2004 年版，第 362 页。

　　要特别说明的是，以上列举的都是历史悠久、记载详细的大型堰渠，在溪流山涧地带修筑的小型水利设施不计其数，凡山间平地有水之处，概成良田。如果将汉水上游所有小堰渠的灌溉面积加在一起，这个数字将远远大于骨干堰渠。只因小型水利工程数量多、规模小且分布分散，有的甚至时修时废，故而很少见诸记载。

　　说起明代的水利建设，不能不提郧阳府城的水井。经历了元末的战乱和两次流民起义，当时属襄阳府管辖的十堰地区一片萧条。郧县连城池都没有。都御史原杰奏请开设府、卫于郧。与郧阳抚治一同设立的还有湖广行都司、郧阳府、郧阳卫。成化十二年（1476 年），郧阳府城由一个名不见经传的县级治所一跃成为总镇湖北、河南、陕西三省及驻扎巡抚、知府、知县三级官衙的一方都会。

　　吴远是郧阳府首任知府，府城最早的四口水井当建于他任职的成化十二年（1476 年）到成化十八年（1482 年）间，第二次水井建设的倡导者沈晖在弘治七年（1494 年）到弘治九年（1496 年）间担任巡抚，两次建设之间的十余年里，府城人口增加数倍，却没有新增一口水井，原因何在？万历二年（1574 年），一代文豪王世贞出任郧阳提督抚治都御史，在都察院衙署内开凿水井，并作《使窦新井记》以记之，其文曰：

　　　　使院故无井，晨取给于一里外。运覧者踰十人，而犹不给。予莅事之三日，进群吏而诘之："即无问劳力役者之肩与踵，一夕东门钥而牙城铃，阁之间缓急何所恃哉？"行相地于帅厨之后隙艮隅而凿之凡四十尺而得石，又五尺而甘泉见。初沫起若瑟瑟，俄霡沸腾溢，其冽冰齿。可以佐茗色，益著味。因为之铭，以示后人。①

我们可以从王世贞的描述中管窥府城凿井的工程难度。明朝的一尺折合今 31 厘米，从地表向下挖四十尺见石，凿石五尺方见甘泉。井水源于石下，水质甘甜清冽，鬵沸腾溢，显然不是汉水补给的潜水，而是隔水层之下的承压水。在当时的技术条件下，开凿这样的水井自然要消耗大量人力物力，再加上购置石材垒砌井壁的花费，绝非一般小户所能负担。而郧阳府是建立不久的新城，罕有大富之家，更少有擅长选址的技术人员，作为公共生活设施的水井只能由官府负责建设。好在这种取用承压水的深井虽工程浩繁，但供水充足，旱涝无虞，一次努力，代代受益。也许正是由于这个原因，这些巡抚们才不惜浓墨重彩地将凿井作为政绩载诸青史。

相对于数百万流移人口的落居和郧阳山区的开发来说，建设十几口水井算不上丰功伟绩，但对于郧阳百姓的日常生活而言，却有着划时代的意义。吴远知府在府城内首开凿井先例，预示着一种新的、更卫生也更为安全的饮用水资源及相应的取水方式在郧阳出现了。这种新的饮水习惯在短短数年内被城内居民普遍接受，以至于宁愿重金买水、争抢殴斗也不再取用江水。作为最高行政长官的巡抚沈晖以新建六井的方式满足了百姓的需要，使百姓不必为获得干净的饮水而额外付出。值得注意的是，城市居民的生活习惯对乡村社会无疑具有重要的示范作用，贫苦农民虽无力承担在当时堪称重大工程的深井建设，但农村广阔的天地可以为水井选址和建设提供更多的选择，饮用过城内甘泉的农民自然会发挥聪明才智，因地制宜开凿小型水井，促使更多的人改变饮水习惯。郧

---

① 王世贞：《使寰新井记》，载裴应章、彭遵古《郧台志》，长江出版社 2006 年版，第 468 页。

阳府城的几口水井，是千千万万农村水井的滥觞。

二、水利技术的革新和管理制度的完善

与前代相比，明代汉水流域水利工程的灌溉效益确实有所下降。在汉中盆地、南阳盆地这两大历史悠久的灌溉农业区的局部地区表现得尤为明显。如汉中山河堰，南宋最多时灌溉良田23万亩，而明朝在册灌溉面积却不到5万亩①，南阳盆地部分地区甚至放弃引水设施，改水田为旱地。这种转变大概发生在嘉靖年间，但我们不能因此得出明代水利事业较前代大为衰退的结论。水利效益降低的原因主要是自然环境的急剧变化：一是整体气候的变化。明清小冰期使地表温度下降，处于南北交界地区的汉水流域受到的影响尤为显著。南阳盆地北部无山脉屏障，每当冷风过境，必然首当其冲，已经不再适合喜热喜温的水稻生长。二是汉水上游支流一般落差较大，严重的河道下切导致水位不断下降，引水渠口位置随之降低，同时河流携带的泥沙和山上散落的土石不断进入水渠，即使年年疏浚也不能避免沟渠垫高。如此，水位逐渐降低，沟渠慢慢抬高，年长日久，灌溉面积自然减少，山河第一堰即因此而废弃。三是雨水冲刷使沟渠所经山涧的纵向深度和横向宽度都逐渐加大，必然加大工程建设和维护的难度，在传统水利工程技术没有根本突破的背景下，依山引水势必日渐艰难。总之，明代汉水上游的水利环境与前朝相比已经大幅度恶化，水利建设和维护的难度与两宋时期已经不可同日而语，这才是水利效益下降的根本原因。

---

① 明代山区农民隐匿田亩以逃避租税的现象十分严重，实际灌溉面积一定高于5万亩，但也无法与南宋相比。

（一）水利技术的革新

明朝汉水上游的水利建设，是在水利环境明显恶化、工程建设日渐艰难的大背景下展开的。尽管如此，明代水利事业仍取得了可喜的进步。尤其是在工程技术方面，不是简单重复运用故有的技术，而是在建筑材料和工程技术上大力革新。众所周知，山区水利建设主要有两种类型，一是修筑蓄水堤坝；二是兴建引水堰渠。而汉水上游支流大多水流湍急，堤坝极易冲毁；依山而建的堰渠多经过山涧，雨季常遭泥石流冲崩。这两大问题使山区水利建设在实际操作中难度更大。

前人修筑堤坝时，有的在江中砌石，截水为堰；有的用木桩草石修筑。每岁春工，费甚巨；有的"用树杪、沙石权宜修葺，一经骤雨，漂决无存"①。即使一岁一修，然"略值雨霆，湑必浩发，激湍迫荡，堤为尽去，复如费修筑，稻乃薄收，蒙害尚矣"②。这些水坝都非常不稳定，更有甚者如杨填堰："居农以杙梁横竖于外，荆棘绸缪其中，借为障水具。每遇河伯扬涛，率淘然澎湃，而新畲秧苗归之一浪矣。"③ 设计不当，水利反成了水害。嘉靖中襄城监生欧本礼维修襄城流珠堰时采取"编竹为笼，实以石，置中流，限以木桩"的方法，大概是效仿都江堰的维修工艺。但木桩易于朽坏，也无法长时间使用。洋县斜堰修筑时，"暴雨澎湃，木砾漂泊联亩，一夕龟裂。仓卒茸补，旋筑旋崩，殆无宁晷"。针对此症，县令李用中决定以石坝代替木桩草石：

---

① 严如熤：《（嘉庆）汉中府志校勘》（下册），三秦出版社 2012 年版，第 720 页。
② 凤凰出版社选编：《中国地方志集成 陕西府县志辑 51·康熙城固县志》，凤凰出版社 2007 年版，第 563 页。
③ 李时孳：《新建杨填堰碑记》，转引自陕西省地方志编纂委员会《陕西省志 第 13 卷 水利志》，陕西人民出版社 1999 年版，第 738 页。

　　　　用大石横河，油灰灌隙。分门闸板，视水之消涨，以时启闭。
　　自底至脊高丈许，上可通行，若津梁然。望之如长虹截流，虽洪涛
　　数兴，震荡怒号，终莫能坏①。

　　这种易木为石，建闸代坝的水利技术，成功的关键在于"油灰灌
隙"，把散乱的石头粘连在一起，抗冲击能力大大提高，与今天的混凝
土结构已经十分相似。

　　对于堰渠建设，李用中也独具创意。为使堰渠通过山涧，前人只能
"刳木为槽，集水跨石"，如洋县瀯滨堰，"自溜坝湾引河水，循山麓纡
回南下，中经二涧，涧深广数丈。旧架木为飞槽，渡渠水以达于田。槽
一岁一修，其费甚巨。且值夏月需水之急，而涧水暴涨潎湃，冲击木
槽，荡然无复存者"②。为使渠水顺利穿越山涧，万历十五年（1587
年），知县李用中捐俸并主持修建石槽渡水工程，其具体措施是：

　　　　大石砌其底，方石翼其旁，条石横其梁，油灰灌其隙。虚其下
　　以为涧水之行，高其上以为徒行之径，敞其上中以为渠水之道。宏
　　杰壮丽，坚固而不可动。③

　　李用中主持的水利工程，因地制宜，就地取材，虽不能一劳永逸，

---

　　① 李时孳：《李公石堰碑》，载《洋县志》卷5《艺文》上，成都李嘉绩青门寓庐清光
绪二十四年刻本，第18页b、第19页a。
　　② 张四术：《李邑侯创建瀯滨堰渠石槽碑》，载《洋县志》卷5《艺文》上，成都李嘉
绩青门寓庐清光绪二十四年刻本，第15页b、第16页a。
　　③ 张四术：《李邑侯创建瀯滨堰渠石槽碑》，载《洋县志》卷5《艺文》上，成都李嘉
绩青门寓庐清光绪二十四年刻本，第15页b、第16页a。

但使用寿命大幅度延长，使区域灌溉效益和农业经济趋于稳定。他还将水利效益和交通功能有机结合起来，提高了工程的实用性。从"长虹截流""宏杰壮丽"这些极具诗意的描述可见当时的人已经认识到这些水利设施的工程美感，具有实用性和观赏性的双重功效。

李用中主持修复灙滨堰和斜堰分别在万历十五年（1587年）和万历十七年（1589年），此前的万历四年至七年间（1576—1579年），城固县五门堰同样面临坝溃堰塌的问题，知县乔起凤"议以五门上流，用石叠砌，以建悠久之基；下流修为活堰，以泄横涛之势；石峡用石固堤，以弭冲决之患"①，并没有使用油灰，万万二十六至二十七年间（1598—1599年），五门堰历经二十年，已经严重损毁，同为城固知县的高登明再次修葺时，"捐俸金及赎锾，买办石灰六百余石，使工锻冶石条八百余丈。"②此后再次大修已经是清朝康熙年间。可见油灰的使用使工程的寿命延长了数倍。这几次维修都是事先规划，呈报汉中太守和钦差分巡关南宪副，得到批复后组织施工。据此推测，李用中的油灰嵌筑技术，很可能被汉中府作为典型经验向各县推广。以石灰粘连石块当然不是李用中首创，但以石灰掺杂桐油嵌筑堰渠至少在汉水上游水利史上有划时代的意义。汉水上游是石灰和桐油的重要产地，建材成本不是问题。此后的万历二十七年（1599年）洋县知县张以谦维修杨填堰，同样"砥石于山，锻灰于炉"。同年高登明修复的百丈堰"桥拱三洞，每洞阔四尺许，高八尺许，仍于两岸筑堤数十丈，遇暴水，则用板闸洞口，庶洪流可御，而渠道无复冲淤之患"③。万历二十九年（1601年），洋县知县姚诚立捐俸倡修土门堰："推去沙、石，巨石为底，上累条石，涂以石

---

① 陈显远：《汉中碑石》，三秦出版社1996年版，第170-171页。
② 陈显远：《汉中碑石》，三秦出版社1996年版，第181页。
③ 陈显远：《汉中碑石》，三秦出版社1996年版，第182页。

灰……高可及肩，长则亘河。其下流处预防冲激，多置圆石木拦。"① 明显都是借鉴李用中改进的修筑技术。从此以后，李用中的技术创新被汉水上游各地广泛采用，水利工程质量大幅度提高，使用寿命大幅度延长。

（二）分水制度的成熟和日常管理的完善

汉水上游的农业用水主要集中在水稻生长的春夏季节，尤以盛夏的"伏旱期"为最。每到用水季节，水资源短缺引发的为争水而械斗的事件屡见不鲜。解决问题的上策是改建水利设施，增加用水供给，如城固县的五门堰，中途遭遇石嘴挡住流水，元末蒲庸凿石嘴，使灌溉渠道继续延伸。然"渠深广才以尺计，加以年久圮毁，始复如砥，水弥漫则仅能得一二"②，远远不能满足用水需求。弘治五年（1492 年），在知县郝晟主持下，当地农民"积薪石间，炽火烧之，俟石暴裂，乃以水沃之，石皆融溃。遂督匠悉力推凿，无不应手崩摧。石且坚，复烧而沃之，如是者数"③。改建后的五门堰"渠深几二丈，广倍之，延袤六七里，逾月而工告成，峡遂豁然一通，渠水荡荡于田亩，高下无不沾足"④，成为灌溉面积高达五万亩的大堰。

然而不是所有的用水纠纷都能通过技术途径来解决，当民间力量无

---

① 李乔岱：《土门贾峪二堰碑》，《洋县志》卷 5《艺文》上，成都李嘉绩青门寓庐清光绪二十四年刻本，第 36 页 a、b。

② 凤凰出版社选编：《中国地方志集成 陕西府县志辑 51·康熙城固县志》，凤凰出版社 2007 年版，第 573 页。

③ 凤凰出版社选编：《中国地方志集成 陕西府县志辑 51·康熙城固县志》，凤凰出版社 2007 年版，第 573 页。

④ 凤凰出版社选编：《中国地方志集成 陕西府县志辑 51·康熙城固县志》，凤凰出版社 2007 年版，第 573–574 页。

法协调用水矛盾或因争水威胁地方稳定的时候，就必须由官府出面分水。万历二年（1574 年）至万历三年（1575 年），一代文宗王世贞巡抚郧阳，作《澈澥堰斗门碑》记录了房县县令朱衣处理用水纠纷的经过：

> 其地高下凡三畈，中下畈以次而受上畈之水，其上畈以次而制中下畈之命。凡水见过而不下，则弗敢播；旁泄而他注之，则弗敢播。而下畈亦时能窃发其防，以使上中畈之立涸，以故恒蓄争。其争能互为害，而不能自为利。[①]

澈澥堰灌溉的万余亩稻田是房县民食国税之所系，针对严重的上下游争水矛盾，县令朱衣采取了三项措施，一是加固堰堤，"环畈而圩之，毋使旁泄"。二是加设石斗门为分水工具："凿石为斗门，大者三，小者三十有五，中为官七十余，上溢则版以障之，下涸则启以泄之。"三是明确用水秩序："与守畈者约：其下畈当受水而不予水者，罚在上畈；不当予水而辄启水者，罚在下畈。"[②]

对涉及区域广、灌溉效益高的大型水利工程，其分水事宜一般由更高一级的行政机构来完成。如灌溉面积近 4500 亩的襄城山河堰，其分水制度就是由汉中府推官宋一韩拟定的，道光《襄城县志》录崔应科《四六分水记略》记其事云：

> 汉南水利之大者，无如山河堰。自高堰子迄三皇川，为洞口者

---

① 王世贞：《澈澥堰斗门碑》，载周绍稷《万历郧阳府志》（第 2 册），台湾学生书局 1987 年版，第 835-836 页。

② 王世贞：《澈澥堰斗门碑》，载周绍稷《万历郧阳府志》（第 2 册），台湾学生书局 1987 年版，第 836-837 页。

四十有八，溉军民之田四万四千八百二十有三。上坝与下坝利实共
之。迩者，下坝之民每苦浇灌之难，一值亢旱，秋成无望。万历二
十三年，司李宋公一韩奉文踏看灾伤，历巡两坝，察利病之源，酌
民情之便，定其期限。由高堰至李官洞，浇田一万九千六百八十
亩，临近官沟，注水易，议为四日；由高桥至三皇川，浇田二万五
千一百四十三亩，笃远注水难，议为六日，均为两轮，周而复始。
在上者不知其余，在下者无忧不足。洵万世永赖哉？宋公去，二十
八年，巡道李公命以其议勒诸石。三十一年，郡丞张公光宇至，以
职水利，巡陇亩，采群议，无如宋公法善。议拨田夫分两班赴上坝
洞口，宿守防范，每轮毕，则差役同甲头封闭焉。①

　　这两项成功的分水案例都是由地方官员站在中立立场上解决利益冲
突。之所以将事情经过勒之于碑，除了歌功颂德的原因外，更重要的是
让习惯法文字化，借助官府权威和乡规民约的力量共同保障制度的执
行。当然，任何制度的执行都需要有效的监督，由受益人轮流充任守畎
者"宿守防范"也是必不可少的长效措施。事实证明这些措施是非常成
功的，直到清朝，他们创设的制度仍被沿用。

　　明朝中期也有高级官员直接介入用水纠纷，最典型的当属郧阳巡抚
都御使。正德十三年（1518 年），陈雍"禁上流之曲防者"②；嘉靖二十
六年（1547 年），都御史叶照"委通判叶钦修筑、疏导武阳、盛水二堰，
罪壅泉于上流者，永为定规"③；嘉靖三十六年（1557 年）都御史章焕

---

　　① 凤凰出版社选编：《中国地方志集成 陕西府县志辑 51·道光襄城县志》，凤凰出版社
2007 年版，第 386-387 页。
　　② 裴应章、彭遵古：《郧台志》，长江出版社 2006 年版，第 218 页。
　　③ 裴应章、彭遵古：《郧台志》，长江出版社 2006 年版，第 223 页。

"亲视武阳、盛水二堰，发公帑百金疏导，仍禁止绝上流者"①；万历十三年（1585 年）都御史方弘静 "禁止武阳、盛水二堰上流专利者"②。二堰距巡抚驻地郧阳城仅五里，直接介入当属特例。由正三品高级官员对上游截水问题三令五申，说明地方官员对水利的重视，也从侧面反映出经过成化以后百余年的移民垦殖，郧阳的水稻种植面积极具规模，由此导致灌溉用水十分紧张。

除了分水制度，水利设施的日常维护也是十分重要的问题。城固知县乔起凤在修缮五门堰的同时对工程维护亦有一系列建制：

> 于堰西创立禹稷庙三间，使人人知重本之意。大门三间，二门三间，两旁官房二十余间，以为堰夫栖止之所，树以松柏，缭以周垣。于五门石堰择人守之，量给水田数亩，令其伺时启闭，务俾水利之疏通。于斗山石峡，择人守之，量给山地耕种，令其常川巡护，以防奸民之阴坏。沿渠一带，遍栽柳树，培植堤根于未固。③

这座禹稷庙有三重功能：一是祭祀先贤，引导公众行为；二是构建信仰，对 "奸民" 形成威慑；三是作为管理场所。庙内居住的堰夫当属专职，负责看管和日常维护。他们的报酬是无偿耕种水田、山地。这些土地当属堰渠公产。除堰工以外，每个大堰都有负责日常维护和处理纠纷的一个或多个堰长。就传统公共工程管理水平而言，这样的制度已经相当完善。

---

① 裴应章、彭遵古：《郧台志》，长江出版社 2006 年版，第 229 页。
② 裴应章、彭遵古：《郧台志》，长江出版社 2006 年版，第 224 页。
③ 陈显远：《汉中碑石》，三秦出版社 1996 年版，第 171 页。

三、明代水利事业的组织特色和文化影响

（一）水利事业的组织特色

汉水上游水利建设的时间多在九月到次年五月之间，这一时段雨水较少，百姓清闲，还避开了水稻的生长季节，是"不违农时"的最佳选择。在明朝水利建设中，移民及其后裔发挥了主力军作用，宗族扮演了重要角色，官府的督导和协调则是成功的关键。

移民后裔是水利建设的主力军。元末明初的战乱使汉水上游的水利工程普遍荒废，就连灌溉历史十分悠久的汉中盆地也不能幸免。洪武七年（1374 年）五月，陕西按察司金事虞以文巡视汉中"见其民多居深山，少处平地。其膏腴水田，除守御官军及南郑等县民开种外，余皆灌莽弥望，虎豹所伏，暮夜辄出伤人……本皆沃壤，若剃其榛莽，修其渠堰，则虽遇旱涝，可以无忧已"①。永乐以后，流民陆续从四面八方向山区聚集，景泰、成化年间达到高潮。而水利工程的兴建、修复多在成化以后，尤以嘉靖、万历两朝最多。可见水利工程的建设者多为移民后裔和后续移民。自成化十二年（1476 年）原杰主持附籍以后，"流离之民，俱为土著"②。落居的流民正式抛弃流民意识，开始为长远计划。水利建设正是思想转变的具体体现。移民为主的社会也避免了土著豪族对公用事业的侵占，客观上为乡规民约的执行提供了有利的环境。附籍的流民娶妻生子，开枝散叶，其子孙的家乡认同随着时间的增长逐渐加强，兴

---

① 《明太祖实录》卷 100，洪武八年五月乙巳。
② 徐恪：《议处郧阳地方疏》，载陈子龙等《明经世文编》（第 1 册），中华书局 1962年版，第 721 页。

修水利的积极性也随之提高。经过数十年的发展，人口的自然增长和后续移民的到来形成新的人口压力，垦殖扩张和改旱地为水田成为获取更多粮食的必然选择。而此时又正值"小冰期"时期，提高粮食产量的迫切需求和旱灾逐渐加剧之间的矛盾日益尖锐，水利建设便从中获得新的动力。嘉靖至万历年间水利建设蓬勃发展，且官民积极性高涨，水稻种植局部扩张和干旱加剧了水资源紧缺。

在水利建设和日常管理中，宗族扮演了重要角色。移民后裔多选择聚族而居的生活方式，这从遍布山区的张家湾、李家沟之类的地名便可看出。形成聚族而居生活方式的原因是第一代移民占垦大片无主荒地，附籍后成为"永业"，分给子孙耕种。在传统社会，不到万不得已是不会出卖土地的，即使要出卖，也由亲到疏，优先考虑同族中人。本地的水利工程也延续了这种命名特色，如五门堰三十六湃就有黄家湃、萧家湃、唐公湃、苏家橙槽渠、王家洞、罗家洞、张家洞、董家洞、高家洞、任家洞等。万历《郧阳府志》卷十九《水利》记载的水利工程也有甄家塘、杜溪堰、郭家堰、谢家堰、陈家堰、孙家堰、王家堰、秦家堰、方家堰、车家堰等。从遗留的碑刻、方志看，像五门堰这样的大型工程，官府主持分水一般到第一级支流为止，第一级支流的支流以及更下层级的支流分水一般由所在地方自行解决。聚族而居的生活方式大大降低了协商的难度，即使有矛盾也在宗族内部解决。从遗留的堰名看，中小型水利工程的建设也以宗族为主，建成之后就成为族内公产。维护和修复都由内部协商，故很少有官方记载。

官督民办是传统社会基础设施建设领域普遍运用的组织模式，在明代的汉水上游也不例外。堰渠的修建多由官府出面组织地方士绅、耆老按受益者出钱出力的原则协商规划。地跨两县的大工程，则由两县官员在上级的监督下协商解决。如城固、洋县共有的杨填堰，在嘉靖以前就

形成"城三洋七"的分水惯例，万历二十七年（1599年）洋县知县张
以谦主持修复时就曾"以为事非一邑事，而费非一邑费也，并协谋于城
宰高公，上其状，闻于郡守李公、郡佐张公"①。修堰的劳动力来源无一
例外地采用征发徭役的方式，用于购买建材的资金来源因政区和执政者
的不同略有差异。在郧阳府，一般采取官府出钱、百姓出力的形式，如
修缮澈澜堰："凡为条石之以丈计者，二千五百五十五；为柱者，百四
十有四；为槽者，十有五。役工至三千三百三十，而赋帑金仅六十
余。"② 都御史黄纪贤也曾发公帑修盛水堰。汉中则多为官员捐资或百姓
集资，高登明就曾捐俸修堰。但这种情况毕竟不多见，由受益人集资是
最普遍的筹资方式。出资的标准是依田亩的多寡按比例摊派，乔起凤重
修五门堰时"工料酌之田亩，而民不偏累；口粮令其自办，而官无冗
费"③，堪称经典案例。郧阳地瘠民贫，水利工程少，又得抚治驻地之
利，可由官府出资；陕南水利遍布，相对富庶，资金由民间自筹。经济
发展水平的不同决定了筹资方式的差异。

　　概而论之，涉及地域广、人口多、灌溉面积大的大型水利工程的修
建和分水，必须由官府出面协调和创制，中小型水利工程的建设和堰渠
小支流的分水，一般在宗族内部完成。水利建设资金的筹措方式因地因
人而异，工程一线的建设者大多为移民后裔。

---

① 李时蘖：《新建杨填堰碑记》，转引自陕西省地方志编纂委员会《陕西省志 第13卷
水利志》，陕西人民出版社1999年版，第739页。
② 王世贞：《澈澜堰斗门碑》，载周绍稷《万历郧阳府志》卷30《艺文》，台湾学生书
局1987年版，第836-837页。
③ 陈显远：《汉中碑石》，三秦出版社1996年版，第171页。

(二) 水利事业对地方文化的影响

　　明代水利事业的勃兴对地方文化产生了广泛而深远的影响，其直接的表现是出现了大量以之为题材的文学作品。西乡知县何悌所作《金洋堰》云："为爱洪流足灌田，十旬两度此登旋，日催岚色开图画，风弄泉声奏管弦；文载贞珉追往事，祠临高诸报先贤，山农何幸当年世，蒸粒常歌大有年。"① 城固县令范鹿溪的《分水》更具史料意义："作堰在春野，省耕来麦秋。一渠新绿活，均作万家流。"② 韩弼《十堰春耕》曰："布谷声中水满溪，南畴北陇把锄犁。劝农不费田官力，腰鼓一声人自齐。"③ 如果是播种耕地自然无须敲锣打鼓，把大家召集在一起，敲锣打鼓多是为了分水灌田。这里的"田官"，很可能是"十堰"日常维护和主持分水事宜的堰长。同治年间曾任云南巡抚的均州进士贾洪诏游历家乡时，也作了一首《十堰春耕》云："十堰乘东作，春霖快一犁。鸠呼桑社外，犊叱柳条西。水足三农慰，晴开万井底。南平古沃野，丰稔问群黎。"④ 一代文宗王世贞歌咏�澥堰曰："周有稻人，掌稼下地。猪防沟遂，以迮列浍。杨芟作田，暵涝咸备，惟此山邑，罕睹其利。引流下输，建瓴斯易。比于桔槔，厥逸履倍。门此三畎，以时启闭。房南穰

---

　　① 何悌：《金洋堰》，转引自陕西省地方志编纂委员会《陕西省志 第 13 卷 水利志》，陕西人民出版社 1999 年版，第 731 页。
　　② 范鹿溪：《分水》，载严如熤《嘉庆汉中府志校勘》（下册），三秦出版社 2012 年版，第 1137 页。
　　③ 韩弼：《十堰春耕》，载《日本藏中国罕见地方志丛刊 （嘉靖）湖广图经志书》（下册）卷 9《郧阳府》，书目文献出版社 1991 年版，第 905 页。
　　④ 贾洪诏：《十堰春耕》，转引自张培玉《十堰市建置沿革》，湖北人民出版社 1998 年版，第 157 页。

穰，氏靡虞岁。爰戒来者，毋怠成事。"① 作者写诗本为歌咏先贤，告诫来者，却也为我们留下了珍贵的史料。

明代的水利事业，造就了汉水上游独具水利特色的循吏文化。如水利专家李用中，因地制宜改进修筑技术；郝晟、朱衣、乔起凤、高登明等在修复工程的同时公平分水，被后世引为定制。他们中有的身先士卒，不惮寒暑；有的不偏不倚，公平公允；有的捐俸修渠，舍己为人。为表彰其伟大功绩和高尚品质，他们的事迹被勒诸石碑，永载方志。记录者在不同地方有微妙的差别：汉中的碑文一般由黄九成之类的汉中籍外任官员撰写，而郧阳得巡抚驻地之利，则由王鉴之、王世贞这些正三品巡抚都御使为胡伦、朱衣这样的知府、县令歌功颂德。这是上司对下属政绩的认可，更是对基层官员致力水利的鼓励。为黎民称颂、受上司提拔是每个官员的现实理想，立德立功、留名青史则是传统知识分子最向往的生命归宿。这些为官一任、造福一方的地方循吏对得起历史，历史也没有辜负他们。

在汉水上游的方志记载和民间传说中，大型水利工程的开创者往往是与本地有关的历史名人。如山河堰、流珠堰相传为汉初名相萧何所造；五门堰相传为汉代郡吏唐公昉所创；杨填堰相传为宋开国侯杨从义所填；盛水堰、武阳堰传说是春秋时伍子胥所修，澹澥堰世传为西周尹吉甫开凿。稍加考证就会发现，这些都是背离历史事实的文化创造。然而对当地的百姓而言，却是真实不虚的群体记忆。在他们心目中，水利工程是他们丰衣足食、繁衍生息的养命之源，如此重要、伟大的事业自然不是普通人能够完成的，非古圣先贤不足以当之。堰史依附名人的现象也反映出移民后裔基于家乡认同下的朴素的"文化自觉"：地方名人

① 王世贞：《澹澥堰斗门碑》，载周绍稷《万历郧阳府志》（第2册），台湾学生书局1987年版，第837-838页。

的故事是大家津津乐道并引以为豪的精神遗产，伟大工程是养育百姓并为之骄傲的物质财富。在一代代人口耳相传的过程中，两者很自然地结合在一起，成为当地人的共同记忆。

汉水上游的民俗节庆和民间信仰也深受水利的影响。很多兴修水利、造福一方的地方循吏在以后的历史演变中逐渐被神化，被百姓顶礼膜拜。其中最典型的当属南宋开国侯杨从义。据《杨从义墓志》载："初，洋州有杨填等八堰，久废不治，公皆再葺之，溉田五千余顷，复税租五千余石。"① 明朝时期，他先从杨填堰的修葺主持人变成开创者，再被请进庙堂享受供奉。弘治年间，杨公祠"日久殿宇摧残，砌垒颓毁"，又恰逢"水利灌溉不周，民扰税租，艰于贡赋"，百姓把水利效益降低的原因归结为"水之源脉，根于杨侯，行祠败坏，实负于神"②。时任洋县知县的崔玺"鸠工聚材，命匠经营，广其基址，大其规模，既勤于朴斫，复绘于丹青。工未已，水利大通，民被其泽，靡不欢心"③。这次"应验"使"杨公信仰"的群众基础更加广泛，到清朝升为"平水明王"。被后世神话的明朝循吏也有不少，如乔起凤、高登明被塑像于禹稷庙，至今仍端坐其中，与禹稷一起享受香火。水利事业还使汉中产生了地方性节庆，如每年清明前后举办开渠仪式的"破土开水节"，祭祀杨从义的"平水明王圣诞"等。民众广泛参与的岁修与节庆祭祀活动融为一体，赋予水利事业新的文化特质。

汉水上游的地名也多与水利有关，巴山汉水之间，以"坝""堰""陂""塘""湃"为地名的随处可见。其中最著名的当属"十堰"了。"十堰"本是明代先民在百二河上修建的十个梯级水利工程，在"县南

---

① 陈显远：《汉中碑石》，三秦出版社 1996 年版，第 128 页。
② 严如熤：《嘉庆汉中府志校勘》（下册），三秦出版社 2012 年版，第 914 页。
③ 严如熤：《嘉庆汉中府志校勘》（下册），三秦出版社 2012 年版，第 914 页。

六十里，引溪水为之"①。随着行政区划由镇到县级市的变革，十堰如今已经取代郧阳成为鄂西北的代称。水利对文化构建的影响，由此可见一斑。

综上所述，伴随着大量流移人口的聚集落居，汉水上游的水利事业在明代中期蓬勃发展。由于水利环境的恶化，灌溉效益较之前代有所下降，但技术革新使工程质量大幅度提高，分水及日常管理制度也不断完善。在水利建设中，移民及其后裔发挥了主力军作用，宗族扮演了重要角色，官府的督导和协调则是成功的关键。与水利事业发展相一致，汉水上游的地方文化、节庆风俗、民间信仰与水利文化相互影响，使区域文化深深烙上水利的印记。

第三节　明代汉水下游的环境变迁和堤防建设

逶迤汉水，绵延三千余里。丹江口以上为上游，河谷狭窄，基本是两山夹一川的河道格局。丹江口至钟祥为中游，河谷较宽，沙滩多，水势平缓；沿江的城市，必须修筑堤防护卫城池。钟祥至武汉为下游，汉水流经江汉平原，河道蜿蜒；如果没有水利工程，在自然状态下，每到雨季，此处必是一片泽国。如果说汉水上游的水利是生计问题，那么中下游的水利则涉及生命问题。因此，汉水上游的水利建设多为修建堰塘灌溉农田，而下游则必须修筑堤防，确保洪水沿河道注入长江。实际上，堤防系统是一种双重体系。一方面是长堤，它将长江、汉水束缚在其主河床内，并在高水位期间，控制其两侧众多的分流支河；另一方面

---

① 周绍稷：《万历郧阳府志》（第 1 册），台湾学生书局 1987 年版，第 514 页。

是环状堤坝，在湖北称作"垸"，法国汉学家魏丕信曾经把它称作"围场"，也可以比作"水闸"，它环绕在田地和村庄四周，保护它们免遭季节性洪水的侵袭。[①] 在明代的两百多年中，随着移民的涌入，汉水中下游的水利工程越修越多，给当地的社会发展和生态环境带来了巨大的变化。

一、明代汉水下游的洪涝灾害的时空分布和水利环境素描

汉水的水利环境，明末清初地理学家顾祖禹在《读史方舆纪要》中引当时的志对汉水下游作过如下描述：

> 汉水由荆门州界折而东，大小群川咸汇焉。势盛流浊，浸淫荡决，为患无已。而潜江地居汙下，遂为众水之壑。一望弥漫，无复涯际。汉水经其间，重湖浩淼，经流支川，不可辨也。
>
> 盖汉水为湖北之害，而襄、郧二州为甚；潜江又承襄、郧之委流，当汉江曲折回合之处，潴为大泽，势不能免矣。而景陵、沔阳又潜江之委流也。今沔阳四境惟湖陂连亘几数百里，皆为汉水所汇。盖汉水性曲，往往十里九湾。语曰：劲莫如济，曲莫如汉。郧、沔之间，波流回荡，自必潴为薮泽。小民见填淤之利，复从而堤防之。为民牧者，又不讲于节宣疏瀹之理，岁月之间，苟幸无事。大水时至，则委之洪涛中耳。童承叙曰：汉水至浊，与江湖水

---

① （法）魏丕信：《水利基础设施管理中的国家干预——以中华帝国晚期的湖北省为例》，转引自陈锋《明清以来长江流域社会发展史论》，武汉大学出版社 2006 年版，第 616页。

合，其流必澄，故常填淤。而沮泽之区，因成沃壤。民渐芟别，垦为阡陌。又因其地之高下，修堤防以障之。大者输广数十里，小者十余里，谓之曰"垸"。其不可堤者，悉弃为莱芜。昔时垸必有长，统丁夫，主修葺。其后，法久弊滋，修不以时，垸愈多，水愈迫。客堤愈高，主堤愈卑，故水至不得宽缓，湍怒迅急，势必冲啮。主堤先受其害，客堤随之泛滥汹涌，悉为巨浸矣。考均州以上，汉水发源未远，故溃决常少；汉川以下，汉水入江已近，故横溢鲜闻。惟襄阳以迄于沔阳，上流既远而众流日益，入江尚遥而地势愈卑，汉水泛滥其中，如溃痈然，不可不察其病而图其方矣。①

　　这段文字详细描述了汉水中下游的水文特征，也指出了汉水中下游常遭水灾的原因，代表了古人对汉水中下游灾害的看法。今人顾利真利用当代灾害史研究的方法研究明代湖北地区水旱灾害的时空分布特征，从时间上看，夏秋季节尤其夏季是明代湖北地区水旱灾害发生频率最高、范围最广的季节，且夏季水灾明显多于旱灾；从水旱灾害发生的月份来看，主要集中在5、6、7三个月；水旱灾害具有并发性特点，且并发时间高度集中在夏季；水旱灾害跨季节发生的频率非常高，所跨季节主要为夏秋季节和春夏季节，且跨季节的旱灾比水灾次数更多，持续时间更长；从年际变化来看，整个明代湖北地区水旱灾害发生的频率很高，总体上呈持续上升的变化趋势——1520年以前快速上升，1520年以后一直保持在较高水平；水旱灾害跨年连发的特征很显著，且明代中、后期的水旱灾害跨年连发的频率比前期更高，持续时间更长；从分布时期来看，正统、正德、隆庆、天启四个时期发生水旱灾害的频率最高，

---

　　① 顾祖禹：《读史方舆纪要》卷 127《川渎四·汉水》，上海书店出版社 1998 年版，第 774—775 页。

而洪武、永乐时期则频率较低，各时期年均受灾县数总体上呈波动上升的趋势，水旱灾害的影响范围不断扩大。[1] 张国雄研究发现：夏秋两季是江汉平原水旱灾害的高发期。旱灾在隆庆以前增加较多；此后，发灾次数大减。而水灾频率则自明初洪武年间至明末崇祯年间有一个由平缓到加剧的持续发展过程。成化至嘉靖年间，水灾由此前的局部现象，演变为一个引起全区域普遍关注的大问题。自嘉靖后，水灾越演越烈。[2] 总体而言，以嘉靖为界，明中后期水灾发生的频率远远高于明前期。

严重的洪涝灾害，给人民带来深重的灾难。每次大灾，都会带来严重人员伤亡。涝灾之后，庄稼多被淹死，往往是"赤地千里，殍殣载道"[3] 的悲惨景象。

二、明代中后期汉水中下游洪灾频发的原因探析

明代中后期水患频现，有着许多不可抗拒的自然因素。秦巴山区为第二阶梯的东部边缘，海拔基本都在 500 米以上，而东南部的江汉平原则位于第三阶梯上，海拔基本上都低于 50 米。一旦降水，周围雨水全部集中流向地势低洼的江汉平原，特别是"地势有如锅形"的潜江等地，一旦遭受水灾，经月余"水退未尽"，从而造成持续性水灾。加之汉水流域降水季节分布不均，在特殊的地形、地理位置以及自然气候的影响下，极易发生特大水灾。嘉靖以后，整体气候进入"明清小冰期"

---

① 顾利真：《明代湖北地区水旱灾害的时空分布特征及影响研究》，华中师范大学 2012 年硕士论文，摘要。

② 张国雄：《明代江汉平原水旱灾害的变化与垸田经济的关系》，《中国农史》1987 年第 4 期，第 29−30 页。

③ 章培恒、喻遂生分史主编：《二十四史全译·明史》（第 1 册），汉语大词典出版社 2004 年版，第 383−384 页

阶段，气候反常，极端天气出现频率远高于前期。但人为因素也不容忽略。人为因素和自然因素交相叠加，给江汉平原造成严重灾难。

第一，汉江上游移民开发造成严重水土流失，这些土石沿江而下，使汉江的含沙量大大增加。明人童承叙认为："盖汉最浊，《汉书》云：河水一石而六斗泥，泾水一石，其泥数斗，汉水之泥亦不啻是。每与江湖水合，其渣必澄，故常填淤，而沮泽之区因成沃野。"① 淤积的泥沙抬高河床，淤塞湖泊，"正德以来，潜、沔湖潴，渐淤为平陆，上流日以壅滞……下游又日涩阻，故水患多在荆襄、安陆、潜沔间矣"②。河床抬高迫使河流改道，湖泊淤塞弱化了汉江水系的蓄洪能力，这些都是造成下游水患的重要原因。

第二，嘉靖年间堵塞"汉江九口"，使汉江的排涝能力大为减弱。据光绪《京山县志》记载："钟邑向有铁牛关口、狮子口、臼口，京山向有张壁口、操家口、黄傅口、唐心口，潜江向有泗港口、官吉口，共九口。明世宗龙飞郢邸，守备太监以献陵风水为名，筑塞九口，令潜江民筑堤百里抵京山界，京山民筑堤九十里抵钟祥界，钟祥民筑堤一百八十里抵铁牛关界。由是九口均塞，而上游水势统归一路，奔放无前，河身难容，非溃即溢，一望巨浸，遂成湖乡矣。"③ 关于这条记载，鲁西奇教授认为九口记载有误，但在汉水下游东、北岸堤防形成之前，确实存在着众多的分流穴口。在明中叶堤防大兴之前，钟祥、京山、潜江、天门境内之汉水下游东、北岸存在着众多的分流穴口，实不止"九口"，

---

① 童承叙：嘉靖《沔阳志》卷 8《河防志》，天一阁藏明代方志选刊本（据嘉靖刻本影印），上海古籍书店 1962 年版，第 1 页 b。

②《湖北水利论》，载《魏源全集》（第 19 册《皇朝经世文编》卷 106 至卷 120，工政），岳麓书社 2004 年版，第 507 页。

③ 江苏古籍出版社选编：《中国地方志集成 湖北府县志辑 43·光绪京山县志》，江苏古籍出版社 2001 年版，第 277 页。

其重要者则有二圣套、蔡家桥、流连口、龙凤港、小河口、丁家河、泗港口、张接港、黑流渡、牛蹄口等。这些穴口在明后期大都渐次被堵筑或壅塞，口下支河也多淤浅不通，仅有牛蹄口及其口下支河牛蹄河仍在发挥分水作用。① 至于这些穴口是否被嘉靖皇帝下令堵塞，正史中没有记载。但笔者认为，自嘉靖以后，汉水中下游水灾频发，"嘉靖二十六年，沙洋堤决以后，水灾殆无虚岁"②，今人的灾害统计分析也发现嘉靖后 122 年间的水旱灾次基本上是此前 154 年的两倍③。这一切必与分流水口壅塞有关。朝廷对堵塞九口的巨大危害早有预见，迷信道教风水的嘉靖皇帝只能采用秘密手段进行，并杜绝一切记载以堵天下悠悠之口。然而明朝的史志仍有许多语焉不详的记载：如万历《湖广总志》卷三十三《川江堤防考略》云："迨我国朝，六穴复湮其五，故堤防不时泛决，然未甚也。惟嘉靖三十九年决后，殆无虚岁，而荆、岳之间几为巨泽矣。"④

第三，垸田的无序发展，严重破坏自然生态，造成河湖淤塞，严重影响防洪调蓄能力。垸田是江汉平原主要农业形式，是当地百姓的衣食之本。江河堤防和垸田的修筑，虽保证了丰收，却干扰了两湖平原河湖水系自然演变的规律，改变了泥沙的淤积规律，以前呈面状散漫地在两湖平原平均落淤的泥沙，后来呈线状地淤积在主河床之中。于是，江河便频频溃口，垸田则积水难消。当人们更加努力地建筑江河堤防，更加完善垸的防洪和排水功能之后，仍无法改变洪水、泥沙、地势、气候等自然条件和自然现象对两湖平原洪涝渍灾害的侵袭之时，人们被迫"饮

---

① 鲁西奇：《"汉江九口"考》，《中国历史地理论丛》2003 年第 4 期，第 112–116 页。
② 倪文蔚：《荆州万城堤志》，广陵书社 2006 年版，第 608 页。
③ 张国雄：《明代江汉平原水旱灾害的变化与垸田经济的关系》，《中国农史》1987 年第 4 期，第 30 页。
④ 徐学谟：万历《湖广总志》卷 33《水利一》，福建图书馆藏万历刻本，第 6 页 a。

鸩止渴"，即通过筑塞江汉各分流穴口或支河港汊以阻止洪水进入己境。如此一来，江汉主河床的淤积进一步加速，河湖水系环境更加恶化，江河防洪压力继续加大，决口泛滥更加频繁，彻底陷入了"河湖水系生态失衡—洪涝渍灾害—以邻为壑—河湖系以剧变的方式寻求新的生态平衡—再破坏河湖水系的自然生态环境—洪涝渍灾害加重—再以邻为壑"①的恶性循环之中。

三、明代汉水流域水利建设的组织形式和日常管理制度的革新

　　明代前期，官府比较重视水利建设，加之人口不多，洪涝灾害相对较少。但天下承平太久，许多水利工程年久失修，到了明朝中后期，人们渐渐尝到水利荒废的苦果。以襄阳为例，襄阳地处汉水与唐白河交汇之处，地势低平，且襄、樊二城并峙，汉水如一道分界线横亘其间，极易发生水患。大概魏晋时期，襄阳就已经开始筑堤卫城。其中规模最大、地位最重要的是北起夫人城、西至万山、延绵十里的老龙堤，千余年来，此堤一直是保卫襄阳免遭水患的屏障。明朝开国之初，曾修截堤一道，但年久失修，"大堤渐塌，民多侵为己业，而有司并无筑堤虑"②。老龙堤逐渐丧失防洪功能。嘉靖四十五年（1566 年），"洪水四溢，郡治及各州县城俱溃，民漂流以数万计。郡西老龙堤一决，直冲城南而东"③。遭受了这场劫难，襄阳官民终于意识到水利的重要性，徐学谟等官员将工作的重心转移到水利事业上，经过两年的努力，"北自老龙堤

---

① 王红：《明清两湖平原水事纠纷研究》，武汉大学 2010 年博士论文，第 6 页。
② 徐学谟：万历《湖广总志》卷 33《水利二》，福建图书馆藏万历刻本，第 15 页 b。
③ 徐学谟：万历《湖广总志》卷 33《水利二》，福建图书馆藏万历刻本，第 15 页 b。

至长门，皆沿城甃石，高几丈许"①。基本保证了襄阳城防的安全。另一个成功的案例是沙洋干堤。沙洋干堤位于汉水右岸，始建于五代后梁至后唐时期，工程主持者是荆南节度使高季兴，故始名高氏堤，后称官堤。后河道演变，堤外滩地渐宽。明朝时期，嘉靖二十二年（1543 年）在外滩修筑汉江大堤。嘉靖二十六年（1547 年）干堤南关庙段决堤，洪水直泄荆州，危害江陵、监利、潜江、沔阳、荆门 5 州县。嘉靖二十八年（1549 年）后，在决口处外退二百余步，挽一新堤，但时挽时决。隆庆元年（1567 年）春，荆州知府赵贤组织 5 州县维修沙洋堤，新堤长1592 米、宽 13.3 米、高 16.6 米，次年完工，在堤心建石坊铸两铁牛镇之。

老龙堤和沙洋堤的修复是比较典型的官府主持修建水利工程的案例，但这种案例并不多见。江汉平原上的堤垸水利工程，多是以官督民办的形式修筑的，如汉川西北的南湖垸。据同治《汉川县志》卷九《堤防志》记载："垸旧无堤，往代间遭水患。自嘉靖迄万历初，无岁不水，庐墓漂没殆尽，民嗷嗷朝不谋夕，鬻妻子以供额赋，额不充则有易姓名以徙者。迨圣天子改元御宇，大中丞陈公奉命抚楚，垸内士民请筑堤以抚流民。陈公允之，委官集士民酌议，勘明田约三万七千亩有奇，堤一万四千六百四十丈有奇，发官租五百余石佐之。"② 这项水利工程既解决了流民生计问题，也为官府争取了可观的赋税收入。这道堤垸修筑于万历初年，几十年间有多次重修，与之前不同的是，这次修筑的主体是垸内的林氏家族。族中长老林晴东发挥了带头作用。林氏族人将他的事迹写入族谱，还特别提醒"后人无忘所自'，充分说明垸内居民对堤防的重视。族谱中"顽民抗修"则反映出，除工程巨大需由官府出面协调

---

① 徐学谟：万历《湖广总志》卷 33《水利二》，福建图书馆藏万历刻本，第 16 页 a。
② 同治《汉川县志》卷 9《堤防志》，江苏古籍出版社 1991 年版，第 228 页。

外，当地还有些人反对修筑垸堤，故亟须借助官府权威方能压制住抗修的"顽民"。在这里，"官督"呈现出具体内涵：组织、协调工程，压制抗修的"顽民"。而宗族则在这一公益事业中发挥了主导作用。林氏后人还特意将此事载于家谱，一方面希望后人慎终追远，不忘先辈的丰功伟绩。更希望后人见贤思齐，发扬优良家风，继续致力于利在千秋的水利事业。

在水利技术和水利工程的日常维护上，明代也有许多创举。万历《湖广总志》载有《护守堤防总考略》，总结出修堤的十大步骤：审水势、察地宜、挽月堤、塞穴隙、坚杵筑、卷土埽、植杨柳、培草鳞、用石矶、立排桩等。一些关心民瘼的官员也意识到水利设施的重要性，积极参与水利建设，创设堤塍修造和维护制度。嘉靖四十五年（1566年）黄滩堤（黄潭堤）溃决后，荆州知府赵贤主持大修南北两岸堤防，三载完竣，为完善日常管理，首创堤防专人管理制度——《堤甲法》。规定：每千丈设"堤老"一人，五百丈设"堤长"一人，百丈设"堤甲"一人和"圩夫"十人，分段守护，"夏秋守御，春冬修补，岁以为常"①。崇祯十四年（1641年），沔阳知州章旷"议分江堤岁修之制"，规定"就近田亩顶修""照田起伏"，修筑江堤。此制度规定明确，职责清楚，清代仍沿用。

四、明代汉水流域水事纠纷和"水利社会"的形成

相对于汉江上游的秦巴山区，下游江汉平原的水利重要得多，水事矛盾也复杂得多。上游的水利工程多为修筑堰塘，除了分水问题，较少

---

① 倪文蔚、舒惠、徐家榦，毛振培点校：《荆州万城堤志　荆州万城堤虚志　荆州万城堤图说》，湖北教育出版社 2017 年版，第 244 页。

涉及水事纠纷；下游则不然，一项水利工程的修筑很难做到互惠互利，相反往往是此消彼长的利害关系，河道两岸的堤防，"左堤强则右堤伤"①，一条分水穴口，对上游是水利，对下游就成了水害。每一项水利工程的修筑，每一次开口分流，都涉及相关区域利益的重新分配。一旦洪水来临，每个人都希望以邻为壑，祸水他引以自保。于是，具有相同利益的同一区域的民众必然结成利益共同体。这种大区域的"水利共同体"往往以地域为单位，而在同一共同体内部，也涉及地垸内部的利益冲突。以移民为主体的民众往往以血缘为纽带，以姓氏为单位，同外族展开斗争。总之，在以移民为主体的江汉平原，水利关系在社会构建中发挥主要作用，堪称名副其实的"水利社会"。关于这一问题，肖启荣博士发表的《明清时期汉水下游泗港、大小泽口水利纷争的个案研究——水利环境变化中地域集团之行为》以及张建民教授的学生王红的博士论文《明清两湖平原水事纠纷研究》，系统总结了包括江汉平原在内的两湖地区水利纠纷的各种特征，尤其是泗港开塞之争，极具代表性。

  泗港位于汉江北岸，在潜江县城西北二十里处，导汉水经天门永隆河、周河、县河，汇入汉川三台湖、泗汊湖，经流滠水入长江，经行流域长达八百余里。当地的富豪侵占湖地，陆续筑塞，致使泗港河越来越窄。大概在嘉靖、隆庆之交，荆州知府赵贤奏开泗港旧河以泄水，但成效不大，并没有阻止泗港河淤塞的势头。然而泗港河的淤塞给下游的景陵带来了极大的好处，河道流经之处无疑是膏腴之地，在明代垸田开发的氛围中，景陵永隆河、周河、县河淤废的河湖被迅速开发。出于保护这一流域的农田以及县城的安全的目的，景陵县官绅认为堵塞泗港是理所当然的举措。明万历年间，臼口、操家口、泗港筑塞，此后景陵县力

---

① 曾国藩：《经史百家杂抄》，岳麓书社，2015 年版，第 388 页。

主禁开，以钟、京汉江干堤作为天门以北区域的安全屏障，使永隆河、县河一带免受汉水的侵袭。而潜江县则不然，泗港堵塞，潜江水患势必加剧。从隆庆朝开始，关于泗港开塞之争一直没有间断。

泗港的开塞之争主要在景陵（汉左，现天门）与潜江（汉右）之间展开。景陵汉左主张筑塞泗港的原因有四。一是泗港河主要流经景陵境内，加之景陵地势低洼，形如釜底，泗港河一旦决溢泛滥，主要殃及景陵，谚云"开了泗港堤，景陵便是养鱼池"，景陵县指责潜江县开泗港河是以邻为壑。二是筑塞泗港可以获得耕种之利。泗港塞，景陵县低洼之区即可开垦耕种，即"塞泗港，府总之为湖池者皆高壤也"[1]。三是垄断经营之利。泗港河自唐代起便是水路要冲，明初"兵燹未靖，三驿道阻，荆郢驻师，衡宝坐镇，更戍之卒，滇黔之使，转毂连骑，悉出潜境，邑遂应接不暇矣"[2]。此外，"潜江豆多谷少，皆自青山来，非泗港莫可由也"，景陵筑塞泗港以谋求"经纪之专利"[3]。四是筑塞泗港可免景陵修泗港河堤之累。泗港河临港支河堤绵长，修防负担沉重，这可从隆庆末万历初湖广巡抚都御史赵贤大分大疏江汉之时所修泗港河支堤的实际情形略知一二。泗港河"东岸赵林垸起，至傅家垸、中洲垸止，该加帮堤垸，共计五千八百四十五号，又西岸杨湖垸起，至三汊口止，亦该加帮堤垸，共长二千六百五十五号。又郭家嘴至诸通口止，计长一万三千号，内应筑倒口三十八处，共长一千五百号"[4]。相反，潜江却是开

① 江苏古籍出版社选编：《中国地方志集成　湖北府县志辑 46·康熙潜江县志》，江苏古籍出版社 2001 年版，第 183 页。

② 江苏古籍出版社选编：《中国地方志集成　湖北府县志辑 46·康熙潜江县志》，江苏古籍出版社 2001 年版，第 208 页。

③ 江苏古籍出版社选编：《中国地方志集成　湖北府县志辑 46·康熙潜江县志》，江苏古籍出版社 2001 年版，第 183 页。

④ 江苏古籍出版社选编：《中国地方志集成　湖北府县志辑 46·康熙潜江县志》，江苏古籍出版社 2001 年版，第 180 页。

通泗港口和泗港河直接的也是最大的受益方。一是泗港相对于潜江境内大泽口和小泽口而言，处于上游，在汉江水量不变时，如泗港分泄一部分汉江洪流，必然可以减少下游大泽口和小泽口支河的分流量，这对减轻潜江汉右境内汉江右岸干堤、大泽口和小泽口支河堤，尤其是小泽口支河右岸潜江县城的防洪压力效果显著。景陵指责潜江开通泗港是以景陵为壑，潜江矢口否认，坚持认为"不过以景陵应泄之上流，还泄于原有之故道，非潜江之水而以景为壑也"①。"泗港之河通景陵，夜汉之河通监利，芦袯之河通潜、沔"皆势所必然，"开则俱开，何故为景陵塞此河以自贻害也"②，言外之意，如景陵可塞泗港，则潜江也可塞大泽口和小泽口。二是潜江对泗港河航运之利的依赖也迫使潜江竭力阻止景陵筑塞泗港口和泗港河，潜江汉右指责景陵筑塞泗港口是"以逐末之贾而防务本之农"③。双方争论不休，今天的我们也无法判定谁是谁非。

据王红博士考证，有明一代泗港开塞之争共有 8 次，主要发生在万历年间。第一次泗港开塞之争发生在明隆庆六年至万历二年（1572—1574 年）。此次正处于大分大疏江汉之时，考虑到泗港口和泗港河淤塞不甚严重，易为用力，才被开通，同时，还加固了泗港河左右两岸的堤防。竣工后，泗港河分洪效果显著，小泽口支河"沿江之害裁"。④ 但泗港口和泗港河的开通触犯了景陵汉左的利益，景陵请于上，复塞。第二次泗港开塞之争发生在万历十六年（1588 年）。这年，洪水犯安陆，有

---

① 江苏古籍出版社选编：《中国地方志集成 湖北府县志辑46·康熙潜江县志》，江苏古籍出版社 2001 年版，第 185 页。

② 江苏古籍出版社选编：《中国地方志集成 湖北府县志辑46·康熙潜江县志》，江苏古籍出版社 2001 年版，第 183–184 页。

③ 江苏古籍出版社选编：《中国地方志集成 湖北府县志辑46·康熙潜江县志》，江苏古籍出版社 2001 年版，第 183 页。

④ 江苏古籍出版社选编：《中国地方志集成 湖北府县志辑46·康熙潜江县志》，江苏古籍出版社 2001 年版，第 173 页。

人提议开泗港以杀水势者，景陵知县力陈利害，才避免了此事。第三次
泗港开塞之争发生在万历二十六年（1598 年）。这年，潜江知县曹布浚
修泗港水道，随即，景陵汉左将泗港筑塞。第四次泗港开塞之争发生在
万历二十八年（1600 年）。这年，潜江县知县"潘之祥浚修泗港水道"，
旋即被"近港市豪缘闸竖为奸塞之"。① 第五次泗港开塞之争发生在万历
三十六年（1608 年）。这年，潜江议开泗港，景邑绅士上请中止。第六
次泗港河开塞之争发生在万历三十八年（1610 年）。这年，景陵人周嘉
谟疏请筑塞泗港、操家口等河。第七次泗港开塞之争发生在万历四十至
四十一年（1612—1613 年）。由于汉江频频决口，潜江有水之入而无水
之出，"今之潜江，非昔之潜江也。十年以前，宣泄有路，犹可代景受
水。今监利、沔阳潴水诸湖俱已淤塞，一入于潜，永无消除之期，致令
杨林、中洲、黄汉等数十垸田悉成沼。"② 先前的膏腴之地长满了芦苇，
灾民"言之而哭声动地，慰之而欢声震天"③。如泗港开通，"杨林诸垸
之水可出也，且杨林之田可淤也"，"潜之南北诸垸无不受其利，潜之城
池、仓库无不受其利"④。第八次泗港开塞之争发生在万历末年。当时，
"明丁太监用形家言，而水泛皇陵，须开泗港。令其北绕，以图升恒"，
景陵"阖邑请命，中止"⑤。开塞之争延续到清朝，但筑塞泗港已经成为
既定事实，从万历朝到现在，泗港再未开通。

① 江苏古籍出版社选编：《中国地方志集成 湖北府县志辑 46·康熙潜江县志》，江苏古
籍出版社 2001 年版，第 182 页。

② 江苏古籍出版社选编：《中国地方志集成 湖北府县志辑 46·康熙潜江县志》，江苏古
籍出版社 2001 年版，第 186 页。

③ 江苏古籍出版社选编：《中国地方志集成 湖北府县志辑 46·康熙潜江县志》，江苏古
籍出版社 2001 年版，第 183 页。

④ 江苏古籍出版社选编：《中国地方志集成 湖北府县志辑 46·康熙潜江县志》，江苏古
籍出版社 2001 年版，第 183 页。

⑤ 陈少泉、胡子脩：《襄堤成案》，长江出版社 2017 年版，第 24 页。

　　潜江与天门的泗港开塞之争，将地方官员，本籍乡绅和朝廷大员都卷入其中。潜江知县王念祖著《疏泗港议》，景陵知县梁再灏写《请禁开泗港详文》与之针锋相对。曾任平乐、常州知府的潜江士绅欧阳东凤《与太守议开泗港书》《又与两院议开泗港书》，其文言辞优美，议论明澈，不仅载于《潜江县志》，也被《湖北文征》收录。但权力最终战胜了文采，景陵凭借本籍吏部尚书周嘉谟的权威，强行否决疏通泗港的提议。周嘉谟曾多次干预潜江与景陵之间的泗港开塞之争。万历二十八年（1600年），周嘉谟请于朝，连塞九河，万历三十八年（1610年），周嘉谟疏请筑塞泗港、操家口等河。万历四十年（1612年），湖广巡按钱春应潜江汉右士绅之请，欲疏通泗港，周嘉谟偕陈侍郎所学、徐巡抚成位主塞，纷纷争辩不休。如果说潜江方面的王念祖、欧阳东凤力求以理服人，周嘉谟则是典型的以权压人，他在给巡按钱春的信中毫不掩饰地说："泗港一堤，奉旨筑塞。老台台公祖听潜令王生言，妄为开掘，无论田产、宅第，尽受其害，即先人遗骸，亦遭其没。而敝邑若陈所学、若徐成位，素以名义自重，昨迫切相告，皆出于不得已。而祖台乃以公子为名，动加喝叱，皆起于潜令一偏之所致也。昨闻兑军之改永镇观之作，亦望风承惠矣。但泗港一节，还望再为筑塞。倘其坚执，不佞与敝邑诸君子他有举动，岂不更烦台虑乎？"① 这种语气与其说是建议，不如说是赤裸裸的威胁。面对这位掌握官员命运的吏部尚书，钱春诚惶诚恐，只能摇尾乞怜："某以幼冲之年当兹巡方大任，事多有谬，取罪大方。泗港起自贵县，印官不以一字相闻，而诸父老又止赴抚台告理，故加开掘。惟取其有利于潜，而岂知其有害于景？一至此极。昨奉华翰，愧报无地。永镇观之作，捐俸三千，将功赎罪而兑折之。改景与潜同，

---

① 陈少泉、胡子脩：《襄堤成案》，长江出版社 2017 年版，第 19 页。

某曾无成心也。惟侯永镇观功完后，即加筑塞泗港，不烦台下过虑也。"[1] 巡按的让步，让潜江疏通泗港的梦想彻底化为泡影。

在泗港开塞问题上，潜江虽以失败告终，但当地人民仍不忘记王念祖、欧阳东凤的艰苦努力。潜江方志给他们极高的评价，至今仍有人作文纪念。周嘉谟以权压人、公德有亏，但从景陵地方立场而言，他为保卫家乡免遭水患出力甚多，厥功至伟。天门至今流传着许多关于他的传说。官员不惜名节为地方利益抗争，百姓将为家乡出力的士绅奉若神明，说明在江汉平原，水利的重要性超越一切，无论是经济民生、社会文化，都围绕水利这个中心事业展开。明代的江汉平原，已经成为典型的"水利社会"。

---

[1] 陈少泉、胡子脩：《襄堤成案》，长江出版社 2017 年版，第 19 页。

第三章　明代汉水流域的文化教育、文学艺术与宗教风习

第一节　明代汉水流域的教育事业

明初，朱元璋一再强调"治国以教化为先，教化以学校为本"①，因此他对学校教育非常重视。也由于朱元璋的影响，明代诸朝给予了学校教育足够的重视。学校教育在明朝得到大力发展，中央、地方官学发展规模也是空前的。一个显著的特征就是学校教育和科举考试紧密联系起来，只有接受过学校的正规教育并且取得了生员的资格，才能参加科举考试。明中叶以后，科举日重，学校日轻，学校越来越成为科举的附庸，这也促使了学校、科举和入仕的三者合一。不论是国子监还是地方的府州县学，都统称为官学。在官学之外，地方上的社学星罗棋布，在当地的启蒙教育中发挥着举足轻重的作用。除此之外，各地分布着众多的书院。由于官学教育的衰败，它们在正德、嘉靖以后取得极大的发展。书院作为培养人才的重要教育组织形式，对明代的文化、教育、学术等方面的发展，起到了重要的推动作用。在这样完善的教育体制下，明代汉水流域教育事业较之前代取得较大发展，也出现了众多的杰出人才。

---

① 赵伯陶：《七史选举志校注》，武汉大学出版社 2009 年版，第 591 页。

一、明代汉水流域的官学发展演变

（一）明代地方学校制度

明代科举制度设于洪武初年，后因朱元璋认为此法录取的人才缺乏经验、办事不力，废行十余年。直到洪武十七年（1384 年）复设，历朝相沿，成为有明一代最重要的选拔人才制度。

明代科举考试大类分为文武二科，文科以考文为主，武科以考武为主，每三年举行一次，依次为乡试、会试、殿试。考试方式主要有经书义和策论两种。经书义的题目主要出自经书，策论的出题范围较广，不仅有经书，还包括历史、时政等。

由于朝廷对科举制的重视，以及学校被认为是"储才以应科目者"，学校教育在明代取得较大发展。官学是明代最重要的教育组织形式，分为中央官学和地方官学。国子监是中央官学，是中央一级的学校，也是明代的最高学府。国子监的学生，通称为"监生"。监生的来源有两类，一类是官生，另一类是民生。其中官生又分为两等，一等是品官子弟，一等是土司子弟和海外留学生。官生由皇帝指派，民生由各地文官保送。地方官学即府州县学，它不论是在办学规模上还是社会声望上，都不及国子监。地方府州县学也依照定例，每年向国子监输送优秀杰出的生员，成为岁贡生。岁贡生的名额虽然各朝有所变化，不过基本沿用洪武二十五年规定的"府、州、县学以一岁二贡、二岁三贡、一岁一贡"①的数额。在地方，按地方行政区划设立的府学、州学、县学是地方官学

---

① 章培恒、喻遂生分史主编：《二十四史全译·明史》（第 2 册），汉语大词典出版社 2004 年版，第 1312 页。

的主体，军事系统之都司儒学、卫儒学，少数民族地区之宣慰司儒学、安抚司儒学以及转运司儒学，是地方官学的重要补充。当然，这些官学都是以教习儒学为主。此外，明代还有培养专门人才的教育机构，如武学、医学、阴阳学的专门学校。武学是专门为培养军事人才而设立的。"武学之设，自洪武时置大宁等卫儒学，教武官子弟。正统中，成国公朱勇奏选骁勇都指挥等官五十一员，熟娴骑射幼官一百员，始命两京建武学以训诲之。寻命都司、卫所应袭子弟年十岁以上者，提学官选送武学读书，无武学者送卫学或附近儒学。"① 武学生员的学习内容与传统生员的不同，"武学生员分居仁、由义、宏智、惇信、劝忠、崇礼六斋学习，生员的考核、学规大致与儒学相似。"② 不难看出，他们所学的内容还是属于传统的仁义礼智信的范畴。同样是专门学校，与武学相比，阴阳学与医学未受到明政府的重视，因此未能取得较大的发展。

(二) 明代汉水流域府、州、县学的设立

明代府、州、县学的设置是从洪武二年（1369 年）开始的。本着"治国以教化为先，教化以学校为本"的指导思想，朱元璋谕令各地郡县尽快设立学校。由于朱元璋的倡导，地方府州县各级衙门都积极投入到学校的建设当中，汉水流域的府、州、县学也多创设于此时期。据嘉靖《湖广图经志书》记载：武昌府学，洪武三年开设创建；荆州府学，洪武三年由知府周政创建；襄阳府学、汉阳府学，也都是洪武初创建

---

① 章培恒、喻遂生分史主编：《二十四史全译·明史》（第 2 册），汉语大词典出版社 2004 年版，第 1317 页。

② 陈梧桐：《中国文化通史》（明代卷），北京师范大学出版社 2009 年版，第 248 页。

的。河南境内南阳府的府州县学设置也是如此，如邓州州学是镇抚孔显于洪武五年（1372年）建立的；唐县县学是洪武三年（1370年）修建的。陕西境内的汉中府学是知府费震于洪武五年（1372年）重修，商州州学于洪武十七年（1384年）整修，南郑县学于洪武八年（1375年）创建。由此可以看出，洪武时期乃是汉水流域府州县学创建的高潮时期。当然，也有一些例外，如宁羌州学，"明正统四年指挥胡贵、杨惊奏设卫学，移置州治西北。成化十七年，指挥王暄修理。二十二年，改卫学为州学。"①

（三）明代汉水流域府州县学的规模

明代政府对地方府州县学的规模有着明确的规定。据《明史·选举志》所记，府学设教授1人，州学设学正1人，县学设教谕1人。府学、州学、县学俱设训导，其中府学4人，州学3人，县学2人。对于生员人数，明朝也有着明文规定，如《明史·选举志》中记载："府学四十人，州、县以次减十"，即府学40人，州学30人，县学20人；明朝官学中老师和生员的待遇非常优厚，"师生月廪食米，人六斗，有司给以鱼肉"②。此外，嘉靖《湖广图经志书》也有记载："师生廪膳，每人日支食米二升，柴、油、盐在内，就于本处系官钱粮内放支。"③

生员的名额虽然在明初已有定数，但是由于官学规模的扩大，"未几即命增广"。在宣德中期，遂定增广之额：京外府学40人，州县学如前例，依次减10人。以武昌府学为例，《湖广图经志书》记载，武昌府

---

① 严如熤、郭鹏：《嘉庆汉中庆志校勘》（上册），三秦出版社2012年版，第425页。
② 章培恒、喻遂生分史主编：《二十四史全译·明史》（第2册），汉语大词典出版社2004年版，第1313页。
③ 《湖广图经志书》（上册）卷1《本司志》，书目文献出版社1991年版，第71页。

学"生员廪膳、增广各四十名";兴国州学"生员廪膳、增广各三十名";江夏县学"廪膳、增广各二十名"①。由于增广的人数颇多,为加以区分,于是初设食廪者谓之廪膳生员,增广者谓之增广生员。到了正统年间,明政府又于额外增取生员,附于诸生之后,称其为"附学生员"。至此,就形成了廪膳生员、增广生员、附学生员的局面。此后,明政府还规定:后来初入学者,只能称为附学生员,"而廪膳、增广,以岁科两试等第高者补充之。非廪生久次者,不得充岁贡也"②。

(四) 府州县学的授课内容与考核

1. 府州县学的授课内容

明朝地方儒学的教育内容,奠定于洪武年间。洪武二年(1369 年)规定,府学、州学、县学诸生,专治一经(从"五经"中任选一种,作为本经),以礼、乐、射、书、数设科分教。洪武三年(1370 年)五月又颁布了练习射箭的礼仪于地方学校,规定诸生于每月初一、十五两天在公廨或闲地练习,后来有些儒学逐步开辟了射圃,以便诸生习射。

洪武二十五年(1392 年)又重新规定了各地儒学的教育内容,改变了设科分教的做法,规定生员要同时学习礼、射、书、数四科。

礼,要求诸生熟读朝廷所颁布的经、史、律、诰,以准备应科贡考试。经,即从"五经"中选一种,作为本经,其余可以不读。史,即诵习二十一史和朱熹《通鉴纲目》等历史著作。律,即《大明律》。诰,即《大诰》《大诰续编》与《大诰三编》。

---

① 《湖广图经志书》(上册)卷 2《武昌府》,弓目文献出版社 1991 年版,第 138-139 页。
② 章培恒、喻遂生分史主编:《二十四史全圣·明史》(第 2 册),汉语大词典出版社 2004 年版,第 1314 页。

　　射，即规定每月初一、十五两天，各地教官等人督导诸生习射，要按朝廷所颁布的仪式进行，凡射中目标的赏酒。因此，府州县学还兴建了射圃，作为诸生练习射箭、习射仪的专用场地。

　　书，即练习书法。诸生要临摹著名书法家的字帖，大致以二王、智永、欧、虞、颜、柳诸大家的字帖为蓝本，每日必须仿写五百字以上。

　　数，要求学生精通古时的算学名著——《九章算术》。

　　2. 府州县学生员的考核

　　府州县学对于生员的考核，主要分为月考、岁考和科考三种情况。

　　月考，即每月举行一次的考试，是较为普通的一种考试形式，只是稍微表示劝惩，并没有什么特别重要的意义。

　　岁科两试对于生员来讲，是极其重要的。经过岁科两试者，只要成绩优异，附学生员可以递补为增广生员、廪膳生员；廪膳生员也可以通过贡监进入到国子监继续深造。提学官在三年任期内要对诸生进行两次考核。首先"以六等试诸生优劣"①，就是所谓的岁考。依据生员的考试成绩，将诸生分为六等：名列一等者，都有奖励。前几名的，还可以依位次补廪膳生员的缺额。二等为候补增广生员，有缺依次充补。三等者视为正常，不罚不赏。四等以下者不仅无赏，还要接受处罚：四等者要受到挞责；五等者就要接受降级的处罚，廪膳生员、增广生员分别降为增广生员、附学生员，附学生员则降为青衣；若是被评定为六等，后果是非常严重的，将直接被黜革。科考，即为应乡试而设立的预考。继岁考之后，对列入一、二等的生员进行复试，以选取优秀的生员应乡试，但是三等以下不得参加乡试。考试后，也根据成绩将生员分为六等：一等生员可以应乡试，大概每举人一名，选三十名生员应试；其他如给

---

　　① 章培恒、喻遂生分史主编：《二十四史全译·明史》（第 2 册），汉语大词典出版社 2004 年版，第 1314 页。

赏、升格、罚黜与岁考同。由于大多数都被评为三等，因此被处罚、淘汰的生员极少，"挞黜者仅百一"①。

二、汉水流域的社学发展演变

在地方教育体系中，府州县学外也存在着诸多社学。

（一）明代汉水流域社学的兴建

社学始设于元代，是地方官奉朝廷诏令在乡村设立的"教童蒙始学"的学校。社学在乡村儿童的启蒙教育中起着不可替代的作用。但是元朝灭亡后，社学曾一度停办。"昔成周之世，家有塾，党有庠，故民无不知学，是以教化行而风俗美。今京师及郡县皆有学，而乡社之民未睹教化，宜令有司其更置社学，延师儒以教民间子弟，庶可导民善俗也。"② 因此，朱元璋于洪武八年（1375 年）下令各地立社学，延请师儒以教民间子弟，兼读《御制大诰》及本朝律令。弘治十七年（1504 年），明孝宗再次明令各府州县建立社学，并规定民间幼童年龄在 15 岁以下者，均可入学读书。社学的再度兴起，在培养各地的青少年方面起到了重要作用。但是，由于设立时朝廷没有统一的标准，而且各地的情况不同，所以各地社学也不尽相同。由于过于强调社学与科举要取得联系，很难达到两者的协调，而科举又是选拔人才最重要的方式，因而社学的发展也是时兴时废。社学曾经在正统朝得到了快速的发展。正统元

---

① 章培恒、喻遂生分史主编：《二十四史全译·明史》（第 2 册），汉语大词典出版社 2004 年版，第 1314 页。

②《明太祖实录》卷 96，洪武八年正月丁亥。

年（1436 年），朝廷令提学官及府县官对社学进行扶持和监督，社学中品学兼优者，可免试补为秀才。由于秀才有考取功名的资格，朝廷的这一举措在很大程度上促进了社学的发展。

（二）明代汉水流域社学的授课内容

社学是朝廷所倡导的民间创办的小学，其教育内容多沿袭宋、元以来启蒙教育内容，少有创新，主要包括三个方面：一是《百家姓》《千字文》《三字经》等传统启蒙读物；二是宋、元时一些著名理学家所著的启蒙读物，如朱熹的《小学》，程端蒙、程若庸的《性理字训》；三是儒家经典，如《孝经》、"四书"等。但是明代社学也有其特殊之处，主要体现在教材方面，《大明律令》《御制大诰》《孝顺事实》及陈选所著的《小学集注》等书皆为教材。这也可以看出，明代的社学教育除了进行基本的启蒙教育外，更注意伦理道德、文化知识以及本朝律令的教育。

为了鼓励社学中的民间子弟习读这些法令、案例，洪武二十年（1387 年）规定，社学中的民间子弟，凡诵读律诰的，赴送京师，礼部对他们进行考核，依照诵习的多少，给予适当的奖励。

《孝顺事实》是明成祖朱棣下令编撰的，书中选录了以往有孝行的207 人的事迹，分小传、论断、诗赞等部分。永乐十八年（1420 年）五月，明成祖朱棣御制序文，颁行全国。很明显，这部书的颁布是为了表彰孝道，进行道德教育。

明代社学比较通用的教材，还有陈选所注解的《小学集注》一书。《小学》是宋儒朱熹所主持编著的启蒙读物，分内、外篇，内篇有立教、明伦、敬身、稽古四部分，外篇有嘉言、善行两部分，是一部有关伦理、教化、处世等内容的浅显读物，适于儿童学习。陈选在注解时，根据启蒙读物的要求，按原文指陈大义，务求浅近易读。因此，这一注解很受欢迎，被广泛采用，产生了较大的影响。

(三) 明代汉水流域社学的规模及代表

明代汉水流域各地的社学数量不一，分布不均。例如，兴国州 26 所、竹山县 15 所、夷陵州 11 所、竹溪县 9 所、通山县 7 所、随州 19 所、应山 8 所。再如南阳府，邓州的内乡县，社学有"拾伍所，在城及各保"①；而淅川县社学仅城西街有 1 所。

明代汉水流域的社学多设于正统之后。安陆州有社学 8 所，商州有社学 4 所，俱是正统年间创建的；随州 19 所社学、夷陵州 11 所社学都是在弘治年间创建的。

咸嘉社学可以作为汉水流域社学教育的典型代表。正德己卯年 (1519 年)，时任副都御使的吴廷举奉公事至此地，念于乡梓之情，吴氏裁撤为自己准备的住所，立为社学的正厅。社学的配套设施相当完善，在正厅之后，为三间书馆，礼聘宿儒支持教学事宜；正厅东为三间号舍，作为学生的住宿之地；正厅西为厨房，作为炊饮之所；还在周围建立围墙，外杂植松竹相映；不仅如此，在大门的左侧还建有宾馆以招待远来之客。咸嘉社学不仅招收咸、嘉二地的子弟，对于他县来的学生也照样纳收。此外，咸嘉社学还有田一顷七十亩，"与民佃耕，岁除税外，取所余谷五十石为师束修费"，而且对于愿意入学又家中贫困的子弟给

---

① 程有为，王天奖：《河南通史》卷 3，河南人民出版社 2005 年版，第 497 页。

予帮助，"悉以周之"①。丰厚的束修费，保障了社学老师的收入，可以促使他们安心施教；适当的资助费，解决了贫困生的后顾之忧，可以促使他们专心致志地学习。这对于社学有序地进行教学活动，起到了很大的促进作用。咸嘉社学的创建以及发展，可以说明时至正德时期，社学的建设还处于发展之中。而且，社学的办学规模相对完善，不仅有正厅、书馆等教育场所，也有号舍、厨房等休息、饮食场所。学田的存在，很大程度上保证了社学办学的经济来源，教师束修费以及对贫困学生的资助费不仅保障了教师的教学，也稳固了社学的生源。

社学在社会教育上的作用是不能低估的，它承担了启蒙教育的重任，对士子未来的发展影响重大，正统朝的"遇儒学生员名缺，即于社学无过犯、高等子弟内选补"②的政策，也为他们打开了进入官学深造的大门。

社学虽然比儒学和书院多得多，分布和参加学习的人员也较广泛，承载着基层教育的重任，在普及识字教育、启迪童心和安定社会等方面起到一定作用，但在社会教育方面依然有很大的局限性，连续性也不强。

三、明代汉水流域的书院教育发展演变

明初，统治者对于书院的建设，虽不重视，但也并不阻止，而是采取了顺其自然的政策。当时统治者大力倡导学校教育，不遗余力地进行官学的建设。《明史·选举一》亦云："迄明，天下府、州、县、卫所，

---

① 赵迁：《咸嘉社学记》，载《湖广图经志书》卷 2《武昌文》，书目文献出版社 1991 年版，第 249 页。
②《明英宗实录》卷 21，正统元年八月庚午。

皆建儒学，教官四千二百余员，弟子无算，教养之法备矣。"① 正因为如此，也出现了 "盖无地而不设之学，无人而不纳之教，庠声序音，重规叠矩，无间于下邑荒徼，山陬海涯。此明代学校之盛，唐、宋以来所不及也"② 的局面。此消彼长，因此书院教育备受冷落，发展甚微。

汉水流域书院的建设情况，也大抵如此。在明朝前期，汉水流域创建书院为数极少。如湖北，只有洪武年间由曹国公李文忠在钟祥修建的郢门书院、永乐年间邑绅任显宗在襄阳修建的鹿门书院。

（一） 明代汉水流域湖北地区的书院

从洪武到天顺其间近百年，但是汉水流域仅建书院几所，可见当时书院的发展是何等艰难。

在成化至弘治年间（1465—1505 年），汉水流域书院的发展有了较大的转变。仅成化一朝，就重修、新建书院 3 所，其中重修襄阳的隆中书院，新建书院包括薛刚在武昌府建的芹香书院、刘英在远安建的新城书院。弘治年间，书院发展又较成化朝明显，共建书院 5 所，分别为：竟陵的东湖书院和梦野台书院、兴国的叠山书院、随州的白云书院、荆门的相山书院。

正德年间新建书院 1 所，即郧阳府的五贤书院。

书院的大发展时期是从嘉靖年间开始的，一直延续到万历年间。

嘉靖年间（1522—1566 年），湖北重修书院 1 所，即光化的文忠书

---

① 章培恒、喻遂生分史主编：《二十四史全译·明史》（第 2 册），汉语大词典出版社 2004 年版，第 1313 页。
② 章培恒、喻遂生分史主编：《二十四史全译·明史》（第 2 册），汉语大词典出版社 2004 年版，第 1314 页。

院；新建书院 11 所，分别为武昌的凤台书院、江夏的濂溪书院、德安的江汉书院和吉阳书院、应城的上蔡书院、应山的印台书院、孝感的西湖书院、潜江的中州书院、沔阳州（今仙桃）的复中书院、荆州府的荆南书院、郧阳府的郧山书院。

隆庆年间（1567—1572 年）由于隆庆帝帝祚甚短，只建有书院 1 所，即襄阳府的砚山书院。

万历年间（1573—1620 年），湖北新建书院也蔚为壮观，共有 12 所，分别为郧阳的龙门书院、江夏的江汉书院、安陆的碧霞书院、钟祥的濂溪书院和文昌书院、襄阳的洌泉书院和武侯书院、云梦的尚行书院、随州的摘珠书院、黄陂的甘露书院、潜江的同仁书院和阳春书院。

天启至崇祯年间（1621—1644 年），明政府内忧外患不断，已是处于"大厦将倾"的境地，故而书院也经由高峰期转入低谷。由于战乱频繁，此时书院不仅创建极少，而且许多地方的书院被战火殃及，或是被毁，或是被弃。

（二）明代汉水流域河南南阳地区的书院

河南南阳府地区，有明一代，共建书院 22 所，概况如表 3.1 所示。

表 3.1　明代南阳府书院略表

书院名称	所在地	创建时间	创建人
志学书院	府治（今南阳市）	成化十年（1474 年）	知府段坚
豫山书院	府治（今南阳市）	成化八年（1472 年）	知府段坚
诸葛书院	府治（今南阳市）	成化十年（1474 年）	知府段坚
舞泉书院	舞阳县	成化十五年（1479 年）	知县宋鉴

续表3.1

书院名称	所在地	创建时间	创建人
鹿鸣书院	南召县	成化年间（1465—1487 年）	不详
贾状元书院	邓州	成化年间（1465—1487 年）	郡人李让
大成书院	邓州	不详	知州夏忠
养正书院	府治（今南阳市）	正德年间（1506—1521 年）	唐藩
白水书院	新野	嘉靖十二年（1533 年）	南汝道参政刘漳
问津书院	叶县	嘉靖十三年（1534 年）	参政刘漳、知县贾枢
临湍书院	邓州	嘉靖年间（1522—1566 年）	刘漳
堵阳书院	裕州（今方城县）	嘉靖十九年（1540 年）	鸿胪序班焦恪
敷文书院	唐县（今唐河县）	万历三十年（1602 年）	知县黄茂
丰羽书院	泌阳县	万历年间（1573—1619 年）	知县周维翰
问政书院	叶县	不详	不详
晒书堂书院	叶县	不详	不详
承圣书院	镇平（今镇坪县）	不详	知县翁金堂
德造书院	镇平（今镇坪县）	不详	知县翁金堂
淯阳书院	淅川县	不详	陈邦瞻
问政书院	舞阳县	不详	不详
晒书堂书院	舞阳县	不详	不详
问津书院	舞阳县	不详	不详

　　由表 3.1 不难看出，明代南阳地区的 22 所书院，可考的共有 13 所，而且主要分布在成化、正德、嘉靖、万历四个时期，其中成化朝 6 所、正德朝 1 所、嘉靖朝 4 所、万历朝 2 所。成化朝不仅建立书院最多，而且年平均设置也是最多的，为 0.26 所，是万历朝年平均设置书院数（0.04 所）的 6.5 倍，是正德朝年平均设置书院数（0.06 所）的近 4.3 倍，是嘉靖朝年平均设置书院数（0.09 所）的近 3 倍。从明初一直到成化朝的近百年间，南阳地区几乎没有设置书院；而到了成化朝以后，书院发展突飞猛进，这一时期是明代南阳地区书院发展的高峰期。万历以后，书院的发展几乎停步不前。再从书院分布的空间来看，南阳地区书院主要分布在府治（南阳县）、舞阳县、邓州、叶县。其中府治（南阳县）4 所，舞阳县 4 所，邓州 3 所，叶县 3 所，淅川县、泌阳县、新野县、裕州、唐县、南召县都各有 1 所。而有明一代桐柏县和内乡县，没有一所书院存在。综合来讲，明代南阳地区书院的发展主要分布于成化、嘉靖两个时期，这与明代河南书院发展的大趋势是不一样的，而且与湖北地区书院的发展在嘉万年间达到顶峰的状态也是不同的。究其原因，可以从两个方面来解释。第一，这是由明朝政府的文教政策导致的。明政府在建国初就非常强调官学的发展，致使书院建设备受冷落。从上述南阳地区书院概况来看，在成化朝以前，南阳地区是没有创建书院的。后由于官学教育不足，官学没落，而书院恰好可以弥补其不足。因而，书院才在成化朝得到大发展，创建书院 6 所，占有明一代南阳地区书院的 27%。第二，更为重要的是，这与两朝南阳地区地方官员的积极兴办是有直接原因的。如成化朝南阳知府段坚，在任期间，先后修建书院 3 所，开明代南阳地区修建书院之先河。成化八年（1472 年）冬十月，创志学书院；成化十年（1474 年），重建诸葛书院；成化十六年

（1480 年）秋九月，创豫山书院。① 除段坚广建书院外，嘉靖初年的南汝道参政刘漳也是热心致力于书院建设。嘉靖辛卯（1531 年），刘公简授河南岳伯建白水书院；嘉靖辛卯，参政刘漳至邓咨古迹，在坤阳得一废寺，于是迁韩文公书院于此，易名临湍书院；嘉靖十三年（1534 年），南汝参政刘漳知县贾枢，于叶县南关昆水孔子问津之辙，创建问津书院。这是继段坚之后又一次大兴书院的壮举。段、刘二人共建书院 6 所，这在当时绝对是一项了不起的成就。

（三）明代汉水流域陕西地区书院的建设

明代汉水流域陕西地区主要包括当时的汉中府、商州和兴国州，即现在的陕西汉中市、安康市和商洛市等地区。明代此地区的书院建设极少，仅有数所。例如，商州的商山书院，明嘉靖年间由商洛道都元洪建；汉中的龙岗书院，明嘉靖二十一年（1542 年）年建。

综合来看，汉水流域的书院主要在正德至万历时期取得巨大的发展，原因大致有二。以湖北地区为例，由于特殊的地理位置和良好的自然条件，湖北地区的社会经济发展较快，有"湖广熟，天下足"的美誉。由于有着较高的社会经济的支撑，求学之风盛行。但是偌大一个县，只有一所儒学，远远不能满足民众求学深造的要求；加之到明朝中期，官学失修，学子失学，或者学校废败，学术衰微。为了改变这一状况，一些地方官员或士绅另辟蹊径捐资建书院以缓解其不足。书院上可以为国家培养人才，下可以维持风教。广设书院可以"补庠序校之所不及"。还有一个不得不提的原因，由于湛若水、王阳明之学大盛，其时

---

① 彭泽：《段容思先生年谱纪略》，载北京图书馆《北京图书馆藏珍本年谱丛刊》（第39 册），北京图书馆出版社 1988 年版，第 540 页、547 页、573 页。

讲学之风盛行。二者不仅喜好讲学，也积极建设书院。由于湛、王的影响过大，各地纷纷响应，开始大建书院。也正是在这种情况下，随着全国书院飞快发展的大趋势，湖北书院的发展也达到了高峰。书院一般都是所处地区的文化中心，地区的公共活动都在书院举行，乡约、文教事业不发达的偏远落后地区，书院的文化辐射作用更是不可忽略。至此，书院已经取代官学成为地方中等教育的主要场所。书院在地方社会中不单纯是培养人才的机构，它既是地方的教育中心，也是地方文化、学术研究中心。

四、明代汉水流域的杰出人才记略

史载："明制，科目为盛，卿相皆由此出，学校则储才以应科目者也。"① 科举制度是国家的选官制度，学校则是培养官员的基础机构，再通过科举考试这一形式取得做官的资格。因此，参加科举、考中进士就成了大多数读书人的理想。在"书中自有颜如玉，书中自有黄金屋"思想的影响下，成千上万的士子踏上科举之路。

（一）湖北地区的进士

据有关史料记载，明代湖北各府州县的进士总计达 1119 人。他们分布在全省的各个府中，其中武昌府的进士人数为 232 人，占进士总人数的 20.7%；荆州府的进士总人数为 190 人，占进士人数的 17%；汉水流域的承天府、襄阳府、德安府、郧阳府四府的进士人数总共为 333 人，

---

① 章培恒、喻遂生分史主编：《二十四史全译·明史》（第 2 册），汉语大词典出版社 2004 年版，第 1303 页。

占进士总人数的 29.8%。汉水流域进士的分布是不均衡的，在广阔的鄂西北地区的襄阳、郧阳二府，进士人数只有 78 人，仅约是武昌府进士人数的 1/3（表 3.2）。

明后期进士的人数远远超过明前期。弘治至崇祯初的 140 年间，进士人数几乎占了明代进士总人数的 80%。当然，各个阶段的差别也大，情况各有不同。以承天府为例，承天府共有进士 147 人，弘治朝以后有进士 126 人，占 86%；德安府共有进士 108 人，弘治朝以后有进士 88 人，占 82%；郧阳府更甚，在弘治朝以前只有进士 1 人，仅占 10%。在湖北全省 15 个进士人数达 30 人以上的州县中，荆州府有 3 个，承天府有 2 个，汉阳、德安、襄阳 3 府各一个。

表 3.2　武昌等四府进士人数统计表

府	武昌府	汉阳府	德安府	承天府	襄阳府	郧阳府	荆州府
进士人数	232	43	108	147	68	10	190

（二）南阳地区的进士

据王兴亚先生统计，有明一代，河南各府州县中进士人数有很大差距。多者如祥符县（今开封）625 人，最少的县为桐柏县和南召县，两县仅有 2 人和 3 人。[①] 明代南阳地区的进士人数也不多，且分布不均。

如表 3.3 所示，南阳地区的进士按户籍来看，共 100 人；按乡贯来分，共 104 人。而且，南阳地区各地的进士人数分布极为不均，多者如南阳有 21 人，少者如南召、镇平、桐柏三县只有两三人。

---

① 李春祥：《河南考试史》，中州古籍出版社 1995 年版，第 285 页。

表 3.3　明代南阳府进士人数统计①

州县	南阳	内乡	裕州	泌阳	新野	邓州	叶县	唐县	舞阳	淅川	南召	镇平	桐柏
户籍	21	13	11	10	10	9	9	4	4	3	2	2	2
乡贯	20	13	12	10	9	10	9	6	5	3	2	3	2

（三）明代汉水流域陕西地区的进士

这一地区包括明代汉中府和西安府的商洛地区，基本上等于现在的陕南地区。根据朱保炯、谢沛霖主编的《明清进士题名碑录索引》，陕南地区共有进士 67 人，其中汉中府有 44 人，商州有 16 人，兴安州有 7 人。陕南地区的进士人数，在陕西三大区中数量最少，其中沔县、平利、石泉、白河四县一直没有进士出现。

明代陕南地区的进士主要集中分布在南郑、城固、洋县三地，共有进士 38 人，占陕南地区的 56.7%；另一个进士比较集中的地区是丹水上游的商洛地区，有 26 名进士，其中商州有 16 名，进士数几与城固比肩。

有些学者认为，陕南地区之所以进士人数不多，是因为当地人口稀少或入籍人口少。据统计，明代中期陕南汉中府加上商州的人口总共 15 万余人，这与延安府的 42 万人相去甚远。陕南地区进士人数虽然很少，但是以百万人均进士数来看，不仅不少，而且很多。此地区百万人均进士数为 434 人，几与关中地区持平，远远高于陕北的 168 人。显然，陕南进士绝对数量低于陕北，很大程度上是因为当地人口较少。因此我们

---

① 朱保炯、谢沛霖：《明清进士题名碑录索引》，上海古籍出版社，1980。

可以说，陕南地区进士人数比较少的原因，不是文化落后，而是此地区人口总数过少，相应的进士人数也就不如关中地区的多。

总体来说，明代汉水流域的教育事业较前代有了一定的发展，这不仅体现在学校等教育机构的数量上，也体现在学生与培养出来的人才上。其中，较为明显的是学校教育方面。由于明初就已制定"治国以教化为先，教化以学校为本"的国策，因此明代汉水流域大力发展学校教育。明代汉水流域此阶段所建立的各级学校为数众多，各府、州、县皆建有相应的官学。受朝廷政策影响，社学也是星罗棋布，蓬勃发展。得天独厚的地理位置和便利的水陆交通，再加上宜人的气候，使得明代汉水流域的经济取得快速发展，随之而来的是求学人数不断增多，官学的定额使他们求学无门，在有识之士广建书院、振兴学术的大潮中，他们很多投身书院，积极向学。受时代大背景的影响，明代汉水流域的教育事业出现了相应的变化，如前期官学异常繁荣，书院被遗弃冷落；中期以后，官学逐渐衰败，相反书院取得较大发展。社学的情况也大体相同，时兴时废。明代汉水流域教育事业的发展具有自己的特色，通过研究可以发现，其呈现出阶梯状发展的特点：陕西段—南阳段—湖北段教育事业不断变强。以书院为例，陕西汉中府、商州、兴安州共建有书院2所；河南的南阳地区建有书院22所；湖北地区建有书院30余所。再以进士人数为例，陕西一府两州共有进士67人，河南的南阳地区共有进士100人，而湖北仅承天、德安两府的进士就有255人，对比就更加明显了。究其原因，汉水流域教育事业呈阶梯状的分布状况，与当地的社会经济文化发展水平是密切相关的。

第二节　明代武当山与中国道教的勃兴（上）

一、明代武当道教勃兴的社会历史机缘

（一）武当山与玄武之渊源

武当山位于今湖北省十堰境内，东接历史名城湖北省襄阳市，西靠车城十堰市区，南依世界自然遗产神农架，北临南水北调源头丹江口水库。周回八百余里。关于"武当"的历史记载，最早见于《汉书·地理志》南阳郡条下的"武当县"，也就是说，"武当"最早是行政区划的名称，然后演变成该县所属山脉的地名。关于"武当"的来历，历来众说纷纭。一有"非玄武不足以当之"说。《武当福地总真集》云：武当山"乾兑发原盘亘万里，回旋若地轴天关之象。地势雄伟，非玄武不足以当，因名之曰武当"①；又云：其山名太和，"玄帝升真之后，故曰非玄武不足以当之，因名焉"②。二有以水神玄武镇压火方说。《大岳太和山纪略·图考》云："夫山之奉元武者多矣，此何独以武当名，意者荆南火方也，楚王祝融火神也，武当度分在翼，翼于南方七宿为翼火蛇，又天之火宿也，于九星为廉贞，于五星为独火，于天机为燥火。考山图孤峰焰起，群峭攒空，象亦火也。惟奉北宫真武之水精以镇之，乃有水火

---

① 《武当福地总真集》，转引自中国武当文化丛书编纂委员会《武当山历代志书集注》（第1册），湖北科学技术出版社2003年版，第5页。
② 《武当福地总真集》，转引自中国武当文化丛书编纂委员会《武当山历代志书集注》（第1册），湖北科学技术出版社2003年版，第4页。

既济之功。武当之名，太和之义，或寓于此乎!"① 三有"武当因音近'巫丹'"说。四川省博物馆研究员、道教文化研究专家王家佑先生认为："武当"音近"巫丹"与"武担"，也许与"禀君之先，出自巫载"的巫山、丹水等古族名、地名有历史迁播的关联。因知"武当"源自太昊巴人之"巫载"（武都、武担）。四有"以武挡敌"说。王光德、杨立志《武当道教史略》认为："武当山最初的得名，可能与春秋战国时期楚国防范巴、庸等古族及秦国入侵有关。"② 春秋时期，房陵（今房县）、均陵（今丹江口市）一线为楚国亢击巴、麇、庸等国的前线；战国时期，武当山北面的汉水、丹水一带是楚国抵抗秦国入侵的前线，楚国在武当山地区驻扎军队，以勇武之士抵挡秦国的军队，"武当"一词的来历或许与武关、武胜关一样含有"以武挡敌"的含义。

武当山山高林密，东汉时期，已经成为隐士的天堂。《后汉书》卷四十三载："同郡赵康叔盛者，隐于武当山，清静不仕，以经传教授。"③ 自道教产生以来，武当山就有道士活动。魏晋时期，这里已经成为道士修仙的宝地。北魏郦道元《水经注》引《荆州图副记》说："（武当山）山形特秀，异于众岳，峰首状博山香炉，亭亭远出，药食延年者萃焉。"④ 武当山环境优美，又是天然药庐，自然是修仙、求长生者的理想之地。刘宋郭仲彦的《南雍州记》可为印证："武当山，广圆三四百里。山高陇峻，若博山香炉，苕亭峻极，千霄出雾。学道者，常百数相继不

---

① 王槩、姚世倌：《大岳太和山纪略》，范学锋、张金晓点校，湖北科学技术出版社2022年版，第237–238页。

② 王光德、杨立志：《武当道教史略》，中国地图出版社2006年版，第2页。

③ 范晔、司马彪：《后汉书》（上册），岳麓书社1996年版，第623页。

④ 郦道元：《水经注》，陈桥驿注释，浙江古籍出版社2012年版，第374页。

绝。若有于此山学者，心有隆替，辄为百兽所逐。"① 也有一些追求长生的达官贵人因服食丹药而丧命，《南史·刘怀肃传》云："（刘）亮在梁州忽服食，欲致长生，迎武当山道士孙怀道使合仙药，药成，服之而卒。"② 元代道书《玄天上帝启圣录》有个《甘霖应祷》的故事："大唐贞观间，岁值苦旱。朝廷下诏有司，祷于天下名山大川。是时，武当军节度使姚简奉命躬诣武当紫霄宫，齐醮致祷。建坛之夕，有五儒士，丰貌殊异，敬来谒简。延坐久之，从容语简曰：'予五君，非凡之儒，乃五气龙君也。准玄帝敕命，守护此山，非一日矣。为子正直寡欲，祈祷精严，故来相访。'少顷，云气迷目，甘雨霈然，遂失五君所在矣。"一场大雨之后，"枯槁复苏，歉回为稔。人皆享升平之乐，免沟壑之患。姚简其兹灵异奏闻，太宗降旨，就武当山建五龙观，以表其圣迹"。这说明从两汉到唐朝，武当山在道教界一直保有相当的影响力。然而直到唐朝，也并没有证据说明武当山与玄武神之间有紧密的联系。

　　玄武本为四象之一，和东方青龙、西方白虎、南方朱雀合称四灵，在道教神仙体系中，地位并不高，仅是老子的侍从及修道人士的保护神。随着道教神灵体系的演进，玄武逐步发展成北方星神、龟蛇和水神。到了唐代，玄武信仰已较普遍流传，有多所玄武殿或玄武庙。玄武的地位逐渐提高，受到帝王的郊祭。赵宋立国，为避赵玄朗讳，玄武更名为真武。其形象逐渐人格化，在道教神灵体系中的地位逐步上升。

（二）明代武当道教勃兴的历史机缘

　　纵观中国的宗教历史发展，可以说道教在明代的武当山达到了全

---

① 郭仲彦：《南雍州记》，载《汉唐云志辑佚》，北京图书馆出版社 1997 年版，第 206 页。

② 李延寿：《南史》，岳麓书社 1998 年版，第 274 页。

盛。其全盛的标志主要有以下七个方面：

一是明朝开国后，明太祖朱元璋就在南京鸡鸣山建庙祭祀真武，奏响了推重、崇拜武当道教的序曲。二是明成祖朱棣崛起于北方，在发动"靖难之役"时便公开宣扬真武神显灵阴佑，即位后更是大修武当山道教宫观，选道设醮，并遣人寻访武当高道张三丰多年，为武当道教的鼎盛拉开了序幕。三是成祖以后的明室诸帝，一直把武当道场视为"朝廷家庙"，扶持武当道教，编军民修葺洒扫宫观，充佃户供赡道士。在此基础上，还特别强调禁止在武当山砍薪伐木，并多次遣使赠送安置像器，敕令宦官和地方官吏提督香火。在整个道教渐趋衰落的情况下，由于明皇室的扶持保护，武当道教虽历经战乱破坏，但很快得到了恢复，而且规模日趋扩大。四是武当道教拥有全国最庞大的教团组织，拥有规模最大、最宏伟的宫观建筑群及豪华富丽的像器陈设，出现了历史上的鼎盛局面。五是明初武当山高道辈出，张三丰、丘玄清、孙丘云、任自垣等道功高深、学识渊博，皆为一代宗师。六是明代诸帝一次又一次地加封武当山为"大岳""玄岳"，并不惜财力、物力，大规模兴建和扩建武当山道教宫观，使其成为当时的"天下第一名山"。七是在整个明代的200多年间，慕名前往武当山的达官显贵、名士骚客多如过江之鲫，题咏诗赋数以千计，各地信士到武当进香的民俗不断发展，从而使武当道教在全国的社会影响空前扩大。

明代武当道教勃兴的历史机缘何在呢？

（1）源于明太祖朱元璋对真武神的感恩戴德

明朝诸帝崇奉真武神是明代武当道教兴盛的主要原因。从洪武初起，朱元璋就开始奉祀真武神，到永乐年间，明成祖朱棣出于巩固皇位的需要，又进一步抬高了真武神的地位，并把它钦定为皇室的主要保护神。此后，明朝诸帝就像遵守"家规"一样，虔诚奉祀"玄天上帝真武之神"，终明之世，未曾间断。

明太祖朱元璋对真武神的崇奉源于对真武神的感恩戴德。据《御制大岳太和山道宫之碑》记载："朕皇考太祖高皇帝以一族定天下，神阴翊显佑，灵明赫奕。"① 对此，明嘉靖年间的太和山提督太监王佐在他编纂的《大岳太和山志》序中说得较详细：真武"至于我朝尤炳赫焉，是以太祖获其神佑于鄱阳，而外患以宁⋯⋯"② 鄱阳湖大战发生于元至正二十三年（1363 年）夏，当时陈友谅的水军与朱元璋的舟师在鄱阳湖展开决战，战况空前激烈，《明史·太祖本纪》说"己丑，友谅悉巨舰出战，诸将舟小，仰攻不利，有怖色。太祖亲麾之，不前，斩退缩者十余人，人皆殊死战。会日晡，大风起东北，乃命敢死士操七舟，实火药芦苇中，纵火焚友谅舟。风烈火炽，烟焰涨天，湖水尽赤。友谅兵大乱，诸将鼓噪乘之，斩首二千余级，焚溺死者无算，友谅气夺"③。一场来自东北方向的狂风，瞬时扭转了战场的强弱局势，改变了历史走向，它让陈友谅自此江河日下，也让朱元璋离皇帝的宝座越来越近。

所谓"神佑"当是指"大风起东北"之类的自然变化，虽然历史对此没有具体记载，但洪武年间朱元璋奉祀真武神对此情况有所披露。《明史》卷五十《南京神庙》说：南京有真武庙，"北极真武以三月三日、九月九日"由太常寺官员用素羞祭祀④。《春明梦余录》卷三十九《礼部一》说："再考国朝御制碑文，太祖高皇帝平定天下，兵戈所向，

---

① 杨立志点校：《明代武当山志二种》，湖北人民出版社 1999 版，第 25 页。
② 王佐：《大岳太和山志》，载陶真典、范学锋点注《武当山明代志书集注》，中国地图出版社 2006 年版，第 275—276 页。
③ 章培恒、喻遂生分史主编：《二十四史全译·明史》（第 1 册），汉语大词典出版社 2004 年版，第 10 页。
④ 章培恒、喻遂生分史主编：《二十四史全译·明史》（第 2 册），汉语大词典出版社 2004 年版，第 974—975 页。

神阴佑为多。及定鼎金陵，乃于鸡鸣山建庙以崇祀。事载在祀典。"① 今南京鸡鸣山有北极阁，即为明代的真武庙。据宋讷《奉敕撰北极玄天真武庙记》称："洪武戊辰，都城旧庙灾。冬官奉旨，改造于钦天山之阳……明年己巳五月，告厥成功。皇帝嘉赉，命臣讷为文，以记于石。"② 钦天山，又称鸡鸣山。此外，朱元璋还让他的儿子也祭祀真武神，他规定"诸王来朝还蕃，祭真武等神于端门，用豕九、羊九、制帛等物……二十六年，帝以其礼太繁，定制豕一、羊一，不用帛"③。

由此看来，明太祖朱元璋不仅自己崇奉、推重道教的最高神真武神，还规定自己的子孙也要祭祀，足见他对真武神感恩戴德。

流传在民间的口头文学似乎对朱元璋崇奉武当道教的渊源做了更深刻、更生动的挖掘。湖北省武当文化研究会会长杨立志曾在车城大讲坛讲述了一个故事，所揭示的就是朱元璋迷信武当道教的深层原因。这个故事保存在《古今图书集成》。

传说朱元璋年轻的时候，曾经到武当山烧香，返回途中遇到滁州人陈也先在武当山下设擂台。朱元璋上台，三拳两脚把陈也先打到台下。陈也先不服气，就带领几百人追赶朱元璋。朱元璋的好朋友徐达、汤和、邓愈等人，为朱元璋拼死抵挡，而朱元璋跑到武当山下一个叫草殿的地方，在殿后面睡觉。这时他听到很多人进到殿里，其中有陈也先的声音。他想如果再跑，又会被发现追走，于是他一把火把这个殿烧了。朱元璋在回家的路上，武当山的真武神给他托梦，问他为什么把他的殿给烧了。朱元璋也觉得自己不该烧这个殿，但是为了躲避追兵，没有办

---

① 孙承泽：《春明梦余录》（中册），北京出版社 2018 年版，第 716 页。

② 宋讷：《奉敕撰北极玄天真武庙记》，载葛寅亮《金陵玄观志》，南京出版社 2011 年版，第 114 页。

③ 章培恒、喻遂生分史主编：《二十四史全译·明史》（第 2 册），汉语大词典出版社 2004 年版，第 954 页。

法，就说将来天下太平了，他赔偿一个金殿给真武神。

从一些历史记载中我们也可以发现朱元璋的家庭与道教有着密切的关系。朱元璋的祖父是一个农民，信奉道教，传说有一天他在村口杨家墩的一个地窝里睡觉，听到两个道士谈话：一个说这个地方风水很好，要是有人埋在这里，儿孙将来要出天子，另一个不信，于是他们打赌。第一个道士说，我在这个地方插一个柳树枝，明天发芽了我赢。朱元璋的爷爷听到了，第二天一大早就跑去看，柳树枝果然发出了新芽。他把发芽的柳树枝拿走，换了一根枯树枝插在那里。后来他交代自己死后就要葬在那个地方。

这也可能是朱元璋为了说明他是真命天子，用道士看风水的故事来演绎君权神授。朱元璋家里很穷，他不可能请得起道士，用偷听到的事情来诠释他是真命天子比较有说服力。

不仅是朱元璋的祖父信道教，他的母亲、外公都非常信奉道教。朱元璋的外公在当地是一个有法术的道士，据说有一次被元兵抓到海上去，狂风暴雨，海浪翻滚，他站在船上作法，风暴很快就平息了。还有一个传说是朱元璋的母亲在怀朱元璋的时候，经常做一些很奇怪的梦。朱元璋出生的前一天，他母亲在麦场上睡着了，梦见一个道士从西北边走过来，这个道士穿着红色的道袍，留着很长的胡子，头上还戴着冠，手里拿着一个白色的药丸。道士说这是金丹大药，给了朱陈氏一颗，朱陈氏把它吞到口中。这都是梦中的事，但是醒了以后，朱陈氏觉得满口余香，经宿不散。第二天朱元璋就出生了，而且出生的时候红光满天，不少人以为那个地方失火了。日月代表光明，而朱元璋后来成为明朝的皇帝。

朱元璋起兵打仗，投靠的是在濠州一带很有名的起义军郭子兴。他在郭子兴部下提拔很快，郭子兴还把自己的养女马氏嫁给了朱元璋，就是后来的马皇后。郭子兴死了之后，朱元璋到了南京，建立吴国，称吴国公。这时朱元璋面临的最大威胁不是北方的元朝，而是陈友谅的部队。陈友谅建立陈汉政权，并在九江建造大军舰，准备从长江中游向南京进攻。陈友谅的野心使朱元璋感受到威胁，于是他决定首先对付陈友谅。

1361 年前后，朱元璋发动大军西征九江。陈友谅当时的势力非常强大，结果如何朱元璋心里也没有数。朱元璋的战船准备出发的时候，有几万只乌鸦围绕着这个船的桅杆不停地转，士兵非常害怕，人心骚动，因为在中国人的习俗中乌鸦是和死亡联系在一起的。这个时候朱元璋说乌鸦不代表死亡，而是武当山真武神的乌鸦神兵，乌鸦往这儿飞就意味着玄天真武要支持吴国打败汉国。船队航进的途中，在旗舰的船舵上发现了龟蛇，这也被解释成武当山真武神保佑朱元璋军队的一种预兆。

朱元璋向西进伐的过程当中，一路攻城略地，占领了不少地方。最终双方的决战是在鄱阳湖展开的。鄱阳湖之战当中也发生了很奇怪的事，正如前文所述，一次朱元璋的旗舰搁浅在湖边，眼看就要被陈友谅弟弟的战船赶上了，焦急万分的时刻一车大风扯满了风帆，船向前划动，逃脱了追击。后来朱元璋取得了鄱阳湖之战的决定性胜利。战争当中有利的风势、火势，包括电闪雷鸣，都被解释成为武当山玄天真武保佑朱元璋的一种征兆和显应。

（2）源于明朝廷对下层民众的争取，巩固自己的统治

明成祖朱棣为何对武当山情有独钟并大修武当山呢？第一种说法是由于元末武当山宫观毁于兵火，为了让修炼学道者有所依凭而大修武当山；第二种说法是朱棣仰慕武当道士张三丰，寻而不得，为恭候张三丰到来而建今遇真宫；第三种说法是因武当山是护国有功的北极玄天上帝的修真之所，为求其继续保佑皇朝永固，朱棣大修武当道宫。而更为真

实的原因则是明王朝客观上需要在民间更为广泛地传播真武神"阴佑"燕王的神话，并以此争取下层民众的敬服，巩固自己的统治。由于真武神在整个中国南方有众多的信徒，四川、湖广、江浙、福建等地又有众多的真武神庙，所以宋元以来，真武是南方信徒极多、香火极盛的道教大神。朱棣用武力以北统南，为了改变南方群众对他的不良印象并收买民心，故大修武当道教宫观。

　　在宋朝真武神的封号是"北极佑圣真君"，简称玄武，后因避圣祖讳，改称真武。在先秦两汉的神话中，玄武是四方四神中的北方之神，其形象是龟蛇合体。由于龟蛇是常见动物，用龟蛇出现作为神显灵很容易，所以唐宋以后的道士为了适应统治者的需要，逐步抬高了玄武神的地位，不仅赋予它人形外貌，而且还编造了一套玄武神在武当山修炼得道，功成飞升的经传。根据王光德、杨立志考证，明初的玄武神具有以下三大特征：第一，它是北方之神，根据阴阳五行理论，玄武具有司北方、司水、司冬等职能，宋元时期官方崇奉玄武，多与它司北方的职能有关，如元朝就是因为修大都时出现了龟蛇，认为"北方之气将王，故北方之神先降，事以为兆"①，所以在大都建昭应宫以崇祀玄武神。第二，它是战神。据道经载，玉帝因玄武降魔有功，遂拜"北极镇天玄武大将军"，于是玄武"披发跣足，踏蹑龟蛇，建皂纛玄旗，躬披铠甲"②，俨然一个荡妖除魔，战无不胜的战神形象。正由于此，宋元明时期的行伍士卒很尊崇它，如永乐十七年，明将刘江在望海埚抗倭战役中"及临阵，作真武披发状……所以愚士卒之耳目，作士卒之锐气"③。此战明朝大胜，可见玄武在士兵中的影响。第三，它是水神、福神和司命之神，

---

　　① 赵孟頫：《赵孟頫集》，任道斌校点，杭州古籍出版社1986年版，第139页。

　　② 中国武当文化丛书编纂委员会：《武当山历代志书集注》（第1册），湖北科学技术出版社2003年版，第47页。

　　③ 谷应泰：《明史纪事本末》（第13册），江西书局2018年版，第9-10页。

民间出于防火、祈福和祈求长寿的需要，对它极为崇奉，所以到元末明初，它在民间百姓中影响极大，成了仅次于玉皇和太上老君的第三大道教神。

因为玄武拥有如此神功，很自然便信徒众多，香火旺盛，其闻名遐迩、辐射辽远广大就不足为奇了。这样看来，明王朝崇奉真武神不仅是为了增添王朝的权威，还在于从信仰的角度迎合广大的民众，以强化民众对王朝的认同感。

（3）源于朱棣掩饰自己武力夺嫡的阴谋，用"君权神授"的理论来对付维护封建礼法的舆论

朱棣当上皇帝后，进一步把真武神抬高为明皇室的保护神。朱棣之所以如此崇奉真武神，是由于他在发动"靖难之役"中真武神曾"显彰圣灵，始终佑助"，最终使他化险为夷，克敌制胜。

朱棣是朱元璋的第四子，洪武三年（1370 年）被封为燕王，洪武十三年（1380 年）就藩北京，镇守北边。史称他"智勇有大略，能推诚任人"，曾多次奉命率诸将出征塞外，屡次打败元朝残余势力的军队，在建立和统一大明王朝中卓有奇功。同时，朱元璋还命令他节制沿边兵马，洪武三十一年（1398 年）朱元璋去世后，皇太孙朱允炆即位，年号"建文"。

朱允炆对燕王等诸藩王以叔父之尊各拥重兵非常忧虑，于是即位后就采纳他的亲信大臣齐泰、黄子澄的建议，先后将周、齐、湘、代、岷诸王削废。同时在北京安插布政使张昺、都指挥使谢贵等，以防燕王起兵。朱棣原本就有意问鼎南京，遭遇朱允炆威逼后，便乘势举兵夺嫡。为了使自己的举兵反抗"名正言顺"，就援引"祖训"，以讨伐齐、黄等奸臣为名，称自己的举动为"奉天靖难"，此后的战争长达三年，历史上称之为"靖难之役"。

　　显然，朱棣知道他起兵"靖难"是违背正统伦理纲常的叛逆行为，因此，他想要动员将士，争取普通民众的支持，除宣称"靖难"，起兵是依据"祖训""清君侧，除奸臣"之外，还必须寻求一种神奇的力量来制造天神佑助的舆论，以愚弄将士。由于朱棣以前入朝还藩都要祭祀北极真武，因此就在姚广孝的参谋下，利用聚集将士誓师祭纛的机会来宣扬北方真武神"显灵"保佑燕军的神话。

　　《明太宗实录》记载了当时的天气变化："时风云四起，人咫尺不相见。少焉，东方云开，露青天，仅尺许，有光烛地，洞彻上下。将士皆喜，以为上得天之应云。"① 杨立志先生分析称，只要天上乌云密布，就可以宣称是真武神"显灵"，因为满天的黑云可以解释成护拥真武神的"皂云雾"，可以说是"披发而旌旗者蔽天"。对此，王佐说得较清楚："成祖睹其旌旗于霄汉，而内难以靖。"② 这说明真武"显神"的标志是天空的"旌旗"，即黑云。朱棣后来大修武当山宫观时，在敕谕中多次提到此事："奉天靖难之初，北极真武玄帝显彰圣灵，始终佑助，感应之妙，难尽形容。怀报之心，孜孜未已。"③ "我自奉天靖难之初，神明显助感灵，感应至多，言说不尽。那时即已发诚心，要就北京建立宫观。因为内难未平，未曾满得我心愿。"④

　　朱棣不仅在靖难之役初始利用了真武神，而且还在靖难之役过程中继续宣传和制造真武神"阴佑"神话。"壬午靖难起兵……每两阵相临，南兵遥见空中真武二字旗帜，皆攻后以北也。"⑤ 这里所谓真武旗帜，肯

---

① 《明太宗实录》卷 2，建文元年七月癸酉。

② 王佐：《大岳太和山志》，载陶真典、范学锋点注《武当山明代志书集注》，中国地图出版社 2006 年版，第 276 页。

③ 杨立志点校：《明代武当山志二种》，湖北人民出版社 1999 年版，第 457 页。

④ 杨立志点校：《明代武当山志二种》，湖北人民出版社 1999 年版，第 284 页。

⑤ 黄溥：《闲中今古录摘抄　及其他一种》，商务印书馆 1937 年版，第 30-31 页。

定是燕军所设置的，因为燕军以北攻南，树司北的真武神旗帜可在精神上压倒南军。再则，在靖难征战中，朱棣多次身临危境，所骑战马（即八骏）都曾中箭，但他本人一直安然无恙；在南北军交战过程中，也曾多次因北风突起、飞沙扬土而造成了南军的失败，如夹河之战、拒马河之战、藁城之战等都出现了这种情况。这些事都是朱棣注解宣扬真武阴助，"辅相左右"的好材料，他在《御制真武庙碑》中说："肆朕肃靖内难，虽亦文武不二心之臣，疏附先后，奔走御侮，而神之阴翊默赞，握掌枢机，斡运洪化，击电鞭霆，风驶云驶，陟降左右……"① 此碑文对于玄武神在行阵间庇佑的种种事迹，可谓极尽描写之能事。"人间大小七十战，一胜业已归神功"②，朱棣把靖难战场上发生的所有偶然巧合现象及其取得的一切胜利，都说成是玄武的佑护，既夸耀了神的威力，又给靖难继统涂上了"君权神授"的神圣色彩。

朱棣借大修武当道宫，用道教神学来掩饰自己武力夺嫡的阴谋，用"君权神授"的理论来对付维护封建礼法的舆论。朱棣用极刑镇压了骂他"篡位""夺嫡"的建文旧臣，但他知道要使士大夫阶层不再反抗，单凭武力是不够的，必须用道教的"神佑"之说使靖难继统合法化。

（4）源于朱棣制造"顺应天意、玄帝阴佑"舆论，堵其他藩王之口

对于朱棣大修武当道宫的原因，《明太宗实录》卷二〇七永乐十六年（1418 年）十二月丙子条载："武当山宫观成……上资太祖高皇帝、孝慈高皇后之福，下为臣庶祈弭灾沴。"——上感太祖朱元璋的恩德洪福，下为苍生百姓消灾弭祸，这只是最表层的原因。其最深刻、也最根本的原因则是制造他当皇帝是"顺应天意、玄帝阴佑"的舆论，还有堵

---

① 朱棣：《御制真武庙碑》，载《中华道藏》（第 30 册），华夏出版社 2014 年版，第 715 页。

② 王学范：《王世贞抚郧诗文集》，长江出版社 2010 年版，第 37 页。

其他藩王之口。这不仅关系着永乐一代的安稳，而且对他的嫡子嫡孙永掌大明江山有着重要意义。因为有神保佑，所以他们的皇统是合法的，朱棣以后，明朝历代皇帝即位或建元时都专门遣高官到武当山致祭，这说明朱棣已把崇奉真武神当成了一条"家规"，朱棣及其后代把真武神树立成了"明朝家神"，因此，武当玄武宫观也就变成了明皇帝的"家庙"。

朱棣入继大统后，为进一步固化、神化自己的天命所归，并继续利用真武神巩固王朝的统治，对武当宫观进行了新的营造。建文四年（1402 年）六月，朱棣率军进入南京，即帝位，是为明成祖。同年七月辛卯，遣提点周原初"祭北极真武之神"，朱棣一即位就遣使祭真武神，目的是向天下表明新皇帝与真武神的特殊关系。敏感的武当道士得知这一消息，马上意识到复兴武当道教宫观的机会来了，于是积极帮助朱棣创造新的神话。永乐三年至四年（1405—1406 年），武当榔梅结实，五龙高道李素希两次遣人上贡，朱棣赏赐甚厚。因为榔梅结实是"瑞兆"，象征太平岁丰，所以朱棣在御制碑中就把这宣扬为真武神对他即位的赞赏。与此同时，朱棣也开始进行大修武当的调查和筹备工作。永乐四年，召见武当紫霄道士简中阳，问"玄帝升真事迹，一一奏陈，赐以祠部护身符牒还山"①。朱棣要根据真武神修道成仙的经过来营建一整套宫观，召见武当道士询问玄帝事迹就是为此张本。

据杨立志先生研究，明代武当宫观的营建和武当道教的勃兴还与明初一代著名道士张三丰的预言有关系。张三丰是民间极有影响的游方道士，朱棣为了点缀升平，收揽民心，非常想把他延请诣朝，但多次派人寻找都没有结果。《明史》载，张三丰"尝游武当诸岩壑，语人曰：'此

---

① 杨立志点校：《明代武当山志二种》，湖北人民出版社 1999 年版，第 323 页。

山，异日必大兴'"①。这一预言对要大修武当宫观的朱棣非常重要，因为张三丰在民间有"每遇事、辄先知"的仙名，所以皇帝当然会以实现仙人的预言为乐事，从而下定大修武当宫观的决心。

综上所述，明代道教在武当山的勃兴，有其深刻的历史文化渊源，也是满足强烈的社会现实政治的需要，既源自历史上道教发展的内在逻辑，又是玄天真武崇拜和信仰历史发展的开花结果，而其最根本原因则是与明成祖朱棣发动靖难之役，巩固继统的政治需要密切相关。朱棣以藩王入继大统，为了替自己不合礼法的行动寻找理论根据，有计划有预谋地制造了真武神"辅佐靖难"、保佑燕王当皇帝的神话，而大修武当道宫不过是用物质形式把这一神话固定下来并广为宣扬让人信服罢了。

二、明代皇室对武当道教的推重崇奉

（一）大力宣扬并隆礼祭祀武当道教主神真武神

出于政治稳定、思想文化建设的目的，明王朝对武当道教的崇奉几乎到了无以复加的地步。

一是在全国各地大修真武庙。朱棣除大修武当山宫观外，还于永乐十二年（1414 年）三月在北京皇城北、海子桥之东建真武庙，永乐十三年（1415 年）八月竣工；同时奉敕创建的真武庙还有四川三台县云台观等处，后期甚至推及云贵、广西甘肃一带。明人刘效祖撰《重修真武庙

---

① 章培恒、喻遂生分史主编：《二十四史全译·明史》（第 9 册），汉语大词典出版社2004 年版，第 6106 页。

碑》说"成祖靖难时，阴佑之功居多，普天之下，率土之滨，莫不建庙祀之"①。

二是御制礼乐，崇重祀典。洪武三年（1370 年）朱元璋曾诏定岳镇海渎神号，因此真武之神也被去掉元代所封帝号，而直称为"武当真武之神"。朱棣即位后，马上就提高崇奉等级，尊称真武之神为"北极真武玄天上帝"。在他编撰的《御制大明玄教乐章》中，专门为真武之神编制了《玄天上帝乐章》《玄天上帝词曲》等内容，供祭祀真武时演奏。为了崇奉真武神，朱棣还制定了繁缛的祀典，具体规定祭祀礼仪，即在北京、南京的真武庙，每年于春天三月初三、秋天九月初九，每月以初一、十五，各遣官致祭，而武当山则命湖广藩参"专一在彼提督祀事"。

三是编撰道经，宣扬"瑞应祥兆"。现存的《正统道藏》实际上是朱棣提议编修的，当时武当山玉虚宫提点任自垣曾主持其事。《正统道藏》中的《大明玄天上帝瑞应图录》可能是武当道士奉旨绘制编写的。其内容包括朱棣的敕谕、圣旨、碑文及大修武当宫观时的瑞应祥兆"黄榜荣辉""黑云感应""骞林应祥""榔梅呈瑞""神留巨木""水涌洪钟""天真现象"等。朱棣把这些"瑞应祥兆"宣扬为真武神对他大修武当山的响应与嘉许，不仅刻碑山中、道旁和宫观之内，而且还让道士编成经书诵辞，收入《正统道藏》，这显然带有政治操弄和宣传目的。

朱棣的这些举动不能单纯用宗教信仰来解释，而应该看到他的权术手段和政治目的。朱棣以藩王入继大统，深恐别人说他违反礼法，"篡夺嫡统"，因此就屡向天下宣称，他起兵靖难和承继大统始终得到真武神的"阴翊默赞"，利用在民间很有影响力的神灵为自己的篡嗣正名。这样一来，真武神就被钦定为皇室的特殊保护神，不仅在皇宫内建佑国

---

① 北京图书馆金石组：《北京图书馆藏中国历代石刻拓本汇编》（第 57 册），中州古籍出版社 1989 年版，第 83 页。

殿供奉真武像，还在奉天殿两壁斗拱间绘真武神像，而且让他的后代在即位时必须祭告北极真武之神。明朝诸帝的祭文大同小异，此不抄录，仅选择有代表性的历朝皇帝致祭的时间、代祀官员及其他崇奉武当真武的主要事项分列于下：仁宗朱高炽即位，于洪熙元年（1425 年）二月十五日遣礼部左侍郎胡濙到大岳太和山致祭。仁宗在位一年，为祭祀玄帝，管理武当道教下旨 5 道。宣宗朱瞻基即位，遣太常寺丞袁正安到大岳太和山致祭。宣宗在位 11 年，共为武当山事宜下圣旨 14 道。英宗朱祁镇即位，于正统元年（1436 年）一月十五日遣平江伯陈佐到大岳太和山致祭。英宗前后在位 22 年，共为武当山下圣旨 8 道。宪宗朱见深即位，于成化元年（1465 年）四月二十日遣吏科左给事中沈瑶到大岳太和山致祭，在位 23 年，共为武当山及其周围地区有关事宜颁下圣旨 60 道。

对武当山特别崇奉和迷醉的是明世宗朱厚熜。世宗朱厚熜即位，于嘉靖元年（1522 年）四月二十五日遣二部右侍郎陈雍到大岳太和山致祭。他在位 45 年，共为武当山下圣旨 140 道。明世宗醉心道教，日事斋醮，对真武玄帝更是崇奉备至，不仅在京师修醮建真武庙，在安徽齐云山等地敕建真武殿宇，而且于嘉靖三十一年（1552 年）重修武当山真武宫观，耗内帑银十余万两。在《御制重修大岳太和山玄殿纪成之碑》中，明世宗解释了他崇奉真武神的原因：一是"朕皇考封藩郢邸，实当太和灵脉蜿蜒之胜，岁时崇祀惟谨"[1]，也就是说他能当皇帝是由于他父亲（兴献王）身处武当山近水楼台，得到了武当山仙风道气的滋养，是虔诚崇祀真武神，真武神保佑的结果。二是本朝"定都幽燕，位应玄冥"，由于北极真武神的保佑，才得以"二百年来，民安国阜"[2]。虽然间或有一两次"边疆小警"，甚至像"庚戌之变"这样的大灾难，也由

---

① 杨立志点校：《明代武当山志二种》，湖北人民出版社 1999 年版，第 281 页。
② 杨立志点校：《明代武当山志二种》，湖北人民出版社 1999 年版，第 281 页。

于真武之神的"阴佑"，马上就逢凶化吉。世宗崇尚道教，任用佞臣，使边防日渐废弛。嘉靖二十九年（1550年）的八月，蒙古贵族俺答攻破古北口，直抵京师，骚扰京师达8日之久，这就是上述"庚戌之变"。

遍查有明一代，几乎可以发现一个定律：在明代，每一个皇帝几乎每年都要为武当山颁下一道以上圣旨，都要在即位时遵守祖宗"定制"致祭"护国家神"——真武玄帝，这就像一条不可更改的"家规"。

（二）朱棣强力扶持并提升对武当道教的管理

出于特殊的政治需要，朱棣必须把真武神树立成为明皇室的特殊保护神并大加崇奉，因此，武当山作为"北极真武玄天上帝修真得道显化去处"，就自然要受到朱棣的特别重视和礼遇。他为了"饰严祀事，昭答神贶"①，先后颁发了60余道圣旨、敕谕，采取了一系列的扶持政策和管理措施，以兴隆武当道教，宣扬"君权神授"。据杨立志先生研究，明成祖实行的扶持政策和管理措施主要有以下几个方面，特录如下：

一是汇集大量人力与物力创建宫观，极尽崇奉武当山。元朝修建的宫观，大都被元末"乱兵"焚烧殆尽，明初道士邱玄清虽然率领徒弟修复了五龙宫，但其他宫观依然荒废不堪。朱棣为了报答真武神在靖难之初的"显助威灵"，刚即位就想在武当山建真武宫观，但由于战乱后军民"方得休息"，所以一直延缓到永乐九年（1411年）才下决心大建武当山宫观。这一工程历时14年，耗费钱粮难以数计。共建成净乐、玉虚等大小9宫，太玄、元和等8观以及庵堂、岩庙、祠亭等共33处建筑群。明人称这一工程"诚旷世之极盛，万古之奇观也"②。永乐十五年

---

① 徐国相、王新命等：《〈康熙〉湖广通志》（下册），崇文书局2018年版，第1075页。
② 杨立志点校：《明代武当山志二种》，湖北人民出版社1999年版，第229页。

（1417 年）二月，朱棣采用隆平侯张信和大学士杨荣的建议，特封武当山为"大岳太和山"，使它的地位超过了五岳。

二是汇聚全国道教英才，钦选各地道士到武当山虔心办道。永乐十一年（1413 年）七月，朱棣在派大臣创建宫观的同时，又命正一嗣教真人张宇清为武当山玄天玉虚宫、太玄紫霄宫、兴圣五龙宫、大圣南岩宫选有道行者各二人为住持，兴隆道教。同年十二月，又命道录司"去浙江、湖广、山西、河南、陕西这几处，取有道行至诚的来用"①。后来又在江西和应天府增选了一些，前后共选拔高道 400 名由朝廷授以度牌、禀食，遣往武当山各大宫观焚修香火，虔心办道。永乐以后这成了定制，历朝承袭。此外，朱棣还允许无度牒的道士去其余小宫观（即玉虚宫等大宫观之外的宫观）里修行，真王是唯才是举、唯才是用，而且多多益善，为明代武当道众队伍的壮大打下了坚实的基础。

三是注重道长、住持等道教管理干部的培养，钦命道官提点各宫观。永乐十年（1412 年）二月朱棣命道录司右正一孙碧云到武当山南岩宫任住持。次年八月又命张宇清为武当山玉虚、紫霄等宫住持。张宇清前后共为武当山荐举羽士高道 23 人，朱棣分别授以各宫住持、提点、副官等职，"赐六品印，统领宫事"②。共"设置提点印信衙门七处，不隶在外府州管辖"③，这七处道官衙门分别设在净乐宫、遇真宫、玉虚宫、紫霄宫、南岩宫、太和宫和五龙宫。这些道官中有原道录司右正一李时中、右玄义任自垣，龙虎山上清宫高道邵庆芳、周惟中、王一中，江西建昌府道纪胡古崖，浙江嘉兴府道纪赵宗诚等，他们都是当时戒行端

---

① 杨立志点校：《明代武当山志二种》，湖北人民出版社 1999 年版，第 22 页。

② 陶真典、范学锋点注：《武当山明代志书集注》，中国地图出版社 2006 年版，第 99–100 页。

③ 陶真典、范学锋点注：《武当山明代志书集注》，中国地图出版社 2006 年版，第 326 页。

严、谙悉经典和斋醮法事的著名道士，直接负责管理道众（编制户籍、发放禀食、安排生活等）及教务，并定期主持斋醮大典，为皇室祈福禳灾。

四是勘定山林土地，拨赐公田佃户，专一供瞻道士。永乐十四年（1416 年）九月三日，张信传奉圣旨："武当山各宫观，别无田粮供赡。着户部差官去同所在官司，踏勘本处附近荒闲田土。着法司拨徙流犯人五百名，去那里做佃户，专一耕种供赡道众。若是本山宫观边厢，有百姓每的田地，就取勘见数拨与佃户每种，另寻田土拨还百姓。"① 在公田佃户粮食没成熟之前，由朝廷拨"行粮"供养道士。次年，户部奉旨将犯人王文政等共 555 户入册，编为"大有、永丰、富和、福庆、善安"五里，专一办纳斋粮，应付脚力。每户给田地 50 亩，每年交租课七石，征送各宫观供养道士。这 27750 亩田地是太和山的私田，均州知州吴礼不管均州事，专一提调佃户，并就佃户屯田所另盖公所管属。

五是提供祭祀节仪所需，保障道众日常用度，赐给布匹及香烛灯油等。由于武当山道士属于皇室御用神职人员，所以他们穿衣所用布匹也同京师神乐观的乐舞生一样，由官方供给。永乐十七年（1419 年），朱棣下诏曰：太和山各宫"道士每年与棉布两匹，夏布两匹"②，"襄阳府县三年一次额办给散道士阔白棉布二千四百匹、阔白苎布二千四百匹"③。与此同时，朱棣还让玉虚宫提点任自垣计算各宫观供神所需香烛灯油的具体数目，由皇室差人前去购买。所有开支在嘉靖二年（1523 年）以前都是从国家正税中动支。

六是加强人力匠工与兵丁支持，轮差军民修理洒扫宫观，免除科

① 杨立志点校：《明代武当山志二种》，湖北人民出版社 1999 年版，第 22 页。
② 陶真典、范学锋点注：《武当山明代志书集注》，中国地图出版社 2006 年版，第 303 页。
③ 倪岳：《正祀典疏》，载黄训《皇明名臣经济录》卷 29，汪云程嘉靖三十年刻本，第 33 页 a。

差，加强武当山环境维护与管理。永乐十五年（1417 年）二月，朱棣根据张信的建议，将襄阳府均州该管军民人户免除科差，分派轮流前去玄天玉虚宫等处守护山场，洒扫宫观。后又具体规定：均州八里人民在山洒扫，均州一千户所官军用工修理，守护山场。为适应新任务，均州千户所数千名正军、余丁都学会了木、石、泥、瓦等手艺，尽数停留在州，随时听候提调参议派用。

七是特事特办，特人特任，钦授藩巨，提调全山。朱棣为了直接控制武当道场，亲自委派一名湖广布政司右参议常驻武当山，组成管理机构，对皇室负责。永乐十七年（1419 年）朱棣令"郎中诸葛平，着做湖广布政司右参议，不管布政司事，专在大岳太和山提调事务"①。永乐二十二年（1424 年），朱棣在给诸葛平的敕令中明确规定他"常川巡视，遇宫观有渗漏处，随即修理；沟渠道路有淤塞不通处，即便整治"，"务使宫观完美，沟渠道路通利"②。

宣德十年（1435 年）以前，藩参是全山的总提调官，潜臣公署（参议行省）设在均州城，下辖均州千户所、佃户屯田所和七宫道教提点印信衙门等机构。武当山的行政管理属藩臣专务，专职专权专管专办，藩臣"领敕来山，职专总督，宫观事务悉属提调，不系布政司委出在外干办公务官员"③。

八是颁降圣旨，严饬道规，建章立制，以规治教。朱棣为了加强对道士的管理，在永乐十一年（1413 年）十月十八日颁降圣旨："大岳太和山各宫观有修炼之士，怡神葆真，抱一守素，外远身形，屏绝人事，习静之功，顷刻无闻。一应往来浮浪之人，并不许生事喧聒，扰其静

① 杨立志点校：《明代武当山志二种》，湖北人民出版社 1999 年版，第 24 页。
② 杨立志点校：《明代武当山志二种》，湖北人民出版社 1999 年版，第 291 页。
③ 杨立志点校：《明代武当山志二种》，湖北人民出版社 1999 年版，第 34 页。

功，妨其办道。违者治以重罪。有至诚之士，慕蹑玄关，思超凡质，实心参真问道者，不在禁例。若道士有不务本教，生事害群，伤坏祖风者，轻则即时谴责，逐出下山；重则具奏来闻，治以重罪。"① 此圣旨大字正书，刻于巨碑，置于玉虚、净乐等五大宫内。从这里可以看出，朱棣不仅以法律形式保护武当道教，还以亲自任命教主的办法直接参与对武当道士的管理。

朱棣制定的这些扶持政策和管理措施，为明代武当道教的发展奠定了雄厚的经济物质基础，提供了可靠的组织保障、人才保障、法制保障和政治保证，同时，也为它的兴盛拓开了坚实通畅的阳关大道。但是，应该看到朱棣并不仅仅是国家的最高主宰皇帝，在这里更是武当道教的"信徒"和施主，他实际上是以武当道教教主及首脑的身份直接干预宗教事务，并亲自任命行政官员和道官管理全山教务。在这里，武当道场已成为皇帝直接控制下的御用神庙，它主要的职责是为皇室祈福祝寿，如永乐二十年（1422 年），玉虚等宫道众为皇帝诵祝延圣寿宝经。

（三）明代诸帝对武当道教的优渥恩宠与提携管理

朱棣去世后，其子朱高炽即位，是为仁宗。从仁宗开始，历代皇帝都把太和山看成是"朝廷家庙"，他们不仅严格执行成祖制定的上述政策措施，而且还根据情况作了补充和改进，体现出明代皇室对武当道教的优渥恩宠与提携管理。

一是仁、宣两朝，进一步完善了原有优待扶持政策。如洪熙元年（1425 年）二月，仁宗在给湖广都指挥使司的敕命中优免了均州千户所军余的杂泛差役；宣德元年（1426 年）正月，宣宗在给湖广都司布政司

---

① 杨立志点校：《明代武当山志二种》，湖北人民出版社 1999 年版，第 22 页。

的敕命中，又宣布免除其屯田粒。据记载，均州千户所的食粮正军及余丁全部被朝廷免除了征差，杂役及屯田粒，奉命尽心尽力修理宫观。此外，宣德三年（1428 年）太常寺主任自垣奏称"道众人少""乞令在山各道收养徒弟，焚修香火"①。宣宗同意了这一要求，实际上就给予了武当道招收道徒的权力。再则，宣德四年（1429 年）五月，任自垣又奏称"油蜡十年一次送到，收顿年久，难以点照，乞照降香二年一次送用便益"②。宣宗答应让内官去购买赍送。

二是钦授内臣提督全山以加强对道教诸事务的管理。宣德十年（1435 年）三月英宗即位不久，皇室就派遣尚膳监左监翠陈野到太和山任提督。从此，均州城内增设内臣提督府，与藩臣提督府一起管理全山事务，"务在庙貌森严，道众洁净，虔奉祀事，供养香火，以祈福佑于悠久"③。到成化年间，由于镇压荆襄流民起义的镇守总兵、分守参将等武官驻扎在武当山下，为了便于监视他们，在成化十二年（1476 年）四月宪宗命提督太和山内宫少监韦贵（次年升为太监）在不妨碍"原管事务"的前提下，"兼分守荆襄二府所属州县并卫所"，"兼管附近淅川、内乡二县"④。后来，由于明政府在郡县设立了湖广行都司和郧阳府卫，所以分守太监的管辖区域就扩大到荆、襄、郧三府及河南南阳，陕西汉中、西安等府与郧阳交界的各县。凡这一地区发生的重大军政事情，甚至包括司法刑狱等事，都要由分守太监会同镇守总兵、抚治都御史及巡按监察御史等官"会同计议"，并及时向皇帝汇报。由于政教各有所专，全面兼管难免互相干扰。隆庆元年，因朝中大臣反对，明穆宗命提督太

---

① 杨立志点校：《明代武当山志二种》，湖北人民出版社 1999 年版，第 32 页。
② 杨立志点校：《明代武当山志二种》，湖北人民出版社 1999 年版，第 33 页。
③ 陶真典、范学锋点注：《武当山明代志书集主》，中国地图出版社 2006 年版，第 354 页。
④ 杨立志点校：《明代武当山志二种》，湖北人民出版社 1999 年版，第 49 页。

监"毋兼分守",但到明神宗万历年间,提督太监又兼分守湖广行都司。明皇室派遣宦官提督太和山长达二百余年,这一方面反映了明代宦官势力全面渗透朝野,另一方面也说明武当山在明朝皇帝心目中具有特殊地位。

三是大量配送、赏赐像器、经书等物充实武当山各宫观。由于太和山是明代"朝廷家庙",所以许多皇帝都曾多次钦降神像、供器、法器、经书、陈设等物以充实各主要宫观。例如,明宪宗成化九年(1473年)七月,派太监陈喜等管送真武圣像二堂于太和、玉虚二宫安奉。其中奉安于太和宫者,计真武圣像一尊,从官像四尊及水、火二将神像各一座,全用白银铸成,并饰以黄金;神帅像等十余座,均为铜铸饰金,覆以饰金雕镂重檐木殿。奉安于玉虚宫者,其真武圣像一尊,从官像四尊,水、火二神像各一座,均为镀金铜像,并配以白玉琢制的神座。两宫各赐"朱漆梓金供桌"一张。"其供器银镀金者十有四,铜镀金者二十又二,总三十八事,铜提炉二,石磬一,铜钟一。绮罗销金幡、幢、伞并杂色幡总百十有八。"① 又如明孝宗弘治七年(1494年)八月"钦降圣像十九尊,供器全。苎丝幡三十对"②;明嘉靖五年(1526年)二月"钦降圣像一堂于净乐宫安奉,供器全"③。由于加强道众知识学问与思想理论的需要,钦降道经的次数也很多,如《明英宗实录》载:正统十三年(1448年)二月,《正统道藏》刊印后,赐给武当山四部,分别藏于太和、南岩、紫霄,净乐等宫;成化十二年(1476年)遣太监陈喜送《真武经》500部到武当山,分给七大宫;成化二十二年(1486年),遣太监陈喜将御制各种道经6500部(均为拓黄绢壳面)送往武当山;

---

① 杨立志点校:《明代武当山志二种》,湖北人民出版社1999年版,第279页。
② 杨立志点校:《明代武当山志二种》,湖北人民出版社1999年版,第287页。
③ 杨立志点校:《明代武当山志二种》,湖北人民出版社1999年版,第288页。

弘治十四年（1501 年）遣太监王瑞等送御制经书到武当山太和宫，共计
4866 卷。由于明皇室尽力扶植武当道教，所以武当山各宫观像器陈设的
贵重与豪华程度，以及道书的全面丰富是当时其他名山宫观所无法比
拟的。

　　四是屡降敕谕，保护山场。朱棣创建宫观后就命令均州千户所军众
负责守护山场、保护林木，修理宫观，到嘉靖年间，守护城池，巡逻宫
观山场的旗军共 739 名。因此，明代卢重华的《敕建大岳太和山志》等
书直称该千户所为"钦设护守山场均州千户所"，内设指挥三人，千户
十人，百户七人。开始，由于武当山位于洪武初年划定的川、陕、楚、
豫四省交界的"旧禁山场"之中，所以很少有人敢违禁进入垦殖，但从
宣德以后，这一地区流民已达 150 万人。他们为了生活，往往无视国法
教规，进入武当山周围"砍伐侵种"。明宪宗为了"护持仙山"宫观，
下专旨划定山场范围，不许流民侵毁。例如，成化二十年（1484 年）六
月，宪宗特赐护持划定武当山绝对不可侵犯的四界："朕惟大岳太和山，
乃玄帝显灵之所也，形胜蟠踞八百余里，东至冠子山，西至鸦鹕寨，南
至麦场凹，北至白庙儿。其中峰、岩、滩、涧、宫殿、祠观、庙宇、河
桥并峙横跨非一……兹者，提督太监韦贵以近年流民潜于界内，砍伐竹
木，住种田地，虑恐日久愈加侵毁，乞敕护持。特允所请。继今以往，
一应官员军民诸色人等，毋得侮慢亵渎，砍伐侵种，生事扰害。敢有不
遵朕命者，治之以法。故谕。"① 到嘉靖二十六年（1547 年）世宗又命
有司"查照先朝山场四至，置立石碑，开列明白，永为遵守。其提督官
务要严饬下人巡逻护守，虔洁香火，以称朕崇玄事神之意"②。明皇室保

---

　　① 陶真典、范学锋点注：《武当山明代志书集注》，中国地图出版社 2006 年版，第 329
页。
　　② 陶真典、范学锋点注：《武当山明代志书集注》，中国地图出版社 2006 年版，第 330
页。

护武当山的措施是卓有成效的，徐霞客游览武当山时称“满山乔木夹道，密布上下，如行绿幕中”①。

从永乐以来实行的这些优厚扶持和严格管理政策可以看出明皇室对武当山是十分关切和重视的，尤其是视同国家机构，长期派遣太监任提督一事，最能说明武当山在皇室心目中的地位。据《明宫史》记载，司礼监外差的皇室重地包括“南京正副守备太监二员，关防一颗”；“天寿山守备太监一员，关防一颗”；“凤阳守备太监一员，关防一颗”；“湖广奉天府守备太监一员，关防一颗”；“大岳太和山，即武当山也，镇守太监一员，关防一颗。辖均州等处”②。南京是明代的开国都城；天寿山是明代历代陵寝所在；凤阳是朱元璋的老家；湖广承天府是明世宗登基前的藩府所在。这些地方对皇室来说都是有特殊纪念意义的要地，武当山能跻身此列，正说明真武神是皇室钦定的保家护国之神，武当山是“朝廷家庙”，嘉靖年间提督太和山的太监王佐就说“臣伏思武当香火，为朝廷祝厘之家庙”，“如此，庶使朝廷家庙香火不废”③。所谓家庙，一是指祖庙，即供奉祖先的神庙；二是指由自己家施财所建立的寺庙。这里所说的“家庙”主要从后一层意思上理解，即由皇室施舍财物所建立的专为朝廷祈福攘灾的神庙。作为“朝廷家庙”的武当山道场正是在明皇室的全力扶持下，才出现了前所未有的兴盛局面。

三、明代武当道教著名的代表人物事略考论

与武当道教的空前鼎盛相呼应，有明一代，武当山也涌现出众多著

① 徐弘祖：《徐霞客游记》，胡国浩注释，岳麓书社 2022 年版，第 91 页。
② 刘若愚：《明宫史》，北京古籍出版社 1980 年版，第 29 页。
③ 陶真典、范学锋点注：《武当山明代志书集注》，中国地图出版社 2006 年版，第 339–343 页。

名道士。这些道士，有的是宫观的复兴建设者，也有的在政治上颇受皇室重视，还有的在社会上闻名遐迩。令人遗憾的是，明中期以后，由于武当山各宫观道士已成"禀赋官道"，主要道教活动明显地受到皇室的限制，所以在思想上独立、在理论上创新并在道法上突破发展的著名道士开始减少。道士是武当山道教的主体，他们是武当山道教风貌、精神和形象的典型代表，也是武当山道教文化的载体和标高，因此，在这里，我们仅选择其中具有代表性的道士从一个侧面来反映明代武当山道教发展的情形。

（一）张三丰的事迹行谊

张三丰，是武当山名气最大、影响最大、建树最大，也是传奇色彩最浓的一代高道，他的足迹几乎遍布全国，在很多地方都留下了卓越的建树和传说。有人猜测说历史上原来有两个张三丰，一个名为"张三丰"，另一个名为"张三峰"。其实，张三丰是元明之际著名道士。据传他生于1247年，并于1464年冲举，但没有确考。关于他的生平事迹，有很多传说，但几乎所有的材料都有很重的神化想象成分。据黄兆汉、冯崇岩等先生考证，历史上确有张三丰其人。杨立志先生等人也对张三丰做过专门考辨，下面仅以宣德年间编成的《敕建大岳太和山志》和《明史》等书为依据，专门对他在武当山的活动及明皇室对他的敬慕寻访略作介绍。

据杨立志先生考证，张三丰实为张全一，字玄玄，号三丰，辽东懿州人。张三丰身形魁伟，龟形鹤骨，大耳圆目，须髯如戟。无论是三伏酷暑，还是隆冬腊月，张三丰都是千篇一律的一件麻布衣裳，一袭破烂蓑衣；有时隐居穷乡僻壤、高山大川经月不出，有时又现身城镇，招摇过市；或高视阔步，或嬉笑怒骂，自得自适，旁若无人。读书经目不忘，凡吐词发语，专以道德、仁义、忠孝为本，并没有像很多游方道士一样，专拿虚诞祸福、神乎其神的事情来忽悠欺哄世人。明任自垣《敕建大岳太和山志》记载："所以心与神通，神与道一，事事皆有先见之理也。"张三丰的行止不免怪异：或三五日一餐，或两三月一食；高兴时穿山走石，疲倦时铺云卧雪，行往无常，"人皆异之，咸以为神仙中人"①。

据传，张三丰明洪武初年进入武当山，拜玄帝于天柱峰，并遍游诸山，搜奇览胜，在此基础上，先后开辟了五龙宫、南岩、紫霄宫等道场，对武当山未来的辉煌前景充满了自信。他曾经对山中耆旧说："吾山异日与今日大有不同矣。我且将五龙、南岩、紫霄去荆榛，拾瓦砾，但粗创焉。"②他对武当道教进行了组织构架，命令丘玄清住持五龙宫，卢秋云住持南岩宫，刘古泉、杨善澄住持紫霄宫。同时，他自己在展旗峰北陲卜地结草庐，供奉玄帝香火，号为遇真宫（永乐十年改建为玉虚宫）；另外又在黄土城卜地结草庵，名为"会仙馆"（永乐间改建为遇真宫）。

洪武二十二年（1389 年），张三丰仗剑远行，拂袖长往，浪迹天涯，不知去向。同年湘王朱柏朝谒武当山天柱峰，专门拜寻张三丰落空，满怀惆怅地写下《赞张真仙诗》一首，诗中感叹："张玄玄，爱神仙。朝饮九渡之清流，暮宿南岩之紫烟。好山劫来知几载，不与景物同推迁。我向空山寻不见，徒凄然！孤庐空寂大松里，独有老弥松下眠……"③这些材料足以证明，明洪武年间张三丰曾经在武当山修道传教，并且道

---

① 杨立志点校：《明代武当山志二种》，湖北人民出版社 1999 年版，第 128 页。
② 杨立志点校：《明代武当山志二种》，湖北人民出版社 1999 年版，第 128 页。
③ 杨立志点校：《明代武当山志二种》，湖北人民出版社 1999 年版，第 36 页。

名远播，引得王公贵胄不远千里而来，寻仙问道。

洪武二十四年（1391 年），明太祖遣三山高道游历四方，整顿道教，因"闻其名"，故特意叮嘱使者"有张玄玄，可请来"。但始终未能找到张三丰。

明太宗朱棣以藩王入继大统，崇尚神异之说，奉祀武当玄帝。张三丰是明初武当山最有名的道士，也崇尚玄帝，因此，朱棣非常想把民间影响很大的"真仙"张三丰"延请诣阙"，一则可以点缀升平，收揽民心，二则可求道法仙药，以养生延寿。朱棣于永乐三年（1405 年）遣淮安王宗道在全国寻找张三丰，但遍访天下名山，没有任何音信。此后朱棣又多次派人寻访，如永乐五年（1407 年）邀请真仙张三丰；次年，再次钦命张宇初出京寻访；十年命道录司右正一孙碧云到武当山建遇真宫，并有致张三丰《御制书》：

> 皇帝敬奉书真仙张三丰先生足下：朕久仰真仙，渴思亲承仪范。尝遣使致香奉书，遍诣名山虔请。真仙道德崇高，超乎万有，体合自然，神妙莫测。朕才质疏庸，德行菲薄，而至诚愿见之心，夙夜不忘。敬再遣使，谨致香奉书虔请，拱俟云车凤驾惠然降临，以副朕拳拳仰慕之怀。敬奉书。永乐十年二月初十日。①

同时还有《敕右正一虚玄子孙碧云》："朕敬慕真仙张三丰老师。"②据明代笔记和方志记载，永乐十五年，朱棣又命龙虎山上清宫提点吴伯理"钦奉太宗文皇帝玉音，赍香暨御书入蜀之鹤鸣山天谷洞，结坛诵

---

① 杨立志点校：《明代武当山志二种》，湖北人民出版社 1999 年版，第 18 页。
② 杨立志点校：《明代武当山志二种》，湖北人民出版社 1999 年版，第 18 页。

经，祈告山灵，迎请真仙张三丰先生"①。同年，再遣宝鸡医官苏钦等斋香书遍访张三丰于天下名山。虽然朱棣并未访到张三丰，但由以上记载可明显看出他仰慕张三丰的至诚至切之心。

明英宗天顺三年（1459 年）封赠张三丰为"通微显化真人"。武当山保存有成化十三年（1477 年）河南南阳府邓州信士募资铸造的《贻赐仙像》铜碑，此碑现存于宝鸡金台观内。碑首为篆额，中为英宗之制，下为张三丰像。制云：

> 朕惟仙风道骨，得天地之真元；秘典灵文，夺阴阳之正气。顾长生久视之术，成超凡入圣之功。旷世一逢，奇踪罕见。尔真仙张三丰，芳姿颖异，雅思孤高，存想专精，炼修坚完。得仙箓之宝诀，饵金鼎之灵膏，是以名隶丹台，神游玄圃。去来倏忽，岂但烟霞之栖；隐显渺茫，实同造化之妙。兹特赠尔为"通微显化真人"，锡之诰命，以示褒崇。于戏！蜕形不老，永惟物外之逍遥；怡道绝伦，益动寰中之景慕。尚期指要，式惠来英。天顺三年四月十二日。②

对张三丰特别关注的学者是清人汪锡龄。他在《隐镜编年》指出，成化二十二年（1486 年）诏封张三丰为"韬光尚志真仙"，嘉靖四十二年（1563 年）封张三丰为"清虚元妙真君"，天启三年（1623 年）封张三丰为"飞龙显化宏仁济世真君"，言之凿凿，但不知道他的根据所在，道界和学界大都以为是汪锡龄制造出来的噱头。

杨立志先生考证，对张三丰事迹生平与行谊记述较多的著作今存不

---

① 蒋蘷：《张神仙祠堂记》，载《大邑县志》卷 12，清同治六年刻本，第 3 页 b。
② 杨立志点校：《明代武当山志二种》，湖北人民出版社 1999 年版，第 456 页。

少，其中《道藏辑要》收有汪锡龄初编，李西月（清代著名道士）重编的《张三丰先生全集》八卷，但其中有不少内容为他人所作或"扶乩降笔"。明代及清初有关文献提到一些张三丰的著作，如嘉靖间成书的《天水冰山录》录有《张三丰金丹节》一部，手抄本；万历四年（1576年）朱睦㮮著《万卷堂书》，录有张三丰著作三部：《金丹小成》一卷，《金丹直指》一卷，《修养保身秘法》一卷；宝鸡金台观有万历九年（1581年）所立《赠张三丰书制》碑，提到张三丰撰有《金丹玄要》三篇；《千顷堂书目》著录张三丰《金液还丹捷径口诀》一卷、《金丹直指》一卷、《金丹秘旨》一卷；《明史稿》有张三丰《金丹直指》一卷；康熙十二年（1673年）修《贵州通志》谓：张三丰尝有《了道歌》《无根树词》二十四首；清李西月重编的《张三丰全集》载："永乐时，尚书胡广言张三丰实有道法，广具神通。录其《节要篇》并《无根树》二十四首、金液还丹歌、大道歌、炼铅歌、地元真仙了道歌、题丽春院、二阙、琼花诗、青羊宫留题诸作上呈。"①《仙鉴》所载的张三丰著作，《张三丰全集》多已收录。这些丹经、寺文虽难以确定是否为张三丰所著，但在没有足够证据否定之前，我们可以视之为明代张三丰一派的文献。

杨立志先生指出，张三丰一派的思想与教理在武当道教具有重要地位，其主要思想特点有以下几个方面：一是强调三教合一，把三教同源一致之点归结于道，张三丰精通三教经书，以道为三教共同之源。二是强调忠孝伦理实践，调和入世与出世。《敕建大岳太和山志》称张三丰"凡吐词发语，专以道德仁义忠孝为本"②。其思想中有和会理学的倾向。张三丰一派虽以尚高隐、远荣利为宗风，如张三丰本人不应明帝之召，

---

① 李西月：《张三丰全集》，华夏出版社 2017 年版，第 408 页。
② 杨立志点校：《明代武当山志二种》，湖北人民出版社 1999 年版，第 128 页。

不重形式上的出家离俗，主张"大隐市廛，积铅尘俗"。三是重视修炼内丹。《敕建大岳太和山志》称："我祖张真仙，道著太微，功参玄造。"① 且志中所载张三丰弟子皆修炼内丹。《玄歌》说："未炼还丹先炼性，未修大药且修心。心静自然丹性至，性清然后药苗生。"② 至心空性观，"一阳初动"，即须及时采药封固，炼化精气，称"金液还丹"。其四，张三丰一派的内丹学仍从宇宙生成探索人生命之源，《大道论》以无极—太极—阴阳五行的宇宙生存论比附人之生育，称"浑浑沦沦，孩子之体，正所谓天性、天命也。人能率此天性，以复其天命，此即可谓之道"③。

张三丰不仅内丹造诣甚深，对道法道理深有研究，而且活学活用，勤于实践，他武功高强，兼擅拳剑，对此，明代及清初文献也多有记载。《大邑县志》载有宣德二年（1427 年）蒋夒撰《张神仙祠堂记》云："仙自少臂力过人，善骑射。"④《大岳太和山记略》载有明湖广监察御史贾大亨《题太和山》，诗中吟道："山峪凌虚灏，神尊据化权……希夷丹气满，腊遏剑光妍……"⑤ 清初田雯撰《古欢堂集》，有《三丰道人壁影歌》，其中"熊经鸟伸诀自秘""长生思假六禽戏"⑥，这似乎又与道家的导引动功有关。王士禛云："拳勇之技，少林为外家，武当张三丰为内家。"⑦ 黄宗羲撰《王征南墓志铭》称内家拳创始人为北宋末武当丹士张三丰，此说来自武术家口传，无法确考。宋代张三丰之说

① 杨立志点校：《明代武当山志二种》，湖北人民出版社 1999 年版，第 137 页。
② 李西月：《张三丰全集》，华夏出版社 2017 年版，第 429 页。
③ 李西月：《张三丰全集》，华夏出版社 2017 年版，第 88 页。
④ 蒋夒：《张神仙祠堂记》，载《大邑县志》卷 12，清同治六年刻本，第 3 页 b。
⑤ 杨立志点校：《明代武当山志二种》，湖北人民出版社 1999 年版，第 412 页。
⑥ 田雯：《三丰道人壁影歌》，转引自杨国霖、熊生祥《张三丰诗词歌谣集》，中国文史出版社 2007 年版，第 103–104 页。
⑦ 李西月：《张三丰全集》，华夏出版社 2017 年版，第 23 页。

有可能是武林人士为自高声价，而把丹拳兼练的张三丰远推到宋徽宗时代，并以他为内家拳之祖师。本书认为元明间武当著名道士张三丰，既精于内丹仙学，又兼擅拳剑武艺，是道教武术的集大成者。洪武间张三丰在武当山授徒多人，永乐以后钦选的各地各派道士四百人皆以他为祖师，故其丹法拳技流传甚广。明清以斥武林多称张三丰为武当内家拳、太极拳创始人，而其重内功内丹，崇尚以柔克刚、以静制动的武当道教武术逐渐在民间独树一帜，闻名遐迩，成为与少林武术齐名的南方武术代表。

（二）张三丰的两大高足——丘玄清、孙碧云

明初武当山著名道士中的丘玄清、孙碧云是张三丰的嫡传知名弟子，都对武当道教的发展做出了卓尔不凡的贡献，都被《敕建大岳太和山志》列为"高道"，并获得扬名立万、享有专志的殊荣。

丘玄清，号云谷。西安富平（今陕西富平县）人，一说陕西咸宁（今西安市长安区）人。自幼从黄冠师黄德祯出家，读书造理。明初，丘玄清借其徒蒲善渊，从汉中抵四川，至金川商山求胜地栖息不可得。洪武四年（1371年）自襄阳历经均州，来游武当，见张三丰真仙，两人心有灵犀，一见如故，被推举为五龙宫住持。

纵观丘玄清的修为，主要在三个方面。

第一，他是五龙宫的复兴者。被张三丰推荐为五龙宫住持后，丘玄清克勤克俭，奋发作为，率领众徒在五龙宫收拾瓦砾，清除荒草，整理故墟，构建庐室暂居，"积精存神，修真导和，服行清净，承学大来"①。次年恢复五龙宫，"稽材陶瓦，覆堍貌坚。远近乐施，不期岁间，宫殿

---

① 杨立志点校：《明代武当山志二种》，湖北人民出版社1999年版，第191页。

廊庑，栖止庐舍，次第一新。殿塑圣像其中，神将前列，钟鼓在悬"①。短短一年工夫，就从瓦砾荒草之中、残垣破壁之下，使五龙宫人声鼎沸，香火旺盛，圣象端庄，道声远播。只此一例，足见丘玄清是一位奋发作为、雷厉风行的事业型的道长。

第二，亦官亦道，他是沟通朝野、武当与北京的桥梁。丘玄清为人宽襟大度，掌管教门达十年之久。洪武十四年（1381 年）官府以其贤才荐于朝廷，除授监察御史。明太祖朱元璋给他顶尖美色宫媛二人，他力辞不受。第二年就被朱元璋破格提拔为太常寺卿，诰封二代，宗祖蒙麻。洪武十八年（1385 年）敕授"嘉议大夫太常寺卿"。每遇大祀天地，朱元璋宿于斋宫，问以晴雨之事，玄清奏对，立有应验，因而朱元璋更加器重和尊敬他。丘玄清为人勤勉有加，平昔公务之余，总以诵读道经为乐，常常《黄庭》《道德》不辍于口。空闲之时，往往神思飞越，凝神坐忘。

第三，他的善终被视为修成得道。洪武二十六年（1393 年）二月的一个傍晚，丘玄清对他门徒说，"我当谢天恩弃尘世去也"②。第二天，沐浴更衣之后，端坐瞑目，溘然长逝，终年 67 岁。朝廷遣礼部侍郎张智行御祭礼，葬于五龙宫黑虎涧之上。明代《敕建大岳太和山志》中收录明太祖任命他为"嘉议大夫太常寺卿"的诰命和为他而撰的祭文及当时文人为他写的一些赞、诗、序、记等。仅此一例，就足见丘玄清生前享有的器重和身后别加的恩荣。

孙碧云，陕西冯翊（今陕西大荔县）人。孙碧云的名世，也取决于五个方面的原因。

一是他的道学根基深厚，年少便出类拔萃。幼年颖悟，愿欲学仙，

---

① 杨立志点校：《明代武当山志二种》，湖北人民出版社 1999 年版，第 191 页。
② 杨立志点校：《明代武当山志二种》，湖北人民出版社 1999 年版，第 131 页。

13 岁就进入华山为道士，"寻钱刀之踪，追希夷之际，岩栖屋树，服气养神。探《黄》《志》经旨，《周易参同》与夫儒、释、诸子、史书罔不熟读，研精覃思，固有年矣"①。

二是风传唯有他得了张三丰的真传，掌握了常人无法企及的道教道术。《华州志》载："碑上有孙碧云道庵。庵下山溪中，有巨石大窝，世传孙碧云受张三丰仙人道术，驭鹤引凤。"② 并称孙碧云"受张三丰之教得仙，明太祖高皇帝洎成祖，俱有诏征谕赐之宠"③。明代《敕建大岳太和山志》中有永乐皇帝《敕右正一虚玄子孙碧云》曰："朕虽未见真仙老师，然于真仙老师鹤驭所游之处，不可以不加敬。今欲创建道场，以伸景仰钦慕之诚。尔往审度其地，相其广狭，定其规制，悉以来闻。"④

三是他发扬光大了张三丰儒道释三教同归的教法思想。洪武二十七年（1394 年），明太祖因梦遣奉御张武等人请孙碧云至京，命住朝天宫，遣官赐衣。十二月十一日第二次召见孙碧云，朱元璋问："三教之说，其优劣如何？"孙碧云回答说："于道言之，则无优劣之辨。教虽分三，道乃一也。推其亘古今历代以来，圣帝明皇在中原大国，南面垂衣而理世，咸称为尊君，岂不为优乎？其四海八方，化外偏帮小国，共入会同而咸来朝贺，北面顿首，三呼再拜而称为微臣，岂不为劣乎？而宣圣孔子，陈三纲之礼，五常之教，万代则之，而历代崇奉，岂不为优乎？而太上训道德无为，修身治国之玄理，滨清静太朴，正己正人之圣化，上古明君，成为准则，而称为善治，岂不为优乎？而释迦文佛，出自西极，而教流东土，谈检身治心真实之微言，说过去未来不虚之因果，若遵守之，则超出十地，岂不为优乎？若此三教之说，途虽殊而归乃同

① 杨立志点校：《明代武当山志二种》，湖北人民出版社 1999 年版，第 133 页。
② 李可久：《华州志》卷 2，明万历八年刻本，第 3 页 a。
③ 李可久：《华州志》卷 24，明万历八年刻本，第 10 页 b。
④ 杨立志点校：《明代武当山志二种》，湖北人民出版社 1999 年版，第 457 页。

也，虑虽百而致乃一也，本无优劣之辨。"此番议论，切中肯綮，朱元璋听后大悦，后来对孙碧云说："朕便是轩辕，尔便是广成。"① 实际上孙碧云的这番话阐述了张三丰一系的儒道释三教归一的思想。

四是成为武当道教思想的传播者和大建武当的规划者。永乐十年（1412 年）明成祖召其至阙下，敕授道录司右正一职事，赐御诗一章，并对礼部尚书吕震下圣旨，让孙碧云到武当南岩办道修行，并准许他自由往来天下福地，修行云游。同年三月，明成祖又命他到遇真、五龙、紫霄、南岩四处勘查测量，定其规制，从大兴武当的全局考虑，为营建工程作规划设计。

五是武当山榔梅派的开山祖师。永乐十五年（1417 年）孙碧云对门人说："教门已兴，吾将往也。"第二天，更衣沐浴，焚香遥空礼谢，端坐而逝。驸马都尉沐昕、礼部尚书金纯、侍郎郭琎闻讯，嗟悼不已。孙碧云故后葬于桧林庵。太易子作《碧云集》行之于世。他是武当山榔梅派的开山祖师，该派又称"武当本山派"，主要在南岩宫等处传承。

（三）明代"太和四仙"

除了丘玄清、孙碧云两大高足之外，张三丰还有四个弟子比较有名，有明一代，他们被称为"太和四仙"。

卢秋云，光化（今湖北光化县）人，早年师从终南山大重阳万寿宫高士学道，接触了全真道的道法之理。后来再遍访江右各处名山大川，又入龙虎山上清宫，学习天师道的道法精理，终至佩领教符。然后再来武当山五龙宫，因为大道高德和清声美誉，一直担任五龙宫住持。忽然

---

① 中国武当文化丛书编纂委员会：《武当神仙大观》，武汉出版社 2000 年版，第 212 页。

一天，卢秋云退隐到了南岩紫霄之巅，从此杜门不出，专心体道，"若将终身焉"。永乐八年（1410年）冬，卢秋云无疾而终。明代《敕建大岳太和山志》称张三丰命卢秋云住持南岩，由此可推测其确为张三丰弟子。

刘古泉，河南人，生卒年月不详。刘古泉道术充满神秘传奇色彩，一生练就了不少非凡超绝的功夫，但到晚年，却淡泊明志、返璞归真，顺应天道、融入自然。《敕建大岳太和山志》称他"早脱樊笼，有蹑景凌虚之志，九还七返之妙，调铅炼汞之功，并无虚日。石火电光，知其自警。既后精神全就，与道惟一，乃入宝珠岩下蒲团。春风之乐，自谓足矣。一旦告道友杨公曰："吾今解带，正在此时。'语毕，撒手而去"①。

杨善澄，太行西山人，生卒年月不详。《敕建大岳太和山志》称他"夙有道契，清源中来，默守珠辉，深根固蒂，志在太和紫霄之上，后果如其意。同刘古泉结岁寒之盟，偕入宝珠岩下，闲谈太极，至乎无极之妙。一点头来，与古泉各自珍重。翌日，翛然而去"②。《敕建大岳太和山志》称张三丰命刘古泉、杨善澄住持紫霄，故此二人乃张三丰弟子。

周真德，不知何许人。《敕建大岳太和山志》称洪武间张三丰在武当山卜地建遇真宫、会仙馆，对其弟子周真德说："尔可善守香火，成立自有时来，非在子也。至嘱，至嘱。"③ 其他晚出的书籍如任洛《辽东志》、吴道迩修《襄阳府志》等也多提及他，但都没有超出上述范围。

明初武当山著名道士除张三丰一系外，还有许多其他道派或道派不明的高道，如邓青阳、简中阳、李孤云等。永乐年间大修武当宫观，明

---

① 杨立志点校：《明代武当山志二种》，湖北人民出版社1999年版，第130页。
② 杨立志点校：《明代武当山志二种》，湖北人民出版社1999年版，第130页。
③ 杨立志点校：《明代武当山志二种》，湖北人民出版社1999年版，第128页。

成祖又遣官在全国选拔高道，分任武当各大宫提点、住持，一时间各地名道高士汇聚武当。限于篇幅，此处从略。

第三节　武当山与中国道教的勃兴（下）

一、明代武当山道教建筑群建设情况

由于朱棣崇奉玄武神不是出于一般尊神敬鬼的宗教需要，而是出于靖难夺嫡和巩固继统的政治需要，所以他在兴工营建武当玄武宫观的过程中，不惜耗费长久的时间和巨大的人力物力，务使武当宫观建筑"坚固壮实，万万年与天地同其久远"①。

（一）明成祖大修武当的基本情况

朱棣大修武当山道教宫观，历时 14 年而建成。纵观 14 年的营建过程，大致可划为三个阶段。

一是规划筹备阶段，从永乐九年到永乐十年（1411—1412 年）。永乐九年朱棣命工部侍郎郭琎前往湖广督武当山宫观修建，并敕命要求所有大权集中于郭琎一人之手，别人不得干预。郭琎是由朱棣一手提拔起来的工部官员，为人沉稳干练，"以勤敏著称"，他首先被派往武当山负责征集军民夫匠，调运砖瓦木石。为修建武当宫观征调的工匠包括十五个工种，即木、石、土、瓦、画、铜、铁、锡、铸、五墨、油漆、妆鉴、

---

① 杨立志点校：《明代武当山志二种》，湖北人民出版社 1999 年版，第 24 页。

捏塑、搭材等，各工种都有工匠作头三五人负责设计组织，另外，还抽调了医士、阴阳先生多人。这些人主要来自湖广、江浙、河南、陕西、四川等地，《敕建大岳太和山志》称有"军夫二十余万"①，但《明史》说："丁夫三十余万人。"② 虽然两种记载略有矛盾，但大建武当十余年间花费人力的总数，即如王世贞所言"一年二百万人力"③。需要说明的是，这里所说的匠役人数，仅仅是指在武当山从事营建的数万名工匠和作为工匠助手的十几万民夫。武当山的营建动用江南、中原十数省的人力物力。如从事伐木、采石、烧造和运输等方面工作的夫役。据《敕建大岳太和山志》记载："敕建武当宫观，材木采买十万有奇，悉自汉口江岸直抵均阳。"④ "永乐十年，管运武当山琉璃诸物至襄阳，小舟万计泊祠下。"⑤ 由于武当山是神山，不能就地砍伐木料，只有从四川等地采买运来；而琉璃诸物也来自东南产地。这些建筑材料的运输都是走水路，长江沿岸的材料首先集结于武昌，然后由纤夫挽船溯汉江而上，经襄阳运抵武当山，其间所费人力也当以十万计。在征工备料的同时，测量规划工作也在进行，永乐十年（1412年）三月，朱棣命道录司右正一孙碧云"尔往审度其地，相其广狭，定其规制，悉以来闻，朕将卜日营建"⑥，接到命令，孙碧云便回到武当山，前往紫霄、五龙、南岩、遇真等处勘定宫址。

二是主体工程营建阶段，从永乐十年到永乐十六年（1412—1418

---

① 杨立志点校：《明代武当山志二种》，湖北人民出版社 1999 年版，第 179 页。
② 章培恒、喻遂生分史主编：《二十四史全译·明史》（第 9 册），汉语大词典出版社 2004 年版，第 6106 页。
③ 王学范：《王世贞抚郧诗文集》，长江出版社 2010 年版，第 38 页。
④ 杨立志点校：《明代武当山志二种》，湖北人民出版社 1999 年版，第 181 页。
⑤ 陶真典、范学锋点注：《武当山明代志书集注》，中国地图出版社 2006 年版，第 291 页。
⑥ 杨立志点校：《明代武当山志二种》，湖北人民出版社 1999 年版，第 131 页。

年），完成了武当山营建工程的主体部分，共创建了五大宫以及其他二十多处宫观庵庙。作为朝廷的代表，共同负责营建武当山宫观的有隆平侯张信和驸马都尉沐昕，他们是朱棣最宠信的人。隆平侯张信是被朱棣呼为"恩张"的靖难功臣，而沐昕则是朱棣女儿常宁公主的丈夫，后期派往武当山的礼部尚书金纯也是朱棣信任的人。由这些人督修武当宫观，就自然能百分之百地体现朱棣的意志和思想，即便如此，朱棣依然不放心，除了告诫张、沐等人"竭力用工""不可有丝毫怠忽"外，还专门在永乐十年（1412 年）七月十一日对所有大修武当的官员军民夫匠人等下了一道"黄榜"，在这篇黄榜里，朱棣用通俗的口语讲述了他大修武当宫观的原因和官民军匠应遵守的纪律，并宣称："这件事不是因人说了才兴工，也不因人说便住了工。若自己从来无诚心呵，虽有人劝，着片瓦工夫也不去做；若从来有诚心要做呵，一年竖一根栋、起一条梁，逐些儿积累，也务要做了。恁官员军民人等，好生遵守着我的言语，勤谨用工，不许怠惰。早完成了回家休息。故谕。"① 从这道皇榜可以看出朱棣大修武当的诚心与决心，也可以看出他强迫几十万夫匠长期为他劳作的强硬态度。此后，营建工程正式动工，几十万军民夫匠在武当山周围数百里的崇山峻岭和沟壑溪流中，或搬砖运木，或树栋架梁，或凿石开道，或炼铁冶铜，在极为艰苦的条件下，用非常原始的施工方式来垒砌武当山的巍峨宫观。经过他们几年的辛勤劳动，紫霄、南岩、净乐、五龙、遇真、清微、朝天等宫，太玄、元和、五龙、复真、仁威、威烈、八仙、太常等九宫八观先后建成，太和宫金殿也被运上了海拔1612 米的天柱峰峰顶。

朱棣非常重视武当宫观建筑的核心太和宫金殿的铸造和运输。永年十四年（1416 年）九月初九日，为运送金殿，他专门对都督何浚下圣

---

① 杨立志点校：《明代武当山志二种》，湖北人民出版社 1999 年版，第 284 页。

旨："今命尔护送金殿船只至南京，沿途船只务要小心谨慎。遇天道晴明，风水顺利即行。船上要十分整理清洁。"① 由此可见，金殿是在北京铸造好后，经新疏通的大运河、长江、汉水，由水路运上武当山的。长路漫漫，行程艰难。在当时运载和吊装技术尚不发达的条件下，把金殿搬运上山组装是一项极艰巨的工程，其施工难度是可想而知的。金殿安装好后，永乐十五年（1417 年）朱棣将武当山改名为"大岳太和山"，并给五大宫敕赐新名。主体工程到此基本完成。

三是补充工程营建阶段，从永乐十七年到二十二年（1419—1424年）。为了尽善尽美，这段时间补充修建了一些小庵庙，各大宫增设了一些亭台围墙等建筑物，如永乐十七年（1419 年）四月建净乐宫紫云亭，同年五月建太和宫四围墙垣。与此同时，还铸造塑制了大批神像，垒筑了登山神道和桥梁，朱棣也给另外 11 个小宫观敕赐新名。永乐二十二年（1424 年）二月，"敕湖广布政司右参议诸葛平：朕创建大岳太和山宫观……今工已告完，特用敕尔常川巡视，遇宫观有渗漏处，随即修理"②。诸葛平虽为藩参，但"不管布政司事，专在大岳太和山提调事务"③。同年秋七月，朝廷为宫观告成，在玉虚等宫建"金箓大醮"七昼夜。由此可见，朱棣直到死前（同月朱棣病死于榆木川），仍在关注武当山。在大修武当山的 14 年中，朱棣始终注视着这里的情况，据《敕建大岳太和山志》统计，他先后为此颁布的敕谕诏诰碑文共 30 余道。其内容除上面已提到的外，还包括道士的选派、管理和生活安排，各宫观所用香烛灯油的采买和建筑余料的处理等问题，总之，事无巨细，都要由他安排决定。

---

① 杨立志点校：《明代武当山志二种》，湖北人民出版社 1999 年版，第 22-23 页。
② 杨立志点校：《明代武当山志二种》，湖北人民出版社 1999 年版，第 291 页。
③ 杨立志点校：《明代武当山志二种》，湖北人民出版社 1999 年版，第 24 页。

　　大修武当消耗了朝廷大量库存，其数量可以说是惊人的，朱棣也曾亲口说："工作浩繁，实皆天下军民之力，辛勤劳苦，涉历寒暑，久而后成。凡所费钱粮，难以数计。"① 明代史学家、文学家朱国桢认为："而于道教，惟太和山一役，则因默祐之功，竭两朝物力表其巅。"② 关于钱粮耗费的具体数字，只能推算。以粮食的消耗看，三十余万军民夫匠若按修乾清宫的岁支工食米标准，每年所需粮食近一百三十万石；至于工料匠资等银钱消耗，《明史》说"费以百万计"③。明人王士性（1577 年进士）也认为："文皇造五宫时，用南五省之赋作之，十四年而成，此殆不可以万万计者。"④ 这些估算表明，营建武当宫观的耗费是极其巨大的。

（二）明代武当山建筑群的维修与明世宗的扩展情况

　　为了尽善尽美，明成祖大修武当宫观之后，历代帝王官吏又不断进行修缮和增建，使武当宫观始终完美如新。督工修缮宫观是提调藩参和提督太监的日常工作，所用人工来自均州千户所军众，该所四千余名正军余丁平时只有数百人负责操备城池，巡禁山场宫观，其余三千余人的日常工作是烧造砖瓦、采办木料，遇有损坏，随即修理。成化五年（1469 年）宪宗敕内官监右监丞韦贵："得尔奏，彼处宫观房屋、桥梁、道路，年久损坏数多。其均州千户所正军，多系先前学木石等匠，要乞

---

① 陶真典、范学锋点注：《武当山明代志书集注》，中国地图出版社 2006 年版，第 353 页。
② 上海古籍出版社编：《明代笔记小说大观》，上海古籍出版社 2005 年版，第 3873 页。
③ 章培恒、喻遂生分史主编：《二十四史全译·明史》（第 9 册），汉语大词典出版社 2004 年版，第 6106 页。
④ 王士性：《广志绎》，中华书局 1981 年版，第 88 页。

优免征差，兼同余丁专一修理等因，今特准尔所奏……"① 实际上，均州千户所差不多已不再是国家的专门武装力量，而是以修理道教宫观，守护武当山场为主要职责的"皇家工程兵"。兴工修理的经费先是俱派襄阳府所属州县动支钱粮，差官买办料物解用，弘治六年（1493 年）以后则奉旨由香钱中支给。这一政策一直执行到明末。

永乐至嘉靖间大的增修工程不多，宣德元年（1426 年）宣宗敕命右副使苏敬："尔往大岳太和山修理宫观、桥梁、道路，务在坚完。"② 并命他提督管工官员。成化十七年（1481 年）提督太监韦贵为报玄帝佑护迎恩桥之恩，备己资修理一观，宪宗赐名迎恩观。成化十九年（1483 年）又改观为宫。弘治十七年（1504 年），孝宗敕命提督太监齐玄说："尔原奉命创建庙宇到彼，便相择建造，精致如法，壮丽坚久，以伸朕崇奉之意。其所用木、石、钱、粮、人工、物料，悉听尔处置……"③

明世宗重修武当宫观，是继成祖之后又一项大规模的修建工程，明代《敕建大岳太和山志》将二者并提，称"创建宫观"和"重修宫观"。提督工程的工部侍郎陆杰撰有《敕修玄岳太和山宫观颠末》记其事，《明世宗实录》对此事也有记载。

嘉靖三十一年（1552 年）二月二十九日"诏修太和山玄帝宫"，圣旨云："朕成祖大建玄帝太和山福境，安镇华夷，厥灵赫奕，计今百数十年，必有弗堪者。朕今命官奉修，便行与湖广抚按官督同该道官，诣山勘视应合修理处所，估计工费，限四十日以里回奏。工部知道。"④ 湖

---

① 陶真典、范学锋点注：《武当山明代志书集注》，中国地图出版社 2006 年版，第 322 页。

② 杨立志点校：《明代武当山志二种》，湖北人民出版社 1999 年版，第 31 页。

③ 中国武当文化丛书编纂委员会：《武当历代志书集注》（第 1 册），湖北科学技术出版社 2003 年版，第 470 页。

④ 杨立志点校：《明代武当山志二种》，湖北人民出版社 1999 年版，第 285 页。

广抚按官三月初九日接到圣旨，迅速奔赴武当山勘查，回奏称该山宫观除金殿外，太和宫以下不无损漏，类有弗堪，宜及时修理，"湖广抚按官会计工费，当用银十万四千二百五十余两。上命发内帑银十一万两给之，敕原任侍郎陆杰提督工程"①。同年六月在给陆杰的敕书中说"合用物料，于见颁去官银及有司动支，处办听用……事完通将办过工程，用过物料。银两数目，造册奏缴朝廷"②。重修宫观工程的指挥班子包括：提督工程工部右侍郎陆杰；会计财用区理接济官湖广布政使司左布政使刘伯跃、右布政使邹守愚、右参政姜恩；提调工务官湖广布政使司右参议雷贺、王继洛，按察副使陈绍儒、李凌云，湖广都司指挥佥事李经、行都司佥事陈惟乔；提调输运工料官襄阳府知府吕颙、胡汝翼，郧阳府知府黎尧勋；总理工务官包括襄阳、承天、常德、郧阳、岳州等府同知、通判，均州知州及湖广行都司经历、千户等17人；分理工务官包括宜城、襄阳、黄陂、湘潭、当阳、平江等县知县、判官、县丞、主簿及襄、郧卫所指挥、千户、百户等55人。

修缮的工程物资准备重在节省开支，为了避免"陟危履隘，转盘之费，数倍物值"③，一般建筑材料只好就地烧造、采伐、加工。"永乐间宫各有塘，久而埋没，于是觅而得之。自窑移于均之小江口、郧之潦石铺、柘溪口，黑窑于石板滩、蒿口、花栗岗。故有道，可避天门险峻，于是刊木通之。宫宇率依山薄崖，非假梯架莫可致力，须木须麻，各以数十万计，乃芟密林，伐山藤。诸费之省、靡不类是。"④ 修缮工程共分为四大工区，即太和宫工区、南岩宫工区、紫霄宫工区、玉虚宫工区，其余净乐、五龙、遇真、迎恩诸宫观"度宜量可，力裕而事集矣"。修

①《明世宗实录》卷382，嘉靖三十一年二月。
② 杨立志点校：《明代武当山志二种》，湖北人民出版社1999年版，第286页。
③ 杨立志点校：《明代武当山志二种》，湖北人民出版社1999年版，第353页。
④ 杨立志点校：《明代武当山志二种》，湖北人民出版社1999年版，第353页。

缮工程兴工前后，"郧襄比岁旱潦，民食告艰。工所转米粟给佣直，以力就食，所赖生全者无算"①。这种以工代赈的办法既救治了不少灾民，又为工程吸引了成千上万的廉价劳动力。史志没有这次工程人力耗费的确切记载，但据估算工匠、夫役人数不会少于十万人。钱粮耗费只用帑银九万多两，为皇室节省白银一万多两，但"官役之需，出有司者不隶焉"②，实际支出当是内帑银的数倍，主要由湖广地方承担，如玉虚宫正门外的两个御制碑亭，即湖广巡按屠大山等"发公羡共成之"。

修缮工程自嘉靖三十一年（1552 年）六月动工，到嘉靖三十二年（1553 年）十月竣工。修理项目包括：整换太和宫金殿台基、姜礤、花斑石 17 块，周护朱红栏杆一层，范造金像五尊。在入山道口鼎建碧色石料"治世玄岳"石坊一座，左右屏墙、海墁、踏垛 1200 丈，太和、紫霄、南岩、五龙、玉虚、遇真、迎恩、争乐等 8 宫并带管岩庙、殿宇、门廊、庭堂、方丈等处，共鼎新琉璃成造 5 座，计 11 间；琉璃结窝 78 座，计 152 间；鼎新布瓦成造 114 座，计 235 间；布瓦结窝 798 座，计 2043 间。修理琉璃结窝墙垣 91 丈，布瓦结窝墙垣 9981 丈。修砌石路共 10800 丈 8 尺，石桥 28 座，八宫丹墀、阶条、海墁照旧俱用砖石剔除。沟渠俱修砌挑浚③。嘉靖三十二年（1553 年）十一月，世宗撰《御制重修太和山纪成之碑》，遣中书官往武当山勒石。十二月，遣英国公张溶往行安神礼，恭诚伯陶仲文往建醮。"已乃以工成颁赏效劳诸臣。命工部右侍郎陆杰回部管事，荫一子入监读书，仍赏银四十两，纻丝四表里"，其余官员屠大山、冯岳、沈良才、胡宗宪、朱瑞登、周如斗、王佐

---

① 杨立志点校：《明代武当山志二种》，湖北人民出版社 1999 年版，第 354 页。
② 杨立志点校：《明代武当山志二种》，湖北人民出版社 1999 年版，第 354 页。
③ 陶真典、范学锋点注：《武当山明代志书集注》，中国地图出版社 2006 年版，第 307 页。

等各赏赐有差。①

　　嘉靖四十五年（1566 年）抚治都御史刘秉仁题准修理玉虚宫等宫观，并一带桥梁道路。钦差提督工程工部右侍郎张守直、主事艾杞等数十名官员督修。其后隆庆三年（1569 年）、万历三年（1575 年）都有报经皇帝批准的维修工程。《明熹宗实录》载：天启七年（1627 年）三月，"太和山玉虚宫灾，命该监会同地方官估计物料……作速修理"②。

　　由于朝廷的精心管理和认真维修，武当宫观在明朝统治的 200 多年中，始终完整坚固，住行畅达，精美如新。

（三）明代武当山道教宫观的建筑规模

　　经过明成祖十多年的经营，武当道教宫观被修建得精美异常，宏伟壮丽，不仅在规模上超过了全国各地的道教建筑群，而且在明清建筑史上也占有重要地位。

　　从总体上看，武当道教建筑群是由东、西、北三路立体展开，数百里朝山香道串联着 33 处宫观庵堂亭台岩庙等建筑，香道多为巨石铺砌，山下部分平坦宽敞，登山石阶规则整齐，险陡之处有石雕栏杆或铁索保护；香道沿途共修有大小石桥 47 处，或单孔或多孔，风格特异，皆如飞虹卧波，凌空而渡，反映了明初工匠的高超技艺和风格。从均州净乐宫沿建筑线上行，但见五里一庵、十里一宫，朱户隐见，楼阁玲珑，几十处宫观建筑与山势风景互为隐衬，把武当山装点得如同仙境。明代文学家对此多有描述。袁中道（1616 年进士）把玉虚宫比作"海上三山，忉

————————

① 《明世宗实录》卷 405，嘉靖三十二年十二月丙子。
② 《明熹宗实录》卷 82，天启七年三月乙丑。

利五院"①，王世贞在诗中写道："太和绝顶化城似，玉虚仿佛秦阿房。南岩宏奇紫霞丽，甘泉九成差可当。"② 顾璘（1496 年进士）认为："凡宫殿皆拟天庭帝座之崇严，虽行寮寄寓，皆费中人百家之产。"③ 诸如此类的描述，不胜枚举，也正反映出武当道教建筑群的宏大规模和雄伟气势。

武当建筑的精华是太和宫金殿，该殿面阔进深均为三间，高 5.5 米，面宽 5.8 米，进深 4.2 米，全为铜铸镏金重檐庑殿式仿木构建筑，总重达 80 万余斤；金殿内神像、几案、供器等皆铜铸镏金。武当金殿作为我国古建筑中稀世珍宝，其工艺之精致、形式之优美，体现了明初工匠高超的铸造、装配和镏金技术，反映了 15 世纪我国铸造工艺和金属建筑的辉煌成就。

武当宫观殿宇的具体房屋间数，明代前后记载不统一，但从最小的数字看也是体量惊人。《明太祖实录》说："凡为殿观门庑享堂厨库千五百余楹。"④ 但永乐二十二年（1424 年）礼部右侍郎胡濙对朱棣奏称："敕建大岳太和山宫观大小三十三处，殿堂房宇一千八百余间。"⑤

对于房屋数量的不同记载和统计，杨立志先生认为，考查任志垣《敕建大岳太和山志》以后的各种山志可知，永乐以后百余年中，除太监韦贵于成化年间修迎恩宫外，别无扩建工程；而且成书于嘉靖十五年（1536 年）的方升《大岳志略》载明，各宫均落成于永乐年间，故可

---

① 袁中道：《珂雪斋集》（中册），上海古籍出版社 2019 年版，第 718 页。
② 王太宁、陈新闻注：《四库全书·均州武当山沧浪文献辑录》，湖北人民出版社 2017 年版，第 659 页。
③ 王太宁、陈新闻注：《四库全书·均州武当山沧浪文献辑录》，湖北人民出版社 2017 年版，第 653 页。
④《明太祖实录》卷 207，永乐十六年十二月丙子。
⑤ 杨立志点校：《明代武当山志二种》，湖北人民出版社 1999 年版，第 26 页。

知，造成这种差别的原因不在于后世的扩建，而在于统计方式的不同，这主要表现在两个方面：

第一，《敕建大岳太和山志》的数字只包括各大宫宫内的殿堂房宇，而宫外的许多建筑物则未统计在内。如玄天玉虚宫"创建玄帝大殿、山门、廊庑、东西圣旨碑亭……计五百三十四间。其宫外复设东天门、西天门、北天门，俱有道院"，又如"大岳太和宫……朝圣门外又建方丈、廊庑、寮室七十八间；其下复有一天门、二天门、三天门、道房、斋室、灵官祠"①。从行文的逻辑顺序看，其宫外天门附近的两个道院房室并未包括在统计数中。

第二，《敕建大岳太和山志》统计的只是一些大型建筑，而各宫观内外的一些小型建筑物则未包括在内。而《大岳志略》说玉虚宫"为楹大小二千二百"，就包括了里乐城、外乐城、紫禁城以及东宫、西宫内外的全部大小建筑物。

正因为《大岳志略》的统计数字更准确一些，所以后人续修武当山志书都采用该书上的数字。据现代古建专家统计，武当宫观总计殿宇房屋两万多间，达一百六十余万平方米。这个数字固然包括了明清两代增修的殿宇房屋，但其中至少一半建筑物是明成祖兴工修建的。

杨立志先生认为，民间有永乐皇帝"南修武当，北建京师"的传说，这两处的确都是朱棣非常重视的大型土木工程。由于两处几乎是同时兴建的大型宫殿，而营建工匠又都是来自全国的名匠高手，所以它们的建筑设计施工技术和装饰彩画的风格是有相同之处的，都代表了当时最高水平。当然，北京宫殿的总体规模是全国其他建筑所无法比拟的，但武当工程的施工难度也是中国建筑史上较为罕见的。另外，从布局和设计看，北京故宫规则、严谨、宏大，是建筑史上群体布局的典范，而

---

① 杨立志点校：《明代武当山志二种》，湖北人民出版社 1999 年版，第 136–137 页。

武当宫观不同，它的设计布局利用了峰峦的高大雄伟和崖涧的奇峭幽邃，将每个宫观庵庙都建造在峰峦岩涧的合适位置上，其间距疏密、规格大小都布置得恰到好处，充分体现了封建皇帝和道教所需要的庄严、玄妙和神秘氛围。明代建筑是中国建筑史上的最后一个高潮，而永乐年间所修建的武当宫观则代表了中国道教建筑的最高水平。太和山"山高且奇，宫观伟丽，皆天下所无"（明顾璘《游太和山记》）。在现存的道教建筑中，无论从建筑规模、布局结构，还是从装修工艺方面来看，武当宫观都是第一流的，理应载入史册，但今人讲明清宗教建筑史时，多注意佛教、喇嘛教、伊斯兰教建筑，很少谈及道教建筑，实际上武当山道教宫观建筑群在明清建筑史上应该占有重要地位。

（四）明代武当山道教建筑群的等级观念①

1994 年武当山古建筑群被联合国教科文组织列为世界文化遗产。"武当道教拥有全国规模最大、样式精美、保护最完好的道教建筑群……这在中国道教宫观建造史上是旷古绝今、举世无匹的。"② 无论从建筑规模的宏伟、工程的浩大艰巨，还是从工艺的精美和丰富程度来看，武当山道教建筑群都称得上是世界古代建筑史上的奇迹之一。③武当山道教建筑群是武当道教在武当山这个特定区域里长期发展传承的产物。作为一种文化遗存，武当山道教建筑群必然深深烙有过去时代的文化印痕，等级观念便是其中一个比较典型的标志现象。明代武当道教建

---

① 本部分采用了王少儒先生《试论武当山道教建筑群的等级观念》一文的主要观点。
② 蒋显福、匡玉从、杨立志：《沧桑与瑰丽：鄂西北历史文化论纲》，湖北人民出版社 2004 年版，第 435 页。
③《建筑师》编辑部：《古建筑游览指南二》，中国建筑工业出版社 1981 年版，第 129 页。

筑设计思想和施工技艺中所包含的等级观念在武当山建筑群中有着突出的表现和较为典型的实例。"数""质""文""位"四种列等方式在明代武当道教建筑实践中演化为宏观和微观两个向度的多个方面的等级表征。

著名文物专家、历史学家、故宫博物院研究员朱家溍先生1979年在香港《广角镜》发文章说：武当山整个建筑体系都是按照封建统治者的政权和神权相结合的政治意图，根据道教的需要而建造的。所有建筑的设计布局全部利用峰峦岩涧的雄伟高大和奇峭幽邃，每一个建筑单元都建造在峰峦、坡、坨、崖、涧的合适位置上，其规格的大小、间距的疏离，都恰如其分，各有独特风格，充分表现出封建统治者和道教需要装饰的"庄严""威武"和"玄妙""神奇"的建筑性格。显然，等级观念在诸多需要中也是不可或缺的。

（1）武当山道教建筑群的宏观等级

武当山道教建筑群的宏观等级，大致可以归纳为三个方面。

第一，"朝廷家庙"——武当山道教建筑群的地位之极。

作为"朝廷家庙"，武当山道教建筑群在当时全国道教场所中的至尊地位就此确立。武当山各宫观中的神像、供器、法器以及神帐、宝幡等陈设，大多由皇室钦降，不仅富丽无比，而且规格等级也鲜有出其右者。宫观中有很多铜铸镏金、铜铸镀金、铜铸贴金、银铸镀金等种类的神像造型，大顶的金殿更是雄伟奢华，重达数十万斤，全为铜铸镏金，以构造巧、规模大、形式美而为全国之最。无怪当时人们极力盛称武当道场是富甲天下的黄金白银世界。

第二，"九宫八观"——武当山道教建筑群的规模之极。

武当山素有七十二峰、三十六岩、二十四涧的说法。"七十二""三十六""二十四"都是颇具道教神秘色彩的数字，与道教的八卦太极图形成姊妹符号。古人有天圆地方之说，而当圆方之边径相等时，其周径比约为三比四，所以天三地四被看作是真正的天地数（天地组合数），两数的任何倍数也同样是天地数。在零到九中，以九和八最大，九是三的三倍，八是四的二倍，所以"九"和"八"也就是最大的个位天地数，被道教附加上神秘意义。"这些数字不仅是象征天地及其交感之道的神秘符号，同时也是人类所以达到与神明交通，从而达成与天地合德、与天地同化企图的一种媒介物。因此这些数字可以是反映武当山至大至极、至善至美的象征。"①不难理解，明成祖在主持规划和修建武当宫观时，无意识地便会以主体宫观建筑的数目来合应天地数。道教建筑类型中，宫观最高，而宫又高于观；天地观念中天大（高）于地，所以"九宫八观"之法当为最佳设计理念。

明成祖敕建的武当宫观庵庙计有三十三处，也确实是以九宫八观为主体的。纵观明代由皇室拨款敕修的诸处宫观，如龙虎山上清宫，齐云山玄帝太素宫，南京朝天宫、显灵宫、灵济宫等，规格都很高，但像武当山这样规模巨大并长期驻有维修军队的宫观仅此一处。明代修武当宫观时，"皆撤前代之旧，大而新之"②。元代后武当宫观庙宇，基本上是按照《真武本传妙经》中真武神修道成仙的神话而设计布局的，明代武当宫观的总体规划也同样突出了这一宗教信仰特征，用宫观建筑符号比附和宣传玄帝在武当山修真得道的神话，用"九宫八观"的顶级配置来衬托玄帝和武当山的超级地位。

第三，"真武道场""太极祖庭"——武当山道教建筑群的神位之极。

如前文所述，道教是一种多神教，道神分有多个等级，每级都有主

---

① 蒋显福、匡裕从、杨立志：《沧桑与瑰丽：鄂西北历史文化论纲》，湖北人民出版社2004年版，第220页。

② 杨立志点校：《明代武当山志二种》，湖北人民出版社1999年版，第229页。

神和从神，道神的地位不同，供奉它们的道观的等级就不同。真武大帝（玄天上帝）在道教的发展和历史演进中，逐渐由小神而为大神，由从神而为主神，由北方神而为尊神，那么供奉他的道宫道观的等级就相应的要与其"身份"相符。明代皇室一直把武当道教所供奉的主神——真武大帝作为护国家神来崇奉。武当山道教建筑群作为真武大帝的道场，在当时全国众多供奉真武神的庙观中当然是最为尊贵显赫的。

（2）武当道教建筑的微观等级

武当道教建筑群的微观等级，具体来看，主要在以下几个方面。

第一，空间层次上的等级观念的反映。

武当道教建筑基本上遵循的是宫殿建筑的模式，即有相对严格的中轴线，主要单位建筑物均按次序布置在中轴线上，其余辅助建筑和配套建筑则安排在中轴线两侧，在井然的秩序中体现出各个单体建筑在该组中的重要性和等级地位。沿中轴线推进，地位逐渐提升，并必将出现一个高潮，高潮的所在便是该建筑组的主殿，换句话说，一个建筑组的主殿，必然表现为该组建筑中轴线的最高潮。主殿占据的必然是"最优地位"，这是一个方面。另一方面，空间层次还包含"最佳环境"的含义，这一般体现在某个建筑组在整个武当山建筑群中的位置。所谓的"最佳环境"，往往带有一定的神秘意义。在传统的建筑理念中，阴阳风水是非常重要的，里面虽有一定的迷信成分，但更多地体现出中国古代工程设计中人工建筑与自然环境相协调、相融合的思想。譬如以紫霄宫为例，中轴线上由前往后、由下而上依次为龙虎殿、御碑亭、朝拜殿、紫霄殿、圣父母殿。纵观整条气势磅礴的中轴线，高潮位置上安排的便是主殿——紫霄殿，三进院落中紫霄殿前的院落最大，九层崇台中，紫霄殿建在其中的三层崇台之上。其他建筑如廊庑、斋堂、钵堂等，皆安排在中轴线两侧及左右跨院内，古人称紫霄宫所在"紫霄福地"乃天下七十二福地之一，背倚展旗峰，前有禹迹池、大小宝珠峰，左有青龙背，右有白虎垭，既利避风，又易向阳采风；且紫霄宫位于武当山腰，上有金顶太和宫，下有山麓遇真宫，相当于武当山道教建筑群的中枢所在。所以，紫霄宫在整个武当建筑群的地位也就很特殊，总体规划跨越山脉的轴线的腰腹，在此也就形成一个小高潮。

第二，空间尺度上的等级观念的反映。

即从建筑物在尺度上的大与小，包活标高上的高与低和数量上的多与少来反映等级观念。每一个建筑物，由下而上，分别是台基、屋身和屋顶，即古人所说的"下分""中分"和"上分"。"下分"即台基。武当道教建筑一般都修有台基，其作用是抬高木构和墙体，防止地下水和雨水对土木构件的侵害。"台基的重要技术功能和审美功能，使得它很早就被选择作为建筑上的重要等级标志。历代对台基的高度都有明确的规定……台基的高低自然地关联到台阶踏跺的级数，即'阶级'的多少，'阶级'一词后来衍生为表明人们的阶级身份的专用名词，可见台基的等级标示作用是极为显著的。"[1] 不仅如此，即使在同一建筑群中的主次建筑之间，台基的高度也有明显的差别。区分建筑之间的主从关系和不同等级，主要措施之一便是控制台基的高度。

这里仍然以紫霄宫为例。紫霄宫共有三进院落、九层崇台，中轴线依山势而上，第一重建筑为龙虎殿，面阔15.5米（三开间），进深2间7.26米，高9.64米；第二重建筑为朝拜殿，面阔3间，进深2间；而主殿紫霄殿的面阔和进深均为5间，通高18.3米，面阔29.9米，进深12米，面积近360平方米。与前面两重建筑相比，紫霄宫显然是等级高贵的"庞然大物"，再加上3层崇台的衬托，更显得威武高大。紫霄宫的布置是武当山道教建筑群的样板模式。

---

① 侯幼彬：《中国建筑美学》，黑龙江科学技术出版社1997年版，第24页。

第三，建筑形制上的等级观念的反映。

武当道教建筑群循沿了传统建筑尤其是官式建筑的等级形制，除去上述的"空间尺度"之外，武当道教建筑的等级形制还包括台基、屋顶、斗拱等的类型形制和装修装饰、屋面用瓦等项目的具体细腻的形制。这里主要以"屋顶"为例，作简要的解释说明。

屋顶是"上分"，是传统木构架单体建筑三大构成中最醒目的部分。与台基、屋身相比，屋顶的形态类型、形制规定更加程式化，形成一整套严密的等级系列和严格的等级品位。其中最重要的九种形制按等级由高到低依次为：重檐庑殿、重檐歇山、单檐庑殿、单檐夹山式歇山、单檐卷棚式歇山、尖山式悬山、卷棚式悬山、尖山式硬山、卷棚式硬山。"屋顶的这套等级品位成为中国建筑区分等级的最显著标志，是官式建筑定型做法中极其重要的规制。"① 武当山道教建筑群中常见的屋顶形制有：重檐庑殿（金殿）、重檐歇山（紫霄殿、净乐宫玄帝大殿等）、单檐硬山（复真观祖师殿）等。

在武当道教建筑群中，屋面用瓦和屋顶类型很直观地标志着建筑物的等级。一般的配房多为尖山式硬山顶，屋面为普通灰瓦，而主要殿堂则用琉璃瓦，颜色基本上都是翡翠绿（孔雀蓝），如紫霄宫的圣父母殿和紫霄殿。唯一的特例是大顶的金殿，不仅全部铜铸镏金而成，屋面仿瓦为最尊贵的黄色，而且殿顶的式样也使用了最高等级的重檐庑殿式。仅此两项，便可知晓金殿在整个建筑群中的至尊地位。

二、明代武当道教的祭礼科仪与范式

永乐以后的 200 年间，武当山宫观被明朝诸帝改造成了"朝廷家

---

① 侯幼彬：《中国建筑美学》，黑龙江科学技术出版社 1997 年版，第 73 页。

庙"，武当山道士实际成了明皇室的御用职业道士，因此，明代武当山道士的主要宗教活动也带有明显的御用性特点，不仅其政治地位和文化地位得到了空前的提高，而且，其宗教活动的标准化、规范化、品牌化的程度也随之提高，其祭礼科仪和范式的典范性、标志性与权威性要求也随之提高。随着岁月的演进和这些程式的不断重复、稳定，并不断传播开去，这些科仪与范式慢慢被全国庙宇道观所接受，渐渐凝固为带有普遍意义的中国道教祭礼科仪和范式，成了中国道教界的共同活动程式和文化财富。不过，与此同时，道士们自身的修持炼养行为仍在继续进行，并受到官方的尊重和保护。

（一）明代道教的主要祭礼程式

由于明帝把武当山北极真武玄天上帝奉为皇室保护神，所以非常重视祭祀玄帝。其主要祭礼程式有以下三种。

一是特祭，即告祭。它是指新皇帝即位或修建武当宫观工程开工和完工时用香帛祝文派专人到武当山致祭。因为事关重大，需要特意祭告玄天上帝，求得玄天上帝的认可，所以祭告之礼相当隆重。其时，皇帝派遣侯、伯或礼部、太常寺官员到太和宫金顶，命道士撞钟鸣磬，焚香燃烛，举行祭礼，太和山提督太监、提调藩参、均州知州及各大宫提点均要前往陪祭。此外，特祭还包括国家遇到水、旱灾害和民众起义时，遣官到武当山告祭玄天上帝，请求保佑等活动。如明武宗遭遇大旱和农民起义时就有御制《告真武祈雨文》《告真武弭盗文》。

二是时祭，即四时节令或重大日子的定期祭祀，它是武当道教定期为朝廷祭祀玄天上帝，祈求保佑的程式。按照明朝两京祭祀真武的惯例，每年三月初三真武圣诞日，九月初九真武飞升日以及每月朔日（初一）、望日（十五），都要遣官专门致祭。武当山各宫观除日常功课外，还要专门举行祭祀玄天上帝的活动。此外，道教其他尊神圣诞日（如玉皇、太上等）也有定期祭祀礼典。

三是日常功课，也称早晚坛功课，即每天"晨昏启闭"之时，各宫观提点、住持召集道众上殿登坛、焚香诵经、朝真礼圣。其目的仍然是为皇帝祈福祝寿。如宣德三年（1428 年）三月，玉虚宫提点任自垣升任太常寺寺丞后，奉圣旨允准"道服入朝"，并"照例前去率领道众晨夕诵经，报本祝延圣寿"①。又如成化十二年（1476 年）正月，宪宗派遣太监陈喜赍送《真武经》500 本分布于七大宫，命道众"晨夕捧诵，祝禧皇图巩固、国泰民安"②。由此可见，明代武当道士早晚坛功课，不仅是日常修真学道的行为，更是为朝廷祭祀玄天上帝的活动。天长日久，便固化为一种道观的组织形式和生活方式。

（二）修建大醮

在道教，大醮是指请神、告神、敬神以达到求福、祈福、获福目的的大型法事活动。最大的大醮是罗天、周天、普天大醮，它要敬请普天之下、四方八有的神灵，祈求最高、最大、最全的幸福。在明代，这种幸福往往只有皇室、普天之下苍生百姓和国家才配享有。

由于武当山各宫观是明皇室的"万世家庙"，道士为"禀食宫道"，所以明代武当道教最重要的宗教活动就是为皇帝举办规模宏大、气氛庄严的斋醮法事活动。明代太监扶安《登太和山》诗云："文皇创建崇优

---

① 杨立志点校：《明代武当山志二种》，湖北人民出版社 1999 年版，第 32 页。
② 杨立志点校：《明代武当山志二种》，湖北人民出版社 1999 年版，第 49 页。

礼，历代颛祈国祚延。"① 皇帝称修斋设醮为"做好事"，事先遣人送来"御制斋意一本"，甚至还亲自拟定"青词式"。在"御制斋意"中，皇帝称建醮的目的是为祖宗或皇考、皇妣在天之灵祈福颂德；为天下臣民迎迓繁祉。俾使国泰民安，风调雨顺，灾疹不生，五谷丰登，家给人足，皇图巩固，宫廷宁静，宗社平安等。明朝中后期因边患不息，故斋意多称"驱虏延祥""福夏灭狄""欲九寨悉偃于兵"等。明永乐以后200多年间，武当宫观内每年都要修建大醮几次，甚至十几次斋醮，其主要类型有以下四种。

一是重大国醮，即皇帝因为本山宫观告成等重大事项，命全国最重要的道士如张天师、陶仲文等到武当山修建金箓大醮，当时的湖广军政司法方面的主要官员都要亲临醮坛，"晨夕瞻礼"，甚至"登坛执事"。如永乐二十二年（1424 年）秋七月，明成祖以武当山宫观告成命正一嗣教真人、第四十四代天师张宇清，玉虚宫提点任自垣等率领道众在玉虚宫"修建金箓报恩延禧普度罗天大醮七昼夜"②。成祖御制《金箓大醮意》（包括《圣旨》《延禧表式》《青词式》）刻石立碑，碑阴为"登坛法众"姓名及"登坛执事官员"。

又如嘉靖五年（1526 年）十一月，明世宗以"大礼告成"命第四十八代天师张彦頨及道录司左至灵吴尚礼到武当山净乐宫，率领本山官道 460 名修建"金箓大醮"，一坛七日，一坛三日。明世宗"具景命之青词，表圣心之秘祝"，"时则镇守湖广地方御马监太监潘真，总兵官清平伯吴杰，巡抚湖广都察院右副都御史黄衷，抚治郧阳地方都察院右副都御史蒋曙，湖广布政使余祐，按察司副使陈昌、侯纶，都指挥佥事余

① 严安政、张晓莉：《武当诗歌选注》，长江文艺出版社 2003 年版，第 82 页。
② 杨立志点校：《明代武当山志二种》，湖北人民出版社 1999 年版，第 27 页。

承恩、马聪先后来来集，执事有恪"①。再如嘉靖三十二年（1553 年）十二月，明世宗"以玄岳工成，遣英国公张溶往行安神礼，恭诚伯陶仲文往建醮，尚书顾可学自请与仲文。从之"②。陶仲文即明世宗宠信的"神霄保国弘烈宣教振法通真忠孝秉一真人"，他"兼领三孤"，封"恭诚伯"，是明世宗朝炙手可热的大道士，其地位在张天师之上。

二是安神大醮。明朝诸帝经常降赐像器给武当宫观，在奉安神像、祭器之后，往往要修建金箓大醮祈福禳灾。以明宪宗为例，他在位 23 年，共命太监陈喜等斋送奉安神像、供器、法器、经书等 6 次，其中有 4 次明令修建"金箓延禧福国裕民大斋"。明孝宗在位 18 年，先后赍送像器、银两等 7 次，每次都要修建金箓大醮。明世宗在位期间，更是频繁斋送像器、银两，广设斋醮。所谓"自旱涝兵戎以至吉凶典礼，先则叩玄坛，后则谢玄恩，若报捷又云仰仗玄威，如此凡三十年"③。

三是例行国醮，即皇帝、太子生日和玄天上帝冲举、圣诞等节日，各宫例行修建的金箓大醮。据任自垣于宣德三年（1428 年）三月奏称：大岳太和山"所有本山宫观每遇万寿圣节设醮诵经七日，千秋令节设醮诵经五日"④。显然，这是一项经常性的宗教活动，渐成惯例，如期举行，皇帝不再另下圣旨。明世宗嘉靖三十一年（1552 年）正月，提督太监王佐在《题请存留香钱》的题本中说：本山宫观"每岁恭遇万寿千秋等节，及玄帝冲举诞日，修建国醮"⑤。这说明例行国醮为历代皇帝所遵

---

① 杨立志点校：《明代武当山志二种》，湖北人民出版社 1999 年版，第 348–349 页。

②《明世宗实录》卷 405，嘉靖三十二年十二月丙子。

③ 沈德符：《历代笔记小说大观·万历野获编》（下册），杨万里校点，上海古籍出版社 2012 年版，第 671 页。

④ 杨立志点校：《明代武当山志二种》，湖北人民出版社 1999 年版，第 32 页。

⑤ 陶真典、范学锋点注：《武当山明代志书集注》，中国地图出版社 2006 年版，第 342 页。

循。关于万寿节修建斋醮的名称，嘉靖二十五年（1546 年）七月的"御制斋意"称"金箓生辰报恩酬德叩玄祈福永寿斋醮"①。举行这类斋醮法事原本是为皇帝祈福祝寿或祈祷玄天上帝保佑国家安宁。

四是皇后、皇妃、太子、公主等授意建醮，即由皇后、皇妃、太子、公主等授意赐银修建的斋醮，以孝宗、世宗两朝为多。如孝宗弘治十四年（1501 年）七月命太监斋送神像，其中中宫皇后送斋真武一堂（计五尊，供器、法器全）遇真宫奉安，建醮两次，一次七昼夜，一次六昼夜，共用银一千八百两，放河灯四十九藏，用银六百三十七两；同时东宫建醮七昼夜，用银一千两，放河灯四十九藏，用银六百三十七两，另降香烛等物数百斤供建醮用。次年十二月，在玉虚宫修建"吉祥好事"四十九昼夜，御前、中宫、东宫各赐银一千两。又如世宗嘉靖五年（1526 年）在净乐宫修醮二坛，其中三昼夜一坛是中宫、清宁宫、永淳长公主及恭奉、庄奉、肃奉三夫人受意修建。嘉靖三十三年（1554 年）正月，大明贞妃马氏、敬妃文氏下"令旨"，"特命官道只就净乐宫修建玉箓庆圣贺师祝寿进袍悬幡吉祥大斋五昼夜，至二十七日圆满，陈设诸真清醮一千二百分位"②。

杨立志先生研究发现，除皇宫成员可以命官道修醮外，王公贵族也可以在朝山时命官道修醮。南岩宫今存石碑一方，题为《钦差英国公朝山建醮记》，碑文记载的是嘉靖十五年（1536 年）英国公张溶"奉命承天府公干回程，孟冬四日梯航谒顶金殿朝礼玄天上帝，御前烛香叩祝之暇，旋转南岩宫就命官道刘志洪□发牒展次□□启建六十分位，恭

---

① 陶真典、范学锋点注：《武当山明代志书集注》，中国地图出版社 2006 年版，第 316 页。

② 陶真典、范学锋点注：《武当山明代志书集注》，中国地图出版社 2006 年版，第 319 页。

叩……"旧志不记王公贵族建醮之事，故其醮仪难以确考。①

　　遗憾的是，有关当时斋醮活动的具体程式，明代志书没有专门记载，但从明代文人留下的诗句中可见其大概。副使龚秉德（1541 年进士）《宿紫霄宫躬阅醮事漫成八韵》曰：

> 钟鼓严仙署，灯辉隐道房。瑶坛供静水，石鼎爇名香。教演真元偈，筵开功德场。芝童调玉乳，羽客荐兰浆。剑咒驱魔远，符灵引觋长。经声杂笙磬，幡影动宫墙。历历星明殿，微微月转廊。坐观玄境秀，顿使世情忘。②

　　明太祖命正一派道士付若霖、邓仲修等人编定《大明玄教立成斋醮仪》，将斋与醮合并，融为一式，作为明代斋醮仪式的法定模式。四十三代天师张宇初撰《道门十规》说："斋法行持……一尊太祖皇帝立成仪范，恪守为则"。明代武当道教建醮严格遵照道经规定，其程序大略为设坛摆供、焚香、（存想）降神、进茶、念咒、化符、上章颂经、赞颂等，并配以烛灯、旌幡、步虚韵调、钟鼓笙磬等仪注。在建醮的夜晚，还要施放河灯，每晚七藏，以取照耀水府之意。建醮延续的时间，多者四十九日，少者一日，以三日、七日为多。由于大型斋醮法事的经常化，武当道士向内注意炼养功夫，向外重视斋醮音乐，从而促进了道教文化的进步。

　　杨立志先生认为，明代武当山道教音乐的发展，主要表现在以下几个方面③：一是永乐年间从全国各大名山宫观抽调的 400 名道士，皆为

---

① 王光德、杨立志：《武当道教史略》，中国地图出版社 2006 年版，第 132 页。
② 杨立志点校：《明代武当山志二种》，湖北人民出版社 1999 年版，第 434 页。
③ 王光德、杨立志：《武当道教史略》，中国地图出版社 2006 年版，第 133 页。

精通经典和科仪道乐的高道，他们来自不同地区的不同道派，道乐风格也各有特点，融汇一堂后，使武当山宫观道乐荟萃全国道乐之精华，并逐渐融合构建成既有个性、又有共性的武当道教音乐体系。二是调神乐观乐舞生张道贤担任玉虚宫提点后，在玉虚宫配备了专门的音乐教师和管理人员，并把宫廷雅乐带来武当山，从而丰富并提升了武当道乐的内容和品质，使皇室祭祀雅乐与道乐融为一体，营造了武当山仙乐飘飘、一派祥和出世的氛围。三是经常举办规模宏大、种类繁多的斋醮仪式，日夜演奏。乐器有笙、管、笛、箫及各种打击乐器。由于经常演奏道乐，故明代咏及武当山的诗歌中有"仙乐忽从天外传""仙乐飘飘处处闻"等诗句。四是经常奏乐迎接达官显贵。明代达官贵人朝山谒玄帝时，行至各大宫观，羽士道童均要焚香奏乐迎接。陆铿（1526年进士）在《武当游记》中写道：至遇真宫"忽闻清籁振山，幽香载途，心甚异之。舆人曰：'此遇真宫道士迓舆也。'而黄冠前导，髻童翼趋，笙箫鼓吹，且奏且行，遂入遇真宫"①。王世贞说："所历宫观，羽众以笙管导之，出没云气中，时亦为风续断。"②

（三）岁贡仙品

武当山位于南北方交界线上，气候温和，土壤肥沃，雨量适中，有丰富的动植物资源，尤其是道教重视的药用植物更为丰富，如黄精、榔梅、天麻、骞林茶等药材茶果，久负盛名。明永乐三年（1405年）六月五龙宫全真道士李素希遣徒弟给皇帝进献榔梅数百颗。明成祖认为这是

---

① 程国政编注：《中国古代建筑文献集要》（明代下），同济大学出版社2016年版，第9页。

② 王太宁、陈新闻编注：《四库全书·均州武当山沧浪文献辑录》，湖北人民出版社2017年版，第303页。

玄帝显灵"降此嘉祥，以兆丰穰也"①，故非常高兴，对李素希赏赐甚厚。此后永乐间大修武当宫观时，五龙宫古榔梅树"连岁盛佶，采取之进，正德间因以为例"②。实际上，早在成化二十一年（1485年）的圣旨中就说："彼处所产榔梅、黄精、鲜笋等物，系永乐、宣德年间旧例造办进献……既是先年旧例，还是依前采取，如法造办来用。"③ 只是到了弘治二年（1489年），由于湖广巡抚梁璟以明孝宗登极诏中有"罢四方额外贡献"的内容，奏请停免，明孝宗才下诏止武当山太监韦贵等贡茶、梅、笋、黄精。但到正德二年（1507年）明武宗下圣旨恢复武当山的岁供仙品，此后每年进贡，直到明末因农民起义爆发而停止。王佐《大岳太和山志》开列的"岁进品物"有：春季——盐干笋、盐干鹰嘴笋、鹿尾笋、带衣笋、骞林茶、九仙子、隔山消。秋季——蜜煎黄精、蒸晒黄精、蜜煎蒸晒黄精、蜜煎榔梅。

从供品名目可看出，骞林茶、榔梅等被称为"天真显瑞呈祥"之物，据说有延年益寿、治愈诸疾之功效，实属上贡珍品。黄精，又名黄芝、菟竹、救穷草等，是武当山的驰名特产。道家以为其得坤土之精粹，故名黄精。据说久服熟黄精，轻身延年，令人多寿。显然这些"上供仙品"是为了满足皇室服食仙药延年益寿之需要，正因为如此，直至明末，这一年两季的仙品进贡除弘治年间外，基本没有间断，明末太监刘若愚《明宫史》记载："大岳太和山，即武当山也，镇守太监一员，关防一颗。辖均州等处。经管本山香火、羽流，办进榔梅、鹰嘴笋、骞林茶等件。"④

---

① 杨立志点校：《明代武当山志二种》，湖北人民出版社1999年版，第17页。
② 杨立志点校：《明代武当山志二种》，湖北人民出版社1999年版，第311页。
③ 杨立志点校：《明代武当山志二种》，湖北人民出版社1999年版，第65页。
④ 刘若愚：《明宫史》，北京古籍出版社1980年版，第29—30页。

（四）书写符箓

符是一种笔画屈曲，象征云霞仙雾、日月星雷的篆体图形；箓是记录天曹官属佐吏之名，又有诸符杂错其间的牒文。道家认为符箓是由道气衍演而成的文字，是天神的法言，故有召神驱鬼、镇邪降魔等功效。武当派道士素重符箓，宋、元野史笔记中常有武当道士以符箓镇妖驱鬼的记载。明代武当山官道中也多有精通符箓者，如成化年间净乐宫提点雷普明曾书符投潭祈雨有验。御马监马患疾病，"檄普明治之，遂息"①。参政雷贺《登太和和韵》之二有句云："宝篆长封丹霭秘，彩幡高揭翠云翘。"② 据记载，武当道士为皇室写符箓以明世宗朝最多，从嘉靖二十二年（1543 年）到三十四年（1555 年）的 12 年间，明世宗先后 9 次下旨，命提督太监王佐选用"通晓法式"的官道篆写灵符送往宫廷。前后共篆写纸符 26 万多道，桃木、檀木香符 3 万 5 千余片。

杨立志指出，虽然明代武当道教的主要宗教活动带有御用性特点，但御用性宗教活动并不排斥道士自身的修持炼养行为，因为只有修炼有素的道士才能顺利完成为皇室祭祀、建醮、篆符等任务，如建醮是通过斋戒沐浴，彻底清洁身心，本就是一种炼养术。道教认为，建醮不懂存想，无法沟通人神世界，斋醮也就失去意义。明朝皇帝非常清楚这种关系，所以不仅尊重，而且下圣旨保护道士们的修持炼养行为。如永乐十一年（1413 年）明成祖下旨道："大岳太和山各宫观有修炼之士，怡神葆贞，抱一守素，外远身形，屏绝人事，习静之功，顷刻无间。一应往来浮浪之人，并不许生事喧聒，扰其静功，妨其办道。违者治以重

---

① 杨立志点校：《明代武当山志二种》，湖北人民出版社 1999 年版，第 324 页。
② 杨立志点校：《明代武当山志二种》，湖北人民出版社 1999 年版，第 417 页。

罪。"① 永乐大修宫观时，各大宫均建有"圜室"，玉虚宫有 2 处"圜室"，称大圜、小圜。圜室又称圜堂、环堵，是道教修炼内丹者闭关之所。官修宫观特建圜室，说明皇室认同尊重道士的修炼并积极为其创造条件。

三、明代武当山道教勃兴的社会历史影响

明代北修故宫、南修武当，使武当山脱胎换骨，一下子变成了闻名遐迩的道教中心，使武当道教呈现出空前而持久的鼎盛局面。在此后的 200 多年中，由于明皇室的大力扶植和精心管理，武当山道教的地位显著提高，道士人数不断增加，宫观建筑规模宏伟，像器设置富丽堂皇，成为明代全国最大的道教教团。与此同时，武当道教的社会影响也日益扩大，不仅慕名而来的达官显贵、文人骚客多如过江之鲫，而且还吸引了大半个中国的朝拜香火，促进了武当进香民俗的发展。

（一）明代武当山的地位

早在元代，武当山就被朝廷正式敕封为"福地"，但其地位仍低于五岳，被称为"嵩高之储副，五岳之流辈"。明永乐以后，由于皇室虔诚崇奉武当山真武大帝，就封武当山为"太岳""玄岳"，使它的地位不仅超过了龙虎山、茅山、青城山等道教名山，而且也超过久享盛名的五岳，成为"天下第一名山"。永乐十三年（1415 年），武当山五虚宫提点任自垣在奉天门奏称"龙虎山、茅山、阁皂山，洪武年间都有印信管

---

① 杨立志点校：《明代武当山志二种》，湖北人民出版社 1999 年版，第 22 页。

领，今武当山天下第一名山，提点有了，未有印"，明成祖当即表示
"礼部铸了印，著人送去"①。这表明皇帝已默认了武当山为"天下第一
名山"的说法。永乐十五年（1417 年）二月，明成祖正式敕封武当山为
"大岳太和山"。洪熙元年（1425 年）二月十五日，明仁宗用香帛祝文，
分遣大臣遍祀岳镇海渎，特遣礼部左侍郎胡濙祭祀大岳太和山真武神。
胡濙说："今天子继志述事，升进兹山，同于岳镇。"② 后来工部侍郎陆
杰（1514 年进士）说："至我成祖文皇帝……表为大岳，礼视郊丘，百
神莫之或先。"③ 这表明武当山在当时朝廷的正式祀典中与五岳祭礼相
同，且具有特殊地位。嘉靖三十一年（1552 年），明世宗重修武当山宫
观，在遇真宫东面的官道上建"治世玄岳"大石坊，于是武当山就被尊
称为"玄岳太和山"，其地位更明显高于五岳，王世贞曾说："世宗朝复
尊之曰'玄岳'，而五岳左次矣。"④《旺会典》《明史》等书虽未记述此
事，但这在明朝实为人尽皆知的常识，如王镕（1517 年进士）说："是
故镇雄五岳，而祀超百代，天下莫加焉。"⑤ 凌云翼（1547 年进士）说：
"大岳太和山，即武当山。相传为玄帝修炼之处。今言名山者，首称
焉。"⑥ 由此可见，明皇室认定武当山为"天下第一名山"，一下子就将
其政治地位提高到域内五岳名山之上。

---

① 杨立志点校：《明代武当山志二种》，湖北人民出版社 1999 年版，第 22 页。
② 杨立志点校：《明代武当山志二种》，湖北人民出版社 1999 年版，第 346 页。
③ 杨立志点校：《明代武当山志二种》，湖北人民出版社 1999 年版，第 353 页。
④ 王太宁、陈新闻注：《四库全书·均州武当山沧浪文献辑录》，湖北人民出版社 2017
年版，第 295 页。
⑤ 陶真典、范学锋点注：《武当山明代志书集注》，中国地图出版社 2006 年版，第 176
页。
⑥ 陶真典、范学锋点注：《武当山明代志书集注》，中国地图出版社 2006 年版，第 420
页。

（二）明代武当道教的鼎盛标志

杨立志先生认为，武当山地位的提高实际上是武当道教发展鼎盛的外在表现，而最能反映其鼎盛局面的事实主要有以下几个方面：

第一，武当道教拥有明代最庞大的道教教团势力和超高的行政品级，在明代道教史上具有举足轻重的地位。首先从道官设置看，永乐年间钦定的七大宫提点住持共 23 人，皆赐六品印统领宫事。据卢重华修的《敕建大岳太和山志》记载，从永乐十一年起至隆庆六年止（1413—1572 年），历代皇帝钦定的七大宫提点共 191 名。而当时全国的道教管理机构——道录司仅设有正六品的左右正一 2 人及左右演法（从六品）、左右至灵（正八品）、左右玄义（从八品）各 2 人。阁皂山、三茅山灵官各 1 人（正八品）。龙虎山正一嗣教真人历代传袭，明洪武时革"天师"号，秩视二品。虽然地位既尊且贵，但并不稳固，如隆庆二年（1568 年）即被革去"正一真人"名号、改授上清观提点，秩五品。由于武当山七大宫提点印信衙门与道录司平级，故太和山各宫提点可直接调任道录司右正一，参与全国的道教管理，并可以升任太常寺（掌朝廷祭祀礼乐之事）丞、少卿（正四品）等官职。如玉虚宫提点任自垣、毛守玄，净乐宫提点雷普明、姜理春等即是如此。由此可见，明代武当山的道官不仅人数众多，且地位很高。由于武当的道官直接受皇帝管理，"不隶在外州县管辖"，所以到明后期，在提督太监的纵容下，竟自恃优越，放纵无忌，以致发生"鼓噪公祖"的现象。如万历三十四年（1606年），净乐宫提点袁进显等依仗提督太监黄勋的权势，竟辱骂殴打襄阳知府冯若愚等，直到两年后才被治罪。

其次，从教团规模和道士数量看，明永乐年间从全国各地钦选高道

400 名到武当山各大宫观焚修，并准许无度牒的道士"去其余小宫观里修行"。明宣德年间又准许"各道童在山焚修"。这一特殊政策就为武当山道士人数的发展提供了有利条件。估计到成化年间，各宫观就已发展到 500 人，明成化十二年（1476 年），明宪宗派太监陈喜等赍送《真武经》500 册分布七宫，当按人手一册分发。其余几十处宫观庵庙的道士人数尚未计算在内。《明通鉴》卷 36 载：弘治二年（1489 年）"武当山道士先止四百，至是倍之，所度道童又倍之，咸衣食于官，月给油蜡、香楮及洒扫夫役以千计"①。可见当时武当山的宫道及道童已发展到 2400 余人。明武宗正德二年（1507 年），赐给太和山宫观"枣木道冠三千八百顶，簪全"②，这表明当时宫道及道童已多达 3000 余人。明世宗嘉靖三十一年（1552 年），遣舍人李望送御药一万袋到武当山，分给道官道士；明万历三年（1575 年），郧阳抚治王世贞在游记中写道：太和山"望仙道流非耕蚕而衣食者以万计"③。万历八年郧阳督抚杨俊民在《请给关防疏》中正式说"即今该州官道数逾万人"，这一万多道士仅指有度牒的官道，至于私自在山修炼，岩楼屋树栖居的道士还不在此数。从上面所列数字可以看出明代武当山道士数量增加的速度和道士规模，更可以看出武当道教教团势力的发展和膨胀。

明代对各府州县的僧道人数都有具体限制，如洪武二十四年（1391年）规定："凡僧道，府不得过四十人，州三十人，县二十人"④。虽然有些道教名山可以突破这一规定，但其道士度牒发放须通过礼部，朝臣

---

① 夏燮：《明通鉴》（中册），岳麓书社 1999 年版，第 1006 页。

② 陶真典、范学锋点注：《武当山明代志书集注》，中国地图出版社 2006 年版，第 315 页。

③ 王世贞：《弇州山人四部稿》卷 73《游太和山记》，转引自罗耀松《武当历代散文集注》，华中师范大学出版社 2015 年版，第 148 页。

④ 南炳文、汤纲：《明史》（上册），上海人民出版社 2021 年版，第 620 页。

可以发表反对意见，如天顺七年（1463 年），龙虎山"乞给道童三百五十人度牒，礼部尚书姚夔持不可，诏许度百五十人"①。但武当山是"朝廷家庙"，发放度牒不受礼部限制，故拥有道士人数最多，是全国最大的道教教团。

　　第二，武当道教拥有全国规模最大、式样最精美、保护最完好的道教建筑群。从纵向来看，唐宋时期是道教建筑发展的一个高峰，尤其是宋真宗大中祥符年间（1008—1016 年）建玉清昭应宫，凡东西 310 步，南北 430 步，共有建筑 2611 区，工程每日投入役工徒众数万，并且夜以继日，大建 7 年才最终落成，其规模之大，在宫观建造史上是空前的。但明成祖修武当宫观，隆平侯张信等率军夫民匠 20 余万，统领天下亿万钱粮，涉历 14 个寒暑，建成 9 宫 8 观庵堂 33 处，号称悬崖上的故宫。仅玉虚宫紫禁城一处，南北长 370 米（未包括嘉靖帝所建外乐城），东西广 170 米，殿宇房屋 2200 间，与宋之昭应宫相差无几。由此可见，武当山道教建筑群的规模在道教宫观建造史上是旷古绝今、举世无匹的。从横向来看，明代由皇室拨款敕修的宫观不止一处，如龙虎山上清宫，齐云山玄帝太素宫、南京朝天宫、显灵宫、灵济宫等许多宫观的营建修复都曾得到皇室资助，但像武当山这样历时长久、规模巨大并长期驻有维修军队的宫观仅此一处。正因为如此，所以明代道士、文人对武当宫观建筑规模多有赞誉。天师张宇清称"天朝钦崇至道，建千古所无之宫殿，开万载不拔之道场"②。翰林学士曾□也说：明修武当宫观"皆撤前代之旧，大而新之。高甍巨栋，摩切霄汉，金碧绚烂，照耀山谷……诚

---

　　① 章培恒、喻遂生分史主编：《二十四史全译·明史》（第 9 册），汉语大词典出版社 2004 年版，第 6118 页。
　　② 故宫博物院，武当山特区管委会：《故宫·武当山研讨会论文集》，紫禁城出版社 2012 年版，第 19 页。

旷世之极盛，万古之奇观也"[1]。

第三，武当山各宫观中的神像、供器、法器以及宝幡、神帐等陈设，多为皇室钦降，品级高贵，富丽无比。对此，杨立志先生专门做过考证，明成祖修造各宫观时，几乎全部重新塑了神像，并配备了钟、鼓、磬、香炉、几案等供器法器，如大顶金殿及其中的神像陈设是在北京铸造的，全为铜铸鎏金，重达数十万斤。专家们认为在全国现存的五六座古代铜殿中，以武当金殿构造最巧，规模最大，形式也最美。成祖以后，仁、宣、英、景四帝钦降像器的情况，《敕建大岳太和山志》未载，而对宪宗至世宗四帝钦降像器的情况记载颇详。从成化九年（1473年）到嘉靖三十三年（1554年），皇室钦降像器、银两共 18 次，合计奉安道像 93 尊，其中金像 7 尊，银质镀金像 6 尊，铜质贴金像 8 尊，铜质镀金像 53 尊，锥金泥粉彩妆木雕像 19 尊。武当现存明代道像近千尊，其中有成化十九年（1483 年）在五龙宫奉安的一尊真武坐像，高 1.95 米，宽 1.5 米，重约二万余斤，铜铸撞金，造型生动，堪称全山第一大铜像。与此同时钦降供器 285 件，其中银镀金 14 件，铜贴金 2 件，铜镀金 200 余件；法器 5 副，主要是钟、磬等大型乐器，如成化十四年（1478 年）钦降的法器包括"金钟一口，玉磬一副，架桌全"；此外还有道像 2640 轴，各种丝织神幡、神幌、神帐、顶、伞等 600 余件。这些供器、法器经过几百年的战乱洗劫，现在已所剩不多，但当时人们极力称盛，说武当道场是富甲天下的黄金白银库府。明弘治十四年（1501年）大学士刘健等因有旨着中官往武当山设像挂幡、修举醮事，上书陈奏说窃闻兹山宫观像设极壮丽。明代甚至全国流传"武当金殿圣像种种皆黄金"，以至于大思想家李贽、大旅行家徐霞客也为众口铄金所惑，

---

① 杨立志点校：《明代武当山志二种》，湖北人民出版社 1999 年版，第 229 页。

认为武当玄武宫殿，帽柱窗楹，悉用黄金。

第四，拥有专门土地、佃户与差役。明代归武当山各道宫直接拥有的佃地私田约近 5 万亩，除永乐年间拨赐的 27750 亩佃地外，后来又允许在山外新开垦田地 17550 亩，每年征黄豆 1571.477 石，作为道士的粮食供给，名曰"佃粮"。另外，还将襄阳府光化县佃地 2800 亩赏给武当山宫观。以上是明文记载的太和山私田共 48100 亩，其他未登记在册的塘堰、果园尚不在其中。至于专为武当山修理宫观的均州千户所正军余丁的屯田数量，明代山志载有 45952 亩，而且尽将其征差、杂泛差役及屯田子粒免除。这些土地虽不能说都是明代武当道教的庙产，但确实是明代武当道教发展鼎盛的经济基础。

（三）从朝香民俗看武当道教的社会影响

有明一代尊崇玄天上帝，扶持武当道教，一方面促进了全国各地道徒信士朝山进香风俗的发展，另一方面也助长了武当山之外社会各阶层崇尚真武和建庙的风气，从而对当时的社会风俗和民间信仰形成广泛而深远的影响。

朝拜武当玄天上帝的进香活动，在宋、元时期已经成为具有全国影响的民间风俗。直至元末战乱，武当宫观大部被焚毁后，朝山进香的人数才有所减少。明永乐以后，武当山成为明皇室家庙，这种情况得到基本改变，香火日趋旺盛。这主要是由于：第一，皇帝贵族公开提倡。明成祖创建武当宫观的目的之一就是笼络人心——为天下苍生祈福，并借此来宣扬君权神授，所以他很希望全国民众来此朝山进香。明朝廷为了鼓励和方便各地民众前来武当进香，非常重视朝山神路的修建，遇溪涧则架设桥梁，陡险处安置危栏铁链。明代藩王在山建庵庙，也兼向香客施茶饭。如徐学谟撰《大明襄府茶庵碑记》云："当太和之椒有茶庵一区，为今襄王所创，以茶施十方士众之经行是山者也。"① 第二，规模宏大的武当宫观及其富丽的陈设吸引全国香客纷纷前来朝拜瞻仰。第三，武当山的森林植被受到皇帝禁令的保护，发育极佳，使全山的自然景观较之五岳等名山更为丰富，从而更能吸引广大香客。第四，明代是程朱理学在民间广泛推行的时代，僵化的纲常伦理对广大妇女的束缚尤为苛刻，把她们的活动范围局限于家庭之中。而带有道教信仰性质的朝山进香风俗，不论男女士庶均可参加，这就为妇女提供了走出闺房、抒发情感的机会。所谓"借佛游春"，实际上就是妇女借朝山信教的名义，以满足春游审美的愿望。王世贞在《武当道上所见戏成短歌》首句曾云："南阳少妇道人装，皂纱蒙髻白帕方。"②

明代朝武当的风俗具有全国性影响，香火极盛，陆杰在《敕建玄岳太和山宫观颠末》中说："太和振古名山，海内无远无近，罔不斋诚朝礼，揭揭乎若日月之行天，虽昧者知其不诬也。杰见道路十步五步拜而呼号，声振山谷；亦既登绝顶、瞻玄像，则又涕泣不已，谓夙昔倾戴，今始一睹。性真感发，至有欲言而不能自达者。"③ 明代谢肇淛（1592年进士）《五杂组》载："均州之太和山，万方士女骈阗辐凑，不减泰山，然多闽浙、江右、岭蜀诸人，与元君雄视，无异于南北朝矣"，"武当、元君二祠，国家岁籍其香钱常数万缗，官入之以给诸司俸禄"④。武当山在明代的香钱收入每年何止数万缗。弘治三年（1490年）以后的宫观维修经费全由香钱支出；嘉靖二年（1523年）以后，武当山所有官

---

① 张华鹏、张复明、王秀莲：《武当金石录》（第 1 册），丹江口市文化局 1990 年版，第 119 页。
② 王学范：《王世贞抚郧诗文集》，长江出版社 2010 年版，第 36 页。
③ 杨立志点校：《明代武当山志二种》，湖北人民出版社 1999 年版，第 354 页。
④ 谢肇淛：《五杂组》，上海书店出版社 2009 年版，第 66-67 页。

吏——太监府、潜参府、千户所、八宫道官衙门、道士、军匠等俸禄、律粮也由香钱中支出；其他如制造坛场供器费、建醮费、进贡土产置办费及路费等无不从香钱内动支。这表明当时香火日益炽盛，施钱财日益增多。也正是因为如此，明人甚至戏称武当山坐享其成，富甲天下。

明末小说《北游记》第二十四回载："武当山祖师大显威灵，逢难救难，遇危救危，四海风平波息，民感神恩。人家孝子顺孙，求伊父母，无子求嗣者，无有不验。名扬两京一十三省，进香祈福者，不计其数。"① 这虽是小说语言，但一定程度反映现实。明代朝山香客来自全国各地，陆路进香由蜀（四川等地）而来者自房（今湖北省房县）入；由汴（河南省开封一带）而来者自邓（今河南省邓州市）入；自陕（陕西等省）而来者自郧（今湖北省十堰市郧阳区）入；自江南诸郡而来者自襄（今湖北省襄阳市）入。水路进香，主要沿长江、汉水到均州，然后登陆步行朝顶。下面仅以武当山金石文字及有关文献记载，略述明代香客来源及进香规模。金顶围绕金殿的 148 根青铜栏杆是万历年间由云南、江西、陕西等省信士以家为单位捐造的，尤以云南省城官绅士庶居多，每根青铜栏杆上均有铭文，记载捐献者籍贯姓名及祈求愿望等。紫霄宫保存着明弘治年间安徽省歙县信士进献的铁制蜡台。玉虚宫泰山庙保存着万历年间山西平阳府绛州在城会首信士、香头、官吏等集资铸造的铜制武当山模型，模型上刻有 100 余名信官信士的姓名。五龙宫华阳岩保存有明万历十二年（1584 年）立石的《山西汾州送圣安神八宫二观建福醮记》，上列"大明国承宣布政司冷册"以下百余名信官信士的姓名。五龙宫灵应岩砖殿上有万历十年（1582 年）"承天府北京杨小峰、滑静轩"等人朝山的题记。这些不远千里来武当朝山的信士，把朝圣进香当作一生中的大事，祈求玄帝保佑全家平安吉祥。

----

① 吴元泰等：《四游记》，华夏出版社 2013 年版，第 261-262 页。

值得专门叙述的进香活动，还有江浙一带的进香船队。据清初的明代遗民王永积所著《锡山景物略》等记载，万历年间，苏州府、松江府等地的香客，乘坐艨艟巨舰到武当山进香。每次集中的船只"百十艘"、有时甚至多达数百艘，在无锡北塘"齐帮"，农历二月吉日开航，由大运河进长江，溯流而上，到汉口转入汉水，然后直达均州，全程3000多里，来回需要3个多月的时间。江浙民众这种大规模的武当山进香活动，在明代持续上百年。由于年复一年地接连举办，习以成俗，在无锡北塘形成了一年一度的节序——"北塘香灯"。从这可以想见武当道教对民间风俗的影响。

在武当山之外，社会上也兴起了崇奉玄帝、大建玄帝庙的风气。首先以北京为例，据明沈榜《宛署杂记》载：北京城内外有供奉真武玄帝的宫观庙宇20余处，较著名的如城内的显佑宫、玄应观、真武庙等。其次以湖广行省武昌、汉阳、承天、襄阳、德安、黄州、荆州等府为例，明代曾先后兴建大大小小的玄帝宫观庙宇百十处，较著名的有黄陂木兰山、襄阳"小武当"、房县"赛武当"、长阳"中武当"等。这些玄帝宫观大都由武当本山"发券"派出，故每年都组织当地信士朝山。其他各省也皆掀起崇奉玄帝、建庙祀神热潮。

（四）明代著名文人与武当道教

继元之后，明代著名文人对武当山及其道教给予了更多的注意，文人骚客频繁到武当山观光游览，并写下了大量的诗、歌、赋、记、序、赞等。据《敕建大岳太和山志》碑铭、摩岩及明人文集等粗略统计，现存明代有关武当山的诗、歌、赋、铭等1000余篇，游记、碑铭、序文、疏、祭文等100余篇，较著名的作者有刘三吾、邹济、魏骥、王英、李东阳、顾璘、沈钟、许宗鲁、欧阳必进、邹守益、徐学谟、夏言、罗洪先、章焕、孙应鳌、汪道昆、王世贞、徐中行、袁宏道、袁中道、雷思霈、谭元春、杨鹤、徐霞客等数百人。明代衮衮诸公的光顾咏赞，扩大了武当道教的社会影响，丰富了武当山山水文学的内容，使明代武当道教文化蜚声于世，流传千古。

由于明代文人骚客登临武当者接踵而至，咏颂之篇章不胜枚举，故本书分三个时期有选择地略述几位明代著名文人与武当道教的来往及其带有道教色彩的文学作品。

（1）明朝前期（1368—1435 年）

这一时期的重点是当时著名文人与武当道士的交往及有关诗文。

洪武年间，武当道士丘玄清被破格提拔为太常寺卿，深得明太祖信任，洪武十八年（1385 年）天师张宇初写《云谷图》赠给他，一时间翰林名儒多作诗文赠送丘玄清，如左春坊大学士奉议大夫作《云谷序》，太常博士张来仪有《丘太卿画像赞》《山水图为丘上卿赋》《云谷记》等，翰林学士刘三吾有《云谷诗并序》《武当五龙灵应宫碑》等。

永乐年间，武当玉虚宫提点任自垣与当时文人相交甚厚。永乐十三年（1415 年），奉政大夫左春坊左庶子邹济作《送道录任玄义之武当玉虚宫提点序》，内云："今一愚禀冲粹之资，探幽玄之奥，际亨嘉之运，三者备焉。"[1] 永乐十七年（1419 年），任自垣以宫观告成，进京上贺表谢恩，刚好遇上洪恩灵济宫举办金箓大醮，"因得以法为炼师"，"车驾临幸，躬致祀焉"[2]。事毕赐赏文绮褚币于诸人，任自垣获赏独厚。还山时，翰林侍读学士曾棨作《送玉虚宫提点任一愚序》。永乐二十年，任自垣在京修道藏经成，还山时，翰林侍讲学士王英作《送提点任先生还

---

① 杨立志点校：《明代武当山志二种》，湖北人民出版社 1999 年，第 229 页。
② 杨立志点校：《明代武当山志二种》，湖北人民出版社 1999 年，第 229 页。

武当序》，内称："先生貌癯然而清，中则粹然而纯和，居常端默，不妄语笑。于清净之旨，造诣尤深，而兼通乎六艺之学……碧瞳修眉，玉冠霞衣，烨然神仙中人。"① 国子监祭酒胡俨作《瞻宇歌》（有序）称赞任自垣的修炼功夫："阴火流金出太渊，莫笑五行颠倒颠。玄谷虚名神不死，夜夜蟾光清彻天。"② 礼部左侍郎胡濙对任自垣更是佩服得五体投地，称他："内功外行，表里兼全，仙道可期，玄风大振。"③ 胡濙于永乐二十二年（1424 年）到玉虚宫，见"蟾宇道兄居圜堵，使人欣羡不胜"，乃作五绝《次蟾宇圜中》十六首，皆云修炼内丹消息，如其八云："坎作阳初夏，离宫汲水滋。虎龙交会处，片饷结丹时。"④ 这些诗歌反映出明初百官与文人对道教仙术的欣赏和羡慕。

（2）明朝中期（1436—1582 年）

这是明代文学史上的中兴期，名家巨子辈出，咏颂武当之辞章亦极盛，仅选李东阳、许宗鲁、王世贞等人有关武当之诗文略加介绍。

李东阳，字宾之，号西涯。明代著名诗人，以首辅主文柄，天下翕然宗之，遂形成以他为首的茶陵诗派，在明代中期颇有影响。《敕建大岳太和山志》录有他著的《灵寿杖歌》《送韩贯道湖广参议提督武当诸宫观》等诗，后一首诗云："神仙官府意何如，亲见分符上紫虚。山拥帝宫三十六，地屯兵卫五千余。人言才大难为用，我爱官闲好读书。临别与君堪一博，肯将青绶换绯鱼。"⑤ 虽为送友之作，但也流露出对仙山道场的景仰之情。

许宗鲁，字东候，号少华。明代中期著名诗人，才气宏放，诗作颇

① 杨立志点校：《明代武当山志二种》，湖北人民出版社 1999 年，第 230-231 页。
② 杨立志点校：《明代武当山志二种》，湖北人民出版社 1999 年，第 210 页。
③ 杨立志点校：《明代武当山志二种》，湖北人民出版社 1999 年，第 211 页。
④ 杨立志点校：《明代武当山志二种》，湖北人民出版社 1999 年，第 210-211 页。
⑤ 杨立志点校：《明代武当山志二种》，湖北人民出版社 1999 年，第 385 页。

多。嘉靖初为湖广学政时，登临武当山，作有《紫霄洞歌》《山中晓起》《遇真宫》《坐遇真道院》《太子坡》《月夜同李道士登福地听童子吹箫》《南岩亭子》《仙关野酌》《步虚词》等诗歌十余章，对武当山的清幽峻峭，道人的绝尘隐居、道乐的空灵清泠等皆有吟诵，尤对道教仙乐寄托深情，如《步虚词》云："空山秋夜月华明，独上瑶台望玉京。三十六宫河汉杪，云璈仙磬步虚声。"其二云："猎猎玄风吹羽衣，紫坛瑶草露华肥。道人无限清虚乐，高唱云谣入翠微。"①

　　王世贞，字元美，号凤州，弇州山（今江苏太仓）人。明代著名文学家，"后七子"之主将。王世贞一家对武当山有特殊感情，其父王忬于嘉靖二十八年（1549 年）在湖广巡按任上曾朝谒武当山，并撰有题咏七律四首；其弟王世懋于万历四年（1576 年）登武当，将父亲诗作刻石置于南岩宫两仪殿前石壁上。王世贞是万历二年（1574 年）任都察院右副都御史抚治郧阳提督军务，次年三月登览武当，在山游历凡四天，他在任郧阳抚治近两年内共创作《玄岳太和山赋并序》《武当歌》《自均州繇玉虚宿紫霄宫记》及诗等约 120 篇。他在《诗并序》中说："武当名胜甲天下，其宫观之壮丽而皆以奉真武。又其峰、岩、洞、泉、桥、榭之类皆晚出，而后人传会名之，不能尽雅训。余以游稍间，因纪其胜为诸体……共得百首"②。这些诗文的内容大致可以归纳为如下几类：其一，写景状物，咏颂武当山的奇峰峻峦、险壑幽涧，林木花卉和雄伟宫观；其二，旁征博引，较为客观地论述了武当山历史地位的发展演变；其三，从历史的角度评述了明成祖大修武当道宫的原因和经过，并对其利用宗教的政治权术有所披露和讽喻；其四，欣赏隐居道人的清修生活，流露出一些厌倦官场、欲求仙学道术的思想。

----

① 杨立志点校：《明代武当山志二种》，湖北人民出版社 1999 年，第 398 页。
② 杨立志点校：《明代武当山志二种》，湖北人民出版社 1999 年，第 480 页。

（3）明朝后期（1583—1644 年）

公安派和竟陵派兴起于荆楚大地，公安派重要代表人物袁宏道、袁中道兄弟皆曾朝拜武当山，竟陵派代表人物谭元春也曾到武当山探幽览胜。

袁宏道于万历三十年（1602 年）侍其父袁士瑜及家人朝武当山，前后作诗十余首。《戴将头发入禅关》其二云："全家都爱踏云烟，过去青山香火缘。扶着白头拜真武，被人呼作圪行仙。"[①] 朝山沿途撰有《游玉虚岩》、《七星岩》、《长生岩逢休粮道者》、《入琼台观》二首、《天柱峰谒帝》、《南岩望绝顶及五龙诸宫有述》、《题紫霄太子岩》等诗。袁宏道对禀食官道不感兴趣，而把在山中辟谷、炼丹的隐居道士作为题咏对象，如七律《七真洞赠道者》："云烟四合蔽仙关，万刃斜通一发山……白日饵将三五年，方瞳如水照丹颜。"[②] 这实际上是"独抒性灵，不拘格套"的表现。

袁中道，字小修。万历癸丑（1613 年）春游武当，作《将往太和由草市发舟》，《武当》二首，《太和山中杂咏》八首，《游太和记》等诗文十余篇。小修与其兄一样，对游道颇有研究，以"屏绝尘虑，妻山侣石"为最上乘，故其游武当山不走一般人爱走的大路，而是选剑河、玉虚岩、琼台观一途，先观武当之溪涧，称"生平观水石之变，无畅于此者"[③]。这也许是公安派反对剽窃雷同，主张独抒性灵在游道上的反映。

谭元春，字友夏，明末著名文学家。游武当山时作《恭谒太岳》四言诗三章、《游玄岳记》等。友夏性喜游览，追求虚幻奇异的山水，游

---

① 陈浩、程明安、郝文华：《武当诗歌全集》，华中科技大学出版社 2014 年版，第 156 页。

② 陈浩、程明安、郝文华：《武当诗歌全集》，华中科技大学出版社 2014 年版，第 156 页。

③ 袁宗道、袁宏道、袁中道：《三袁随笔》，四川文艺出版社 1996 年版，第 299 页。

武当专拣常人不到的"樵径"。自玉虚入五龙走金沙坪；自南岩登大顶走铜殿垭，皆行"樵人道"。其游道一如其诗文，追求"幽深孤峭""孤行""孤诣"之情趣。不过，友夏在《游玄岳记》中追求自然、野逸、清幽的山水审美趣味，亦是其深受道教思想影响的反映。

第四节　明代汉水流域的文学艺术（上）

明代是汉水流域文学艺术发展的一个重要时期。这一时期传统民间文学艺术得到了发扬光大，尤其重要的是公安派和竟陵派的异军突起，一扫前期的复古思潮给文学发展带来的不良影响，在推动个性解放思潮的前提下，把文学创作与人的解放和性灵的抒写结合起来，开辟了一条新的文学创作道路，催生了改变整个中国文学发展方向的新文学潮流。

一、明代中期汉水流域的文学

明代前期，汉水流域文坛既无名家，又无名作，基本处于孤寂无声状态。明代中叶，这种默默无声的情形才因"楚中三才"之一的童承叙的出现而得到改变。

（一）童承叙

童承叙，字士畴，一字汉臣，别号内方，湖北沔阳（今仙桃）人。正德十五年（1520年）进士，选庶吉士，授编修，官至春坊右庶子兼侍读。重气节，不阿权贵，长于诗歌和古文，并有一定的复古倾向。

　　童承叙的著述主要包括《内方集》一卷、《平汉录》一卷。《中国古籍善本书目》收入童承叙撰著诗文别集二种：明万历二十五年苏潢刻本《内方文集》五卷；明抄本《内方文集》不分卷。今见《四库未收书辑刊》五辑二十六册收入民国十二年沔阳卢氏慎始基斋刻本《内方先生集》八卷附钞一卷。卷前有翁大立撰《童内方先生集原序》，序后有陈文烛撰《内方童先生传》，其中对童承叙的生平行状有详细叙述。此集卷数有八，集前有目。卷一至卷六为诗集，卷七至卷八为文集。卷一收录宪庙乐章 6 篇，平南雅 11 篇，四言古诗 20 首，乐府 11 首，五言古诗 80 首。卷二收录七言古诗 22 首，歌行 16 首。卷三收录五言律诗 150 首，卷末标注缺 2 首。卷四收录七言律诗 115 首。卷五收录七言律诗 110 首。卷六收录五言排律 11 首，五言绝句 31 首，六言绝句 2 首，七言绝句 130 首，诗余 7 首。卷七收录赋文 8 篇，骚体 3 篇。卷八收录进御文 5 篇，古文 28 篇。《内方先生集》八卷后附钞一卷，此卷收录摘抄《沔阳州志》21 则。

　　此外，《明诗纪事》《明诗综》等皆录入其诗若干，《湖北文征》录入其文 20 篇。童承叙年少才高，禀赋超群。过目成诵，下帷苦读，咀其英粹，下笔立就，中进士后颇得杨一清看重。其在翰林最久，任经筵，讲立政诸篇，孜孜不倦。今观其文，从《感别赋》的黍离之悲，到《东征赋》的雄姿英发，再到《悼湘》的浪漫缠绵，虽存数不多，然文出古风，颇得楚辞汉赋之韵。再观其诗，"空山报废宇，夕日忧秋彩"①，"澹香疏影晚风静，月落烟销野水平"②，语多清峭拔俗，神来之笔频出。故后人有"先生赋类贾谊，文类司马迁，诗类杜甫，文之稍从时调者，间

---

　　① 童承叙：《彭泽怀陶令》，《内方先生集》卷 1，四库未收书辑刊编纂委员会编，《四库未收书辑刊》（5 辑 26 册），北京：北京出版社，第 274 页下栏。
　　② 童承叙：《赠刘敦复》，《内方先生集》卷 2，四库未收书辑刊编纂委员会编，《四库未收书辑刊》（5 辑 26 册），北京：北京出版社，第 282 页上栏。

出于柳苏之间"① 之说，确是"夏云秋水，不可方物"，神思飞扬，意出尘外。

特别值得指出的是，童承叙所撰《沔阳志》与"前七子"之一的康海所撰《武功志》和王九思所撰《鄠县志》并称"海内三名志"。

（二）陈氏父子：陈柏与陈文烛

陈柏，字子坚，一字宪卿，号苏山，湖北沔阳（今仙桃）人。嘉靖二十九年（1550 年）进士，官至兵部职方司主事。其时正值严嵩擅权，严嵩也很有意将他纳为乡党羽翼，但陈柏刚正不阿，不愿同流合污，严嵩恼恨他不阿己，将他贬为山西井陉兵备副使。后以母忧归，辞官归里，遂绝意仕途，专心著述，尤好金石文字。年 60 余居里中，生平与人为善，耻谈人过，奖掖人才，吸引后进，年 75 卒。

陈柏的著述主要包括《见南山集》八卷、《见南江阁诗选》八卷、《见南江阁文选》十四卷、《借山亭前集》六卷、《借山亭续集》六卷、《来青轩诗选》四卷、《来青轩文选》八卷、《退乐轩诗选》一卷、《奏稿尺牍语录》、《职方奏稿》、《沔阳人物考》、《复中语录》等。

今见《四库全书存目丛书》集部第 124 册收入北京图书馆藏明万历十五年陈文烛刻本《苏山选集》七卷。

陈柏素养厚重，工于诗歌，诸体兼备。其诗内容上既包括《病后即事》《早春漫兴》等抒情感怀之作，又包括《送谢符德大行使赵国》《无卧阁寄示烛儿》等赠答酬寄之作，还包括《垓下歌》《易水歌》等少数怀古寄兴之作。高适是盛唐著名的边塞诗人，其"寓壮气于苍凉之

---

① 翁大立：《童内方先生集原序》，《内方先生集》，四库未收书辑刊编纂委员会编，《四库未收书辑刊》（5 辑 26 册），北京：北京出版社，第 262 页下栏。

中的慷慨悲歌"① 成为诗歌史上的风格典范。以陈柏七言古诗《南山歌》为例："白石齿齿南山隈，牛角扣之鸣且哀。我生不辰已焉哉，唐虞世远不复回。短衣何用更自裁，放歌聊以相徘徊。"② "李密'牛角挂书'的典故长久以来被士人视为厚积薄发的例证而聊以自勉。陈柏借用此典的目的却是在慨叹盛世不再、生不逢时的境遇。全诗笔调粗豪，意气豪迈，直抒胸臆，其中所蕴含的纵横顿宕的雄厚风骨确有盛唐之风。"③

再看其五言律《刿河道中》："楚天霜欲下，楚客暮言归。陌上犹行役，闺中未授衣。应怜双带缓，只为尺书稀。何况龙沙外，迢遥万里违。"④ 气质沉雄劲健，意绪苍凉悲慨，境界辽阔苍莽，颇得边塞诗人风致。

除了雄浑跌宕的风格之外，陈柏创作的部分写景诗句亦清婉有姿。"野花红浥露，畦稻绿连云"⑤ （《隐林庄同李生用康山人韵（其二）》）、"漫喜野蔬随雨长，渐看林叶逐风飞"⑥ （《秋日有怀烛儿》）、"孤亭黯黯映斜晖，双屐衔泥入翠微"⑦（《雨后有怀》），这些诗句都清新鲜活，飘逸灵动，清丽秀美，韵律和谐，无不"宕逸有姿"⑧。

与诗歌相比，陈柏的散文成就较小。一方面，陈柏的散文创作行文流畅完整，章法严谨规范；另一方面，他的散文缺乏较为明显的丰厚底

---

① 袁行霈，《中国文学史》卷2，高等教育出版社2016年版，第272页。
② 陈柏：《苏山选集》卷1，陈文烛明万历十五年刻本，1587年，第1页。
③ 刘方：《明代湖广作家研究》，硕士学位论文，上海师范大学，2007年第122页。
④ 陈柏：《苏山选集》卷2，陈文烛明万历十五年刻本，1587年，第4页a。
⑤ 陈柏：《苏山选集》卷2，陈文烛明万历十五年刻本，1587年，第8页a。
⑥ 陈柏：《苏山选集》卷3，陈文烛明万历十五年刻本，1587年，第13页。
⑦ 陈柏：《苏山选集》卷3，陈文烛明万历十五年刻本，1587年，第13页。
⑧ 丁宿章辑：《湖北诗征传略》卷14，清光绪刊本，第5页a。

蕴和创作特色，难称大方之家。

陈文烛，字玉叔，湖广沔阳人，陈柏次子。陈文烛天资颖慧，幼负异质，弱冠工古文诗歌。与他父亲平生不遇、无缘官场卓然不同，仕途上的陈文烛几乎是一帆风顺。嘉靖乙丑进士，除大理评事，历寺副、寺正，出为淮安知府，迁四川副使，历漕储参政，福建按察使，进布政使，改江西，迁应天府尹，进南大理卿。陈文烛生平有爱石癖，辞官归乡建五岳山园，居园中赋诗唱和为乐，年六十卒。

陈文烛的著述主要包括《二酉园诗集》十二卷、《二酉园文集》十四卷、《二酉园续集》二十三卷、《黄蓬山志略》等。《中国古籍善本书目》收入陈文烛著述八种。今见《四库全书存目丛书》集部第一百三十九册收入《二酉园文集》十四卷、《诗集》十二卷、《续集》二十三卷。其中，《文集》为南京图书馆藏明天启三年陈之莲重刻本，《诗集》为北京图书馆藏明天启三年陈之莲重刻本，《续集》为北京大学图书馆藏明万历刻本。

虽然"玉叔与七子游，唱和极多"①，但陈文烛对前七子派"文必秦汉，诗必盛唐"的诗文主张并非全然接受。陈文烛的根据在于："至于文章，患在模拟。秦汉之文，不同于战国；战国之文，不同于春秋；春秋之文，不同于六经；后之号大家者，驰骋竞胜，如孙吴角战。"② 这种将具有与时俱进意味的思想纳入诗文鉴赏的理论相对于"七子"无疑更胜一筹。另一方面，陈文烛较为重视诗歌的现实功能，他认为："四诗以风为首，而风者，天地之意气也，其德异，其几微，其用广……歌咏

---

① 陈田：《明诗纪事》已签卷 10，北京：商务印书馆，1936 年，第 1944 页。
② 陈文烛：《中川选集序》，载《湖北文征》卷 2，湖北人民出版社 2000 年版，第 451 页。

之中，曲含讽刺，寄远于近，托有于无，和平蕴藉，闻者感动。"①

对于陈文烛的诗文，一代文豪王世贞评价称："简而裁，直而纤，淡而不厌，悠然有治世之音焉……古诗出建安，近体过钱、刘，文或左史、或昌黎、庐阳。"② 胡应麟亦评价称："诗文清婉典饬，居然名家，时七子有盛名，意不可一世，玉叔雁行其间，不少让。"③

（三）高岱兄弟

高岱，字伯宗，号鹿坡，湖广京山人。嘉靖庚戌进士，官刑部郎中。高岱留给世人的形象是一个旷达脱俗的怪人。因为常年不修边幅，衣着破旧不洁，往往被同舍讥诮。后来赶上董传策、张翀、吴时来等人上诉控告严嵩父子横行不法，朝廷准备将严嵩父子处以重典，在墙倒众人推的情况下，高岱却一反常态为严嵩父子求情，并得到了皇帝的首肯，改为狱上戍边，同时，高岱还为剥夺了财产、府第的严嵩父子整治资装，微服送行。因为这件事情，高岱被严嵩父子视为衔草图报的大恩人。后来因为讥讽铨曹，贬谪出朝，以长史的职俸善终。

高岱的著述主要包括《西曹集》九卷、《鸿猷录》十六卷、《楚汉余谈》一卷、《樵论》等。可惜上述诸本皆已散佚，在《中国古籍善本书目》中亦未见录入其他诗文别集。如今所见高岱的作品，均散见于各本诗文总集中。如《明诗纪事》录入其诗十六首，《湖北诗征传略》录入

① 陈文烛：《中川选集序》，载《湖北文征》卷2，湖北人民出版社2000年版，第450-451页。
② 王世贞：《二酉园集序》，载《四库全书存目丛书》集部（第139册），齐鲁书社1977年版，第6页下栏。
③ 胡应麟《诗薮》，转引自陈田《明诗纪事》，上海古籍出版社1993年版，第2115页。

其诗十二首，《楚风补》录入其诗二十七首，《湖北文征》录入其文八篇。

高岱善属文，采国家大事为《鸿猷录》。《湖北文征》所录八篇散文亦皆政论之文。如《政要》一文提出的是"宽与严"的辩证治国之道，《任当》一文论述的是"量材为官、各尽其能"的朝廷人才甄别选拔制度；《贤实》一文表达的是"国家之所以不治者，贤否之淆也。贤否之所以不别者，名实之眩也"的人才评价标准混乱的现实问题；而《将难》一文则抒发的是作者"贤将难求"的感慨之言。高岱的政论有的放矢，针砭时弊，雄肆博辩，大开大阖，往往开篇即表明观点，而后通过征引古今史实加强对比论证，因此极具说服力与可读性。"岱好读先秦古文"，这也是其形成上述政论风格的重要原因。①

高岱的诗歌数量不多，体例则以五、七律诗为主。其五言如"肠随枝欲断，魂与絮俱飞"（《折杨柳》）、"雨将秋色至，夜与客愁长"（《秋意》）、"雪暗旌旗色，风尘鼓角声。塞鸿乘月度，边马向人鸣"（《出塞》）、"暝入盆鱼色，秋竦塞雁声"（《秋夜省中吏隐园独坐》）；七言如"贺兰烽火接居延，白草黄云北到天。一片城头青海月，十年沙碛伴人眠"（《凉州曲》）、"尊酒放歌俱白雪，风尘愁鬓又黄花"（《汪正叔席上对菊别子畏》）、"天作重关严虎豹，人从三辅避风霜"（《陈宪卿兵备井陉》）。其诗意象生动，意气纵横，意境雄迈辽阔，苍凉悲慨，气骨奇佳，神韵"沉练"，不负"气格高亮，足抗李、王"②之谓。此外需要指出的是，根据钱谦益在《列朝诗集小传》中所谓"伯宗自论其诗，以为近孟襄阳"之言可知，高岱之诗除"气格高亮"的特征之外，应该还具备"冲融疏淡"平和自然的风格，但此类作品今已难见。

---

① 刘方：《明代湖广作家研究》，研究生学位论文，上海师范大学，2007 年，第 119 页。
② 丁宿章辑：《湖北诗征传略》卷 26，光绪刊本，第 7 页 b 面。

　　高岱的诗歌虽所存数量不多，但受诸多名家好评。如李先芳在《东岱山房稿》中指出："伯宗论古诗，取法汉魏，近体型范盛唐十二子，李、杜之外，不淆目中，骎骎风雅之门墙矣。"① 胡直在《衡庐精舍藏稿》中言："诗不专环壮，贵在神韵。伯宗诗岂所谓气骨神韵兼而擅之者欤。"② 钱谦益在《列朝诗集小传》中评价说："伯宗初与李伯承结社长安，进王元美于社中。及于鳞诸人鹊起，而伯宗左迁去，遂不与七子之列。伯宗诗体略与伯承相似，而时多矜厉之语，开七子之前茅。于鳞《诗删》录伯宗诗甚富，盖亦追其筚路蓝缕之绩。"③ 陈田在《明诗纪事》中言："伯宗拟古窘于步武，其自运诸作，豪情逸韵，在当时楚人中，较吴明卿、魏顺甫似为过之。"④ 撇开溢美抬爱因素，透过以上诸论，我们可知高岱诗歌创作的水平得到了较为广泛的认同。

　　足以视为文坛佳话的是，不仅高岱文名重于一世，其胞弟高叔崇、高峃亦享有当世才名。由于此二人的诗文作品鲜有传世，故此处只能对他们的生平及著述作简单论述。

　　其大弟高峣，字叔崇，湖广京山人。嘉靖丙辰进士，官兵部郎中。高著有《叔崇遗稿》一卷，此集今已不存，《中国古籍善本书目》中亦未见录入其他诗文别集。如今高叔崇的作品已非常罕见，仅有《湖北诗征传略》录入其诗 1 首，《明诗纪事》录入其诗 2 首，而其文则至今未见。其诗《山行》可以让人窥见一斑："欲访山中人，未识山中路。茅屋漏辣林，苍苍但烟雾。"全诗苍苍雄浑，胜在气韵高远。

―――――――――

　　① 李先芳：《东岱山房稿》，转引自陈田《明诗纪事》已签卷 7，清光绪二十五年陈氏听诗斋刻本，第 4 页 b。
　　② 胡直：《衡庐精舍藏稿》，转引自陈田《玥诗纪事》已签卷 7，清光绪二十五年陈氏听诗斋刻本，第 4 页 b。
　　③ 钱谦益：《列朝诗集小传》丁集上，上海古籍出版社 1959 年版，第 435 页。
　　④ 陈田：《明诗纪事》已签卷 7，清光绪二十五年陈氏听诗斋刻本，第 4 页 b。

　　高岱，字季宗，号云萍，湖广京山人。嘉靖四十年（1561 年）举人。高岱著有《季宗遗稿》一卷，此集今已不存，《中国古籍善本书目》中亦未见录入其他诗文别集。高岱之才不亚于诸兄，但由于其诗文基本不存，故才名渐湮，录在《湖北诗征传略》的《自题小像》诗句可以窥见一斑："不向江边弄明月，人间何处著斯人。"由此可知其志远才高之性。《湖北诗征传略》中还录有"衰草平添秋雨绿，涧枫遥衬晚霞红"之句，并谓其诗"颇传于时"。

（四）明复古主义在汉水流域的余续——王格的诗歌创作

　　王格，字汝化，湖广京山人。嘉靖丙戌进士，选庶吉士，改永新知县，迁刑部主事，改户部，历员外郎中，出为河南佥事，坐事削籍，授太仆少卿致仕。汝化著修《承天大志》，后乞归退居五十余年，著述吟咏，琴棋诗酒，至老不辍，卒年九十四。时有所谓："承天有三子者，曰王汝化氏、颜唯乔氏、王稚钦氏，楚之杰也，皆以文雄海内。"[1] 王稚钦当为王廷陈，颜唯乔当为颜木，而王汝化即为王格。王格生平于《明史文苑传》王廷陈传后附收。

　　王格的著述主要包括《少泉集》三十三卷，《中国古籍善本书目》亦收入此本诗文别集二种：明嘉靖十八年李文芝刻本《少泉诗集》四卷；明嘉靖刻本《少泉诗集》十卷。今见《四库全书存目丛书》集部第89 册收原北平图书馆藏明嘉靖刻本《少泉诗集》十卷。

　　《四库全书存目丛书》在此集后附收《四库全书总目·少泉集三十三卷·提要》，署"浙江孙仰曾家藏本"。《提要》言道："《千顷堂书

[1] 佚名：《诗评·有序》，载《四库全书存目丛书》集部（第89 册），齐鲁书社1997 年版，第150 页下栏。

目》载格《少泉集》十卷，今考此本凡诗选十卷，诗续选八卷，诗新选六卷，文选五卷，续文选四卷共计三十三卷。"① 今见此明嘉靖刻本为十卷本，三十三卷本未曾得见。除上述诗集之外，王格之诗于《明诗纪事》中收入 2 首，于《湖北诗征传略》收入 9 首，于《楚风补》收入 10 首。王格之文如今所见只有《湖北文征》中所录 8 篇，数量较少。

　　王格身处复古之风劲吹的嘉靖时期，但却对"复古"有着自己清醒的见解。他在《书昌黎集后》一文中针对当时的文坛风气提出了自己的看法，并阐释了"学古而不泥于古"的复古追求："弘治正德间，海内无事，人物勃郁，遂至异论纷嚣，讥嗤前古，而退之亦不幸而与其摈弃之中。至询所慕向，则动以六经、左、国、秦汉、六朝为言，如退之辈，直鄙俚之置度外耳。呜呼，为此者其亦知退之莫能深乎？夫以退之之才，岂不足方驾古昔者？色色而雕刻之，种种而模拟之，不求其神情，而惟取其形似，在退之当更能耳，然而退之必不为此者。耻蹈袭之不足为，而欲自为其家也。夫蹈袭而欲自为之，则凡今人之所夸以为高，而欲陵轹退之者，乃退之所羞道而不为者耳，而何以服退之之心乎。且退之于古人之文，所以包举而采掇之，亦不遗余力矣。特其绳墨所到，心匠由己，力能融贯之而不见其迹耳。故余以谓退之学古而不泥于古。如今人，则直谓之古矣，此所以异也。"② 除了从以上现实的宏观角度对"学古而不泥于古"的诗文理论进行阐释之外，王格同样也从微观上给出了"学古而不泥于古"的正反典型："余观中唐以降，雕章缛采，刻象绘情，多浮靡肤露之词，乏古者雅驯之体，绌而不取，诚所宜也。至乃初唐，居近体之首，质而不俚，华而不艳，其浑厚倩郁之气，有足观

---

① 《四库全书总目·少泉集三十三卷·提要》，载《四库全书存目丛书》集部（第 89 册），齐鲁书社 1997 年版，第 286 页下栏。

② 王格：《书昌黎集后》，载《湖北文征》卷 2，湖北人民出版社 2000 年版，第 30 页。

法者。"① 正是在这样的诗文理论指导之下，王格的诗歌体现出了"古风醇厚""清润秀逸"② 的特征，如"明月有情留小院，征鸿无数挟轻霜"（《馆试秋夜闻砧》）的相辅相对，"落日催黄发，寒江老白蘋"③（《和杜工部蜀中悲秋》）的沉郁厚达。

此外，王格的诗信马由缰，亦有"矢口信笔，不费推敲"④ 的特点。例如"芙蓉水上浑难醉，一夜知倾几百杯"（《咏扇景》）、"小山排列珊瑚树，岁岁年年花气香"⑤（《东园歌》其三）等。而这样的特点使得王格的诗歌并非皆受好评。例如"今考王世贞序云：'公于意非不能深，不欲使其淫于诗之外；于象非不能极，不欲使其游于见之表。才不可尽则引矩以囿之，乱不胜靡则为质以御之。'详其语意，殆亦微词也欤。"⑥

二、公安派的勃兴与文学贡献

（一）公安派的由来

公安派发肇于万历二十六年（1598 年），以袁宗道、袁宏道、袁中道三兄弟为首。"公安派"因其领袖人物和代表作家均系湖北公安人而得名。公安派的代表作家是公安"三袁"，即兄袁宗道，弟袁宏道和袁中道。

---

① 王格：《初唐诗序》，载《湖北文征》卷 2，湖北人民出版社 2000 年版，第 31 页。

② 丁宿章辑：《湖北诗征传略》卷 26，清光绪刊本，第 4 页 b。

③ 廖元度选编，湖北省社会科学院文学研究所校注：《楚风补校注》（下册），湖北人民出版社 1998 年版，第 33 页。

④ 丁宿章辑：《湖北诗征传略》卷 26，清光绪刊本，第 4 页 b。

⑤ 王格：《少泉诗集》卷第 10，载《四库全书存目丛书》集部（第 89 册），齐鲁书社1997 年版，第 278 页。

⑥ 丁宿章辑：《湖北诗征传略》卷 26，清光绪刊本，第 5 页 a。

　　袁宗道，字伯修，号石浦。本姓"元"，因"姓同胜国号，恐不利首榜"，故更姓"袁"。袁宗道生来天资过人，异常聪慧，十岁就能赋诗，"二十举于乡。不第归，益喜读先秦、两汉之书。是时，济南、琅琊之集盛行，先生一阅，悉能熟诵。甫一操觚，即肖其语。弱冠，已有集，自谓此生当以文章名世矣"①。万历十四年（1586 年）会试第一，殿试二甲第一，选翰林院庶吉士。选拔为东宫讲官，中期曾担任春坊中允，官阶直到右庶子。最后死于为官任上，被朝廷追赠为礼部侍郎。因英年早逝，加之性情散漫、慵懒，不喜芳顿身心和过多劳作，所以其作品数量明显少于其弟袁宏道和袁中道，其传世文集仅有《白苏斋类集》。

　　袁宗道一生最为敬仰的人物是唐代的白居易和宋代的苏轼，故以"白苏"名斋、名集。他非常认同白居易、苏轼"敛其锋锷，与世抑扬"的人生态度，不赞成做人的狂傲自大、放浪形骸。他曾写信告诫弟弟袁中道说："云中老子念吾弟甚，每书来未尝不及弟。卓吾亦有书来，讯弟动定。又邑中人云：弟日来常携酒人数十辈，大醉江上，所到市肆鼎沸。以弟之才，久不得意，其磊块不平之气，固宜有此。然吾弟终必达，尚当静养以待时，不可便谓一发不中，遂息机也。信陵知终不可用，故以酒色送其余年。陈思王绝自试之路，始作平乐之游耳。弟事业无涯，其路未塞……闻邑中少年多恶习，不可不诱引之也。昨又闻吾弟作敦仁会，率诸友讲学，甚善！甚善！场事将近，且作时义。吾归隐之志已切，得弟中隽，即拂衣之行决矣。"② 正如信中所言，由于体弱多病，袁宗道常有退隐之心。然而，出于达则兼济天下、穷则独善其身的人生信条，他的退隐又不能不有许多牵挂。也正是因为拥有这种深层理

---

　　① 袁中道、袁宏道、袁中道：《三袁随笔》，江问渔校点，四川文艺出版社 1996 年版，第 422 页。

　　② 袁宗道：《袁宗道集笺校》，湖北人民出版社 2003 年版，第 287-288 页。

念，只要在任上，他总是兢兢业业，勉力而为，以至于惫极而卒。

　　袁宏道，字中郎，号石公，袁宗道之弟，中道之兄。"年方十五六，即结文社于城南，自为社长。社友年三十以下者，皆师之，奉其约束，不敢犯。时于举业外，为声歌古文词，已有集成帙矣。"① 万历二十年（1592 年）中进士，不愿出仕，回归故里潜心读书。三年后，选吴县县令，不久，借口生病辞官，放浪江湖，游遍吴会山水，隐居柳浪湖上达六年之久。万历二十六年（1598 年），袁宏道凭借声名远播的清望被乡里推举，选京兆校官，授顺天府教授。后迁国子助教，补礼部主事。不久，适逢兄长袁宗道病逝，他便回乡隐居。万历三十四年（1606 年）奉钦命入京，复为礼部主事，擢吏部验封司主事，移考功员外郎，立岁终考察群吏法。典试秦中，迁稽勋郎中。万历三十八年（1610 年）谢病而归，并于当年死于家中。一生留有《袁宏道集》。

　　袁宏道一生颇有道家遗风，看破功名利禄，崇尚独立自由，常常流露出放荡不羁、不愿受世俗束缚的强烈愿望。他虽考中进士，但真实愿望却是不想出仕。后来他出仕吴县县令，并颇有政才和政绩，但依然不堪折腰之苦，最终不得不辞官而去。他所向往的是一种自由适意的生活，把个人身心放逸洒脱作为人生的理想境界。他在给龚惟长的信中谈到人生的真正快乐时说："真乐有五，不可不知。目极世间之色，耳极世间之声，身极世间之鲜，口极世间之潭，一快活也。堂前列鼎，堂后度曲，宾客满席，男女交舄，烛气熏天，珠翠委地，皓魄入帷，花影流衣，二快活也。箧中藏万卷书，书皆珍异。宅畔置一馆，馆中约真正同心友十余人，人中立一识见极高，如司马迁、罗贯中、关汉卿者为主，分曹部署，各成一书，远文唐、宋酸儒之陋，近完一代未竟之篇，三快

―――――――――

　　① 袁宗道、袁宏道、袁中道：《三袁随笔》，江问渔校点，四川文艺出版社 1996 年版，第 447 页。

活也。千金买一舟，舟中置鼓吹一部，妓妾数人，游闲数人，泛家浮宅，不知老之将至，四快活也。然人生受用，至此，不及十年，家资田地荡尽矣。然后一身狼狈，朝不谋夕，托钵歌妓之院，分餐孤孝之盘，往来乡亲，恬不知耻，五快活也。士有此一者，生可无愧，死可不朽矣。"①

这五大快活，就是袁宏道的人生哲学，它突破了一切常情常理常识，颇有意出尘外、怪生笔端的气势，它将一切传统信条和世俗偏见统统抛诸身后，将一切虚伪造作的伦理训诫统统代之以真率激切的个性解放要求，将被古圣先贤奉为至高无上的立德、立功、立言的"三不朽"代之以任性适意为核心的"五快活"，这是对传统人生观、价值观的彻底颠覆和抛弃，这种彻底颠覆和抛弃强烈昭示着社会意识形态已开始由古代向近代转变。

袁中道，字小修，晚号凫隐居士，袁宗道、袁宏道之弟。袁中道少年早慧，智力超常，十余岁作《黄山》《雪》二赋，五千余言。长益豪迈，从两兄宦游京师，多交四方名士，足迹半天下。但袁中道科场考运不济，屡不得意，直到万历四十四年（1616）才考中进士，授徽州府教授。后来历任南京礼部主事、南京吏部郎中。56岁时死在官任上。身后留著有《珂雪斋集》。

袁中道虽然没有像宏道这样明确地提出自己的人生观和价值观，但他对任性适意的追求与袁宏道是一致的。袁中道一生爱水，行谊处在水痴、水痨和水怪之间。他在《后泛凫记》中说："不幸性耽烟水，每见清泉流水，则怡咏终日。故自戊申以后，率常在舟，于今六年矣。一舟敝，复治一舟。凡居城市，则炎炎如炙，独登舟则洒然。居家读书，一

---

① 郭杰、秋芙、魏崇新：《中国文学史话》（明代卷），吉林人民出版社1998年版，第560页。

字不入眼；在舟中，则沉酣研究，极其变化。或半年不作诗，一入舟，则诗思泉涌。又冗缘谢而参求不辍，境界远而业习不偶。皆舟中力也。"① 这种遇水则喜、临水而乐、愿意泛舟漂泊而不愿入市俗处的生活态度，也是极具时代特点的，同时也反映出公安派特立独行、俯仰天地的人生观与价值观。

公安三袁虽同出一门，但由于生活经历和境遇各不相同，性格气质和思想理念也各自有异。袁中道对此有过较为客观的对比："当是时，伯修与先生，虽于千古不传之秘，符同水乳，而于应世之迹，微有不同。伯修则谓居人间，当敛其锋锷，与世抑扬，万石周慎，为安亲保身之道。而先生则谓凤凰不与凡鸟共巢，麒麟不共凡马伏枥，大丈夫当独往独来，自舒其逸耳，岂可逐世啼笑，听人穿鼻络首！意见各不同如此。"② 无独有偶，李贽明确指出，"伯也稳实，仲也英特"③，而中道年少时颇为狂放，"既长，胆量愈廓，识见愈朗，的然以豪杰自命，而欲与一世之豪杰为友。其视妻子之相聚，如鹿豕之与群而不相属也。其视乡里小儿，如牛马之尾行而不可与一日居也。泛舟西陵，走马塞上，穷览燕、赵、齐、鲁、吴、越之地，足迹所至，几半天下"④，又与二兄有别。吴调公说："三袁性格，同具狂狷的特点，而个性各有不同：宗道落落寡合，纯朴自守，表现为处士气；宏道机锋横溢，慧眼过人，寓讽刺于调侃，表现为狂士气；中道感慨苍凉，似乎比他的两个兄长更多丘壑，袁宏道说他'有哀生失路之感'，钱谦益说他'游于酒人，以豪杰

① 袁宗道、袁宏道、袁中道：《三袁随笔》，江问渔校点，四川文艺出版社 1996 年版，第 293-294 页。

② 唐昌泰选注：《三袁文选》，巴蜀书社 1988 年版，第 183 页。

③ 陈寒鸣：《李贽学谱　附焦竑学谱》，孔学堂书局 2020 年版，第 142 页。

④ 《袁宏道集·序小修诗》，转引自周积明《湖北文化史》（上册），湖北教育出版社 2006 年版，第 71-72 页。

自命’，表现为侠士气。”① 这种概括是比较客观而准确的。

（二）公安派勃兴的历史文化动因

公安派的勃兴始自“性灵”学的风起，而“性灵”说产生并风行的背后有着极其复杂的原因。对此刘方先生曾做过非常切合实际的系统梳理，这里主要择其要点兼而论之。

第一，经济基础决定上层建筑和意识形态。明代中后期商品经济的活跃使得商品经济意识渗透进明代社会生活的方方面面，进而使得“三袁”的价值观念发生了新变，特别是嘉靖、隆庆、万历时期，两京、苏杭、广东、安徽、湖广等地商品经济的活跃，严重地冲击并瓦解了他们的传统核心价值观。而袁宏道曾经出任县令的吴县，更是领江南世俗社会商品经济之先。大潮挟裹之下，身心必然为之浸洗。商品经济的发展，必然导致人们价值观念的更新。儒家“重义轻利”的传统被世俗社会“重利轻义”所取代，当时弃儒从商者司空见惯，大有人在。

据周积民《湖北文化史》指出，明代中后期的湖北，既是商品经济比较发达的地区，也是思想文化最活跃的地区之一。例如，汉口一举成为“九州名镇”后，“水陆之冲，舟车辐辏，百货所聚，商贾云屯，其山川之雄壮，民物之繁华，南北两京而外，无过于此”②。汉口依赖长江和汉水这两大交通动脉，在商品交换中扮演着日益重要的角色，成为后来居上的城市。汉口上游的沙市也是重要的商品集散地，除棉纺、造船、制漆等十分发达外，竹木加工、药材等行业也很有影响。万历间，

---

① 吴调公：《论公安三袁美学观之异同》，载《文学评论》，1986 年第 1 期，第 96 页。
② 贺长龄辑，魏源编次，曹堉校：《魏源全集》（第 1 册《皇朝经世文编》卷 1～卷 14，学术 治体），岳麓书社 2004 年版，第 273 页。

沙市人口已达二十余万，俨然一大商业都会。社会大环境的剧变和经济生活的发展也影响着思想的进步，而文人的交流访学，更直接促进社会思潮的动荡与变迁。万历九年（1581 年），泉州晋江（今属福建）人李贽在姚安府任满后带着妻孥离开云南来到黄安（今湖北红安），在黄安、麻城（今属湖北）住了 15 年，讲学著书，传播新思想。"三袁"便直接受其影响，他们的文集中多有反映。

正是在这种商品经济活跃发展的外部作用下，"三袁"的价值观念产生了新变，其文化心态也更趋开放，因而才得以逐步培育出"独抒性灵"等文学解放思想。

第二，文章染乎时变，各种思潮无不打上鲜明的时代印记。明代各个时期互相激荡、迭代并出的革新思潮是三袁"性灵"思想的理论渊源和成长沃土。三袁"性灵"思想的渊源，自明代可以追溯到杨维桢的尊情抑理、吴中四子的缘情尚趣、徐渭的尚俗尚奇、汤显祖的至情之论，直至李贽的"童心说"。这些明代各个时期的革新思潮犹如不断发酵的酵母，对于"三袁"的性灵思想都有着莫大的孕育催发作用，尤其是李贽。据《柞林纪谭》记载，万历十五年（1587 年）、万历二十年（1592 年）、万历二十一年（1593 年），"三袁"兄弟曾经三次造访李贽，并留下了相言甚欢的美谈。作为值得尊敬的前辈，李贽的"童心"和"迩言"等文学思想，震撼般地启迪着"公安三袁"。李贽认为，"夫童心者，绝假纯真，最初一念之本心也；若失却童心，便失却真心；失却真心，便失却真人"，主张用真心、真情、真言来写真文，反对用统治者所提倡的"闻见道理"蒙蔽童心，以假人言假言，文假文。李贽尖锐指出："天下之至文，未有不出于童心焉者也。苟童心常存，则道理不行，闻见不立，无时不文，无人不文，无一样创制体格文字而非文者。诗何必古选，文何必先秦，降而为六朝，变而为近体，又变而为传奇，变而为院本，为杂剧，为《西厢曲》，为《水浒传》，为今之举子业，皆古今至文，不可得而时势先后论也。故吾因是而有感于童心者之自文也，更说什么六经，更说什么《语》《孟》乎?"①

徐渭对公安派文学产生的影响也十分明显。文人相轻于隔膜与异调，而必相钦相重于灵犀相通与心心相印。袁宏道在《徐文长传》中描绘了自己在陶望龄家见到徐渭作品的激动心情，宏道对徐渭作品的倾重与激赏，是因为这些作品正与他同道，也发现了徐渭文风对复古文学的背道而驰。他在《冯侍郎座主》中说："宏于近代得一诗人曰徐渭。其诗尽翻窠臼，自出手眼。有长吉之奇，而畅其语；夺工部之骨，而脱其肤；挟子瞻之辨，而逸其气。无论七子，即何、李当在下风。"② 如此推崇钦羡之至，足见徐渭对宏道的影响。

第三，性灵思想的勃兴，得益于社会风俗和民间文学、文化的滋养。如同所有的有鲜活生命力的文学无一例外都要受到民间文化的浇灌和滋养一样，市井风俗、民歌风味的熏陶给了三袁巨大的助益，使得"三袁"的审美心态发生了方向性的变移。所谓"野语街谈随意取，懒将文字拟先秦"③。"三袁"不仅将目光投向田野村夫、下里巴人与市井风俗，而且能够注重汲取民歌等民间文学的养分，打破了一直以来以诗为诗、以古雅为尊的风尚，转向以民歌为诗、以尚俗为乐的审美取向，从一个侧面体现了"三袁"文化心态、审美心态的迁移。

第四，文学风尚是风向标和牵引器。明代小说、戏曲等俗文学的发展对"三袁"的文学思想起到了因风吹火的激发作用。从"明代四大奇书"（《三国演义》《水浒传》《西游记》《金瓶梅》）、冯梦龙"三言"

---

① 李敖：《何心隐集·李贽集》，天津古籍出版社 2016 年版，第 45-46 页。
② 袁宏道：《袁中郎诗文选注》，任亮直选注，河南大学出版社 1993 年版，第 375 页。
③ 袁宏道：《斋中偶题》，转引自郭英德《明清传奇戏曲文体研究》，商务印书馆 2004 年版，第 147 页。

到徐渭、汤显祖的戏曲创作，再到李开先、李贽、叶昼的理论批评，明代俗文化和俗美学的思潮率先在小说和戏曲的创作及批评领域崛起。这种思潮对于"三袁"的文学思想起到了辐射、渗透的作用，形成了小说、戏曲等俗文学与诗文等雅文学交叉互感、相生相连的态势。

第五，释学、西学等文化扩展了"三袁"的眼界，改变了他们的思维方式。"三袁"兄弟无一不对释学抱有浓厚的兴趣，他们也曾多次结社研讲佛理，例如香光社、青莲社、海阳社等。释学之外，"三袁"还注重汲取西方天主教文化和科技文化，《游居柿录》中就有多处记载了"三袁"与西洋传教士利玛窦的交往，以及耳闻利玛窦有关天体、物种等新知识的奇谈。释学与西学对于"三袁"开阔眼界，拓展思维方式和重构世界观起到了一定的作用。

（三）公安派的文学思想

公安派作家突出的贡献不仅在于开一代文学之先声，更在于其立足创作经验所提出的旗帜鲜明的文学主张上，这种文学主张既顺应了文学发展的内在规律，更应和了时代发展的呼声，因而很快产生了全国性影响，点燃了中国传统文学的发展。

第一，反对贵古贱今，倡导文学的与时俱进，强调文学的时代性。

袁宗道率先掀起了对复古主义的挑战。在袁宗道看来，不管是李攀龙的"强赖古人无理"，还是王世贞的"不许今人有理"，都是为了掩盖他们自己的胸无识见，"夫以茫昧之胸，而妄意鸿巨之裁，自非行乞左、马之侧，募缘残溺，盗窃遗矢，安能写满卷帙乎？试将诸公一编，抹去古语陈句，几不免曳白矣！"所以复古的病源"不在模拟，而在无识"①。袁宗道老道犀利，利用复古派理论的自相矛盾予以纠驳，指出了复古派剿窃模拟的病源，独到深刻的攻击，几乎使复古派无路可退。

袁宏道秉承其兄的做派，对复古派的批判更为尖锐而犀利。他说："嘉、隆以来，所为名公哲匠者，余皆诵其诗读其书，而未有深好也。古者如赝，才者如莽，奇者如乞，模拟之所至，亦各自以为极，而求之质无有也。"②又说："近代文人，始为复古之说以胜之。夫复古是已，然至以剿袭为复古，句比字拟，务为窖合，弃目前之景，撼腐滥之辞，有才者诎于法，而不敢自伸其才；无之者拾一二浮泛之语，帮凑成诗，珠目相冒。智者牵于习，而愚者乐其易，一倡亿和，优人驺子，皆谈雅道。吁，诗至此，抑可羞哉！夫即诗而文之为弊，盖可知矣。"③他嘲笑复古派"粪里嚼渣，顺口接屁，倚势欺良，如今苏州投靠家人一般。记得几个烂熟故事，便曰博识，用得几个见成字眼，亦曰骚人。计骗杜工部，囤扎李空同，一个八寸三分帽子，人人戴得"④，真是毫不留情，极尽嘲讽讥刺、嬉笑怒骂！这些激烈的批判点燃了全面反击复古派的星星之火。

第二，"独抒性灵，不拘格套"，力推创新，是"三袁"文学思想的核心。

对此，袁宏道在《叙小修诗》一文中旗帜鲜明地标榜"独抒性灵，

---

① 袁宗道、袁宏道、袁中道：《三袁随笔》，江问渔校点，四川文艺出版社 1996 年版，第 16-17 页。
② 袁宗道、袁宏道、袁中道：《三袁随笔》，江问渔校点，四川文艺出版社 1996 年版，第 142-143 页。
③ 袁宗道、袁宏道、袁中道：《三袁随笔》，江问渔校点，四川文艺出版社 1996 年版，第 111 页。
④ 袁宗道等：《三袁文选》，唐吕泰选注，巴蜀书社 1988 年版，第 105 页。

不拘格套，非从自己胸臆中流出，不肯下笔"，有感而发，直抒胸臆，言从口出，我手写我心，这是"三袁"文学理论的宣言，而"独抒性灵，不拘格套"，超脱传统戒律格套，师从本心本性，则成为了"三袁"文学思想的核心，反映了他们从诗文内容到形式，以及文学观的时代变迁。

所谓"性灵"，就是"真情实感"、本心本性的意思。"性灵说"继承了中国诗学"诗言情"和"诗言志"的传统命题，主张作家的思想情感在作品中要冲破一切束缚，直露自然地表达出来，要求作品"不效颦于汉、魏，不学步于盛唐，任性而发"①。

难能可贵的是，袁宏道主张的文学进化论能将时代的变迁与文学独创性的内在要求紧密地结合在一起。他以历史上有代表性的文人为例："张、左之赋稍异杨、马，至江淹、庾信诸人，抑又异矣。唐赋最明白简易。至苏子瞻，直文耳。然赋体日变，赋心益工，古不可优，后不可劣。若使今日执笔机轴，尤为不同。何也？人事物态，有时而更，乡语方言，有时而易，事今日之事，则亦文今日之文而已矣。"② 又说："文之不能不古而今也，时使之也。妍媸之质，不逐目而逐时。是故草木之无情也，而鞟红鹤翎，不能不改观于左紫溪绯。唯识时之士，为能堤其隤而通其所必变。夫古有古之时，今亦有今之时，袭古人语言之迹，而冒以为古，是处严冬而袭夏之葛者也。"③ 物性不能混搭，时序不容颠倒，不然，不仅会导致混淆黑白是非，更会贻笑大方之家。

---

① 袁宏道：《叙小修诗》，转引自上海辞书出版社文学鉴赏辞典编纂中心《古文鉴赏辞典》，上海辞书出版社 2020 年版，第 1633 页。
② 袁宗道：《与江进之书》，转引自郑奠、谭全基《古汉语修辞学资料汇编》，商务印书馆 1980 年版，第 398 页。
③ 袁宏道：《雪涛阁集序》，载江盈科《湖湘文库 江盈科集》，岳麓书社 2008 年版，第 3 页。

时异则事异，事异则文变，文学需要与时俱进，这是文学进化的客观要求，而从文学内部来说，搜尽奇峰打草稿的借鉴启发是其不可或缺的应有之义，而直面现实、直面本心本意，强调为有源头活水来的独创性则是文学进化的内在要求。对此，袁宏道指出："盖诗文至近代而卑极矣，文则必欲准于秦、汉，诗则必欲准于盛唐，剿袭模拟，影响步趋，见人有一语不相肖者，则共指以为野狐外道。曾不知文准秦、汉矣，秦、汉人曷尝字字学《六经》欤？诗准盛唐矣，盛唐人曷尝字字学汉、魏欤？秦、汉而学《六经》，岂复有秦、汉之文？盛唐而学汉、魏，岂复有盛唐之诗？唯夫代有升降，而法不相沿，各极其变，各穷其趣，所以可贵，原不可以优劣论也。且夫天下之物，孤行则必不可无，必不可无，虽欲废焉而不能；雷同则可以不有，可以不有，则虽欲存焉而不能。故吾谓今之诗文不传矣。其万一传者，或今闾阎妇人孺子所唱《擘破玉》《打草竿》之类，犹是无闻无识真人所作，故多真声，不效颦于汉、魏，不学步于盛唐，任性而发，尚能通于人之喜怒哀乐嗜好情欲，是可喜也。"①

文学贵在独创，贵在横跨流俗，独步千古，而别开生面、苦心孤诣则是难得的境界。鉴于此，反对模拟，反对雷同，随着时代的变化而变化是其内在要求。也正是基于此，袁宏道特别推崇摧枯拉朽、推陈出新，勇于突破变革，肯定一切有独创性的作品，肯定一切真情实感的流露，无论它是否符合正统儒家思想和传统道德标准，即便是对于先师圣人也要有质疑批判的勇气，他说："昔老子欲死圣人，庄生讥毁孔子，然至今其书不废；荀卿言性恶，亦得与孟子同传。何者？见从己出，不

---

① 袁宗道、袁宏道、袁中道：《三袁随笔》，江问渔校点，四川文艺出版社1996年版，第97页。

曾依傍半个古人，所以他顶天立地。今人虽讥讪得，却是废他不得。"①
这显然已有离经叛道之意。他接受了李贽的"童心说"，十分强调
"真"，他说："行世者必真，悦俗者必媚，真久必见，媚久必厌，自然
之理也。"② 又说："大抵物真则贵，真则我面不能同君面，而况古人之
面貌乎？"③ 宏道还赞赏中道的诗，认为他的诗"大都独抒性灵，不拘格
套，非从自己胸臆流出，不肯下笔。有时情与境会，顷刻千言，如水东
注，令人夺魄。其间有佳处，亦有疵处。佳处自不必言，即疵处亦多本
色独造语。然予则极喜其疵处。而所谓佳者，尚不能不以粉饰蹈袭为
恨，以为未能尽脱近代文人气习故也"④。瑕不掩瑜，短不胜长。只要言
他人所不能言、不敢言、不善言，其独出机杼、独具一格的胸襟与勇气
是难能可贵的。对江盈科作品中的"近平近俚近俳"之语也予以回护，
称赞"进之（江盈科）才高识远，信腕信口，皆成律度，其言今人之所
不能言与其所不敢言者"⑤。

独创性是公安派文学思想的灵魂旗帜。对此，公安派从不同方面对
其内涵特性表达得淋漓尽致，诸如"代有升降，法不相沿""独抒性灵，
不拘格套""信腕信口""任性而发""见从己出""本色独造"等，它
们既是公安派在独创性方面不同层面的追求，又是公安派所高高举起的
一面又一面理论旗帜。它们不仅具有文学变革和思想解放的丰富内涵，
更具有创造性和引领性。

---

① 袁宏道，任亮直选注：《袁中郎诗文选注》，河南大学出版社 1993 年版，第 354 页。
② 袁宗道、袁宏道、袁中道：《三袁随笔》，江问渔校点，四川文艺出版社 1996 年版，第 142 页。
③ 袁宏道：《与五长孺书》，转引自周振甫《中国修辞学史》，商务印书馆 1991 年版，第 405 页。
④ 袁宏道：《袁中郎诗文选注》，任亮直选注，河南大学出版社 1993 年版，第 223 页。
⑤ 袁宏道：《雪涛阁集序》，载江盈科纂《湖湘文库　江盈科集 1》，岳麓书社 2008 年版，第 4 页。

第三，"趋众尚俗"，"崇真求趣"，鲜活真诚，是"三袁"文学思想的审美向度。

首先，"三袁"的审美追求体现在将俗文化、俗美学渗透到"性灵说"之中，体现为较为明显的世俗化、大众化和生活化的倾向。

明后期世俗经济发展，市民阶层大量涌现，随着这种生活内容的变化，冲破传统礼教禁锢的各种世态人情也尽情显露。市民文化与士大夫文化在碰撞中对后者产生了前所未有的冲击，市民阶层的生活为文学提供了丰富的内容。作家文化心态由"崇雅"到"尚俗"的变迁，是明后期湖广乃至整个文坛的一种大浪潮，而"三袁"正是站在浪尖上的弄潮儿。

出于对社会时代变迁的清醒认识，更出于对民间文学、民俗风习的深刻认同，"三袁"在开拓文学之流中往往避开正统，转而贴近世俗大众，贴近人民生活，从市井民众民间歌谣中汲取营养，可谓"野语街谈随意取，懒将文学拟先秦"（袁宏道《斋中偶题》）。所谓"往犹见得此身与世为碍，近日觉与市井屠沽、山鹿野獐、街谈市语皆同得去，然不能合污，亦未免为病。何也？名根未除，犹有好净的意思……盖同只见得净不妨秽、魔不碍佛，若合则活将个袁中郎抛入东洋大海，大家浑沦作一团去"①。"三袁"汲取了较多市井街谈巷语、民俗文化的养分，而且将这些养分渗透浸染到作家心灵、艺术表现和审美理想等若干层面，使得师法本心本性，"独抒性灵"与市井细民、"宁今宁俗"交融成一个有机的整体。

其次，"三袁"的审美理想定位在舒张个性，表现自我，肯定创作诚意上，将"崇真"置于"性灵说"的重要位置。"三袁"提倡"物真

---

① 袁宏道：《朱司理》，转引自冯达文《宋明新儒学略论》，巴蜀书社 2016 年版，第226 页。

则贵"，认为诗文创作必须体现作家独特的艺术个性，而个性则必须通过创作诚意来固守，必须通过真实的情感表达来体现，反对无病呻吟，为文造情，忸怩造作的矫情。因此，"崇真"、艺术真诚成了"性灵说"的精髓，把它作为审美的标准去评判诗文的得失。真诗需要真人，而"率性而为，是为真人"。"崇真"的审美理想体现了"性灵说"的本质，即尊重人的本心本性与主体意识，摆脱传统格套与外在力量的钳制，一任自我精神自由伸展，任情任性，随心所欲，只有具备了这样任性自然的天性，方能写出"情至之语，自能感人"的真诗。

再次，机趣横溢，意态生动，活色生香，注重"趣味"，是"三袁"重要的创作审美心态。在"三袁"的诗文理论及鉴赏标准中，对于"趣"的论述十分独到。他们认为，"世人所难得者唯趣。趣如山上之色，水中之味，花中之光，女中之态"①。在他们看来，"独抒性灵"之"趣"，游走于雅、俗之间。对于"雅趣"来说，其内在核心价值在于天真与自然：既追求赤子之心的童趣、绝假纯真的天趣，即"孟子所谓不失赤子，老子所谓能婴儿"②；又追求寄情山水的自然之趣，即"花态柳情，山容水意，别是一种趣味"③。对于"俗趣"来说，其内在核心价值则在世俗性、大众性和生活性，是直面人世、人心与任性的结果，是"三袁"独抒性灵的诗文对于市井中俗情俗趣的渗透和折射。

总之，三袁的文学思想既顺应了文学发展的内在规律，又代表了当时先进文化的发展要求，其代表作家的人生观与价值观也具有突破传统

---

① 上海辞书出版社文学鉴赏辞典编纂中心：《古文鉴赏辞典·明代·清代·附录》，上海辞书出版社 2021 年版，第 1635-1636 页。

② 上海辞书出版社文学鉴赏辞典编纂中心：《古文鉴赏辞典·明代·清代·附录》，上海辞书出版社 2021 年版，第 1635-1636 页。

③ 上海辞书出版社文学鉴赏辞典编纂中心：《古文鉴赏辞典·明代·清代·附录》，上海辞书出版社 2021 年版，第 1652 页。

思想束缚，提倡个性解放的深刻内涵。其"趋众尚俗"，"崇真求趣"，鲜活真诚的审美取向，满足了逐渐强大的市民阶层的审美需求，具有反礼教反传统的意义。其力求创新、"宁今宁俗"的语体风格，适应着文学普及和文化世俗化的需要，预示着文学从古代向现代的转变。

（四）公安三袁别开生面的小品文

特别需要指出的是，虽然公安派三袁在诗文创作方面都取得了斐然成绩，但学术界大多认为最能够代表他们文学成就和文体风格的还是小品文。公安派三袁小品文的鲜明特点有四：

第一，直抒胸臆，坦率真诚。

三袁都有狂狷真诚、随心所欲的个性，看重自适自在，坦率真诚，都是性情中人，因而他们都敢于发表自己的意见，都能真诚直率毫无掩饰地表达自己的思想和情感，尤其在抒写性灵方面，他们表现得更充分、更生动，也更具有文人的气质。

勇于真诚和坦然地表达自己的生活态度，绝不刻意掩饰，更不虚伪做作，是公安派三袁令人信服和尊敬的突出表现。在小品文中，他们敢于真诚剖析，赤诚表现，勇于把自己的兴趣爱好、喜怒哀乐毫无保留地坦露给世人和朋友，告诉他们内心隐秘甚至不足为人所道的东西，不管这种东西是崇高正统，还是藐小异端。在这一类小品文中，我们看到的是一个个具有赤诚胸襟和鲜明个性的真实个体，是灵动鲜活而又血肉丰满的现实人生。例如，袁宗道在家书《寄三弟》中就曾经将自己与白居易进行对比：

昔日白乐天无子，止有一女今蟾，慧甚。后复不育，竟以无子。吾此苦真同乐天，然乐天是世间第一有福人，吾那得比之？乐天趣高才大，文价远至鸡林。吾才思蹇涩，无所成名，一不同也。乐天罢守，即有粟千斛，有太湖石、华亭鹤、折腰菱等物。吾官十年，债负山积，室如悬磬，二不同也。乐天所居履道里宅，据东都之胜，花鸟鱼池，仿佛蓬瀛。吾家石浦之阳，滨于大江，即此鸠巢蜗庐，旦暮作鲛人窟，安望花草池台之乐？三不同也。乐天有妓樊素、小蛮，能舞霓裳。吾辈兢兢守官，那及此事？且吾乡固陋，真所谓"经岁不闻音乐声"者，四不同也。乐天官至三品，不为不贵。吾赋性肮脏，转喉触讳，早晚且归，终当老一校书郎，五不同也。乐天有元、刘互相酬唱，晚年与牛奇章诸公共为赏适。想故乡一片地，唯有杜门下楗而已，六不同也。乐天素健，年至八十，得风痹疾复愈，尚能留樊素及驼马。吾少年病后，骨体脆薄，多肉少筋，非寿者相，七不同也。吾与乐天不同者如此，唯无子一事，则酷似之耳。独乐天学禅，吾亦学禅。乐天太好快活，晚年岁月，多付之诗文歌舞中，此事恐未得七穿八穴。吾以冷淡无所事，只得苦参，将来或不作生弥勒院中行径，差强之耳。若果于此一大事了却，粪草堆头，拾得无价宝，世间苦乐，何足道哉？①

这里，袁宗道将自己与白居易放到一起，以世俗的功名利禄、喜怒哀乐为尺度，从八个方面对人生的得失福祸进行对比，结果发现，自己除了与白居易拥有共同的不幸之外，人生的幸福和欢乐、成功与得意竟然与自己毫不相干。既不在乎颂赏赞美，也不管他人讥笑白眼，既不论高洁素雅，更不讲世故俚俗，随心所欲，平心而论，让世俗气、烟火

---

① 阿英：《晚明二十家小品》，晗实、王铮标点，河北人民出版社1989年版，第150-151页。

气、穷酸气、迂腐气、愤气、意气自由地流淌在字里行间，毫无保留地将自己的复杂内心世界袒露于字里行间，让我们看到了他的真实处境，知道了他的真实想法，体会到他的无助、脆弱、失落和悲哀的心绪，既给人感同身受的自然亲切，又不能不为之感动。

在与徐汉明的信中，我们可以毫不费力地感受到袁宏道与其兄袁宗道同出一辙的坦荡真率风格：

> 弟观世间学道有四种人：有玩世，有出世，有谐世，有适世。玩世者，子桑伯子、原壤、庄周、列御寇、阮籍之徒是也。上下几千载，数人而已，已矣，不可复得矣。出世者，达摩、马祖、临济、德山之属皆是。其人一瞻一视，皆具锋刃，以狠毒之心，而行慈悲之事，行虽孤寂，志亦可取。谐世者，司寇以后一派措大，立定脚跟，讲道德仁义者是也。学问亦切近人情，但粘带处多，不能迥脱蹊径之外，所以用世有余，超乘不足。独有适世一种其人，其人甚奇，然亦甚可恨。以为禅也，戒行不足；以为儒，口不道尧、舜、周、孔之学，身不行羞恶辞让之事，于业不擅一能，于世不堪一务，最天下不紧要人。虽于世无所忤违，而贤人君子则斥之惟恐不远矣。弟最喜此一种人，以为自适之极，心窃慕之。①

袁宏道在这里谈论的是自己的处世原则或人生愿景，还有自己的人生态度：或羡慕钦敬，或轻视漠然，不遮不掩，清楚明白，爱憎分明。他说自己所最羡慕的是"适世"一种人，非儒非禅，亦儒亦禅，于业无能，于事无补，其实就是作者提到过的快活人。这种人所关注的不是传

---

① 袁宏道：《与徐汉明》，转引自谭邦和《历代小品尺牍》，崇文书局 2004 年版，第 381 页。

统的"立德、立功、立言"的"三不朽"，而是关注自己个人的内在感受与身心自由，即是否做到了任性适意，所以宏道所云"适世"实际上是"自适"，是一种追求个性解放、放飞自我的极端形式，这种追求正是公安派最能打动人的地方。不传统，不正统，不崇高伟岸，更不大公无私，独步千古，但这就是实实在在的、真真切切的自己，不怕示人，不怕忌讳，也不怕藐视，这就是三袁真情真性、率直坦白所在。

"公安派作家把对自适的追求贯穿到其小品文创作中，主张'文章新奇，无定格式，只要发人所不能发，句法字法调法，一一从自己胸中流出'，就是好文章。因此，公安派小品大都形式活泼，个性鲜明，语言流利，情感充沛，注重抒发性灵，表现自适情怀，在晚明小品中可谓独树一帜。"①

第二，随缘自适，趣味天成。

最能体现公安派三袁艺术创作精神的是其山水游记小品和闲适小品。"在这些小品文中，作者主要追求的是一种适意，也即对事物的自然而真切的感受和体会，意之所到，随适而止，不刻意追求其大，也不刻意追求其美，更不刻意追求其深刻，而正是在这种不经意之中，表现了作者随缘自适的一种情趣，作品也因此显得清新活泼而富有趣味。这种风格，正是公安派作家的自觉追求。袁宏道是其杰出代表。"②

游历几乎是三袁的共同爱好，他们三人几乎无人无年不游，因而都留下了脍炙人口的精美山水游记。论数量，袁宏道所作山水游记甚多，苏杭一带的山水名胜他无不历览，有的是多次登临，写下了许多过目难忘的游记小品，如《虎丘记》《五泄》《天目》《灵岩》《天池》《雨后游六桥记》《晚游六桥待月记》《西湖》《开先寺至黄岩寺观瀑记》《由

---

① 周积民：《湖北文化史》（上册），湖北教育出版社 2006 年版，第 77 页。
② 周积明：《湖北文化史》（上册），湖北教育出版社 2006 年版，第 77-78 页。

水溪至水心崖记》等。他虽在北方生活的时间不长，但也写下了一些珍
贵的传世游记小品杰作，如《满井游记》《华山记》等。且看袁宏道
《晚游六桥待月记》：

> 西湖最盛，为春，为月。一日之盛，为朝烟，为夕岚。
>
> 今岁春雪甚盛，梅花为寒所勒，与杏桃相次开发，尤为奇观。
> 石篑数为余言："傅今吾园中梅，张功甫玉照堂故物也，急往观
> 之。"余时为桃花所恋，竟不忍去。湖上由断桥至苏堤一带，绿烟
> 红雾，弥漫二十余里。歌吹为风，粉汗为雨，罗纨之盛，多于堤畔
> 之草，艳冶极矣。
>
> 然杭人游湖，止午、未、申三时，其实湖光染翠之工，山岚设
> 色之妙，皆在朝日始出，夕春未下，始极其浓媚。月景尤不可言，
> 花态柳情，山容水意，别是一种趣味。此乐留与山僧游客受用，安
> 可为俗士道哉！①

作者笔下的西湖苏堤六桥，别具一番意态情趣，真是如诗如画，如
梦如幻：青山仿佛有"设色之妙"，湖光更具"染翠之工"，绿色成烟，
红色为雾，"歌吹为风，粉汗为雨"，嫣然一个冶艳浓媚少女，天真活
泼，摇曳生姿！而春天西湖的月夜更是"别是一种趣味"："花态柳情，
山容水意"，"表达一种人与自然融为一体后的超逸情怀，个中趣味，非
超尘出俗者不能领会"②。文章两百来字，叙事、描写、议论浑然天成，
人情、物理、事态融合无间，独抒性灵，意态天成，是晚明山水小品的
杰作。

---

① 袁宏道等著：《三袁文选》，唐昌泰远注，巴蜀书社 1988 年版，第 131 页。
② 周积明：《湖北文化史》（上册），湖北教育出版社 2006 年版，第 78 页。

再看《雨后游六桥记》，其独特的意态情趣更是让人叹为观止：

> 寒食后雨，予曰此雨为西湖洗红，当急与桃花作别，勿滞也。午霁，偕诸友至第三桥，落花积地寸余，游人少，翻以为快。忽骑者白纨而过，光晃衣，鲜丽倍常。诸友白其内者皆去其表。少倦，卧地上饮，以面受花，多者浮，少者歌，以为乐。偶艇子出花间，呼之，乃寺僧载茶来者。各啜一杯，荡舟浩歌而返。①

感受独特鲜活，文字清新洗练，画面明媚生动，人物意趣盎然，无论是那午后初霁洁净的晴空、满地积花寸余的苏堤，还是那身穿白衣疾驰而过、衣袂飘飘的骑者，那偶出花间载茶而来的寺僧和小艇，都让人强烈感受到造化的无限神奇之美和那种不可言喻的天人和谐之乐，以及作者的优游自在和自适自得，让人体悟到人生高处的精神飞扬和人性的尊严高贵。这是公安派小品文的独到之处，也是对传统文学发展的独特贡献。对此江盈科指出："夫近代文人纪游之作无虑千数，大抵叙述山川云水亭榭草木古迹而已，若志乘然。中郎所叙佳山水，并其喜怒动静之性，无不描画如生。譬之写照，他人貌皮肤，君貌神情。"② 这一评价无疑是深知个中三昧的。

除袁宏道而外，袁宗道、袁中道的山水游记也各有特色。袁宗道多年游宦在京，游历造访了周围的山水名胜与宿儒名士，留下不少游记小品，如《游西山》5 篇描写北京西山碧云涧、香山一带山水清奇、寺宇肃穆的胜景，《上方山》4 篇描绘上方山别有洞天的峰洞寺庵，《小西天》2 篇记叙小西天周围奇丽明秀的景色，别出心裁，景新语新。此外，

---

① 吴调公：《公安三袁选集》，王骧等选注，湖北人民出版社 1988 年版，第 187 页。
② 江盈科：《湖湘文库　江盈科集 1》，岳麓书社 2008 年版，第 279 页。

袁宗道还留有部分记述家乡山水的游记，一样亲切自然，别致清新。如《锦石洲》《大别山》《嘉鱼游记》《岳阳纪行》等篇无不让人开卷有喜，惊奇惊异惊叹不已。

三兄弟中，袁中道平生以放浪形骸、浪迹山水、喜欢游览著称，足迹遍布大江南北，留下不少清新隽永的游记小品。其中，有描写家乡山水名胜、风物风光的游记，如《清荫台记》《远帆楼记》《杜园记》《柳浪湖记》《三游洞记》《筼筜谷记》《楮亭记》《澧游记》《游龙盖山记》《玉泉闲游记》《游青溪记》《游鬼谷记》《游鸣凤山记》《游君山记》《游岳阳楼记》等；有描写江南山水名胜、天地自然传奇的游记，如《东游记》《游黄山记》《采石度岁记》等；还有描写北方山水名胜风物风情的游记，如《西山十记》《塞游记》《过真州记》《游岱宗记》《西山游后记》等。这些游记都各有特点，体现出作者的灵心慧性。写于万历三十九年（1611年）的《游青溪记》等同时兼有考证和援引的成分，厚重而不失灵气，与其前期山水游记略别，可以看出中道矫正公安派末流浅俗的努力，从中也透露出明末文风变化的轨迹。①

第三，闲适自然，灵动慧性。

公安派作家还写了不少闲适小品，大都围绕着一个核心字眼：随。随心所欲，随遇而安，随波逐流，随性而动，随时而往，人与景谐，心与境谐，具有一种率性率情的安逸和放任，更具有一种天人合一的慧性灵气和放达自然。这些文章，或能新人耳目，或能怡人情怀，或能启人智慧，所以受到人们欢迎。袁宏道可为代表。他的许多杂著、信札、随笔，率性而发，传递着一种萧散闲适的情绪，真实地表现着自我。他在《识张幼于箴铭后》中谈到应该做放达之人还是做缜密之人时说："两者不相肖也，亦不相笑也，各任其性耳。性之所安，殆不可强，率性而

① 周积民：《湖北文化史》（上册），湖北教育出版社2006年版，第80页。

行，是谓真人。今若强放达者而为慎密，强慎密者而为放达，续凫项，断鹤颈，不亦大可叹哉！"① 可以看作他对闲适的理解。

　　对官场生活的厌倦和对闲适生活的向往是袁宏道许多信札中的核心主题。如在《与顾绍芾秀才》中坦露的对人贪得无厌的鄙弃，在《与汤义仍》中流露出的是对陶渊明好适厌劳的羡慕，在《答李元善》中推崇的是对"世情当出不当入，尘缘当解不当结，人我胜负心当退不当进"②的提倡，在《与伯修》中倾情的是对辞去吴县令后漫游吴中山水的快乐心情的描绘，等等，都反映出对世俗社会官场的倾轧、功名利禄的物累、是非矛盾的累赘等的厌弃，折射出对自由独立、闲适自然和慧性放达人生的强烈诉求。这种价值取向和灵魂诉求在《与丘长孺书》昭然若揭：

　　　　闻长孺病甚，念念。若长孺死，东南风雅尽矣，能无念耶？弟作令备极丑态，不可名状。大约遇上官则奴，候过客则妓，治钱谷则仓老人，谕百姓则保山婆。一夕之间，百暖百寒，乍阴乍阳，人间恶趣，令一身尝尽矣。苦哉，毒哉！

　　　　家弟秋间欲过吴。虽过吴，亦只好冷坐衙斋，看诗读书，不得如往时，携侯子登虎丘山故事也。

　　　　近日游兴发不？茂苑主人虽无钱可赠客子，然尚有酒可醉，茶可饮，太湖一勺水可游，洞庭一块石可登，不大落寞也。如何？③

　　官累、物累、事累，身为物驭应是历朝历代所有官场的现实，也是

---

　　① 袁宏道：《识张幼于箴铭后》，转引自宋致新《独抒性灵：明清性灵小品》，崇文书局 2016 年版，第 56 页。
　　② 袁宏道等：《三袁文选》，唐昌泰选注，巴蜀书社 1988 年版，第 113 页。
　　③ 袁宏道等：《三袁文选》，唐昌泰选注，巴蜀书社 1988 年版，第 91-92 页。

身为职官不得不肩负的责任，甚至代价，这是为官的常识。但从袁宏道的信看来，他对这种常识是非常抵触的。在信中，做县令是他最煎熬的，而游览则是他随时向往的快乐，对职内事予以极度贬低、讥刺，甚或厌弃，而对业余事则兴趣盎然、心驰神往，"这当然不是政治家应该有的态度，却正是宏道这样的文人对于为官的态度。我们如果因此认为他没有政治责任感，那就错了。宏道在吴县任内颇有政绩，很得民望，与其兄宗道虽不愿做官却认认真真办事一样。他后来在吏部任职时惩治猾吏，健全考核制度，也得到上级的肯定。他对于政治的厌倦，一是由于他那不愿受到羁绊的性格，但更重要的是他认为'时不可为，豪杰无从着手，真不若在山之乐也'，所以他对于闲适的追求是发自内心的，不是一种姿态，也不是一种调剂。正因为如此，他的闲适小品才给人真实、亲切、闲雅、适意之感。"①

（五）公安"三袁"对于明代及后世文学的影响

"公安派在明后期有重要影响。万历后期的文坛，几乎就是公安派的天下。"② 诚然如此。公安派顺应明中后期个性解放思潮，坚持文学发展与时俱进，旗帜鲜明地提出"独抒性灵，不拘格套"的文学主张，义气决绝地反对以"前、后七子"为代表的复古派的师古尼古，积极倡导文学创作必须发自肺腑，独抒己见，一切从自己胸臆流出，充分张扬作者的个性，发挥文学应有的独创精神，并以丰富的创作实践身体力行，为文坛垂身示范，不仅影响和带动了当代创作潮流，也展示了明代汉水流域文坛特殊的气质风貌，更重要的是彻底推翻了复古派近百年之久的

---

① 周积民：《湖北文化史》（上册），湖北教育出版社 2006 年版，第 81 页。
② 周积民：《湖北文化史》（上册），湖北教育出版社 2006 年版，第 83 页。

主宰地位，使明末文坛气象一新，生机勃勃，其流风所披，既广且远。公安派的重要影响主要体现如下。

　　一是尽扫复古派泥古、摹古积习，开一代文学新风。"独抒性灵，不拘格套"的口号的提出，推崇独创，标榜独见，倾重独到，追求独抒，大倡独树一帜，涤荡了被复古之气把持日久的僵化模拟的文风。正如钱谦益在《列朝诗集小传·袁稽勋宏道》中所言："万历中年，王、李之学盛行，黄茅白苇，弥望皆是。文长、义仍，崭然有异，沉疴滋蔓，未克芟剃。中郎以通明之资，学禅于李龙湖，读书论诗，横说竖说，心眼明而胆力放，于是乃昌言击排，大放厥词……中郎之论出，王、李之云雾一扫，天下之文人才士始知疏瀹心灵，搜剔慧性，以荡涤模拟涂泽之病，其功伟矣。"① 更为重要的还在于公安派与前、后七子等复古派在对待封建统治思想和传统伦理道德观念上的差别。"复古派企图恢复封建社会鼎盛时期的文化精神和文学风格，其立意不谓不高，然而，这在封建社会制度已经日薄西山、资本主义生产关系开始萌芽的明中后期，实在无异于'处严冬而衣夏之葛'，是不符合历史潮流的。而公安派作家则明确表示要用今天的语言来反映今天的生活，'事今日之事，则亦文今日之文'，用文学来表达当代人的喜怒哀乐，表现当时的时代精神，表露个人特有的情感，'任性而发'，'宁今宁俗'，'提人新情，换人新眼'，实际上是主张文学的个性化、世俗化、大众化，是对传统思想观念的大胆叛逆，具有近代启蒙思想的某些特征。从一定意义上说，公安派是以反传统的面目出现在文学舞台上的，是古代文学向近代文学发展过程中首开风气的第一个文学流派，因而具有重要的文学地位。"② "三袁"之兴，使得复古派独霸文坛之势土崩瓦解、崩溃殆尽，

---

① 钱谦益：《列朝诗集小传》（下册），古典文学出版社 1957 年版，第 567 页。
② 周积民：《湖北文化史》（上册），湖北教育出版社 2006 年版，第 82—83 页。

明代文学迎来了随心所欲、倡导创新、抒写真性情的新篇章。

二是凝聚并培育了大批文学新人。在"三袁"的周围，逐渐集合了一批志同道合的文人作家，譬如与袁宏道并称"袁江"的性灵学理论革新与创新实践的力将江盈科等，而后学之众，更是不计其数，譬如"千年格外诗人胆"的雷思霈，集各宦学者诗人于一体的李腾芳，以才望服众的武举诗人丘坦等，后世则将他们称为"公安派"。在"三袁"公安派之后，钟惺、谭元春所代表的竟陵文学崛起文坛。而竟陵派的根基牢牢地扎在"三袁"理论之上，他们接过了性灵文学的旗帜，转而以"幽深孤峭"的艺术风格开始了深耕细作，来表现"幽情单绪"的内容，完成了对于性灵说的深化和对于俗美学的雅化。及至晚明，越来越多的作家坚定推崇并践行性灵文学的审美理想，继承了公安"三袁"、竟陵"钟谭"独抒性灵的文学传统，创作了大量生动活泼、趣韵横生的小品文，张岱、王思任、徐霞客、李流芳、祁彪佳都是一时名家。如张岱在《跋寓山注》其二中曾言："古人记山水手，太上郦道元，其次柳子厚，近时则袁中郎。"① 其中直接将袁中道与山水游记的旗手圣手相提并论，可知其对于中郎的推崇之意。

三是"性灵说"固化为审美理想与艺术传统，深入人心，影响深远。明亡之后数百年，"三袁"的性灵说依然余波绵长。整个清代，社会文化思想发生了很大的变化，尊古重古、师古泥古学风日炽，"三袁"的作品甚至位列禁毁，以至于袁宏道的著作被当作"野狐外道"受到鄙视。《四库全书总目提要》反映了这种情形，"其②诗文变板重为轻巧，变粉饰为本色，致天下耳目于一新，又复靡然而从之。然七子犹根于学问，三袁则惟恃聪明；学七子者不过赝古，学三袁者乃至矜其小慧，破

---

① 张岱：《琅嬛文集》，云告点校，岳麓书社 2016 年版，第 168 页。
② 指三袁。

律而坏度，名为救七子之弊，而弊又甚焉"①，并被列入"禁书"。但他们所倡导的抒写性灵的理论观点却多得借鉴，在康熙年间编辑出版且在清朝影响甚巨的《古文观止》，尽管选材极严，也仍然将袁宏道的《徐文长传》收入，人们仍然知道有公安派的存在，而袁枚所创立的"性灵派"强调独抒胸臆，主张诗贵性情，提倡创新精神，这些都是对"三袁"性灵说的继承和发展。

清代之后，特别是"五四"之后直至 20 世纪二三十年代，中国的现代文学领域出现了小品文创作的热潮，可视为三袁性灵文学的又一悠然历史回响。当时的名家如郁达夫、林语堂、周作人、阿英等都标榜"三袁"的大旗，特别将袁宏道的散文小品视为杰作而大加推崇，并各自创作了许多性灵为上而精致巧雅的闲适小品。最为推崇三袁的当属郁达夫："由来诗文到了末路，每次革命的人，总以抒发性灵，归返自然为标语；唐之李杜元白，宋之欧苏黄陆，明之公安、竟陵两派，清之袁蒋赵龚各人，都系沿这一派下来的。世风尽可以改易，好尚也可以移变，然而人的性灵，却始终是不能磨灭的"②。的确如此，性灵不仅关乎文学的本性，更关乎人的本性。脱离人的本性，何谈文学？

应该特别指出的是，"公安派的文学思想和文学创作除了直接受到李贽、徐渭、汤显祖等人的影响之外，更重要的是继承和发扬了庄子对现实社会的批判精神和屈原的浪漫主义艺术精神，而这正是湖北文学的优良传统，李贽、徐渭、汤显祖等人也同样受其影响。袁宏道作有《广庄》七篇，中道也有《导庄》七篇，三袁在其作品中对《离骚》的礼赞更不胜枚举，宏道否定儒家温柔敦厚的诗教就是以《离骚》为武器的。

---

① 纪昀：《四库全书总目提要》，转引自周振甫《中国修辞学史》，商务印书馆 1991 年版，第 405 页。

② 郁达夫：《郁达夫文论集》（下册），吉林出版集团股份有限公司 2017 年版，第 409 页。

凡此种种，说明公安派的诞生，既有社会的现实原因，也有历史文化传统的因素。是荆楚文化精神和湖北文学乳汁哺育了他们，又是他们将这种文化精神和文学传统在新的时代进一步发扬光大。"①

第五节　明代汉水流域的文学艺术（下）

一、竟陵派与汉水流域晚明文学发展

"经过公安派作家的不懈努力，文学复古势力受到沉重打击，抒写性灵成为越来越多的文人学士们自觉追求，这是个性解放思潮在文学领域的反映，也是时代发展的必然要求。然而，由于公安派的文学革新主要集中在传统诗文领域，并没有与当时真正代表市民文化需求的新文学——通俗文学结合起来，使之成为广大群众参与的文学运动，因此，在公安派旗手袁宏道于万历三十八年（1610 年）去世之后，公安派缺少了领军人物，其影响便明显减弱。加之公安派末流以模仿袁宏道'少年偶尔率易之语'为能事，信心放笔，游戏楮墨，以至于'狂瞽交扇，鄙俚公行，雅故灭裂，风华扫地'，极大地败坏了公安派的名声。文坛酝酿着新的变革。"②

就在袁宏道去世的这一年，在汉水流域的江汉平原大地上出现了以湖北竟陵人钟惺、谭元春为代表的文学流派，史称"竟陵派"。他们继承了公安派"独抒性灵，不拘格套"的文学思想，同时又提出"学古"，即学古人之精神以矫正公安派末流的浅率和俚俗，倡导以"灵、厚"相

---

① 周积民：《湖北文化史》（上册），湖北教育出版社 2006 年版，第 83 页。
② 周积民：《湖北文化史》（上册），湖北教育出版社 2006 年版，第 85 页。

融、"俗、雅"互现、"趣、理"并举为内核的诗文理论主张，形成了以"幽深孤峭"为特征的创作风格。在明后期性灵风起的大背景下，竟陵派继公安派之后跃居明后期文坛的显要位置。

（一）钟惺、谭元春其人、其作

钟惺，字伯敬，号退谷，湖广竟陵人。万历三十八年（1610）进士，任工部主事，官至福建提学佥事。天启三年（1623年）丁父忧回籍，遭参劾，病卒于故里。又曰晚知居士，临终受戒，自起法号断残。钟惺自幼身体羸弱多病，其继父钟一理谓"此子敏笃，志强体弱"①，而谭元春说得更为形象传神："退谷羸寝，力不能胜布褐。"②

体格上的脆弱在钟惺性格和心理上打下了鲜明的烙印，这就是影响钟惺一生的敏感、抑郁而又执着、顽强的心理特性的形成，它使钟惺在精神上似乎始终离群索居，一直与外部世界保持一种不即不离的距离，因而给同时代人留下一种近乎冷漠的印象，以致"冷"字被频繁地用于对钟惺的评价中。谭元春说得客观："性深靖如一泓定水，披其帷，如含冰霜，不与世俗人交接……"③ 其墓志铭词中也概括道："餐幽猎秀无终极，冰性霜毫真宰匿。"④ 钟惺同年邹之麟在《史怀序》中说得更为具体："风貌清严，神检闲逸，与人居落落穆穆，简佐片语，微甚冷甚，令人旨，亦令人畏。"⑤ 陈继儒在未于钟惺相识前，"始闻客云：钟子，

---

① 钟惺：《隐秀轩集》，上海古籍出版社 1992 年版，第 374 页。
② 谭友夏：《鹄湾文草》，张国光点校，岳麓书社 2016 年版，第 116 页。
③ 谭友夏：《鹄湾文草》，张国光点校，岳麓书社 2016 年版，第 116 页。
④ 谭友夏：《鹄湾文草》，张国光点校，岳麓书社 2016 年版，第 120 页。
⑤ 邹之麟：《史怀序》，转引自陈广宏《竟陵派研究》，复旦大学出版社 2006 年版，第 132 页。

冷人也，不可近"①。严明睿在《钟谭合传》中对伯敬亦有诸如"严冷自喜"的记载。力不胜衣的脆弱，离群索居的习性，冷漠抑郁的心理，餐幽猎秀的生活，冰性霜毫的人格，这便是对钟惺较为客观形象的摹状。

钟惺这种体格脆弱的生理特征和近乎冷漠的心理特性带给他的正面作用则是潜心修习禅理。对此，李维桢看得一清二楚：钟惺"逾二十而后为诗，复以善病讽贝典，修禅观"②。"多病则与学道者宜，多难则与学禅者宜"，也许是因祸得福、多病多难最终形成了钟惺性格"澜静冷然"的突出特征。"但掩藏在这种'有闻无声肃肃如，惟恬惟淡渊其博'的虚怀表象之下的，却是坚执自我的严刻、深刻内省的挣扎这些并不闲逸的心理内蕴。而这些心理因素与钟惺'幽深孤峭'创作风格的形成存在着必然的联系。"③

据刘方研究，钟惺的著述主要有《韩诗外传评》、《三坟书评》、《诗经图史合考》二十卷、《毛诗解》、《大戴礼评》十三卷、《评本左传》三十卷、《春秋繁露评》十七卷、《五经旁训》十九卷、《五经纂注》五卷、《四书聚考》、《明纪编年》十二卷、《通纪会纂》四卷、《史怀》十七卷、《酒雅》、《合刻五家言》二十六卷、《三注钞》、《六经类隽》十一卷、《玉堂故事》十卷、《楞严如说》十卷、《明钟伯敬评祕书十八种》、《钟伯敬祕集十五种》、《诗归》五十一卷、《明诗归》十卷、《明诗归补遗》一卷、《名媛诗归》三十六卷、《周文归》二十卷、《宋文归》二十卷、《玄对斋集》、《隐秀堂集》三十三卷，另有他人集纂《钟伯敬先生遗稿》四卷、《翠娱阁评选钟伯敬先生合集》十六卷等。

---

① 钟惺：《隐秀轩集》，张国光点校，岳麓书社 1988 年版，第 102 页。
② 李维桢：《玄对斋集序》，转引自余来明、陈婧玥《百年竟陵派研究文选》，武汉大学出版社 2021 年版，第 169 页。
③ 刘方：《明代湖广作家研究》，硕士学位论文，上海师范大学，2007 年版，第 182 页。

谭元春，字友夏，号鹄湾，又号寒河。少年高才，勇于自信，甚为钟惺赏识。谭元春对功名抱着"高兴为之不妨，高兴止之亦可"的无所谓的态度，而他的母亲也抱着"平生喜诸子读书而不以荣进责望"的态度与之同调，不以得喜，不以失忧，忘其进退之累，故其能尽心于文学。他在《寄陈玄宴书》中说："仆生平亦有一段精诚，不为浮名所欺，不为才气所怵，是以通于苍苍灏灏之人。"[①] 能超脱于得失进退，任期然。这绝非自诩。为了表示对八股的"性不耐烦"和不以为意，他在考试中故意交上白卷；而对于文学，元春始终把它作为一种事业与人生的核心价值去追求，且抱负宏伟，坚忍不拔，态度也十分认真。钟惺逝后两年谭元春中举，为天启七年（1627 年）乡试第一。崇祯十年（1637年）于赴京会试途中病故。

谭元春的个性气质属意高气广、洒脱狂放一类。在《告亡友文》一文中他自己为自己画了一幅肖像："予以顽旷之性，见人嬉游，狂顾勃发……虽欢情日接而乐事时乖。旬月之内，吟啸他往，当其挽袂固留，予尝不顾而去。"[②] 好游，好嬉，狂放疯癫，任性而为，不拘小节与俗礼，往来自由。真正一副风流自赏的公子哥形象。《抱真堂诗话》亦言友夏"为人跌宕，不愧名士"[③]。可以看出，谭元春的个性特征就是如此洒脱狂放、豪荡不羁，与钟惺形成了鲜明对比。故有人说：伯敬幽独孤行，友夏嬉游泛交；伯敬渊静严冷而好作深湛之思，友夏跳脱顽旷而有奇灵之才。的确如此。

但令人庆幸的是，钟惺与谭元春这两个貌似冰火不容的人却能在长

---

① 谭友夏：《鹄湾文草》，张国光点校，岳麓书社 2016 年版，第 16 页。
② 阿英：《晚明二十家小品》，晗实、王铮标点，河北人民出版社 1989 年版，第 469页。
③ 宋征璧：《抱真堂诗话》，转引自郭绍虞、富寿荪《清诗话续编》（第 1 册），上海古籍出版社 1983 年版，第 125 页。

期的交往中彼此磨合，最终在文学审美理念与诗文创作上走到了一起，并由此形成了风格一致并独树一帜的诗文流派。"必须看到的是，这种磨合根本上是以钟惺的创作个性和文学思想为基准的。这一方面是因为钟惺比谭元春年长甚多，在谭尚未成年之前，钟已经获得了一定的才名；另一方面，钟惺渊静严冷的才性对谭元春而言更具互补性。"① 谭元春非常坦诚地披露了钟惺对自己的垂范与改造："回思少年时，有作高奇诗古文之志，后来师友扶持，并有类奇士、高人之性情。"② 这种影响如影随形，深入脊髓，"天下结交人，无如亡友深；能从浮浊世，取人一片心。"③ 应该指出的是，江山易改本性难移，尽管钟惺给了谭元春深刻的影响，但谭元春与生俱来的"顽旷之性"却并未得到彻底改移，因此后人对其天赋素养的遗憾仍无法释怀，仍有"谭之才力薄于钟，其学殖尤浅，谬劣弥甚"④、"狂谬中尚露本色"⑤ 的微词。

谭元春的著述主要有《岳归堂集》十卷、《谭友夏合集》二十三卷、《简远堂集》、《谭子诗归》十卷、《谭子遇庄》三卷、《诗归》五十一卷、《明诗归》十卷、《补遗》一卷、《邹庵订定谭子诗归》十卷。《中国古籍善本书目》收入谭元春撰著诗文别集 8 种。所见《四库全书存目丛书》集部 191 册收入山东省图书馆藏明刻本《岳归堂合集》十卷等。

---

① 刘方：《明代湖广作家研究》，硕士学位论文，上海师范大学，2007 年，第 182–183 页。

② 谭友夏：《鹄湾文草》，张国光点校，岳麓书社 2016 年版，第 33 页。

③ 谭元春：《答徐元叹》，转引自余来明、陈婧玥《百年竟陵派研究文选》，武汉大学出版社 2021 年版，第 102 页。

④ 钱谦益：《列朝诗集小传》（下册），古典文学出版社 1957 年版，第 571–572 页。

⑤ 王夫之：《明诗评选》，上海古籍出版社 2011 年版，第 311 页。

（二）竟陵派的文学理论

钟惺、谭元春共同编选的诗歌集《诗归》集中反映了竟陵派的文学主张。

钟惺、谭元春文学理论的最大特点和最大建树都集中体现在"扬弃"二字上，表现为典型的批判加折中的色彩。在公安派铺天盖地声势浩大的攻击与声讨下，文学复古思潮已经溃不成军、土崩瓦解，然而，美中不足的是公安派在否定复古派模拟剽窃古人的同时，连复古派应有的尊古学古主张也一概予以否定，在强调"见从己出，不肯依傍半个古人"，主张"信心而出，信口而谈"的同时，矫枉过正地支持和鼓励了率粗浅俗之作，使文学创作出现了轻率粗俗的流弊。钟、谭二人充分尊重文学发展的内在规律，善于总结历史的经验教训，同时以反对"七子"一派的拟古风气与公安及其末流一派的粗俗率易风气作为自我标识，既注意从公安派甚至复古派理论中汲取其理性积极的思想主张，又尽量避免因理论偏颇而带来浅易粗俗的创作毛病，在传承与扬弃明代中晚期这两大文学思潮的进程中，竟陵派逐步形成并成熟起来。竟陵派诗文理论主要体现在以下四个方面：

第一，强调师心"求灵"与师古"求厚"的统一。

钟、谭的诗文理论强调"灵"与"厚"的相融。所谓"灵"，指的是创作主体的个性气质和率心率性、直抒胸臆的创作风格，即当时文坛劲显的"诗道性情"的性灵之风；所谓"厚"，指的是古代诗文"温柔敦厚"的古老传统和中华文明的雄富底蕴。始终强调师心而追求个性，是钟、谭一种强烈而坚定的文学信念和自觉。所谓"夫诗，道性情者也。发而为言，言其心之所不能不有，非谓其事之所不可无，而必欲有言也。以为事之所不可无，而必欲有言者，声誉之言也。不得已而有言，言其心之所不能不有者，性情之言也"①。"不泥古学，不蹈前良。自然之性，一往奔诣"②。"夫诗自性情外无余物，我中处，上合作者，下合听者，性性情情，自相胎卵，如子闻母声，又如母闻子声。"③ 谭元春在《汪子戊己诗序》中也说："夫作诗者，一情独往，万象俱开，口忽然吟，手忽然书，即手口原听我胸中之所流，手口不能测；即胸中原听我手口之所止，胸中不可强。"④ 在这一点上，竟陵派几乎与公安"三袁"的性灵之说如出一辙。在坚持性灵，反对拟古的基础上，钟、谭又不是简单将婴儿和污水一同倒掉，而是本着实事求是的客观精神，强调学习古人诗文的精髓本色，所谓"惺与同邑谭子元春忧之，内省诸心，不敢先有所谓'学古''不学古'者，而第求古人真诗所在"⑤。他们以为，这种"真诗"的精髓在于"冥心放怀，期在必厚"⑥。因此，师心"求灵"与师古"求厚"成了竟陵派艺术评价的双重标准。尤其值得肯定的是竟陵派与公安派学古最大的差别体现在学古的态度上。公安派作家主张率性平心，师心匠意，不大重视学古，往往流于天马行空，而竟陵派作家却十分重古学古，总能转益多师，进而弃其糟粕，取其精华。这样看来，竟陵派主张学古，是想通过学古来获得古人之真意蕴、真胆识、真思想、真精神，从而获得随心所欲、独抒性灵的灵感，而不是强为鹦鹉学舌去模拟古人的词句，写出与古人类似的作品。"这种学古，既强调了文学的继承性，又强调了文学的独创性，既与复古派划清了界

---

① 钟惺：《隐秀轩文》，张国光点校，岳麓书社 1988 年版，第 114 页。
② 钟惺：《隐秀轩文》，张国光点校，岳麓书社 1988 年版，第 98-99 页。
③ 谭元春：《谭元春集》，上海古籍出版社 1998 年版，第 621 页。
④ 谭友夏：《鹄湾文草》，张国光点校，岳麓书社 2016 年版，第 62 页。
⑤ 钟惺：《隐秀轩文》，张国光点校，岳麓书社 1988 年版，第 72 页。
⑥ 谭友夏：《鹄湾文草》，张国光点校，岳麓书社 2016 年版，第 37 页。

限，又能够矫正公安派末流的浅俗，充分反映出竟陵派作家的理论创造性。"①

钟、谭将"灵"与"厚"的逻辑关系定位得相当清晰，这就是以师心"求灵"为基础、以法古"求厚"为提高，即：始终将创作的主体地位和主体精神置于关键位置，强调灵性永远是文学的灵魂，没有灵性，就没有真正的文学。钟惺在《与高孩之观察》信中说："诗至于厚，而无余事矣。然从古未有无灵心而能为诗者。厚出于灵，而灵者不能即厚。弟尝谓诗有两派难入手处……非不灵也，厚之极，灵不足以言之也。然必保此灵心，方可读书养气以求其厚者。"② 在钟惺看来，"灵"是"厚"的基础，"厚出于灵"；而"厚"是"灵"的积淀，"灵者不即能厚"，必须通过尊古师古、读书养气才能达成。而谭元春所说的"冥心放怀，期在必厚"，其实也是虚心求静，重视学识涵养，最后达成深厚底蕴的意思。目的都是避免剽窃模拟与毫无意义的重复，同时也是为了矫正公安派末流的浅易与粗俗。

可以说，强调师心"求灵"与师古"求厚"的统一是钟、谭在立足于公安派性灵思潮的基础上兼取后七子复古主张的一种大胆尝试。

第二，强调尚"俗"与尚"雅"的统一。

明后期正宗文坛，由于狂热盲目地效仿推崇，公安派末流将"三袁"的"尚俗"推演到极致，故而一度出现了"狂瞽交扇，鄙俚公行，雅故灭裂，风华扫地"③ 的不良倾向。物极必反，钟、谭敏感地认识到公安派末流的弊端，在注重"求灵"与"求厚"相融的基础上，进一步将前后七子的复古复雅与公安"三袁"的尚今尚俗相结合，走出了一条寓庄于谐、寓俗于雅、古今浑融的道路。正如钟惺在《江行俳体》序言

---

① 周积民：《湖北文化史》（上册），湖北教育出版社 2006 年版，第 88 页。
② 钟惺：《隐秀轩文》，张国光点校，岳麓书社 1988 年版，第 218 页。
③ 钱谦益：《列朝诗集小传》（下册），古典文学出版社 1957 年版，第 567 页。

中论谭元春之《竹枝词》，创作内容多来自"民谣土风"，是典型的众生俚俗、下里巴人，创作手法要求"俳比声偶""体诨而响切""词整""法严"又是严格的艺术规范与讲究，充分体现俗与雅、庄与谐的有机统一。在钟惺看来，达成雅俗共赏"千古声诗秘谛"的最高境界便是寓俗于雅。

第三，强调"别趣"与"妙理"的并举。

公安派诗文理论的重要特征之一就是"尚趣"，以趣为上是其独特的追求，认为"入理越深，然其去趣愈远矣"①。对此，钟、谭进行了大胆纠偏，将"别趣"与"妙理"并举，实现以理正趣，以理实趣，理趣浑融相生。例如钟惺在《唐诗归》卷二中评初唐、盛唐多位诗人说："初唐之刘希夷、乔知之，盛唐之常建、刘慎虚数人，淹秀明约，别肠别趣。"②在《古诗归》卷二中评屠门高《琴引》诗云："尤有妙理。"③而谭元春亦在《唐诗归》卷五中有"就小物说大道理，古人往往如此"④之言。这种"理"与"趣"的并举，是对"理"的正名正位，更是对传统文论文质并重思想的一种坚守，既是对公安性灵理论的深化，也是对诗歌创作理趣理论的一种可贵探索，一定程度上具有修复维新、拨乱反正意味。陈书录先生在《明代诗文的演变》一书中指出，这种并举"在'言适与道称'的唐宋派与博雅宏正、忧时托志的陈子龙之间架起了一座桥梁，较早地透露出晚明求灵尚趣的思潮向崇儒复雅的思潮转

---

① 袁宏道：《落笔为闲：晚明小品选注》，万卷出版公司 2018 年版，第 27 页。

② 钟惺、谭元春：《唐诗归》卷 2，载《诗归》（上册），湖北人民出版社 1985 年版，第 35 页。

③ 钟惺、谭元春：《古诗归》卷 2，载《诗归》（上册），湖北人民出版社 1985 年版，第 34 页。

④ 钟惺、谭元春：《唐诗归》卷 2，载《诗归》（上册），湖北人民出版社 1985 年版，第 91 页。

变的消息"①。

第四，追求幽深孤峭的艺术风格。

"幽深孤峭"是竟陵派在艺术风格上的独特追求。

所谓"幽"，首先表现在题材的选择上，集中体现为钟、谭对负面世界和灰色人事物理的关注。钟惺、谭元春的诗歌大凡都是幽林古渡、寒禽衰草、阴壑枯涧，举目尽皆灰暗枯死、寂寞阴冷，很少喜色暖意。例如"行经绝涧数花落，坐见半山孤鸟翻"（钟惺《碧云寺早起》）、"树木苍翠外，别有苍翠容。烟息岚未生，如波净芙蓉"（谭元春《趋灵谷道中》）、"山鬼窥幽独，钦兹静者衷"（钟惺《赋得不贪夜识金银气》）等句，总给人一种幽深、幽暗、幽冷的感觉。此外，"幽"表现在诗人的审美感受上，集中体现出一种压抑、郁闷、寂寞和孤独的韵味。与这种感觉与韵味密切相关的字词，譬如寒、细、空、静、枯、幽、苍、肃等字在钟、谭诗文中频频出现，如"空山独卧人，虚怀而听睹"（钟惺《雨宿会圣岩》）、"松柏万花内，相关独静眼"（谭元春《从敬夫先生泛舟登塔至别日作三首》其二）、"阴湿沁空冥，初火难照彻"（谭元春《玉华洞》）等句，都把人们的审美感受带向了幽暗、虚空、压抑、茫然、冷寂的境地。

所谓"深"，集中体现为钟、谭观察的细致真切、描摹的体物入微和表情达理的深入透彻，表现为一种细致传神的艺术境界。如钟惺《山月》一诗："山于月何与，静观忽焉通。孤烟出其外，相与成寒空。清辉所积处，余寒一以穷。万情尽归夜，动息在光中。"② 全诗笔触细腻，画面空灵，体物入微，充满禅意，将人的思绪引入一片清寂宁静、敏感

---

① 陈书录：《明代诗文的演变》，江苏教育出版社1996年版，第433页。
② 吴调公：《竟陵派钟惺谭元春选集》，王骧、祝诚选注，湖北人民出版社1993年版，第16页。

空阔之中，带给人一种身临其境、透彻精微的享受。又如谭元春《游南岳记》一文写登祝融峰顶所见云海奇观："晴漾其里，云缝其外，上如海，下如天，幻冥一色，心目无主。觉万丈之下，漠漠送声……久之云动。有顷，后云追前云，不及，遂失队。万云乘其罅，绕山左飞，飞尽日现，天地定位，下界山争以春翠供奉，四峰皆莫能自起。远湖近江，皆作一缕白……"① 全文视野开阔，气势雄伟，景界壮观，气象飞腾，意境空远，将所见特异景色描绘得恰到好处，可谓细致生动、传神写照！

　　所谓"孤"，集中体现为钟、谭慒感的落寞、思想的独立和性情的卓尔不群。钟惺生性"冷严"孤傲，为人高洁自处，常喜离群索居，爱好梅鹿兰鹤，表现出一种远离世俗、高情远举的人生姿态，因此其诗文中常见的是不能与世推移的落寞、不能随波逐流的孤立和与世隔离的落落寡合的形象。钟惺甚至说："诗，清物也，其体好逸，劳则否；其地喜净，秽则否；其境取幽，杂则否；其味宜淡，浓则否；其游止贵旷，拘则否：之数者，独其心乎哉。"② 其诗《桃花涧古藤歌》则是又一生动注解："吾闻藤以蔓得名，身无所依不生成。看君偃卧如起立，雅负节目不自轻。昂藏诘屈自为树，傍有长松义不附。春来影落涧水中，不与桃花同其去。"③ 不傍不依，独立不迁，但只能孤芳自赏，落落寡合。谭元春的性情虽然不似钟惺般严冷，但由于二人同声相应、同气相求，故而也同样体现出孤冷孤傲的同调。正如谭元春在《诗归序》中所自明的："夫人有孤怀，有孤诣，其名必孤行于古今之间，不肯遍满寥廓，

---

① 谭元春：《鹄湾文草》，张国光点校，岳麓书社 1988 年版，第 112、113 页。

② 钟惺：《隐秀轩文》，张国光点校，岳麓书社 1988 年版，第 83 页。

③ 钟惺：《桃花涧古藤歌》，转引自王齐洲、王泽龙《湖北文学史》，华中理工大学出版社 1995 年版，第 436 页。

而世有一二赏心之人，独为之咨嗟傍徨者：此诗品也。"①

　　所谓"峭"，集中体现为钟、谭行文的意出尘外、峰回路转，运笔的跳跃性强和文辞的奇险生涩，以及笔锋的犀利峭拔。例如"鱼出声中立，花开影外吹"（谭元春《泰和庵前坐泉》）等诗，颇有些意出尘外、怪生笔端的感觉，听觉、视觉、思维跳跃太远，笔法超越传统，语句尤为诘屈，令人费解。再例如钟惺为克服公安派诗歌轻易粗俗之弊，有时竟尝试以文为诗，希望用论文语言的转折起伏来达到诗歌审美风格的变易，故而常以"之""而""于""以""其""则""焉""矣"等虚词入诗，且多用单行散句，给人一种幽奥峭拔、曲折不平之感。如"入室见兹山，其人则远尔"（钟惺《浔阳经曹能始庐下怀寄兼贻梅子庚》）、"我所思兮人已至，子将行矣客当邀"（谭元春《伯敬将还朝始同孟和茂之往湖上》）等诗句。

　　总之，竟陵派作家论文与论诗既继承公安派的基本精神和思想主张，也对其作了必要的修正扬弃，从而体现自己的特点。一方面，竟陵派主张为文要师心师性、独抒性灵，不拘格套，特别欣赏苏轼的文章。另一方面，他们又不赞成公安派作家的"信手信腕"，认为应该理趣并重，既要情趣昂然，更要在文章中有真学问、真气概、真胆识，"理义足乎中而气达乎外，胆与识谡谡然于笔墨之下"②。这也就是竟陵派作家常说的"厚"。"谭元春在《袁中郎先生续集序》中，特别提出宏道'卓大坚实之文，出自痛快俊颖之手'，希望后学者不要'舍其大者不言，而于所为翰墨游戏、易于触目者，则赏之不去口，传之不崇朝，而法之不遗力也'。元春所说的'卓大坚实'，也是'厚'的意思。提倡作

①　谭元春：《鹄湾文草》，张国光点校，岳麓书社 1988 年版，第 39 页。
②　吴调公：《竟陵派钟惺谭元春选集》，王骧、祝诚选注，湖北人民出版社 1993 年版，第 121 页。

文要'厚',就是为了矫正公安派末流的'薄'和'浅',而要达到'厚',则必须学古。从这里,我们既能看到竟陵派力矫时弊的理论创新,同时也能看到其致命的缺陷:他们不是从现实生活中去寻找出路,而是从古人那里讨生活,这是一种本末倒置,难免会走入歧途。"①

(三) 竟陵派的文学成就

竟陵派文学在明后期异军突起,取得了多方面令人瞩目的成绩。这从《明史·文苑四》中的描述就足以看出:"自宏道矫王、李诗之弊,倡以清真,惺复矫其弊,变而为幽深孤峭。与同里谭元春评选唐人之诗为《唐诗归》,又评选隋以前诗为《古诗归》。钟、谭之名满天下,谓之竟陵体。"② 这里所说的"竟陵体"不专指诗体,还包括能够代表钟、谭文学风格和理论诉求的文章。竟陵派的文学成就主要体现在以下几个方面:

第一,"幽深孤峭"的艺术风格。

竟陵派作品最突出的特点是以"幽深孤峭"的格调来表现作者的"幽情单绪",进而形成竟陵派特有的艺术风格。"这类作品或体现为对自然景色的冷静观赏,或浓缩为对人生遭际的细心品味,或表现为对孤怀孤诣的自由抒发,题材虽然传统,但作者却赋予了它们新的意义并用独特的形式来加以表现,故能给读者耳目一新之感。"③

竟陵派"幽深孤峭"格调的形成,与钟惺的个性气质、生活遭际不无关联。生活在明朝末期的钟惺几乎与现实格格不入,一是仕途和心境

---

① 周积民:《湖北文化史》(上册),湖北教育出版社 2006 年版,第 91 页。

② 章培恒、喻遂生分史主编:《二十四史全译·明史》(第 9 册),汉语大词典出版社 2004 年版,第 5897 页。

③ 周积民:《湖北文化史》(上册),湖北教育出版社 2006 年版,第 93 页。

很不得意，二是被人视为楚党无端卷入党争，三是身处动荡的社会和险恶的政治旋涡，以及风雨飘摇、岌岌可危的国势，这些不仅使他充满忧患和恐惧，更让他战战兢兢、如履薄冰，不仅深感前途的黯淡，更隐含着对现实的深深失望，这一切都使他尽量远离政治，以期在远离人世的大自然中寻求解脱，以求得"意于林壑近，诗取性情真"。譬如《微雨》写雨："虽疏终助冷，非久亦生愁"；《乌龙潭看雪》写雪："身处孤光内，乃知积雪余"；《忠州雾泊》写雾："曲岸川回翻似尽，遥天峰没却如空"；《牛首道中看人家桃花》写花："恒暂虽异数，幽艳理相宜"；《六月十五日夜》写月："明月眷幽人，夜久光不减"；《西山》写山："石苔非一致，潭水各能幽"；等等。这些自然景色都是他以敏感孤寂的心灵折射外物的结晶，显得压抑冷清，幽独孤寂，空灵冷峻，而这正是作者追求幽深孤峭的艺术风格，以及抑郁孤寂、忧患无助的内在情感的反映。

作者对自然景色的描写尤其奇妙，不仅注重静观默想，更注重体悟神思，不仅追求字句的秀奥奇诡，更注重幽独空灵意境的创造，使人们能够由有我之境进入无我之境，在强烈的艺术氛围中领略大自然幽独清绮的美。譬如《山月》：

> 山于月何与，静观忽焉通。
> 孤烟出其外，相与成寒空。
> 清辉所积处，余寒一以穷。
> 万情尽归夜，动息在光中。①

---

① 吴调公：《竟陵派钟惺谭元春选集》，王骧、祝诚选注，湖北人民出版社1993年版，第16页。

　　作者用冷僻的字词、生疏罕见的语汇和奇特的体悟、新奇的句式，创造出别具一格的意象和意境，给人以鲜明而陌生的印象，增强了作品的艺术感染力。在这里，作者于静观默想之中，神思飞越，体悟并捕捉到了山与月、物与我相互依存、息息相关、万籁归一的宇宙真谛，以及由这个大千世界所组成的自然淡泊、清冷空寂的艺术美。这种美空灵透彻，也寒意扑面，其中浸透着造化的目光，有一种自然巨变、天荒地老的沧桑。只有看破世事、置身事外、返璞归真的人才能感悟，只有虚怀淡定、心如止水的灵魂才能领略。而这些也许正是钟惺诗歌能够异军突起，并一时成为文学绝响的原因之一。

　　第二，现实和民生关切并重的良知诉求。

　　知识分子的基本关切应该说是现实关切，因为家事国事天下事事事关心，以天下为己任，敢于干预现实与时政，勇于担当社会责任，才能体现知识分子社会角色的本质。而知识分子最大的良知诉求应该是民生关切，即寻常意义上的、被政治市侩化了的人民性。因为一旦拥有了这种民生关切，知识分子的心就会合着人类人性的脉搏一起跳动，就会拥有最深刻、最广泛的共鸣，自然就会获得最广大、最无限的拥护、支持和认同。钟惺的诗歌创作恰恰说明了这个道理。

　　关注民生，针砭时弊，是钟惺诗歌的突出光彩。譬如其《江行俳体》系列诗篇注重反映社会现实，表现出了对劳动人民的深切同情就是这方面的典型代表。如"弘羊半自儒生出，馁虎空传税使还。近道计臣心转细，官钱曾未漏渔蛮"，笔锋直指官场黑暗，揭露统治者的巧取豪夺；"时艰夜禁明书楔"，"俭岁江东米价增"，"乞子施竿觅剩盘"，"奚奴亭午未朝餐"等，笔锋直指多苦多难的民生，反映出社会动荡、民不聊生的现实。《邸报》回顾三十年来明朝政局，笔锋直指"耳目化齿牙，世界成骂詈"的朋党之争和"并废或两存，喧嘿无二视"黑白莫辨、是非不分的昏庸之主，深切流露出对"冰山往崔嵬，谁肯施螳臂"的社会危机的巨大忧虑和焦灼。在《元旦腊雪歌和苏弘家符卿》诗中，作者笔锋所指近三十年来天灾频仍、民不聊生的情况，指出"后一纪余斗百钱，满眼郊原骨挂天。可见公私钱渐空，有年难于昔无年"，直面天灾人祸，直面国弱民困，直面死亡白骨，对人民的苦难充满同情。而在《籴谷》诗中，作者对"富儿利秋旱，气骄色踟蹰"的投机倒把、搜刮百姓、囤积居奇行为予以谴责。这些作品都表明了作者对社会不公和黑暗的莫大愤慨，对社会现实的关切和对人民不幸遭际的同情悲悯。

让人不无遗憾的是，钟惺创作的直接揭露社会现实矛盾、反映重大社会现实问题的作品并不是其创作的主流，其社会影响也就难以预期。

第三，造诣臻美的小品。

钟惺之文，有序、论、志、传、书、表、铭、赞等，最有特色的文章是论史之文和记游之文，文章均隽永玲珑，短小精悍，属于小品范畴。

钟惺论史，眼明手准，客观中允，体物入微，发人所未发，体现出不同流俗的史胆史识，往往高屋建瓴，精辟深刻。邹之麟《史怀序》称赞其史论："标一字于纷杂之中，弥见精详；竖一义于语言之外，弥见渊洽。比人缀事，各具端委，真足益人志意。作是观者，可第曰文人之书乎？"① 此话名副其实。钟惺深得人物传记史家司马迁的真髓，在不少史论之文都有独到见解，且常常直指人心命脉所在，揭其隐情与苦衷。如说燕太子丹"一片苦心密计，即对鞠武时有难言者"（《燕太子丹》）；说卜式"不难于奇，难于其奇而能持久"，"盖得老氏之术而用

---

① 邹之麟：《史怀序》，转引自郭英德、张德建《中国散文通史明代卷》，安徽教育出版社 2013 年版，第 43 页。

者也"（《卜式》）；说陆贾"盖子房之流，英雄有道术，而姑以辩士自晦者也"（《陆贾》）；说司马迁写《平准书》"非悲平准也，悲其所以不得不出于平准之故也"，其实是讥"天子而同于负贩"。这些奇谲而又深邃的见解，浸透了人情世理的个中三昧，反映出作者立足高远、纵横古今的远见卓识，更体现了作者忧国忧民、愤世嫉俗、悲壮慷慨的情怀，以及冷峻而新锐的史识。

山水游记是钟惺留给世人的脍炙人口的精美佳品。"在山水游记中，钟惺则常常以静观的方式去发现山水景物的幽奇峭美，较少直接抒发感情，这与公安派作家在游记文章中常常喜欢抒发情感恰成对照。"① 如《浣花溪记》②：

> 出成都南门，左为万里桥，西折纤秀长曲，所见如连环、如玦、如带、如规，色如鉴、如琅玕、如绿沈瓜，窈然深碧、潆回城下者，皆浣花溪委也。然必至草堂，而后浣花有专名，则以少陵浣花居在焉耳。
>
> 行三四里为青羊宫，溪时远时近，竹柏苍然，隔岸阴森者尽溪，平望如荠，水木清华，神肤洞达。自宫以西，流汇而桥者三，相距各不半里。异夫云通灌县，或所云"江从灌口来"是也。
>
> 人家住溪左，则溪蔽不时见，稍断则复见溪，如是者数处，缚柴编竹，颇有次第。桥尽，一亭树道左，署曰"缘江路"。过此则武侯祠，祠前跨溪为板桥一，覆以水槛，乃睹"浣花溪"题榜。过

---

① 周积明：《湖北文化史》（上册），湖北教育出版社 2006 年版，第 95 页。
② 钟惺：《浣花溪记》，转引自宋致新《独特性灵：明清性灵小品》，崇文书局 2016 年版，第 109 页。

桥一小洲，横斜插水间如梭，溪周之，非桥不通，置亭其上，题曰"百花潭水"。由此亭还度桥，过梵安寺，始为杜工部祠。像颇清古，不必求肖，想当尔尔。石刻像一，附以本传，何仁仲别驾署华阳时所为也。碑皆不堪读。

　　钟子曰：杜老二居，浣花清远，东屯险奥，各不相袭。严公不死，浣溪可老，患难之于友朋大矣哉！然天遣此翁增夔门一段奇耳。穷愁奔走，犹能择胜，胸中暇整，可以应世，如孔子微服主司城贞子时也。时万历辛亥十月十七日，出城欲雨，顷之霁。使客游者，多由监司郡邑招饮，冠盖稠浊，磬折喧溢，迫暮趣归。是日清晨，偶然独往。楚人钟惺记。

　　平静淡定，冷峻沉着，从容不迫，一切娓娓道来，不事铺排渲染，不事夸张抒情，记途中事，写眼前景，传耳中声，抒心中情，一切顺心随意，一切自然而然，历历在目、感同身受的都是作者独游时目接神会之所得。作品中，作者明确赞扬杜甫能于穷愁潦倒之际择胜而居的暇整胸怀，而对"使客游者，多由监司郡邑招饮，冠盖稠浊，磬折喧溢"的人声鼎沸、冠盖稠浊，表达出格外的不能适应和不喜欢，因为这只是世俗的过客排场，而非真正放飞心灵和精神的自由自适，作者真正向往的是"是日清晨，偶然独往"的情景，而这也正是作者"幽情单绪"的最典型表现形式。

　　与钟惺一样，谭元春在小品游记上的成就也达到一个令世人尊敬、令文人师法的水平。

　　谭元春喜爱浪迹江湖，驻足名山大川，游览山水，他在《题游草集》中说："予之好游山水也，其天资固然。"谭元春游山水有三讲：一是要遍游天下，立志布袜青鞋，读万卷书，行万里路。他的足迹几乎遍布东南山水。二是要独辟蹊径，别开生面。谭元春游览山水总是别具一格，与常人不同，他常常高蹈远举，行人所未行，也常常慧眼独识，见人所未见，总是意出尘外，思别出手眼，期别有会心。游武当时，向导僧以谭元春未睹三天门为恨，而谭元春却偏偏以不走三天门为奇，人弃我取，人取我弃，反常合道，因而他走了一条常人未走的路线。三是游览时间喜秋不喜春。一般人喜欢百花盛开，以春天为佳，而他却常常赞赏晴空万里、草木萧疏的秋天。他在《秋寻草自序》对此有一段心迹剖析："夫秋也，草木疏而不积，山川澹而不媚，结束凉而不燥。比之春，如舍佳人而逢高僧于绽衣洗钵也。比之夏，如辞贵游而侣韵士于清泉白石也。比之冬，又如耻孤寒而露英雄于夜雨疏灯也。天以此时新其位置，洗其烦秽，待游人之至。"① 正因为谭元春有着如此特别的情怀胸襟与原则讲究，并怀着如此异常幽独的审美意识，因此，他的山水游记别有一番新天地，让人耳目一新。

追求"灵"与"朴"的统一是谭元春写诗作文的一贯原则。在《题〈简远堂诗〉》中他对此作了明确的阐述：

> 夫诗文之道，非苟然也，其大患有二：朴者无味，灵者有痕。故有志者常精心于二者之间，而验其候以为浅深。必一句之灵，能回一篇之运；一篇之朴，能养一句之神，乃为善作。……予进而求诸灵异者十年，退而求诸朴者七八年，于所谓灵与朴者，终隔而不合，而其意亦未尝不思以传也。②

① 朱剑心选注，蒋鹏举校订：《晚明小品文》，商务印书馆 2021 年版，第 65-66 页。
② 吴调公：《竟陵派钟惺谭元春选集》，王骧、祝诚选注，湖北人民出版社 1993 年版，第 323 页。

　　所谓"灵"，即慧眼独具，心有灵犀，道人所未道：一切有先见之明；言人所未言：所言必慧心妙道；既不同于他人，也不重复己，往往是意出尘外，怪生笔端，意会天成，神来之笔。所谓"朴"，即自然天真，境界朴实，语言朴素，不雕琢，不装饰，但又往往雅出俗中，平中见奇，使人有身临其境之感。谭元春的山水游记对此作了令人信服的证明。

　　例如，《游南岳记》写衡山雨后的阴晴变化："返于庙天乃雨，明日又雨，登峰者危之，驱车而上不语。及华岩峰，晴在络丝潭；及潭，晴在玉板溪；及溪，晴在祝高峰：若与晴逐者……游人与云遇于途，云不畏人。"① 灵心慧眼，惜墨如金；描绘细致，体物入微！既写出南岳风景的奇妙变幻，又传达出无可重复的独特感受，朴中见雅，凡中出奇，让人叹为观止。同为写登上绝顶、俯视群峰的感觉，不同地方则有天壤之别。在武当金顶看到的金顶以下诸峰"赤日直射，有光无色"（《游玄岳记》），在天柱峰峰顶所见则是别一番景象："四顾平台，万山无气。近而五老、炉烛，远则南岩、五龙，在山下时了了能指其峰，今已迷失所在，惟知虚空入掌，河汉西流而已。"② 真山水，真云雾，真情真境真感，别心别眼别手，慧心所至，灵性自在，留给后人的自然便是别一番天地世界！在这里，作者将真朴和灵慧高度地统一到了一起。

　　谭元春小品游记的臻美老道，还体现在他能发现同一景物在不同时间呈现出来的细腻变化与奇光异彩。他三游乌龙潭所留下三篇《乌龙潭游记》就是典型的例证。在时间相差不足半月多次游览同一景点，常人往往都会产生审美麻木或视觉疲劳，但谭元春却每游都有新发现、新感

---

① 谭友夏：《鹄湾文草》，张国光点校，岳麓书社 2016 年版，第 104–105 页。
② 谭元春：《荆楚文库：谭元春集》（下册），陈杏珍点校，湖北教育出版社 2017 年版，第 435 页。

觉。"《初游乌龙潭记》写道碧环青的潭景和往来秋色的邻舟，令人十分艳羡。《再游乌龙潭记》写风雨大作、雷电交加时游潭的情景，《三游乌龙潭记》着重描绘深幽静谧的潭境以及朱垣点翠、晚霞四起、月照半潭的景色，选取的都是常人不大注意的景色，其描写的角度也与一般游记不同，体现了钟惺所谓'谭子好幽鉴'的创作特色。"①

除游记小品外，谭元春的序、跋、书、札之类的小品也非同寻常，尤其是人物小品更是炉火纯青，不乏神来之笔。譬如《期山草小引》就可见一斑：

> 己未秋阒，逢王微于西湖，以为湖上人也。久之复欲还茗，以为茗中人也。香粉不御，云鬟尚存，以为女士也。日与吾辈去来于秋水黄叶之中，若无事者，以为闲人也。语多至理可听，以为冥悟人也。人皆言其诛茆结庵，有物外想，以为学道人也。尝出一诗草，属予删定，以为诗人也。诗有巷中语、闺中语、道中语，缥缈远近，绝似其人。苟奉倩谓"妇人才智不足论，当以色为主"，此语浅甚。如此人此诗，尚可言色乎哉？而世犹不知，以为妇人也！②

仅寥寥数句，女诗人王微的意态神情、境界修为便让人了然于胸。非但如此，作者还对王薇的诗歌内蕴、风格也做了全面而准确的归纳，评点精当简约，见解独到脱俗，作者拥有的超人的学识人品，老道纯熟的功夫，令人钦服。在这里，谭元春的"幽情单绪""孤怀孤诣"的境界再一次得到了有力的印证。

---

① 周积民：《湖北文化史》（上册），湖北教育出版社 2006 年版，第 98 页。
② 朱剑心选注，蒋鹏举校订：《晚明小品文》，商务印书馆 2021 年版，第 105-106 页。

（四）竟陵派的文学影响

作为一个著名文学流派，竟陵派不仅对明后期文学有着决定性引领作用，而且对中国传统文学的发展也影响深远。它的诞生，既矫正了公安派末流的浅率俚俗之病，也理性客观地回归了对传统文化和文化传统应有的尊重与认同，更重要的是发扬光大了公安派"独抒性灵，不拘格套"的主张，深化、固化了人们对文学性的特有认识，使中国文学重新回归文以载道、文以情生、个性化的发展道路。

正如《湖北文化史》所指出的，竟陵派的文学思想是颇为全面和深刻的，他们所提倡的"幽情单绪""孤怀孤诣"的情感，所追求的"幽深孤峭"的风格，反映出生于末世的知识分子抒写苦闷心灵和寻求个性解放的艰苦努力，也反映出明末知识分子对文学内部规律认识的进一步深化，同时也是社会的腐化和没落引起敏感知识分子将对社会外在的关注转向对自我精神的内在诉求的结果。他们企图以学古得其厚朴来改变因师心而出现的浅俗，不是学习古人的文章形式和格套，而是学习古人在文章中所体现出来的真精神，从而使文风发生新的变化。这种变化，对于以知识分子为主体的主流文学可能是很有意义的。然而，在文学愈来愈需要普及的时代，这种变化不是朝向更加通俗化、更加大众化的方向发展，而是转向典雅和古奥，这显然不是最好的选择。而传统文章在此时已经没有多少发展空间，因而除了在前人还不甚重视的小品文方面能有所建树外，在其他文体上，竟陵派作家的创作成就有限，这自然就降低了他们在文学史上的地位，影响有限。①

以钟惺、谭元春为代表的竟陵派对文坛的影响从汉江弥漫开来，很

---

① 周积民：《湖北文化史》（上册），湖北教育出版社 2006 年版，第 100 页。

快波及全国，所谓"浸淫三十余年，风移俗易，滔滔不返"。不仅他们所开创的风气席卷一世，而且他们所编辑的《诗归》"盛行于世，承学之士家置一编，奉之如尼丘之删定"①，也风行全国，他们的创作更被人们视为标杆，被人们虔诚地模仿研习。同时在文章方面，因为竟陵派以小品文影响最大，成就也最高，所以晚明湖北小品文作家中，有不少人服膺竟陵派的文学理论，深受竟陵派文风的影响，使学习模仿竟陵派一时蔚成风气。

竟陵派对于后世文坛最让人肃然起敬的影响在于他们关注民瘼的情怀、耿介刚正的人格和强烈的爱国主义精神。钟惺廉洁自守、为官清正，刚直不阿，不喜逢迎，表现出一个高标远举、具有独立人格的耿介知识分子的性格特点。钟、谭的支持者、追随者也多为忠正节义、清廉自持之士。其中，蔡福一廉洁刚直、公正无私，被称为"耿介具大节"，"既殁，橐无余资"；曹学佺"幽襟素抱，不暇雕琢"，敢于正道直行，直面朋党，不惧险恶，他反对魏忠贤的结党营私，曾为魏党所劾，后来坚持民族大义，在南明随唐王殉国；茅元仪不与清廷合作，忠于故土故国，积极抗清，表现出可贵的民族气节；徐波在明亡后践行对故国故君的忠诚，"居落木庵，断炊绝粒"而"不食周粟"，只接受一个好友的周济，其他人的馈赠一概拒绝。

浩浩星汉，铮铮铁骨。在天下大义、民族气节上，竟陵派在历史上写下了熠熠生辉、光耀千古的一笔！也正是从这个角度，我们完全有理由说，竟陵派绝不是一个脱离社会现实，无视民生冷暖，离群索居、高高在上而孤芳自赏的文人集团，而是有自己的独立思想、家国情怀、民生视野、颇重气节的文学流派。而他们所秉持的"幽情单绪""孤行静寄"绝不只是某种逃避社会现实的消极倾向，而是他们独树一帜对抗浊

① 钱谦益：《列朝诗集小传》（下册），古典文学出版社 1957 年版，第 570 页。

世的手段而已。

由于特定的历史原因，钟、谭的文学思想和创作实践之间既存在着矛盾，也存在着无法避免的先天缺陷，而他们的追随者又往往不明所以，结果在盲目的效仿中只能得其貌而难得其神，徒留形似而失却根本的神似。这种现象，是钟、谭始料不及的，与他们的理论和文风的影响也不无关系。对此，钱谦益说得更为尖刻："其所谓深幽孤峭者，如木客之清吟，如幽独君之冥语，如梦而入鼠穴，如幻而之鬼国……抉摘洗削，以凄声寒魄为致，此鬼趣也。尖新割剥，以噍音促节为能，此兵象也。鬼气幽，兵气杀，著见于文章，而国运从之……钟谭之类，岂亦五行志所谓诗妖者乎！"① 的确如此，天下万物无不遵循物极必反的天律，极端的"深幽孤峭"的风格追求确实容易走上艰深晦涩，刻意的追新出奇也容易陷于形式主义的泥沼。但是，将明朝政权的覆亡同竟陵派文学的"深幽孤峭"联系起来，不是太过简单，就是太过苛刻。它表面上是在"苛求文人知识分子，实际上是掩盖了现实的社会矛盾和统治阶级的政治责任"②。

（五）　明后期汉水流域的竟陵派作家

除了钟惺、谭元春之外，竟陵派还凝聚了从明后期、明末期甚至清初期的众多作家。就湖广汉水流域而论，《明诗纪事》亦曾于多处言楚诗为竟陵所染，可见竟陵一派在湖广汉水流域的流布情况。此处仅对明后期汉水流域的竟陵派作家作一个小传式的梳理，以便于后来研究者的蛛丝马迹之寻和深入研究。

---

① 钱谦益：《列朝诗集小传》（下册），古典文学出版社 1957 年版，第 571 页。
② 周积民：《湖北文化史》（上册），湖北教育出版社 2006 年版，第 102 页。

魏象先，字太易，京山人。早年出应童子试，为诸生十年，屡试不利，戊申抱病参加学使之试，以诸生六等而遭放黜而归，后病卒。其著述有《六等吟》若干篇。魏象先早年文名郁勃，爱好诗歌，为人性情高迈，与俗世格格不入，但下笔立就，出文必奇。早年出童子试时，被李维桢视为卓异之才，以为"异日当以文鸣世"。万历二十八年（1600年）钟惺以诸生入郡都试，与魏象先同舍而居，始得相与论诗。魏象先临终遗书，要求钟惺为其写墓志铭，同邑谭如丝撰写其一生行状，谭元春为之作生平小传。《湖北诗征传略》卷二十六录有其人，并收入其诗二首。

王应翼，字稚恭，号天乐，京山人。万历己酉（1609年）领乡荐。起初担任广东崖州知州，不久改任陕州知州，中途被降职为山西藩参军，随之又改任云南姚州知州，但因为丁孝加之路途遥远艰难，此次王应翼没有赴任，但过后不久朝廷还是启用他做了河南许州知州。崇祯十四年（1641年）李自成攻陷许昌，他与儿子王国一起死于农民起义。王应翼于诗独攻近体，锻辞琢句，沉郁可喜，著有《采山楼》诗文十数种。《湖北诗征传略》卷二十六录有其人，收入其诗一首，并称其诗"沉郁有致"。

王应箕，字稚衍，京山人，是王应翼胞弟。擅长诗文，著有《清远斋诗》一书。

谭如丝，字素臣，京山人。少年时代便工于词翰，求学期间便享有盛名，深为李维桢赏识推重，对他期望远大，勉励有加。应乡试十一次，两中副榜。晚年以贡官的身份生活在汉川广文，卒年七十一。谭如丝留有《子山斋诗集》一书，《湖北诗征传略》卷二十六录有其人，并收入其诗一首。

谭如纶，字有秩，京山人，谭如丝弟。一生七次参加乡试都名落孙

山，最后以贡生的身份终其一生。史载，谭如纶的诗画均有所长，著有
《长恩室诗集》一书。《湖北诗征传略》卷二十六录有其人，并收入其诗
一首。

二、明代汉水流域的戏曲发展

（一）明代汉水流域元杂剧的风行

中国戏剧，发源于先秦而盛于宋。自宋开始，中国的舞台艺术进入
以戏曲为主体的时代。在这一时期，尽管不同的剧种之间有涨有落，有
进有退，但自宋至民国，戏剧作为社会各阶层喜爱的大众流行文化，其
君临众艺术形式之上的地位不曾失落过。①

从宋仁宗时起，湖北地区就有俳优、姬伎搬演歌舞杂剧事迹的记
载，虽然演技还显粗糙，但在社会不同阶层登堂入室却已是不争的事
实。天圣初进士、安陆人宋庠《晚岁感事》诗有"楚优歌舞拙，何处强
持樽"之咏。宋人朱弁《曲洧旧闻》描绘了一个场面：宋庠之弟宋祁于
某年隆冬季节修《新唐书》时，遇天下大雪，与诸侍姬围炉谈笑。其
间，一侍姬答遇大雪富贵家"只是拥炉命歌舞，间以杂剧，引满大醉而
已"②，可见宋代富贵之家，演"歌舞杂剧"逗欢竞乐、消遣无聊时光、
休闲缓压为常见之举。

元代，散曲、杂剧浸入湖北社会各层，已全面融入官宦朝野社会生
活，逐渐发展为老少咸宜、雅俗共赏的流行艺术，高官大贾不仅成为乐

---

① 周积民：《湖北文化史》（上册），湖北教育出版社 2006 年版，第 197 页。
② 朱弁：《曲洧旧闻》，载陈诗《湖北旧闻录》（下册），湖北人民出版社 1999 年版，
第 1559 页。

在其中、推波助澜者，更以此为手段进行牟利。泰定三年（1326年）封镇武昌的威顺王宽彻普化就曾经"起广乐园，多萃名倡巨贾以网大利"①。造大房，筑高台，网罗四方名伎，收获天下红利；元人夏伯和《青楼集》记载有不少湖北地区唱元曲的名伎，如"刘女关关，谓之小婆儿，七八岁已得名湘湖间"，"帘前秀，末泥任国恩之妻也，杂剧甚妙。武昌、湖南等处，多敬爱之"②。刘关关之后，金兽头、般般丑、刘婆惜、小春宴、任国恩等艺人先后驰名荆湖、湖湘地区。不仅高官大贾借名伎网罗红利，即便名伎本人也要借元杂剧名利双收；杂剧名家小春宴"记杂剧三百余段"，在武昌等地"勾栏中作场，常写其名目贴于四周遭梁上，任看官选拣需索"③，足见当时散曲、杂剧的丰富普及程度。其余如名艺人刘婆惜才思敏捷、技艺娴熟，在武昌与散曲作家刘廷信即席唱和，传为文坛佳话。当时湖北本籍戏曲作家名世者也不在少数。黄冈人滕玉霄，在元人钟嗣成《录鬼簿》中载为"前辈已死名公有乐府行于世者"之一。足见元代湖北地区上层贵族喜倡优杂剧的红火兴盛程度。

进入明代，元杂剧风行湖北全境。顾景星说得更加直白："国初全袭元调。""全袭"二字透露了杂剧在当时普及深入的情形。江陵人陈大用，名枑，为明初人无名氏《录鬼簿续编》题记。试想，假若不是热点聚焦艺术，有谁会为无名氏作传留记？据载，在鄂东经济富庶地区，元杂剧演出活跃。不仅在当时日常生活中不可或缺、更在民众婚丧嫁娶等

---

① 李修生分史主编：《二十四史全译·元史》（第5册），汉语大词典出版社2004年版，第2683页。

② 崔令钦、孙棨、夏伯和：《教坊记　北里志　青楼集》，古典文学出版社1957年版，第53、62页。

③ 崔令钦、孙棨、夏伯和：《教坊记　北里志　青楼集》，古典文学出版社1957年版，第62页。

重大节候中占据重要地位："出丧前两三夜，邻友各携肴坐夜，或高歌吹唱，或搬杂剧。"① 达官贵人家族中元杂剧的歌舞声色之盛，可以在麻城刘家见出一斑。刘延伯为明代万历间的武官，富藏古玩书画。臧懋循编选《元人百种曲》时，曾从他家借走祖传内府本元代杂剧二三百种。他家有自蓄歌伎班，刘延伯死后这才逐渐散尽。刘延伯胞妹刘氏《追怀七兄金吾延伯歌姬散尽》诗记其事："回首可怜歌舞地，年年春色为谁来。"②

一直到明末，元杂剧在湖北地区仍呈繁盛扩展之势，演出地区日广，演出之风日炽，至明末清初已传入鄂西北边远山区。清康熙年间进士郑晃任郧西县令时，为淳化民风社风，大倡道德教化，曾榜示禁止出殡时搬演杂剧："尤可骇者，有力之家，修斋之外，扮演杂剧。宾朋满座，女眷盈庭，其门如市，欢呼达旦。"③ 说明北杂剧迭经宋明时期已流入鄂西北广大山区腹地。

（二）明代汉水流域的藩王府乐

特殊的政治经济制度和历史背景，促成了汉水流域地区藩王府乐的长足发展。据《湖北文化史》考证，明代实行封藩之制，湖北富庶城镇均设有王府。武昌、江陵、襄樊、钟祥、蕲春有洪武、成化年间所封亲王府。其下又封各地郡王府，续藩 150 年以上的就有崇阳、通山、通城、

---

① 湖北省博物馆藏王葆心《罗田风俗志》手稿，此条原注《嘉靖志》，载中国戏曲志编辑委员会《中国戏曲志·湖北卷》，文化艺术出版社 1993 年版，第 5 页。

② 孙景琛总主编：《中国乐舞史料大典：杂录编》，上海音乐出版社 2015 年版，第 320 页。

③ 中国戏曲志编辑委员会：《中国戏曲志·湖北卷》，文化艺术出版社 1993 年版，第 608 页。

江夏、咸宁、长阳。明成祖朱棣以藩王之身夺得帝位，深知分封之利害，因此对各地藩王干政悬以厉禁。在比情况下，各地藩王寄情于词曲，沉迷于歌舞。有明一代，歌舞艺术的发展，各地王府不乏推波助澜之力。按照明制，"亲王之国"按例钦赐词曲1700本、乐户27户。各地"藩邸"还设有一"乐院"。这些人的俸饷均由官府供给，所属乐户则是亲王的音乐歌舞戏曲班子，由王府长史司管理。这些王府的音乐歌舞戏曲班子，往往规模不小。张献忠破荆州，召惠王府乐户数十户行酒。

最能说明当时藩王沉迷乐舞声色和追求府乐之盛的代表当是武昌的楚王。其典型表征有五：

一是专辟场地，奢华气派。楚王府专辟"御菜园"（今武汉水陆街）以蓄歌伎，《青冢行》一诗记载楚王府的歌舞盛况："楚宫台榭连云起，歌舞年年空选妓。"[1] 这里宫廷巍峨，台榭连云，高堂数丈，气势显赫。

二是广泛收罗歌姬，美女如云，美艳不可方物。明崇祯二年（1629年），时任九江兵备道的福建惠安人张正声客居武昌，适逢永安王举行歌舞演出。张正声对这次演出的情景有一个比较详细的记载：

> 既至，果有高堂数丈，供歌舞地。顷乃宫人三十余，振绣衣，被褂裳，形缤纷绮丽，曲悲惋清长；若白日之破乎青烟，若羽衣之翩而欲仙；丑教坊之漫靡；类毛女之生怜，响出听而跃鱼，影翱翔而堕鸢。王黄发长眉，集宴堂中，洞开洪门，恣人游赏。观者成曰："茂矣艳矣！诸好备矣！"[2]

---

[1] 潘之恒：《潘之恒曲话》，汪效倚辑注，中国戏剧出版社1988年版，第166页。
[2] 中国戏曲学会、山西师范大学戏曲文物研究所：《中华戏曲》总第9辑，山西人民出版社1990年版，第220页。

三是歌舞度日，醉生梦死，习以为常。正如张正声所感：

　　余久客楚中，兼因重雨。王作梨园，大都以不炎不雨为期。天和景辉，凝阴豁除，又一快也。予谓观者曰："向使豺虎为乱，不可得也。蛾眉不改，歌舞长在，则太平可知者。"①

四是风格多样，剧目丰富，仅从张正声描绘这场歌舞的诗歌中就可见一斑：

　　　　王家美女尽宫妆，束素含贝倪粉芳。
　　　　清姿宝态倾群玉，极服奇彩焕七襄。
　　　　已见神女洛中降，又会姮娥月窟翔。
　　　　细舞迟声希一笑，由来天半有霓裳。
　　　　妆成少妇想春闺，粉红黛绿不须借。
　　　　有时径作武人身，吴王宫里能骑射。
　　　　汉仪秦声君须识，纤袅历落摹不得。
　　　　上将头上进贤冠，大夫腰间黄金色。
　　　　钲鼓喧喧舞沦猗，羽林旗帜严如织。
　　　　金莲著步乱中催，谁云腰细轻无力。
　　　　静中一曲想阳春，马上琵琶更堪论。
　　　　嘈嘈铀头挥玉指，双双婧华启朱唇。
　　　　数声弦长知柱足，满座掩涕泪沾巾。②

---

　　① 中国戏曲学会、山西师范大学戏曲文物研究所：《中华戏曲》总第 9 辑，山西人民出版社 1990 年版，第 220 页。
　　② 中国戏曲学会、山西师范大学戏曲文物研究所：《中华戏曲》总第 9 辑，山西人民出版社 1990 年版，第 221 页。

根据张正声诗歌内容，譬如"妆成少妇想春闺""有时径作武人身""上将头上进贤冠，大夫腰间黄金色"等看来，应多属政治故事或历史故事内容。"汉仪秦声君须识"一句，"汉仪"一词为"汉宫仪"节略，为前属剧目内容，"秦声"一词应是说明永安王家乐剧种属"秦腔"范围。张正声之诗与序，说明至明末崇祯间藩王仍保持蓄养家乐戏班的习俗。属于西北民间的秦腔，已传播武昌一带，并且进入藩王府邸成为上层社会的家乐剧种。

五是艺术水平已达到相对高度。"静中一曲想阳春，马上琵琶更堪论。嘈嘈钿头挥玉指，双双婿华启朱唇。数声弦长知柱足，满座掩涕泪沾巾。"演出富有强烈的艺术效应，如泣如诉，如歌如慕。

明代武昌楚王府乐是楚地藩王府乐的典型代表，与其一样，汉水流域其他藩王府也都是笙歌处处，歌舞升平。明代的永安王府，管弦齐奏，歌舞喧嚣，不仅演出频仍，而且还专注艺术人才的培养。

明朝沦亡之后，汉水流域诸王府歌伎散落民间。如据《白茅堂集》记载，荆王府乐工周谅，明亡后入山为道士。楚宫教坊南京乐籍蓝七娘，善秋千蹴鞠，名噪一时，享誉一方，是一位色艺俱佳的杂技艺人，明亡后，竟然削发为尼。汉水流域许多原本戏曲活动繁荣的老场子、老园子、"戏窝子"在战乱之中曲终人散。

（三）汉水流域的"弋昆角逐"

据《湖北文化史》研究指出，明代中后期，江汉平原上的沙市（现湖北省荆州市沙市区）成为湖北地区的戏剧中心。公安人、公安派文学家袁宏道、袁中道兄弟多次寓居于沙市的"卷雪楼"和"金粟园"，十分熟悉沙市。兄弟二人的日记和诗作分别记载了当时沙市的戏剧活动情况。袁宏道于万历二十七年（1599 年）写给友人沈朝焕的信中曾埋怨沙市"歌儿皆青阳过江，字眼既讹，音复干硬"①。当时的"楚腔"当为正在地方化过程中的"青阳腔"。随后，袁宏道又见沙市一带的荆楚艺人（"楚妃"）已经开始学习昆曲，昆曲开始成为沙市地区的流行艺术。袁宏道于万历三十年（1602 年）所写沙市《竹枝词》中云：

> 一片春烟剪縠罗，吴声软媚似吴娥。
> 楚妃不解调吴肉，硬字干音信口讹。②

袁宏道的诗不无调侃和戏谑，但描绘的形象非常鲜明，对比突出，诗中弋昆戏曲的温软柔媚带来的清新愉悦和楚妃的生硬照搬带来的勉强别扭给人强烈的印象。

明代万历年间，中国的戏曲舞台正是弋昆双峰并峙之时。而此时衍生于弋阳腔的"青阳腔"先于昆曲传入湖北，与随后进入湖北的昆腔争锋斗胜，湖北地区的戏曲舞台进入了"弋昆角逐"时代。万历四十三年（1615 年），袁中道在《游居柿录》中记载了当时在沙市王孙宴席上观剧的情景："时优伶二部间作，一为吴歈，一为楚调；吴演《幽闺》、楚演《金钗》，予笑曰：'此天之所以限吴楚也。'"并叹曰："李杜诗，琵琶金钗记，皆可泣鬼神。古人立言，不到泣鬼神处不休，今人水上棒，隔靴痒也。"③ 弋阳腔与昆腔轮番上演，各美其美，各不相让，令袁

---

① 朱剑心选注，蒋鹏举校订：《晚明小品文》，商务印书馆 2021 年版，第 290 页。
② 潘超、邱良任、孙忠铨：《中华竹枝词全篇》（第 3 册），北京出版社 2007 年版，第 203 页。
③ 中国戏曲志编辑委员会、《中国戏曲志·湖北卷》编辑委员会：《中国戏曲志·湖北卷》，中国 ISBN 中心 2000 年版，第 6 页。

中道感叹不已。

此间，明代大戏剧家汤显祖曾游历沙市，并亲身体验了当时戏曲活动的繁盛景象。他在题赠当时沙市伶人兼怀念沙市故友姜奇方、张居谦的《赠郢上弟子》① 中写道：

> 年展高腔发柱歌，月明横泪向山河。
> 从来郢市夸能手，今日琵琶饭甑多。

月明星稀，已是入夜时分，别处恐怕早已万籁俱寂，而热爱戏曲的沙市剧场却是一派高歌动天、人声鼎沸的场景，台上的演员激情四溢，热血沸腾，而台下众多待演的演员则早已按捺不住，跃跃欲试。汤显祖在与刘天虞的信中引用过一位耆宿的话，说"'荆州措大多如鲫鱼，沙市琵琶多于饭甑。'措大多可憎，琵琶多可近也"②，足见沙市市民艺术素养之高，艺人云集之多，也足以说明沙市不仅是一方戏曲艺术的乐土，更是一方戏曲艺术的沃土。汤显祖甚至也想成为沙市的一员，对沙市的戏曲之盛充满憧憬："何似醉游沙市里，琵琶相共鲫鱼多。"③

明代湖北沙市一带楚地艺人所唱"青阳腔"至清代流变而成清戏（湖北高腔），清戏大量传承了南戏、元明杂剧及明传奇剧目，如《目连传》《琵琶记》《拜月记》《金印记》等在清戏皆有全本，很多散出戏如《度罗卜》《描容》《秋江》《抢伞》《花庭会》等均为湖北戏曲舞台常见剧目，有些剧目直到今天还是保留项目。

---

① 汤显祖：《汤显祖集》（第 2 册），上海人民出版社 1973 年版，第 898 页。
② 汤显祖：《汤显祖集》（第 2 册），上海人民出版社 1973 年版，第 1373 页。
③ 汤显祖：《汤显祖集》（第 2 册），上海人民出版社 1973 年版，第 774 页。

（四）流布大半个中国的汉调山二黄

汉调二黄，习称"土二黄""山二黄""靠山黄"，或"二黄戏"。又因它是在汉水流域由西皮、二黄结合形成，故又多称"汉调"。据考证，最早的关于西皮调的记载在明代。如《腔调考源》等许多著作提到明万历抄本《钵中莲》中就有西皮调；再如明崇祯年间刻本《梅雨记》有赣伶黄六之女善唱西皮调的记载。这说明，西皮调形成于明代中叶以前，明末崇祯年间就流行于包括长江中下游广大地区在内的大半个中国了。有人指出在陕南最早的有关汉调二黄班社演出的说法是明正德年间。如安康民间老艺人冯成秀（已故，为汉调皮影艺人，世代相传）在1957年的老艺人座谈会上谈：安康城东三十里神滩河王爷庙的石碑上有明正德皇帝（即端王）从汉中赴湖北途中到此看二黄戏的记载，过去庙内还供有"端王天子万岁"的神位。许多老艺人也谈及，确有此碑此庙。据此，二黄戏的形成至迟亦应在明正德年间，最少也有500余年的历史。遗憾的是现在庙毁碑遗，无从查证。

据束文寿先生研究，汉调二黄，是长期流布在汉水流域的大型剧种（即汉调桄桄），也是最能代表汉江民间戏曲的艺术，同时还是国粹京剧的祖先。其音乐唱腔与皮黄系统各剧种基本相同，以"西皮"和"二黄"两种声腔为主干，与京剧接近。其二黄由来，在陕西省有各种说法，皆与湖北"黄岗"说、江西"宜黄"说、安徽"石牌"说不合，而与陕西有直接关系。据安康汉调艺人世代流传，二黄是在本地土调"黄腔"基础上受南北曲与兄弟剧种的影响发展演变而成。而所谓"黄腔"，在陕南三市本属"出格""变调"之意。如此，则"二黄"也许是西秦腔在陕南的"变调"。在汉水流域，旧有"一清二黄三月①调，梆子跟上胡吵闹"之说。二黄名称或与此相应。清代咸阳刘古愚、蒲城张东白、民国时富平王绍猷、乾县范紫东等前代学考，相继考察，同谓二黄乃"秦声吹腔古调新声"。这种说法有它的道理，二黄与"西皮调"东传的时间，虽然有先有后，但其渊源同属早期"陇东调""西秦腔"在江汉流域的分支，与现称的梆子秦腔同源异流，因此才使在清朝中叶秦腔艺人、汉调艺人与徽调艺人先后同台成为可能，也因此进一步丰富发展了这一剧种。

汉调二黄在汉水流域的班社遗迹，因明、清两代战争而破坏，已难查寻。据说安康县东神河沟王爷庙碑有明正德或明永乐皇帝于此看过二黄戏的记载，只因庙毁碑失，亦难证实。唯知紫阳蒿坪乐楼曾有清乾隆二黄班社的题名墨迹。嘉庆道光时班社有汉中的汉荣班、西多仁丰班、城固宜太班。咸丰初年更有杨金年、范仁保等名艺人分别在西乡、安康二地设科授徒，先后培养出"洪、来""永、清""吉、寿""天、久"等辈艺人。随着这批艺人到处呈献技艺，二黄班社遍布鄂、豫、川、陕等地，其中知名者如咸丰年的裕太、鼎太，同治年的仁太、瑞仁等班。这些班社散布各地，因地方主义与师承关系的不同，又形成了不同的风格、流派。安康派善于文戏，通用"紫阳官话"，音调犷、柔兼备；商洛派善于功，别样腾跃，以武戏见长；关中派注重唱、做、表演细腻，唱腔豪放。虽然特色各异，其基本风格仍然相同。各代班（社）中，先后培养出了不少颇有成就的艺人。如道光年间查来松以生、末擅长，在川北曾获"戏状元"之称。屈来寿善于净角，多演神戏，曾有"活灵官"之称。刘久强以生、末见长，在川、滇等地也颇有声誉。清末的姚彩盛、赵清平、董兴平，民国中期的邢大伦、杨大钧，民国后期的山鸣

---

① 两湖写作"越"

岐、刘鸣祥等也驰名遐迩。这些班社和名艺人，对汉调二黄的发展和延续起了重要的作用。

据束文寿先生研究，汉调二黄的剧目丰富多彩，在艺人中久有"唐三千、宋八百、野外史传数不得"之称。除了衰落期大量遗失以外，仅现所知的传统剧目就有一千四五百本之多。其中抄录存本的达 937 个整体戏和折子戏。取材范围从上古传说到明清故事，活像是一部"中国通史演义"。对于如此浩繁的剧目，艺人习惯谦称"三本半戏"，即封神、列国（八十余本）"一本"，秦、汉、三国（一百二十多本）"一本"，隋唐至明清"一本"（包括四百多个本、折），野史外传算"半本"。艺术风格上，喜剧与悲剧兼备，文戏与武戏并重，历史故事与神话传说为主，整本与连台颇多。尤以文戏的唱词繁、本头大、行当全为其特色。其中《炼石补天》《曹刿论战》《征北海》《进妹喜》《黑逼宫》《尝百草》《女界牌》《有莘三聘贤》等 200 多个剧目，为陕西二黄所独有的罕见剧目。从声腔着眼，陕西的西皮剧目要比湖北所占比重更大。1949 年以来，先后改编移植了《穷人恨》《红娘子》《北京四十天》等 200 多个本、折戏，并创作演出了《红珍珠》等一批现代戏，给二黄剧种增添了一批新财富。

据束文寿先生研究，汉调二黄的行当，分为十大行：一末、二净、三生、四旦、五丑、六外、七小、八贴、九老、十杂。嗓音运用上，四旦、八贴用假音（小嗓），其余各角用本嗓，即一末、九老用"苍音"，二净、六外用"虎音"，三生、十杂用正音，五丑、七小用尖音（细音）。舞台表演以细腻精到、认真传神为观众所赞赏。它首先讲究创造角色，要求把握人物性格与身份、情态，做到含情入理。《打龙棚》中郑子明、《二虎山》中王英等角，唱词、行腔皆须在乐器伴奏下边歌边舞，唱、做结合，以充分表现其特定性格与内在感情。其次，讲求按照所写地理环境与人物籍贯，准确使用方言、土音，如《三搜府》《法门寺》须讲北京话，《渔舟记》得说湖北话，《张松献图》得说四川话，《打龙棚》得说晋中话，借此增强故事的地方色彩或人物的某些特征。最后，讲求分析角色，猜度心理，注重在表演动作中刻画人物的心理状态与精神面貌。如赵清平所饰《失街亭》中孔明，在察看王平所送扎营地图时，就经过了"粗看""细盯""惊恐""平静""沉思""深虑"几个神情变化的层次，只用一个唱段就把颇为复杂的内心活动和盘托出，然后当机立断，一面遣送图人回营报信，一面布置迎敌措施。如此便深刻细致地把人物刻画得栩栩如生。二黄的这一在演唱上深刻认真和生动细腻的艺术传统，对于梆子秦腔亦有影响。

束文寿先生曾经指出，在脸谱勾画上，二黄各路亦别具特色。安康派讲求笔画细致大方，敷色匀称、鲜明；洛镇派讲求"直线要直，圆线得圆，白的一大片，黑的一条线"。原存脸谱有名有姓，一人一戏者，约计400幅。类型大致有三块瓦、十字脸、吊膛脸、麦子脸、旋转脸、豹子脸、阴阳脸等十余种。许多脸谱勾有动物、植物、星辰、兵器、文字图案以及宗教标志。其中赵匡胤、闻太师、包文正、关公、张飞等人物随着年龄、时间、环境与遭遇的不同，在脸谱勾法上也相应有各种变化。即使同一人物在不同戏中，亦按其特定情景，构图、敷色诸方面各有讲究，可见其细致、传神。

据束文寿先生研究，二黄音乐唱腔属板腔形式。其曲调简朴中存幽雅，婉转中有激昂，旋律注重抑扬顿挫、轻重缓急，吐字讲求尖团分明，而且要求达到清亮准确、字正腔圆和满腔满调。其二黄调的主弦胡琴用"5—2弦"。板式有［导板］（慢三眼）、［原板］（［一字］）、［碰板］、［滚板］、［反二黄］（［阴板］）等10余种，腔类有"回龙""四柱""流里表""板头""麻鞋底""幽冥钟""梅花题"等10余种，宜于表现低沉、怨愤一类的情绪，多用于正剧、悲剧的演唱。西皮调的主弦用"6—3"弦。板式有［导板］、［一字］、［二流］、［摇板］、［散板］、［反西皮］等10余种，腔类有"流里表""二凡""九眼半""麻鞋底""灯笼挂""黄龙滚""八车子""四不沾"等10余种，善于表现豪爽、欢快一类的情绪，多用于喜乐气氛或愉快热烈的场面。在实际应用中，又因人物性格、身份、环境、情绪的不同，两种唱腔往往灵活处理，甚至有上半句"二黄"下半句"西皮"的特殊唱法。还有其他一些杂调，与西皮、二黄相配合，以供描绘人物或敷陈场景。至于弦丝、唢呐、曲牌，据知原有400多种，留传下来的仅只一百四五十种。伴奏乐器，文场有京胡（软吊）、二胡、月琴、三弦、笛子、唢呐等，武场有鼓、板、道锣、二五子、喇叭、马锣等。1949年以后，乐队由原有6人扩大到10人以上，吸收了其他一些乐器与京胡拉法，使二黄音乐有所发展。

（五）明末汉水流域的戏曲作家徐石麒

明万历年间，汉水流域已有人将道教经文、稗官小说、佛教故事等改编为韵文在丧家坐夜和田间劳作时演唱。在郧阳、襄阳等与武当山相邻的房县、保康、南漳、郧西等县及神农架，所流传的"四游""八传"即是此类。① 所谓"四游"，是指盛行于万历年间杨致和的41回本《西游》，兰江、吴元泰的《东游》（又名《上洞八仙记》《八仙出处东游记传》），余象斗的《南游》（《五显灵官大帝华光天王传》）和《北游》（又名《北方真武玄天上帝出身志传》）。

---

① 据胡崇峻、何伙调查，"四游八传"至今仍在神农架地区流行。在神农架地区，早在唐代就有汉族神话史诗《黑暗传》流行。

据胡崇俊、刘守华等人的研究指出，在汉水流域，《西游》记孙悟空花果山水帘洞出身、大闹龙宫、地府以及八卦炉、五行山厄运等；《东游》叙八仙得道、王母娘娘与蟠桃赴会以及渡海西归等；《南游》写华光救母、皈依佛道事；《北游》记祖师老爷修行及诸神灵间的争斗。"八传"是《黑暗传》《封神传》《双凤奇缘》《火龙传》《说唐传》《飞龙传》《精忠传》（又名《大宋中兴演义》《大宋中兴岳飞传》）及写朱元璋的《英烈传》（又名《英武传》《云合奇踪》）。"八传"从盘古开天地、人类再造、三皇五帝、虞夏商周等，依朝代为序，一直唱到朱元璋"发迹变泰"得天下为止。在"四游""八传"传唱的同时，还有许多神话及道、释经文的唱本及说本流传。如《大纲鉴》《小纲鉴》《混沌传》《洪淹传》《三神传》《神农传》《王母传》《混天记》《黑暗纲鉴》《三十六朝元纪》以及《女娲尊经》《三皇经》《太阳真经》《太阴真经》等。据调查，这种说唱在当时不仅流传广远，妇孺皆知，而且已达到一个相当高的水平，作为汉族广义上的创世神话史诗的《黑暗传》说唱本最少有 20 余个版本，最长的达到了 30000 多行。

经济社会的巨大变迁是明末戏曲在汉水流域繁盛的决定性社会基础。明代中叶之后，随着早期商品经济萌芽的出现，手工业、纺织业已逐渐从传统的农业中分离出来，商业贸易兴起，汉水流域沿水路交通线出现了许多商业繁荣的城镇、码头，如汉口、沙市、襄阳、南阳、郧阳、安康。襄阳当时已成了七省通衢、南船北马的汉江重镇和"列肆如栉、灯火歌呼、夜分乃止"的繁华城市，汉口也已是"都邑错峙，坊巷街衢四达，舳舻衔接"的"天下名区"。由于市民经济的兴起，反映市民生活和适应市民经济生活需求的各种曲艺便纷至沓来，各种时令小曲、小唱、说书、散曲等民间曲艺也如雨后春笋应时而生。据《白雪遗音》记载：嘉靖初年，产生于湖广地区的［湖广调］［码头调］及一些俚歌俗曲，除在湖广汉水流域广为传唱之外，还有些远播京城等地，成为"游习子弟必习"之曲。

晚明时期汉水流域开始流行时尚小曲、说书、唱书。公安人、万历进士袁宏道在《叙小修诗》中云："今闾阎妇人孺子所唱《擘破玉》《打草竿》之类，犹是无闻无识真人所作。"① 足见民众之喜闻乐见，也足见其生命力之顽强兴盛。

由于同生活、求生水乳交融，明末时江汉平原上三棒鼓渐兴，竟陵（天门）人尤善此技。每逢灾害，男女常结伴而行，作为一种谋生手段，沿门乞唱，即兴而歌。

在明末的戏曲繁盛中，徐石麒则是唯一一个来自汉水流域有名可考的戏曲作家代表。徐石麒（一名麟），字又陵，号坦庵，湖北监利人，生卒年不详。明末避地扬州。顺治二年（1645 年）清兵攻陷扬州，徐石麒携所著之书逃走，此后一直隐居不出。徐石麒一生精研名理，善画花卉，擅长诗词，尤其谙熟精通度曲。一家老幼，尽擅倚声。徐石麒度曲，对女歌之，有不合，辄为正拍。著有《坦庵词曲》6 种，其中 4 种为杂剧，2 种为词曲。这 4 种杂剧为《买花钱》《大转轮》《浮西施》《拈花笑》，也为文人案头之作。另外还创作有《珊瑚鞭》《辟寒钗》《九奇逢》《胭脂虎》4 种传奇。《珊瑚鞭》今存，改编自小说《玉娇梨》，其内容为苏友白与白红玉、卢梦梨婚姻事，表达了作者"许大风流曾系肘，眼贵心奢，难遇风流偶"的怅惘和"金屋名姝何处有，惺惺还惜惺惺否"的期盼。

---

① 吴调公：《公安三袁选集》，王骧等选注，湖北人民出版社 1988 年版，第 230 页。

三、明代中后期汉水流域的文言小说发展

（一）袁宏道的文言小说——《拙效传》《醉叟传》

《拙效传》《醉叟传》，是袁宏道创作的两部文言传奇小说。

《拙效传》一卷，现有《续说郛》卷四十三收入一卷本，于《中国古代小说总目提要》中见载。此书叙述了作者家中的四位钝拙仆人——冬、东、戚、奎的生活轶事，十分别致。

首先，作者把目光投向社会下层人物，并愿意为其作书立传，表现出作者关注民生、体察民情、洞悉人性和对个人的尊重。在作者的笔下，所描写的四个仆人，声情笑貌活灵活现；精神个性，刻骨传神。如仆人冬外出迷路，四顾欲哭，性嗜酒而几次均未得饮及推门倒地成倒立状的描写颇见拙朴之态。而在貌似嘲弄讥讽的笔调中，又隐含了作者隐隐的哀悯垂怜之情，讥中寓赏，笑里含泪。此外，小说详略得当，情致灵巧，笔墨精炼传神，形象栩栩如生，以冬为详写，其他三人均为略写，表现出作者良好的文学修养。

《醉叟传》一卷，现有《续说郛》卷四十三收入一卷本，于《中国古代小说总目提要》中见载。此书记一无名醉叟情性轶事，通过对其外貌、习性、嗜好、言谈及志向的描写，刻画了一个任情任性又壮志难酬、气宇轩昂而又极富个性的醉翁形象，表现了封建社会中部分不得志的知识分子穷愁潦倒的姿态，具有一定的社会意义，并与作者重视表现个人性格的思想观念相吻合。可惜此书故事情节不够紧凑，略显零散。

（二）袁中道的文言小说——《一瓢道人传》

《一瓢道人传》，是袁中道创作的一部文言传奇小说。

《一瓢道人传》一卷，现有《续说郛》卷四十三收入一卷本，于《中国古代小说总目提要》中见载。此书叙述了一无名道人的生活经历。其人早年读书企求大展宏图而不得志，随之转而从军，于抗倭战争中立功授官，本以为可以兼济天下，但因为仕途出现挫折而落草为寇，原本想浪迹江湖，占山为王，酒肉美色打发此生，但又久而厌之；继之广购伎乐，整日酒食歌舞，美艳陪伴，时间一久，又心生厌烦；最后转身为丐，乞食江湖，为人怪异，终自坐化。

作者在对无名道人反复追求、反复厌倦生活的描写中，表现了封建社会知识分子对人生的探索和对人生价值的追寻，以及人生失去方向后找不到生活位置的痛苦。但此本小说人物形象不够鲜活丰满，个性气质也不够鲜明突出，情节性不强，而结尾处道士死去的描写又过于神化，显得突兀无据。

（三）钟惺的文言小说——《谐丛》

《谐丛》是钟惺创作的一部文言笑话集。

《谐丛》此本不著卷数，于《中国古代小说总目提要》中见载，现有明茂苑叶舟校《镌钟伯敬先生秘集十五种》本之第十种。此本前有崇祯戊辰（1628年）中秋叶舟凌虚文题辞。书中内容多为历代名人轶事，真乃怪人怪品满目皆是，奇形怪状处处皆有，奇言妙论惊世骇俗，其中不乏从政治角度针砭时政、讥讽权贵者。如"大象"条记刘焌故意将卦中"大象"说成南御苑中大象的故事，抨击宋神宗的腐化淫逸生活，笔触十分辛辣。再如"散财"条以王锷听人积而能散之功，由于无法克服人性的自私和偏狭的格局，而将积财散绐子女的故事，表现了世人贪求名利的龌龊风气。"此书中的笑话多以谐音、近义制造误会，从中产生笑料，以达到令人发笑之目的。如以动物大象喻卦中'大象'，以'汗淋学士'喻翰林学士，以'一钳'喻'一钱'，均属此类。"①

---

① 刘方：《明代湖广作家研究》，硕士学位论文，上海师范大学，2007 年，第 256 页。

第四章 明代汉水流域著名的历史人物

第一节 崇道皇帝朱厚熜与汉水文化

明正德十六年（1521 年），从汉水中游的钟祥，走出了一位皇帝。他以藩王身份入继大统，早期整顿朝纲、减轻赋役，一扫武宗时期的弊政；也曾征剿倭寇，整顿边防，使"天下翕然称治"。他深受汉水流域发达的孝道文化的影响，上位不久便与杨廷和等朝臣在议父王尊号的问题上发生"大礼议"之争；他把在汉水流域生活时就形成的道教信仰带到北京，推向全国，不仅本人信道，还要全体臣僚崇道，晚年 20 年不上朝，专事斋醮祭祷，搞得朝廷乌烟瘴气，民间民不聊生。他就是统治明朝 45 年的嘉靖皇帝。

一、大礼议之争与汉水流域的孝道文化

嘉靖皇帝名朱厚熜，其父朱祐杬。朱祐杬乃明宪宗朱见深第四子，生母宸妃邵氏。成化二十三年（1487 年）受封兴王。弘治七年（1494 年）就藩湖广安陆州（今湖北省钟祥市）。按照明朝制度规定，藩王虽享有优厚的经济待遇，但受到政治上的严格控制。成祖以后，藩王只能衣租食税，无行政之权，甚至不能和其他藩王及地方官吏见面。朱祐杬到了安陆，远离故乡，虽生活优越，但内心难免空虚无聊。所以他寄情山水，研习经史，将毕生精力用在文化建设上，兴王的文化素养及对文化的重视在明代藩王中比较罕见，他不仅著有《含春堂稿》《恩纪诗集》等诗文集，甚至组织良医周文采等编写《本草食品便览》《本草考异》

等医学著作。他生活节俭，每遇灾荒之年，必设厂施粥赈济灾民，在当地赢得了良好的口碑。相比那些穷奢极欲、仗势欺人的藩王，朱祐杬遵纪守法，乐善好施，无疑是藩王的楷模。

兴王在安陆生活了26年，和王妃蒋氏生了四个孩子，朱厚熜生于正德二年（1507年）八月初十，是四子中最小的一个，也是唯一存活的一个。兴王夫妇对朱厚熜的重视和溺爱可想而知。朱厚熜长到5岁，父亲就开始教他读书写字，幼年的朱厚熜十分聪明，父亲"口授以诗，不数过辄成诵"。年龄稍长，朱祐杬更亲自为他讲解《孝经》，使他"通《孝经》大意"，后来嘉靖为父母的封号问题不惜与群臣翻脸，杀死18人，与幼年在安陆的孝道教育是分不开的。

正德十四年（1519年），兴王薨，享年44岁，葬于钟祥市东北的松林山（嘉靖十年敕封为纯德山）。朝廷谥号为"献"，故后人称之兴献王。此时朱厚熜年仅12岁，孤儿寡母孤独无助的凄凉心境可想而知。幼年丧父自然是人生的大不幸，但两年之后，幸运之神偏偏降在这位14岁的安陆少年身上。他的堂哥，中国最不守礼法的荒淫皇帝，明朝有名的无道昏君明武宗朱厚照崩于豹房，终年仅30岁。武宗荒淫一生却无子嗣，他的去世，留下了最高权力的真空。首辅杨廷和皇太后张氏根据传统宗法制度和《皇明祖训》中"兄终弟及"的原则，决定立宪宗之孙，孝宗之侄，武宗堂弟朱厚熜为皇帝。就这样，这位14岁的安陆少年幸运地成为中国的最高统治者。

武宗朱厚照荒淫暴戾，怪诞无耻，是少见的无道昏君，他统治时期朝中宦官干政，政治腐朽，地方土地兼并十分严重，贪污腐败之风横行。随着朝政的日益腐败，藩王叛乱，倭寇入侵，一朝撒手人寰，留给堂弟的是个千疮百孔的烂摊子。好在当时朝廷首辅杨廷和是一位精明干练的政治家，他设计剪除宦官势力，使一度紧张的局势迅速稳定；为新皇帝举行登基仪式，颁布《即位诏书》，这份长达 80 条的政治纲领将武宗朝的弊政悉皆厘清，给新皇即位带来了焕然一新的气象。

　　然而嘉靖初年的政治改革只是昙花一现。嘉靖即位不久，就因为兴献王的尊号问题而引起一场旷日持久的政治斗争——"大礼议"。朱厚熜即位刚 6 日，下令群臣议定武宗的谥号及生父的主祀及封号。以内阁首辅杨廷和为首的朝中大臣援引汉朝定陶王（汉哀帝）和宋朝濮王（宋英宗）先例，认为世宗既然是由小宗入继大宗，就应该尊奉正统，要以明孝宗为"皇考"，兴献王改称"皇叔考兴献大王"，母妃蒋氏为"皇叔母兴国太妃"，祭祀时对其亲生父母自称"侄皇帝"。另以益王次子崇仁王朱厚炫为兴献王之嗣，主奉兴王之祀。五月初七，礼部尚书毛澄和文武群臣 60 余人将此议上奏皇帝，并声称朝臣中"有异议者即奸邪，当斩"①。世宗十分不悦，质问礼部："父母可移易乎?"下令再议。于是朝臣一百九十余人次先后抗旨上疏，支持杨廷和的主张。

　　正当皇帝孤立无援之际，从官僚集团下层冒出几个支持者来。他们的领袖是观政进士张璁和南京刑部主事桂萼。张璁上《大礼疏》，首树异帜，提出，"继统"与"继嗣"不同，"子无自绝父母之义。故在皇上谓继统武宗而得尊崇其亲则可，谓嗣孝宗以自绝其亲则不可"，不能"强夺此父子之亲，而建彼父子之号"，"母以子贵，尊与父同，则兴献王不失其为父，圣母不失其为母"②。就是说，世宗只继武宗皇位，而不继孝宗宗嗣，而且要加尊父母封号。

　　世宗见此疏如获至宝，高兴地说："此论一出，吾父子获全矣。"③

---

　　① 章培恒、喻遂生分史主编：《二十四史全译·明史》（第 6 册），汉语大词典出版社 2004 年版，第 3767 页。
　　② 张璁：《张璁集》，张宪文校注，上海社会科学院出版社 2003 年版，第 20 页。
　　③ 章培恒、喻遂生分史主编：《二十四史全译·明史》（第 6 册），汉语大词典出版社 2004 年版，第 3884 页。

随即降下手敕，令尊其父为"兴献皇帝"，母为"兴献皇后"，祖母（宪宗宸妃邵氏）为皇太后。杨廷和毫不示弱，说了句"不敢阿谀顺旨"，便把手敕封还驳回。世宗以"避位归藩"相要挟，群臣惶惧，杨廷和不得不作出让步。世宗决定"追尊本生父兴献王为兴献帝"，"本生母兴献王妃为兴献后"；称孝宗为"皇考"，慈寿皇太后为"圣母"。兴献王及妃的封号虽然提高为"帝""后"，但无"皇"字，还不是"皇帝""皇后"。虽然得以称父母，但在其前却冠以"本生"二字，还需称孝宗为"皇考"，仍是死去之父。因此御札屡下，必欲加"皇"，去"本生"，改称孝宗为"皇伯考"，父亲为"皇考"而后已。

礼议之争日趋激烈。南北两京250余名官员上了80余道奏章，攻击张璁、桂萼，抵制皇帝谕旨。张、桂一派人数虽少，但有皇帝作后台，因此冲锋陷阵，锐不可当。嘉靖帝不仅坚持己见，而且开始斋醮修仙，滥派织造，杨廷和见"中兴"无望，于嘉靖三年（1524年）二月疏请归乡。嘉靖帝早已嫌这位顾命元老碍手碍脚，遂顺水推舟，准其致仕。杨廷和离朝是大礼议的一个转折点。多数派失去领袖，逐渐失去优势。嘉靖帝以议礼态度为标准，顺旨者昌，逆旨者亡。继杨廷和之后，大学士蒋冕、毛纪，礼部尚书汪俊，吏部尚书乔宇等先后罢官。而擢升张璁、桂萼为翰林学士，方献夫为侍讲学士，充身边顾问；席书为礼部尚书，主持议礼。又亲下手敕，追尊其父为"本生皇考恭穆献皇帝"，其母"本生母章圣皇太后"，实现了加"皇"，称"皇考"的愿望。但是"本生"二字犹在，在"本生皇考"之外还有一位"孝宗皇考"，这样便形成了"两考"并存、"两父"并尊的滑稽局面，礼议仍不能结束。

朝廷两派宗法理论之争迅速上升到党派政治之争。张、桂少数派攻击杨廷和及其拥护者为"奸权""朋党""不道"。他们还积极谋求勋戚贵族的支持和保护，昌国公张鹤龄、武定侯郭勋等都是他们的有力"内助"。杨廷和多数派也攻击张、桂派是"奸邪小人""曲学阿世",甚至策划待机将其"毙之于庭"。一场严重的冲突酝酿成熟。嘉靖三年(1524年)七月,嘉靖帝命令礼部照旨立即更改尊号,朝臣抗争,群情激昂。吏部侍郎何梦春、修撰杨慎(杨廷和之子)等号召百官伏阙请愿。于是群臣220余人跪伏左顺门,高呼:"高皇帝""孝宗皇帝"!并且一齐哭号,声震阙廷。嘉靖帝决心粉碎臣下的对抗行为,命令锦衣卫将参加者的姓名全部登记在册,先将为首者8名逮捕入狱,接着又将134名五品以下官员逮捕入狱,其他待罪遣散。几天之后,对参加这一事件者作了判处:为首者戍边;四品以上者夺俸;五品以下180余人廷杖。其中编修王相等17人惨死在廷杖之下。礼议反对派跪哭左顺门的悲壮之举,被一顿重棍打得烟消云散。在一片恐怖的政治气氛中,嘉靖帝宣布:去掉"本生"二字,改称孝宗为皇伯考,慈寿皇太后为皇伯母;恭穆献皇帝为皇考,章圣皇太后为圣母。兴献王成功称宗附庙,嘉靖帝如愿以偿。皇权的淫威战胜了封建礼教的坚守,小皇帝胜利了。

　　三年的大礼议,最后以群臣血溅左顺门悲剧结束,现代史家常常把大礼议之争描述成皇帝与内阁的权力之争。诚然,小皇帝由议礼的过程学会了如何行使皇权的无上威严,促成了朱厚熜独断专行、刚愎自用的政治作风。但这一切并非蓄谋已久。议礼开始的时候,朱厚熜只是一个毫无政治经验的14岁的少年,从未接受过政治训练,更未曾与内阁产生政治分歧。世宗在赴京途中每一思母"辄垂泣",故即位三日就派人赴藩迎母,其母进京因礼节受阻城外,世宗乃涕泣欲奉母归藩。世宗完全是出于对父母的真挚感情,对孝道的至诚信仰而做出了许多让今天的我们感到匪夷所思的举动。大礼议的实质,无非是宗法制度和孝道的冲突,杨廷和一派从维护传统宗法制度和朱明皇统出发,强调嘉靖皇位合法性的来源;张璁则以孝道为武器,抓住"孝为忠之本"的儒学这一基本观点支持礼议。后者迎合了朱厚熜为父母争地位的急切心理，最终借助至高无上的皇权以高压手段取得了胜利。值得注意的是，朱厚熜的家乡人一直是他坚定的支持者。礼议之初，嘉靖支持者寥寥，继张璁之后第二个站出来支持的是枣阳王朱祐楒，第三个才是桂萼。最早 13 位礼议支持者中有两位藩王，除朱祐楒以外，另一位是同在汉水流域的楚王朱荣㳦。湖广总督席书也曾草拟奏疏，赞成张璁的意见，称兴献帝宜定号"皇考兴献帝"。这在当时的地方督抚中是绝无仅有的。孝道至上的独特地域文化塑造了朱厚熜的道德信仰，也造成了这场旷日持久的"大礼议"之争。嘉靖皇帝不是一个称职的好皇帝，但确实是个孝子。

二、嘉靖崇道述略

明朝统治者对道教多采取尊崇的态度。开国皇帝朱元璋崇佛，但并不反对道教。他的儿子朱棣却与太祖大异其趣，变得极为崇道。成祖从北京起兵，靖难之役夺得皇位，因此特别尊崇北方的守护神真武大帝。他在位时期大兴土木建设武当，使武当山建筑群至今仍是世界最大最壮丽的道教建筑群。善男信女纷至沓来，汉水中游的武当山一跃成为全国道教中心。他在北京建有天坛，关帝庙，甚至在宫内建道观，亲自斋醮拜祭。明成祖崇奉道教成了后世皇帝的"榜样"。明代中期的几个皇帝基本上都崇奉道教，只是程度不同而已。而嘉靖皇帝对道教的痴迷达到登峰造极的地步，是明代甚至中国历史上空前绝后的道教皇帝。世宗的崇道主要表现在以下几个方面。

（一）宠信道士，频建斋醮

嘉靖皇帝对道士的恩宠到了无以复加的地步，他执政时期，有两位道士官至礼部尚书。一位是邵元节，龙虎山上清宫达观院正一道士。嘉靖三年（1524 年）征入京，以"立教主静"之说得世宗嘉纳，令拜雨雪，有验。嘉靖五年（1526 年）封为"致一真人"，统辖京师朝天、显灵、灵济三宫，总领道教。嘉靖十五年（1536 年），封"清微妙济守静修真凝元衍范志默秉诚致一真人"，赐玉带冠服，又以其祷祀皇太子生有功，拜为礼部尚书，赐一品文官服。邵元节八旬而终，葬以伯爵之礼，谥"文康荣靖"。

另一位是受邵元节举荐的陶仲文，湖北黄冈人，曾为黄梅小吏，喜好神仙方术。嘉靖中为辽东库大使，任满回乡途中在北京拜访老友邵元节，遂被举荐给嘉靖皇帝。据说陶仲文降服了皇宫里的妖气，还治好了皇子的水痘，得到了皇帝的信任。嘉靖十九年（1540 年），为世宗祷病有功，进封礼部尚书，特授少保，食正一品俸禄。嘉靖二十三年（1544 年），刘玘在边境擒获叛降蒙古的王三，嘉靖帝亦归功于陶仲文，并加授少师，仍兼少傅、少保，史评"一人兼领三孤，终明世，惟仲文而已"。好在"仲文得宠二十年，位极人臣，然小心慎密，不敢恣肆"①，因此没有造成太大危害。

嘉靖皇帝享尽荣华富贵，自然想长生不老。可他又偏偏体弱多病，不免时时感到死亡的威胁。因此在宫中广建斋醮以求长生。自明世宗于嘉靖二年（1523 年）用太监崔文言，建醮宫中，日夜不绝；晚年对斋醮的迷信日甚一日，最后干脆"经年不视朝"，"专司祷祀"，搞得整个后宫大殿烟雾缭绕，道乐喧天，犹如道家宫观一般。

---

① 章培恒、喻遂生分史主编：《二十四史全译·明史》（第 10 册），汉语大词典出版社 2004 年版，第 6335–6336 页。

（二）迷恋丹药，摧残宫女，最终引发"壬寅宫变"

朱厚熜为求长生不老药，命方士炼丹。他相信灵芝可以延年，派人到处采集，耗费财力，惊扰人民，更为荒唐的是竟然相信用处女的月经炼丹可保长生不老，因此大量征召十三四岁宫女，并命方士利用她们的经血来炼制丹药。宫女备受摧残，实在忍受不了，决定杀死嘉靖皇帝。嘉靖壬寅年（1542 年）10 月 21 日深夜，不堪忍受嘉靖皇帝折磨的宫女们，合谋要把这个残暴的皇帝勒死。嘉靖皇帝正在乾清宫西暖阁熟睡，宫女杨金英领着十几个年轻柔弱的宫女，溜进了皇帝的寝室。她们有的蒙面，有的按腿，有的拉胳膊，另几个把绳子套在嘉靖皇帝的脖子上使劲勒。由于一时慌乱，绳子结成死扣，无法勒紧，嘉靖皇帝被勒得气绝，但没有死。一个叫张金莲的宫女见事态不妙，为顾全自己性命，急匆匆到皇后处报信，想以此得到宽恕。皇后立即带人救下了气息奄奄的嘉靖帝。嘉靖皇帝大难不死，宫女们全部被捕，几天后连同两位后妃全部凌迟处死。这就是明朝历史上著名的"壬寅宫变"。朱厚熜经受这次沉重打击后并无丝毫忏悔之意，相反，更变本加厉，干脆移居西内，专司祷祀，二十多年不上朝。长期服用含有大量毒素的丹药，嘉靖皇帝不仅没能长生不老，反而身体越来越差。无论是道士们的斋醮，还是甘露、丹药、房中术，都没能"强健"他那本就孱弱的身体。过度的纵欲与滥服所谓"丹药"，最终只能加速他的生命衰亡。嘉靖四十四年（1565 年），朱厚熜重病不起，次年十月去世，结束了他寻神弄仙、希望长生不老的一生。

（三）爱好青词，加封道号

青词又称绿章，是道教举行斋醮时献给上天的奏章祝文。一般为骈俪体，因为是用朱笔写在青藤纸上，所以称为青词。这种道教祈祷之章产生于唐代，在宋代已很流行，由于只要求形式工整和文字华丽而无实在内容，在正统的儒家学者看来是不登大雅之堂的。然而世宗"日夜斋醮"，"青词"就成了廷臣们阿谀奉承、投机钻营的敲门砖。据《明史·宰辅年表》统计显示，嘉靖十七年（1538 年）后，内阁 14 个辅臣中，有 9 人是通过撰写青词起家的，夏言、严嵩、徐阶等人便是大名鼎鼎的"青词宰相"。到嘉靖中年以后，世宗专事焚修，内阁辅臣、朝廷九卿、翰林院的学士们率皆供奉青词，为皇帝撰写玄文，"工者立超擢，卒至入阁"。嘉靖帝移居西内后，在西苑设置了直庐，钦定几名侍从大臣在无逸殿值班，晚上就睡在直庐内，不得随意回家，以备皇帝要撰写青词时随叫随到。世宗崇道最甚的时候，连朝政大事也由乩仙来决定。世宗还仿效宋徽宗故事，自我标榜，并自我神化，为自己和父母加封道号，其父为"三天金阙无上玉堂都仙法主玄元道德哲慧圣尊开真仁化大帝"，母为"三天金阙无上玉堂总仙法主玄元道德哲慧圣母天后掌仙妙化元君"，自号"灵霄上清统雷元阳妙一飞玄真君"，后加号"九天弘教普济生灵掌阴阳功过大道思仁紫极仙翁一阳真人元虚玄应开化伏魔忠孝帝君"，再加号"太上大罗天仙紫极长生圣智昭灵统元证应玉虚总掌五雷大真人玄都境万寿帝君"。在嘉靖皇帝心目中，道教尊号要比皇帝称号神圣得多，后世史家评他为"道君皇帝"，倘若世宗泉下有知，定不以为耻，反以为荣。

（四）大建宫观，兴道抑佛

嘉靖帝大建宫观，耗费巨大。嘉靖二十一年（1542年）他采纳陶仲文等道士的建议，在泰享殿、大高玄殿尚未竣工时，又开始兴建"祐国康民雷殿"，工程庞大。时任工部员外郎的刘魁冒死谏劝却被下狱。对家乡附近的武当山，他更是不惜巨资，完成了明朝历史上最大规模的修葺和扩建。明成祖建武当山宫观已极尽奢华，紫霄宫房间总数达160间，嘉靖帝还嫌不够，扩大至800间。嘉靖帝营建宫观名目繁多，耗费惊人，难以缕述。在崇道的同时，明世宗打击佛教，"凡属释氏必尽废为快。如大慈恩寺先朝最盛梵刹，宪孝武历朝法王、国师居停者万人"，嘉靖初完全革去驱逐，二十二年，"遂命毁之，寸椽片瓦不存"①。嘉靖年间，世宗下令拆毁孝宗敕建皇姑寺，毁禁寺中金银佛像169座，焚佛牙、佛骨13000千余斤；又禁京师参禅礼佛集会。嘉靖四十五年（1566年）秋，"严禁僧尼至戒坛说法。仍令'厂卫巡城御史通查京城内外僧寺，有仍以受戒寄寓者，收捕下狱。四方游僧悉听所在有司递回籍当差。'"② 这一禁令一直执行到明末，对佛教的发展影响甚大。

朱厚熜迷信道教，一心斋醮，造成了十分严重的后果，在他的工作日程里，斋醮是头等大事，军国大事退居其次。斋醮期间，兵部有紧急军务也不敢及时上奏。"壬寅宫变"以后，世宗移居西苑，二十多年不上朝，几乎与群臣完全隔绝，只与少数入值大臣和道士得以相见，最高层的权力真空，加速了朝政的腐败；大建宫观以及频繁的斋醮活动，耗费之巨，难以缕述。《万历野获编》卷二"嘉靖青词"条云："每一举

---

① 沈德符：《万历野获编》（上册），文化艺术出版社1998年版，第5页。
② 《明世宗实录》卷562，嘉靖四十五年九月乙酉。

醮，无论他费，即赤金亦至数千两。"① 原因是嘉靖斋醮活动极尽奢靡，用黄金泥撰写青词，每斋醮一次，"屑金为泥，凡数十碗"。这一切造成了空前严重的财政危机。朝臣们对嘉靖的斋醮崇道活动只能迎合奉承，绝不能提出反对意见，否则轻则贬谪流放，重则廷杖杀戮。太仆卿杨最以谏世宗求仙之荒谬，竟被廷杖致死。此后"廷臣震慑，大臣争诏媚取容，神仙祷祀日亟"②。倒是一群卑鄙无耻，擅长阿谀奉承的奸佞之徒如严嵩、胡宗宪等凭借青词呈送、祥瑞上报加官晋爵，权倾天下。这不仅使得朝纲败坏，政治腐败，而且对明朝乃至中国的世风都是沉重的打击。可是无论嘉靖如何残忍杀戮，仍有仗义执言的英雄。名臣海瑞就是其中的典型。嘉靖四十五年（1566 年）二月，海瑞买棺材，别妻子，散童仆，以死上疏，批评嘉靖"二十余年不视朝，纲纪驰矣；数行推广事例，名爵滥矣"。还说："嘉靖者，言家家皆净而无财用也。"③ 皇帝大怒，将海瑞下狱论死。幸好嘉靖不久就一命呜呼，海瑞才捡回了一条命。

嘉靖皇帝崇道时间之长、程度之剧，影响之恶劣，可谓空前绝后。有人认为，世宗"好道不好佛，盖天性也"，这种说法有失偏颇。众所周知，儿童时期受到的影响能够凝结为人的行为方式，并能在很大程度上解释成年人的活动。嘉靖尊道教、敬鬼神，与从小生长的环境关系密切。明朝皇室素有崇道传统，他的父亲朱祐杬就是一位非常虔诚的道教徒，朱祐杬自号大明兴国纯一道人，经常在王府进行斋醮活动，还曾将书堂设为奉道之所。甚至相传嘉靖出生也有异象，兴王认定世子的出生是神仙所赐。斋醮祷告的耳濡目染，自身身世的离奇传说，少年丧父却

---

① 沈德符：《万历野获编》（上册），文化艺术出版社 1998 年版，第 62 页。

② 章培恒、喻遂生分史主编：《二十四史全译·明史》（第 10 册），汉语大词典出版社 2004 年版，第 6333 页。

③ 海瑞：《海瑞集》（上册），李锦全、陈宪猷点校，海南出版社 2003 年版，第 116 页。

又突然由普通藩王成为九五之尊，人生的大悲大喜使嘉靖皇帝越来越相信自己经历的一切冥冥之中有上天的安排。而生他养他的汉水流域本就是巫术和道教的源头，这里风行巫祭活动，不仅祭祀的名目繁多，对象也相当广泛，楚人"信巫不信医"，自古就有尊巫术、敬鬼神的传统。明成祖动用朝廷力量投入巨资大修武当山，正式敕封武当山为"大岳太和山"，使武当山一跃成为"亘古无双胜境，天下第一仙山"，信道之徒纷至沓来如过江之鲫。每到春天二三月间，都有中原地带、江汉平原甚至江南一带的百姓成群结队，浩浩荡荡朝武当山进香。安陆地处交通要道，是江南香客朝拜武当的必经之路，对幼年朱厚熜的影响不言而喻。明世宗在《御制重修大岳太和山玄殿纪成之碑》中解释了他与武当道教的渊源，"朕皇考封藩郢邸，实当太和灵脉蜿蜒之胜，岁时崇祀惟谨"①。也就是说，其父封藩安陆崇祀真武神，久沐武当灵脉风水，他能够"以臣绍君，以弟承兄"继为大统，是崇祀真武得到真武保佑的结果。嘉靖认为国家安定也是真武保佑的结果："肆朕入承大统以来，仰荷垂佑，游赐庥祥。"② 也正是这个原因，他设置承天府，大修武当山。由于皇帝崇道，在下层便形成崇道的社会风气，一时间使道教呈现超过佛教的强劲势头。这也大大地促进了武当道教香会和朝香风俗的延续和发展。

值得一提的是，朱厚熜虽对斋醮、炼丹十分狂热，却不是一个合格的道教信徒，他对道教的理解仅仅停留在灵验与否的功利层面，从未深入钻研道教义理。他对朝中大臣稍不如意就廷杖施威，对道士也是灵则重赏不灵严惩，入宫的道士是飞黄腾达还是身首异处全看运气，就连他的三位皇后也因他的喜怒无常先后死于非命。可见这个刚愎自用、薄情寡义的昏君从未认真修身养性，他对道教"慈爱度人""天道承负"的

---

① 杨立志点校：《明代武当山志二种》，湖北人民出版社 1999 年版，第 281 页。
② 杨立志点校：《明代武当山志二种》，湖北人民出版社 1999 年版，第 281 页。

基本精神缺乏最起码的领悟。世宗崇尚道教基本属于个人嗜好，对于道教发展影响不大。虽然他本人是个狂热的蹩脚道徒，但对道教依然奉行明朝一代的限制政策。他曾谕礼部尚书方献夫曰："僧道盛者王道之衰也，所言良是。今天下僧道无度牒者，其令有司尽为查革，自今永不许开度，及私创寺观庵院，犯者罪无赦。"① 所以终明一代，虽崇道皇帝甚多，但道教教义教理始终没有突破性的发展，只是更加世俗化、民间化了。

三、嘉靖皇帝故乡情结

嘉靖皇帝在安陆生活了 14 年，对生之养之的故土自然怀有一份特殊的感情。嘉靖十年（1531 年）八月，湖广归州南逻口巡检徐震请于安陆州建立京师。嘉靖皇帝将奏折交礼部议处，礼部认为在安陆建京师于典礼无据，况且太祖朱元璋发迹于濠州，也只是改州为府，安陆之事与此正相同，应该把安陆由州升为府。既然太祖都是如此，嘉靖皇帝也不好再说什么。于是"乃定府名曰承天，附郭县曰钟祥，割荆州之荆门州当阳、潜江二县及沔阳州景陵县隶之"②。就这样，安陆由于出了个嘉靖皇帝，地位大大提升，变成了承天府，位列明朝三大府之一，取得与北京顺天府、南京应天府相同的地位。嘉靖皇帝还把家乡安陆单独置县，取"钟聚祥瑞"之意，赐名"钟祥"，归承天府管辖，基本奠定了今日的行政区划。

钟祥不仅是嘉靖皇帝魂牵梦绕的家乡，也是他父亲的坟茔所在。世宗事亲至孝，几次准备把父亲的灵柩迁往北方，终因群臣谏阻而作罢。

---

① 余继登：《典故纪闻》（第 4 册），商务印书馆 1936 年版，第 280 页。
②《明世宗实录》卷 129，嘉靖十八年八月辛丑。

　　嘉靖十七年（1538 年），嘉靖皇帝生平最爱的母亲蒋氏去世了。在如何安葬母亲这一问题上嘉靖皇帝长时间犹豫不决：究竟是把显陵北迁还是把母亲的梓宫南葬显陵呢？他多次召集群臣商议，可是群臣的意见也不统一，反使事情更加复杂。嘉靖皇帝日思夜想，最后命令锦衣卫指挥赵俊星夜驰赴显陵视察再做决定。赵俊北归后奏报说发现地宫有水，这引起了嘉靖帝的担忧，于是他决定南巡承天，亲自去显陵看个究竟。

　　经过 25 天的长途跋涉，嘉靖十八年（1539 年）三月丁丑，朱厚熜终于回到了阔别 18 年的故乡。看到淳朴的家乡人民，听着悦耳的乡音，看着修葺一新的兴王府旧邸，旅途的劳累顿时跑到了九霄云外。久别故土的游子按捺不住内心的激动，当即赋七言律诗《麦浪》一首：

> 故国瞻依纯德山，礼制亲裁肃驾还。
> 途边遮马禾苗长，道畔拂舆麦穗斑。
> 迎风激叠苍云合，向日明堆翠雾间。
> 成实愿饱吾民腹，须得灵膏自帝颁。[①]

　　回承天府的第二天，嘉靖皇帝登上了他少年时常去的松林山，由于长眠此山的兴献王被追封为皇帝，山名也变成了纯德山。这里四面环山，林木葱郁，山势起伏宛若巨龙奔腾，显陵的黄屋丹瓦，掩映在松柏之间若隐若现。此虎踞龙盘之势，实为难得的风水佳壤。嘉靖皇帝更加相信这里是天造地设的风水宝地，不逊于任何一处皇陵。自己能从藩王跃居九五，可能正是这风水宝地的庇护。大臣常言"陵气不可泄"，看来所言不虚。凝望着父亲长眠的风水宝地，朱厚熜诗兴大发，遂作了一

---

　　① 王开洋、卢克之：《钟祥名胜诗词鉴赏与评析》，武汉工业大学出版社 1997 年版，第311 页。

《初谒纯德山喜而自得》：

> 南幸湖襄地，陵寝切衷肠。
> 周视亲园内，回旋四五冈。
> 茂茂铺茵厚，森森列障长。
> 龙高生意广，虎伏世传昌。
> 抱环罗玉砌，缭绕布金墙。
> 黝冥土色壮，允矣称玄乡。
> 拨窣戒夷险，平坦免蹉防。
> 镇静资山祇，尊安奉先皇。
> 自是神灵悦，屡致朕心量。
> 为此自得吟，庶几永不忘。①

众多随从纷纷称赞，纯德山上一片欢声笑语。朱厚熜终于下定决心，将父母合葬于显陵。第六日，嘉靖皇帝去显陵祭告睿宗献皇帝。面对阔别 18 年的故园草木，想起英年早逝的父亲，嘉靖皇帝悲从中来，又作了一首《再谒显陵》，歌曰："祇有思亲独苦心，几番血泪洒黄袍。"孝子拳拳思亲之痛，惹得群臣无不动容。

第八日，嘉靖皇帝召见故乡的父老乡亲共叙乡情，并赐予酒食。他再次表示自己要以孝治天下，希望家乡父老子侄做天下的楷模。"尔辈我故里人，我与尔言：我二亲分封此地，积德累仁，爱生我身，承受大位。今日我为亲来此，尔辈有昔年故老，有与我同时者，得一相见。但只是我无大德行，我父母俱已仙去，我情甚苦，尔辈知否？我今事完回

---

① 王开洋、卢克之：《钟祥名胜诗词鉴赏与评析》，武汉工业大学出版社 1997 年版，第308 页。

京，说与尔几句言语：尔各要为子尽孝，为父教子，长者抚幼，幼者敬长，勤生理、作好人，依我此言，我亦不能深文，以此喻尔，欲彼不知文理者易省也，尔等其记之。"① 这番宣谕情真意切、言简意赅，充分表达了他对故乡父老的桑梓深情。同日还颁布诏书，免去承天府 3 年的赋税。南幸途中多有打扰，特减免湖广第二年田租五分之二，直隶、河南第二年田租三分之一，以示体恤。

经过这趟故国之旅，嘉靖皇帝彻底打消了迁徙显陵的念头，决心将母亲的灵柩运往钟祥与父亲合葬。这便有了今天钟祥的显陵。其实今日的显陵是从正德十四年（1519 年）至嘉靖四十五（1566 年），历时 47 年花费 46 万两白银扩建而成的。正德十四年（1519 年）朱祐杬病逝的时候只是亲王，故选定松林山按亲王规制修建陵寝。随着大礼议的发展，兴献王被追封为皇帝，嘉靖二年（1523 年），王坟原覆黑瓦换为黄琉璃瓦，并修筑神路桥等；嘉靖三年，王坟更名为显陵。嘉靖六年（1527 年），"命修显陵如天寿山七陵之制"，修葺宝城、宝顶并重建享殿，增建方城明楼、睿功圣德碑楼、大红门，并在棂星门前的神路两侧建置瞭望柱和 12 对石像生等，开始大规模的改建。这次重建一直持续到嘉靖四十五年（1566 年），已近迟暮的朱厚熜正式更碑题曰："大明睿宗献皇帝之陵"，显陵工程才宣告完成。

如今的明显陵坐落在湖北省钟祥市东北的纯德山（松林山）山坳中，整个陵园双城封建，红墙黄瓦，蜿蜒于山峦起伏之中，坐北朝南。显陵规划占地 183 公顷，其中陵寝部分占地 52 公顷，在这广阔的区域内，所有的山体、水系、林木植被都作为陵寝的构成要素来统一布局和安排。陵区后部的自然山丘为祖山，作为陵寝的依托，两侧的山体作为环护，中间台地安排建筑、九曲河蜿蜒其间，前面山丘为屏山，构成前

---

① 《明世宗实录》卷 222，嘉靖十八年三月戊子。

朱雀、后玄武、左青龙、右白虎的风水格局，体现了"陵制与山水相称"的原则。建筑物从南至北依次为：松林山碑亭、敕谕碑亭、下马牌、新红门、外明塘、九曲御洞、旧红门、睿功圣德碑楼、华表、石像生群、棂星门、龙形神道、内明塘、棱思门、东西配殿、棱思殿、陵寝门、二柱门、石五供、方城明楼、前宝城、瑶台、后宝城。明显陵布局齐整，气势恢宏，在平面布局上继承了中国古典皇家陵墓的美学意蕴，九曲御河上并列建造五座桥梁隐寓"九五之尊"之意，显示出帝王无上权威和王者气派。由于明世宗崇信道教，"道法自然"的精神也被融入显陵的建筑规制中。道教追求天人合一的自然境界，因此显陵特别注重建筑和自然山水的协调相称，多利用自然山体，靠山而建，使建筑与自然环境融为一体；明楼是整个陵区的制高点，登高可俯瞰全陵景色，湖光山色尽收眼底。根据传统的"天圆地方道在中央"，方城平面呈正方形，隐喻为地，宝城为圆形，象征着天，死者位在其中，形成一个"上接之天，下验之地，中审之人"天地人相通、相感的构成模式。各建筑掩映于山环水抱之中，相互映衬形成了人文景观与自然景观和谐统一的美，实为建筑艺术与环境美学相结合的天才杰作。1988 年明显陵被国务院公布为全国重点文物保护单位，2000 年明显陵以其优美的环境风貌、宏大的建筑规模、独特的陵寝结构、传奇的历史背景列入"世界遗产名录"，成为全人类共同的文化遗产。

朱厚熜继皇位后，还曾大规模修建兴王宫旧邸，仿照武当道观的建筑风格敕建元佑宫。"元佑"者，取玄元天佑之意，以示纪念。这两座建筑也曾穷极壮丽，光彩夺目。只可惜历经战火，早已没当年风采。如今的兴王宫位于钟祥市王府大道南端东侧，只留有嘉靖皇帝出生的后宫凤翔宫一座旧时王宫内院，时时传出书声琅琅。元佑宫在明末李自成起义中损毁大半，留下些许断壁残垣，经过多次维修，如今已成为钟祥博物馆馆址，收藏六千多件文物，展示着钟祥悠久的历史和灿烂的文化，诉说着曾经的辉煌。

四、明代皇权之争中的"蟠龙菜"传说

朱厚熜一生的传奇经历引起家乡人民无尽的遐想，以至于钟祥的民间文化处处留下了这位传奇天子的神秘痕迹。这其中最引人注目的当属钟祥特产"蟠龙菜"了。蟠龙菜色美味鲜，油而不腻。关于它的由来，在当地始终流传着一个与嘉靖有关的传说。

相传明武宗死时，因自己无子，便留下遗诏："不管哪个亲王世子，先进京者为君，后进京者为臣。"当时住在钟祥的兴献王世子朱厚熜离京城最远，可他又非常想当皇帝，为掩人耳目，朱厚熜决定乔装成钦犯进京，一定要神不知鬼不觉地抢到诸王前头。

可是朱厚熜自幼长在养尊处优的王府里，吃的是山珍海味，要扮作钦犯，只能吃粗茶淡饭，他咽不下去怎么办？于是他下令，限全城的厨子连夜做出一种吃肉不见肉的食品，否则就要统统砍头。

这一来可急坏了满城的厨子。有一位厨子一夜未睡，老伴给送两个红薯充饥，他顿时眼前一亮，有办法了：把肉剔骨，去皮剁碎，挤去血水，再用染了红色的蛋皮裹起来蒸熟，用手拿着吃，不就和红薯一样？他连夜做了几只，果然美味无穷，送去给朱厚熜品尝，朱厚熜夸赞不已。于是他装成钦犯，一路上就吃这种用肉做的"红薯"，抢先进京当了皇帝。

谁知嘉靖皇帝吃这种"红薯"吃上了瘾，要把它定为宫廷"皇家菜"。可是皇帝怎么能啃红薯呢？嘉靖就把这种"红薯"改名为"蟠龙菜"，并切成片，如龙形盘在碟子里用筷子夹着吃，再也不用拿在手上啃了。

　　以上传说与史实大相径庭，肯定是后人附会。俗话说"好酒也怕巷子深"，也许是后人为了打开蟠龙菜的市场，故意抬出这位大名鼎鼎的老乡以获取广告效应。蟠龙菜发明的确切时间如今已很难考证，但其色美味鲜、香嫩可口却是名不虚传。如今这道宫廷菜以其鲜美的味道、极高的营养价值受到越来越多的欢迎，这也算是朱厚熜对家乡人民的一点无心插柳的贡献吧。

　　朱厚熜少年时代深受汉水文化的熏染，因奉行孝道而掀起"大礼议"，因笃信道教而沉湎斋醮、炼丹，为人行政无处不反映汉水文化的特征。他一生刚愎自用，固执己见，致命的性格缺陷决定他不能成为一位称职的皇帝，但谁也不能否认他是一个孝子，也是一个为家乡做出巨大贡献的钟祥老乡！

第二节　千古宰相之杰张居正

　　张居正是我国历史上一位叱咤风云的人物。他虽出身寒微，但经过自身努力和官场历练，最终成为力挽狂澜的救世宰相，名噪一时。明代大思想家李贽称他为"宰相之杰"，清人称"明只一帝，太祖高皇帝是也；明只一相，张居正是也。"[①] 梁启超先生也认为"明代有种种特点，政治家只有一张居正"（《中国历史研究法补编》）。无论是同时代的人，还是清代的人，抑或是现代的人，都给予张居正极高的评价，其历史地位可见一斑。生前的无限荣耀和死后的悲剧结局，使他成为当时历史上

---

　　① 刘献廷《广阳杂记》引蔡瞻岷语。

的一大焦点。他的人生无疑是波澜壮阔的。

一、不计毁誉荣誉的人生抉择

（一）少年神童，蜚声乡里

张居正，字叔大，号太岳。嘉靖四年（1525年）生于湖北江陵，故时人又称其张江陵。张居正出身于军户之家，祖上虽然曾为千户长，但是张居正出生时，江陵张家的处境已经十分寒微了。在"学而优则仕"的时代里，只有通过走科举道路才能一步登天，改换门庭。张居正的叔祖父张钺、父亲张文明，都是苦读半生，但最终都只是个落第秀才。因此，家中长辈，都把希望寄托在张居正身上。张居正原名是叫张白圭，此名与他的出生有关。关于张居正的出生，有种种不凡传说。其一则说："生之夕，曾大父东湖公梦有大水骤至，流溢庭下。大父大惊，问奴属所从来，奴属口对状，言水自张少保纯地中流出者。是夜，会怀葛公亦梦有月坠水瓮中，流光发色，化为白龟，浮水上曳。有顷，太师生……"①

今天看来，这可能是穿凿附会之说，但也在一定程度上反映了张家望子成龙的心态。因此故，给他取名张白圭，就是张居正的本名。张居正12岁投考秀才时，知府李士翱见到他，对他非常器重，并说："白圭，不足名之，子他日当为帝者师"②，遂更其名为张居正。

张居正在年少时被乡里誉为"神童"。据说两岁时已识得"王曰"

---

① 张居正：《张太岳集》（下册），张嗣修、张懋修等编撰，中国书店2019年版，第373页。

② 张居正：《张太岳集》（下册），张嗣修、张懋修等编撰，中国书店2019年版，第374页。

二字。张居正 5 岁入学，10 岁就已熟读经书，在当地小有名气。难能可贵的是，张居正不仅阅读广泛，而且善于思考，能洞悉大义。13 岁时，张居正参加乡试，由于才华横溢，得到主考官湖广巡抚顾璘的极大赏识。初见张居正，顾璘就呼他为小友，并断言他日后必定能身佩玉带（明代礼制，玉带是一品大员才能拥有的饰物），成为将相之才。就在大家都认为张居正毫无疑问会中举之时，结果令人大跌眼镜。他落第了，顾璘故意让他落选。虽然顾璘认为张居正是不可多得的少年英才，但是害怕他年少气盛，中举过早，反而自负有经世之才，不思进取。顾璘以"他山有砺石，良璧逾晶莹"相鼓励。果然，遭受挫折的张居正收敛锋芒，回乡继续攻读，3 年后再度赴试，一举成名。时年张居正，仅 16 岁！由此可见顾璘的良苦用心。顾璘可以算得上是张居正人生中第一个贵人，也是他人生的第一个"伯乐"。

（二）初登政坛，崭露头角

嘉靖二十六年（1547 年），张居正考中二甲进士，被选为庶吉士，步入仕途。翰林院本是最高学府和国史修撰中心，但是由于明中后期的阁臣几乎都是出自翰林院，而成为国家大员的储备地，职权日重。庶吉士虽然没有官品，却是进入内阁的必经之路，因此被人视为"储相"。在别的进士们沉迷于山光水色、歌台舞榭、舞文弄墨的日子里，张居正显示了他与众不同的一面。他闭门谢客，面壁读书，遍阅历代典章制度，潜求治国兴邦之道。据王世贞记述其时的张居正："与人多默默，潜求国家典故与政务之要切者。"正因为如此，在张居正入仕的第三年，即嘉靖二十八年（1549 年），张居正被授以翰林院编修，自此与仕途搭边，走上了参与政事的道路。看到皇帝不理朝政，恣意斋醮，尤其是严嵩大肆弄权，贪赃枉法，朝廷上下乌烟瘴气的局面，渴望理乱兴邦的张居正，于当年就向世宗皇帝上了一篇《论时政疏》。他认为当时主要有宗室骄恣、庶官瘝旷、吏治因循、边备未修、财用大匮五大弊端①。在这篇奏疏中，他还提出了其应对举措。他认为要想革除这五大弊端，就要抑制宗藩、整顿吏治、修缮边备、整顿财政和处理好上下沟通的问题，并且委婉劝谏世宗要亲近大臣，而不是一味斋醮："自古圣帝明王，未有不亲近文学侍从之臣，而能独治者也。"② 张居正这篇奏疏是很值得一说的。给皇帝上疏建议革新时政者不乏其人，在张居正之前，翰林院编修扬名、太仆寺卿杨最、河南监察御史杨爵都给世宗皇帝上疏，但是分别落得个流放千里、廷杖致死、长圳囚禁的结局。张居正没有重蹈覆辙，因为张居正避开了对道士和世宗斋醮指责这一大忌，而是着重强调是要解决"壅阏不通"的局面，以求"通上下之志"。不难看出，张居正此时虽只有 24 岁，却已善于揣摩人意，这也是张居正的过人之处。也正是如此，张居正才能做到"严嵩为首辅，忌阶，善阶者皆避匿，居正自如，嵩亦器居正"③。仅是个 20 多岁的年轻人，能够在两大敌对势力之间应付自如、左右逢源，在当时的朝局里，绝对是无人出其右的。张居正胸怀凌云壮志，一心想施展抱负而又无门，看到世宗不听劝谏、日日斋醮，严氏父子卖官鬻爵、狼狈为奸，再加上妻子顾氏于嘉靖三十一年（1552 年）溘然逝世，诸重打击而至，张居正心灰意冷，在混迹了几年官场之后，于嘉靖三十三年（1554 年）黯然而退，告病还乡。

———————————

① 张居正：《张太岳集》（下册），张嗣修、张懋修等编撰，中国书店 2019 年版，第256 页。

② 张居正：《张太岳集》（下册），张嗣修、张懋修等编撰，中国书店 2019 年版，第255 页。

③ 章培恒、喻遂生分史主编：《二十四史全译·明史》（第 7 册），汉语大词典出版社2004 年版，第 4310 页。

　　从嘉靖三十三年到三十八年（1554—1559 年），张居正除了短暂的回京赴职外，基本都是蛰居乡里。远离尔虞我诈、明争暗斗的官场，张居正开始寄情山水，以愉身心，世外桃源的生活使他得到了暂时的解脱。从张居正这段时间所写的诗文来看，他确实过得悠闲自得。由于父亲一再敦促，张居正于嘉靖三十六年（1557 年）回京赴职，但依然无用武之地，因为世宗一如既往地斋醮、不朝，严嵩更加肆无忌惮，徐阶还是毫无作为。于是，张居正借到汝宁册封端王袭封的机会，又回到家乡，直到两年后才重新回京。在老谋深算的徐阶与精明强干的高拱的斗争中，张居正又处于风口浪尖之下。隆庆元年（1567 年）张居正升为礼部右侍郎，为东阁大学士，进入内阁。张居正当时只有 42 岁，是几位阁臣中年龄最小的，前途无可限量。隆庆二年（1568 年），张居正向穆宗上书，提出"省议论、掫纪纲、重诏令、核名实、固邦本、饬武备"六项建议，这就是历史上非常著名的《陈六事疏》。这也成为他在万历年间改革的前奏。

（三）十年首辅，身后荣辱

　　隆庆六年（1572 年）五月，穆宗死后，其子朱翊钧即位，这就是历史上非议诸多的神宗皇帝。高拱去位后，张居正按序升为内阁首辅，又由于和太监冯保达成默契，故而朝廷政务悉归阁中。朱翊钧即位时年仅10 岁，所以当时的张居正是有着两种身份：首辅兼帝师。神宗皇帝和太后对于张居正非常器重，全权委任。神宗一即位，就封张居正为左柱国，兼中极殿大学士，这也是文官的最高品级。身为顾命大臣的张居正，尽心竭力地辅佐年幼的神宗皇帝，逐步开始他大刀阔斧的改革。后有详言，此不赘述。张居正对小皇帝的教育是非常严格的。他不让小皇帝沉迷于书法中，而是寻求治国之道。根据以往兴衰治乱的君臣故事，写成《帝鉴图说》一书。张居正推荐此书的目的不言而喻，他希望神宗皇帝能够体会"圣哲芳规"，励精图治，做一代圣君。此时的神宗皇帝对于张居正是非常尊重和敬畏的。对张居正不是以一般君臣之礼相待，而是尊称"张先生""元辅张先生"，下旨也是"谕元辅"。万历八年（1580 年），18 岁的朱翊钧参加了"耕藉礼"和"谒陵礼"，标志着已经成年，由他自己治理朝政的条件成熟了。张居正深感"高位不可以久窃，大权不可以久居"①，是年三月，上"归政乞休"的奏疏，乞求退休。由于明神宗极力挽留，张居正提出折中方案：只请假，并非辞职，国家或有大事，皇上一旦召唤，朝闻命而夕就道。明神宗心动了，但是如此重大的人事变更他做不了主，得请示皇太后。但是皇太后态度非常明确，让神宗向张居正转达"张先生亲受先帝付托，岂忍言去？待辅尔到三十岁，那时再作商量。先生今后再不必兴此念"②。作为"古来帝王之孝所稀有也"的明神宗，自然不敢违背。明神宗告示张居正："务仰体圣母与朕惓惓倚毗至意，以终先帝凭几顾命，方全臣节大义。"③ 迫于先帝顾命且全臣节大义，张居正也不便再执意乞休，只有鞠躬尽瘁了。

万历十年（1582 年）二月，张居正旧病复发。明神宗十分重视，批假让张居正"慎加调摄"，并派司礼监太监张鲸赴张府探视病情。至三月底，张居正的病情仍不见好转，"脾胃虚弱，不思饮食，四肢无力，

---

① 张居正：《张太岳集》（上册），张嗣修、张懋修等编撰，中国书店 2019 年版，第 212 页。

② 张居正：《张太岳集》（上册），张嗣修、张懋修等编撰，中国书店 2019 年版，第 215 页。

③ 张居正：《张太岳集》（上册），张嗣修、张懋修等编撰，中国书店 2019 年版，第 215 页。

寸步难移"①。张居正久病不愈，朝中官僚上至六部尚书、翰林、言官，下至冗散官吏，无不设斋醮于寺庙，为之祈祷。更有甚者，抛弃本职工作，一味去做佛事、摆道场。感到时日不多的张居正数次向神宗上疏乞休，但明神宗皆不允，并亲笔手谕张居正："朕自冲龄登极，赖先生启沃佐理，心无所不尽，迄今十载，海内升平，朕垂拱受成，先生真足以光先帝顾命，朕方切永赖，先生乃屡以疾辞，忍离朕耶？朕知先生竭力国事，致此劳瘁，然不妨在京调理，阁务且总大纲，着次辅等办理，先生专养精神，省思虑，自然康复，庶慰朕朝夕惓惓之意。"② 六月二十日，噩耗传来，太师张居正病故，享年 58 岁。对于张居正之死，明神宗给予最高的礼遇。给他谥号文忠，赠上柱国衔，荫一子为尚宝司丞，并遣官造葬。但是好景不长，张居正去世的当年，陕西道御史杨四知弹劾张居正十四大罪。杨四知的这篇奏疏大多系捕风捉影、颠倒黑白之说。长期受到张居正压制的明神宗想早日树立自己的威信，也开始否定张居正。明神宗对张居正态度的极大转变，也拉开了众多官僚弹劾张居正的序幕。云南道御史羊可立上奏："已故大学士张居正隐占废辽府第田土，乞严行查勘。"③ 此论一出，久欲伺机翻案的辽王家属以为时机已到，已故辽王的次妃王氏立即向神宗呈疏弹劾张居正，并说查抄辽王府时"金宝万计，悉入居正府"④。素有敛财癖好的神宗皇帝，早就对张居正的家财有所垂涎，抄没了冯保财产后，就想对张家动手，只是找不到合适的

① 张居正：《张太岳集》（中册），张嗣修、张懋修等编撰，中国书店 2019 年版，第311 页。

② 张居正：《张太岳集》（上册），张嗣修、张懋修等编撰，中国书店 2019 年版，第249 页。

③ 南炳文、汤纲：《明史》（下册），上海人民出版社 2021 年版，第 677 页。

④ 章培恒、喻遂生分史主编：《二十四史全译·明史》（第 7 册），汉语大词典出版社2004 年版，第 4319 页。

理由。他立即下令司礼监太监张诚与刑部侍郎丘橓等前往江陵查抄张府，这无异于对张居正在政治上彻底否定。明神宗对张居正的盖棺定论："诬蔑亲藩，钳制言官，蔽塞朕聪，私占废辽地亩……专权乱政，罔上负恩，谋国不忠，本当断棺戮尸，念效劳有年，姑免尽法。伊属张居易、张嗣修、张顺、张书具令烟瘴地面充军。"① 张、丘二人还没有赶到江陵，就命令地方官登录张府人口，封闭房门，一些老弱妇孺来不及退出，"比门启，饿死者十余辈"②。查抄家产更是锱铢必究，共计抄黄金 2400 两，白银 107700 两，金器 3710 两，银首饰 10000 两等。这与神宗估计的 200 万两相去甚远。于是丘便大加拷问，穷迫硬索。张居正的二子张懋修经不起拷掠，屈打成招。长子张敬修（原任礼部主事）实在受不了如此折磨自缢身亡。昔日声名显赫的内阁首辅，最终落得人亡抄家、子孙永远充边的结果，让人唏嘘不已！由于潘季驯、申时行等人一再上书为其求情，再加上抄家时的惨剧引起极大轰动，明神宗不得不降旨："居正大负恩眷，遗祸及亲。既伊母垂毙失所，诚为可悯，其以空房一所、田地十顷资赡养。"③ 前一年还位极人臣，权倾一时，后一年就家破人亡，名誉扫地。尽管死后被清算，但是我们应该看到，张居正在十年首辅任期里，实行的一系列的改革，确实起到了富国兴邦的良好效果。明神宗对于张居正"专权乱政，罔上负恩，谋国不忠"的评价显然是不公允的，甚至是诋毁性质的。《明神宗实录》中对于张居正的评价还是基本可靠的："居正沉深机警，多智数。为史官时，常潜求国家典故及政务之切时者……十年内海寓肃清，四夷詟服，太仓米可支数年，

① 谷应泰：《明史纪事本末》（第 14 册）卷 61，天津图书馆藏清同治十三年江西书局刻本，第 28 页 a、b。

② 章培恒、喻遂生分史主编：《二十四史全译·明史》（第 7 册），汉语大词典出版社 2004 年版，第 4319 页。

③《明神宗实录》卷 149，万历十二年五月癸卯。

囧寺积金钱至四百余万。成君德，抑近幸，严考成，综名实，清邮传，核地亩，洵经济之才也。使其开诚布公，容贤远佞，持止足之戒，惇宽大之风，虽古贤相何以加焉？"① 当然，史官也不避其讳，"惜其褊衷多忌，小器易盈，钳制言官，倚信佞幸，方其怙宠夺情，时本根已斫矣。威权震主，祸萌骖乘，何怪乎？身死未几，而戮辱随之也。识者谓居正功在社稷，过在身家"②，可谓一语中的。"威权震主，祸萌骖乘"，这也是导致张居正悲剧的最终原因。天启二年（1622 年），明熹宗下令恢复张居正原官，给予祭葬礼仪，张府房产没有变卖的一并发还。崇祯二年（1629 年），明思宗给还张居正后人官荫与诰命。当明王朝行将衰亡之时，皇帝"抚髀思江陵，而后知得庸相百，不若得救时相一也"③。人们有感于此，在江陵张居正故宅题诗抒怀，其中有两句这样写道：

> 恩怨尽时方论定，封疆危日见才难。

可惜，世间已无张居正！已经没有像张居正这样挽大厦之将倾的一代英豪来挽救明王朝的败亡了，着实让人不胜感慨！

二、一往无前的旷世改革

张居正得以名垂青史，更多还是要归功于他在万历年间大刀阔斧的改革。在隆庆年间，张居正的一些改革思想已初露端倪，也对他后来万历年间的改革产生了重大影响。

---

① 《明神宗实录》卷 125，万历十年六月丙午。
② 《明神宗实录》卷 125，万历十年六月丙午。
③ 林潞：《江陵救时之相论》，载贺长龄辑、魏源编次、曹堉校勘《魏源全集》（第 1 册《皇朝经世文编》卷 1～卷 14，学术　治体），岳麓书社 2004 年版，第 604 页。

（一）《陈六事疏》和俺答封贡

1.《陈六事疏》

诸葛亮在《出师表》中说道："受任于败军之际，奉命于危难之间"，以此表达他出山辅佐刘备时的境遇。张居正的情况与之有相似之处。世人关注的张居正改革，一般是指其在万历年间出任首辅之后的一系列改革。其实，在隆庆年间，张居正提出的一些改革措施，正反映了他的改革思想。隆庆二年（1568 年），大学士张居正上《陈六事疏》，提出"省议论，振纪纲，重诏令，核名实，固邦本，饬武备"，这是一篇针砭时弊的奏疏。张居正在"省议论"的建议中，主张"扫无用之虚词，求躬行之实效。欲为一事，须审之于初务求停当；及计虑已审，即断而行之"①，意即做事果断，谋定一事时，就要执行下去，不得动摇。即使遇到阻挠，也要"如唐宪宗之讨淮蔡，虽百方阻之，而终不为之摇。欲用一人，须慎之于始，务求相应；既得其人，则信而任之，如魏文侯之用乐羊，虽谤书盈箧，而终不为之动"②。不难看出，张居正在用人、做事方面，他的原则就是：做事要谋定后动，义无反顾；任人要慎挑细择，自始至终。从后来张居正在万历时期做首辅的种种所为来看，张居正这种做事风格也很符合这样的表现。针对当时政府部门办事效率低下的弊端，张居正认为是"官不久任，事不责成，更调太繁，迁转太骤，资格太拘，毁誉失实"③ 造成的。因此，他主张"核名实"。这对他在万历年间的考成法的实施起到了推动作用。张居正这篇奏疏的最重要

---

① 张居正：《张太岳集》（上册），张嗣修、张懋修等编撰，中国书店 2019 年版，第 2 页。
② 张居正：《张太岳集》（上册），张嗣修、张懋修等编撰，中国书店 2019 年版，第 2 页。
③ 张居正：《张太岳集》（上册），张嗣修、张懋修等编撰，中国书店 2019 年版，第 5 页。

的一条建议就是"饬武备"。针对当时大多数官员认为的兵员不足、军粮不多问题，张居正发表了自己的看法。"今谭者皆曰：'吾兵不多，食不足，将帅不得其人。'臣以为此三者皆不足患也。"① 在他看来，现在众臣所认为的军备不足问题都不足为虑。他建议隆庆皇帝："夫兵不患少而患弱。今军伍虽缺，而粮籍具存。若能按籍征求，清查影占，随宜募补，着实训练，何患无兵？捐无用不急之费，并其财力，以抚养战斗之士，何患无财？悬重赏以劝有功，宽文法以伸将权，则忠勇之夫，孰不思奋，又何患于无将？"② 张居正认为，兵并不患少，而是患弱。要改变兵弱的局面，就要按籍征兵，随宜募补，并且切实做到加强训练，何至于会害怕无兵！为解决军费不足，他也建议"捐无用不急之费"，用这些费用来补贴战士，就不会担心军费不足的问题了。针对将帅不得其人的问题，张居正建议"悬重赏以劝有功，宽文法以伸将权"。张居正是看出了这种矛盾以及这种政策的危害性，所以建议隆庆皇帝应该适当地给予武将们更多的权力，以调动他们的积极性。在固守边疆方面，张居正在这道奏疏中也向隆庆皇帝提出了建议。他建议："至于目前自守之策，莫要于选择边吏，团练乡兵，并守墩堡，令民收保。"③ 他认为固守边疆首要的也是最重要的莫过于选择边吏。有贤能的边吏镇守，也要勤于操练乡兵，协助卫所士兵守土固疆。张居正认为士兵无论是在京师内外，都应该坚持操练，以不断提高将士的素质。"臣考之古礼及我祖宗故事，俱有大阅之礼，以习武事而戒不虞。今京师内外，守备单弱，臣常以为忧。伏乞敕下戎政大臣，申严军政，设法训练。每岁或间岁季冬农隙之时，恭请圣驾亲临校阅，一以试将帅之能否，一以观军士

---

① 张居正：《张太岳集》（上册），张嗣修、张懋修等编撰，中国书店 2019 年版，第 7 页。
② 张居正：《张太岳集》（上册），张嗣修、张懋修等编撰，中国书店 2019 年版，第 7 页。
③ 张居正：《张太岳集》（上册），张嗣修、张懋修等编撰，中国书店 2019 年版，第 7 页。

之勇怯。"① 他考证祖宗成法，建议隆庆皇帝每年都应该举行大阅之礼。虽是只在农闲之时才得以举行，但是也在一定程度上能够加强将士对于训练的重视。毕竟是天子亲阅，所以广大将士也会得到鼓舞。在最后，张居正总结了加强武备的目的："皆知皇上加意武备，整饬戎事，亦足以伐狂虏之谋，销未萌之患。"② 张居正向皇帝强调整饬武备不仅能够起到抵御外寇的效果，而且还可以"销未萌之患"。之所以张居正把整饬武备说得那么重要，是因为他想要引起隆庆皇帝对于武备的重视。其实，与其说是要皇帝重视武备，不如说是张居正把整饬武备看得非常重要。虽然最终没有全部付诸实施，但是"饬武备"在一定程度上达到了预期目标。

2. 俺答封贡

隆庆年间张居正参与机务后，由于首辅高拱的支持，其他大学士如李春芳、陈以勤不愿过问军事事务，张居正实际上成为边防事务的领导者。在张居正的竭力支持下，穆宗"悉以兵事季（谭）纶"，谭纶获得独立的指挥权，开创了有明一代提高地方将领社会地位的先例。明制以文制武，在"法祖"的社会里，张居正此举是需要非凡魄力的。明代中期以来，北方鞑靼、瓦剌经常南下掳掠，甚至发生皇帝（明英宗）被俘的事件。北方胡虏一直都是明廷的心头大患，边界战事不断、烽火连天，百姓生灵涂炭、苦不堪言。隆庆四年（1570 年），鞑靼俺答之孙把汉那吉投降明朝。王崇古、方逢时原只打算以此为战利品，交换投降鞑靼的汉人赵全、邱富。在俺答派出强兵强行索要把汉那吉之时，张居正运筹帷幄，力排众议，主张封贡通市。他认为"封贡事乃制虏安边大机

① 张居正：《张太岳集》（上册），张嗣修、张懋修等编撰，中国书店 2019 年版，第 8 页。
② 张居正：《张太岳集》（上册），张嗣修、张懋修等编撰，中国书店 2019 年版，第 8 页。

大略"，反对之人目光短浅，是"计目前之害，忘久远之利"①。正是由于张居正的极力推动，俺答封贡才得以顺利进行。由于边境安宁，官市、民市、大市、月市等贸易兴旺，南北物资交流频繁，使边境出现了物阜民安的和平局面。魏源在《圣武记》卷十二《武事余记》中给予高度评价，他认为张居正等人促成的俺答封贡，意义重大，影响深远，"张弛驾驭，因势推移，不独明塞息五十年之烽燧，且为本朝开二百年之太平"。

（二）力挽狂澜的旷世改革

史家认为明代官场有诸多弊病，比较明显者有三：一是党同伐异，二是玩忽职守，三是贪赃枉法。作为一个独具慧眼的改革家，张居正对这种情况当然是了然于胸。以前虽有心挽救时弊，但没有掌握大权，即使有改革思想，各项举措亦不能付诸实施。但是此时作为内阁首辅的张居正，终于可以大展拳脚了。

1. 考成法

万历元年（1573 年），张居正上《请稽查章奏随事考成以修实政疏》。"言官议建一法，朝廷曰可；置邮而传之四方，则言官之责已矣，不必其法之果便否也。部臣议厘一弊，朝廷曰可；置邮而传之四方，则部臣之责已矣，不必其弊之果厘否也。"② 在张居正看来，当朝政治的主要问题是诏令不行，有法不循。这样只能导致"某罪当提问矣，或碍于

---

① 张居正：《张太岳集》（中册），张嗣修、张懋修等编撰，中国书店 2019 年版，第 47 页。

② 张居正：《张太岳集》（上册），张嗣修、张懋修等编撰，中国书店 2019 年版，第 54 页。

请托之私，概从延缓。某事当议处矣，或牵于可否之说，难于报闻。征发期会，动经岁月；催督稽验，取具空文"①。经过几十年的官场历练和政治思考，张居正提出了这种问题的解决方法——考成法。考成法的具体措施包括：

> 凡六部、都察院，遇各章奏，或题奉明旨，或覆奏钦依，转行各该衙门，俱先酌量道里远近，事情缓急，立定程期，置立文簿存照，每月终注销。除通行章奏，不必查考者，照常开具手本外，其有转行覆勘，提问议处，催督查核等项，另造文册二本，各注紧关略节，及原立程限。一本送科注销，一本送内阁查考。该科照册内前件，逐一附簿候查，下月陆续完销。通行注簿，每于上下半年缴本。类查簿内事件，有无违限未销。如有停阁稽迟，即开列具题候旨，下各衙门诘问，责令对状。次年春夏季终缴本，仍通查上年未完。如有规避重情，指实参奏。秋、冬二季，亦照此行。②

政令颁布下去之后，张居正进一步指出具体的考核方法：

> 若各该抚按官，奏行事理，有稽迟延阁者，该部举之。各部院注销文册，有容隐欺蔽者，科臣举之。六科缴本具奏，有容隐欺蔽者，臣等举之。③

---

① 张居正：《张太岳集》（上册），张嗣修、张懋修等编撰，中国书店 2019 年版，第 54 页。

② 张居正：《张太岳集》（上册），张嗣修、张懋修等编撰，中国书店 2019 年版，第 55 页。

③ 张居正：《张太岳集》（上册），张嗣修、张懋修等编撰，中国书店 2019 年版，第 55 页。

张居正进行吏治改革的目标就是要达到"月有考，岁有稽，不惟使声必中实，事可责成，而参验综核之法严；即建言立法者，亦将虑其终之罔效，而不敢不慎其始矣"①。考成法的实施，严格了各级官员的考核程序，确实提高了政府部门的办事效率，诸多史书均可为证："江陵立考成法，以为制治之本。向者因循玩愒，至是始中外淬砺，莫敢有偷心焉。要详兼举，张弛共贯，宰相一身，周流天下，不过如此，遂无循情矣。"②"考成之法一立，数十年废弛丛积之政，渐次修举。"③"自是，一切不敢饰非，政体为肃。"④"居正之为政……万里之外朝下而夕奉行，如疾雷迅风，无所不披靡。"⑤可见考成法的成效还是得到诸多肯定和赞扬的。

张居正改革的核心在经济方面。经济改革以整顿赋役制度、扭转财政危机为重点。早在嘉靖、隆庆年间，国库几乎年年亏空。时至万历朝，明廷的财政制度已经废弛严重。在隆庆三年张居正就向隆庆皇帝提出朝廷每年收入不过 250 余万两，支出却高达 400 余万两，亏空很多，无力填补。鉴于汉代桑弘羊的"民不益赋而天下用"的观点，张居正提出"不加赋而上用足"的方针，主要措施包括"惩贪污以足民"、"理逋负以足国"，整治贪官污吏，化公为私，整治世豪奸猾拖欠赋税，以截

---

① 张居正：《张太岳集》（上册），张嗣修、张懋修等编撰，中国书店 2019 年版，第 55 页。

② 谈迁：《国榷》卷 68，转引自刘志琴《中国思想家评传丛书：张居正评传》，南京大学出版社 2011 年版，第 198 页。

③《明神宗实录》卷 71，万历六年正月甲戌。

④ 章培恒、喻遂生分史主编：《二十四史全译·明史》（第 7 册），汉语大词典出版社 2004 年版，第 4312 页。

⑤ 王世贞：《嘉靖以来首辅传》卷 7《张居正传》，转引自刘志琴《中国思想家评传丛书：张居正评传》，南京大学出版社 2011 年版，第 167 页。

留他们的非法收入所得为手段，增加国家财政收入。

2. 清丈田亩和一条鞭法

（1）清丈田亩

明朝中叶，明朝遭遇越来越严重的财政危机，主要表现在国家的征粮日渐萎缩，税源枯竭。张居正认为这是赋税不均、土地隐没不实的结果。因为土地兼并严重，地方豪强用"飞诡、影射、挂虚、受献"等方式，使得豪民有田无粮（税），而穷民无田有粮（税），赋税自然无法收纳。他对田赋的侵欺拖欠现象极为不满，认为仅仅依赖考成法已经难以解决问题，必须采取重大的举措，重新清丈田亩。所以张居正认为要解决财政困难的问题，首要任务就是勘核各类土地，清查全国田亩。他在给福建巡抚耿定向的信中写道："丈地亩，清浮粮，为闽人立经久计。"①在张居正的筹划之下，神宗于万历六年（1578 年）十一月"以福建田粮不均，偏累小民，命抚按着实清丈明白县奏"②。在福建进行清丈田亩，此时只是一种尝试。万历八年（1580 年）九月，福建丈量田亩、清理浮粮的工作完成。由于清丈效果明显，张居正同众阁臣、各部等人商议后，决定将之推广，把清丈田亩政策在全国范围内施行。在朝廷的大力支持下，从万历八年到万历十一年（1580—1583 年）五月，全国范围内的清丈工作基本完成。清丈田亩取得了显著成效，清丈之后，田有定数，赋有定额，部分改变了税粮负担不均的状况。同时，清丈出不少隐匿田地，使政府所掌握的、承担税粮的耕地面积增多。此外，清丈田亩还统一了亩制，一律以二百四十步为一亩，改变了当时大亩、小亩相差悬殊的局面。清丈田亩后，各级政府重新编、修了鱼鳞图册，这也直接

---

① 张居正：《张太岳集》（中册），张嗣修、张懋修等编撰，中国书店 2019 年版，第 250 页。

② 《明神宗实录》卷 81，万历六年十一月丙子。

促进了赋税的征收。

史书记载，丈量后全国的田亩数有七百多万顷，比明中叶弘治朝统计的四百多万顷多出近三百万顷。

（2）一条鞭法

万历八年（1580 年）九月，福建清丈田亩工作的顺利完成，给张居正打了一注强心剂。赋税不均问题的初步解决，为全面的赋役改革创造了条件，张居正立即于第二年在全国推行一条鞭法。

一条鞭法由来已久，弘治、正德年间已经出现将徭役折合成银两，由政府雇人充役的现象。银差的出现，是徭役全面货币化的开端，为一条鞭法以雇役代替差役、统征银两奠定了基础。嘉靖九年户部尚书梁材在桂萼的影响下，对于赋役的改革更进一步："合将十甲丁粮总于一里，各里丁粮总于一州一县，各州县丁粮总于一府，各府丁粮总于一布政司。布政司通将一省丁粮，均派一省徭役。内量除优免之数；每粮一石，编银若干；每丁审银若干。斟酌繁简，通融科派。"① 在万历朝之前，已有一部分地区不约而同地实行着类似一条鞭法的改革，如嘉靖十八年（1539 年）应天巡抚欧阳铎和苏州知府王仪在苏州创设征一法；有的地区是已经在实行一条鞭法，如隆庆三年（1569 年），海瑞在任应天巡抚时，将均徭、均费等银，俱一条鞭征银，在官听候分解。作为"通识时变"的政治家，张居正早就关注一条鞭法的施行情况，并于万历四年（1576 年）将其在湖广地区试行。后来一条鞭法得到很多人的称道，由湖广推向北方，在清丈田亩工作完成以后，张居正就决意在全国推行。《明史·食货志》关于一条鞭法的定义：

---

① 《古今图书集成·经济汇编·食货典·赋役部》，转引自南炳文、汤纲《明史》（上册），上海人民出版社 2014 年版，第 403 页。

一条鞭法者，总括一州县之赋役，量地，计丁，丁粮毕输于官。一岁之役，官为金募。力差，则计其工食之费，量为增减；银差，则计其交纳之费，加以增耗。凡额办、派办、京库岁需与存留、供亿诸费，以及土贡方物，悉并为一条，皆计亩征银，折办于官，故谓之一条鞭。①

一条鞭法就是总括一个州县的赋税，丈量土地，计算人丁徭役，人丁徭役和粮税全部输入官府。一年的徭役，官府出钱帮助招募役工。力役差，便计算工钱的费用，衡量增加减少；银差，计算其交纳的费用，加以省耗。凡是规定承办、分派办理、京城仓库每年需要存留、按需要供应等费用，以及土贡方物，全都并成一条，都按田亩征收银两，由官府折合办理，故称为"一条鞭法"。

对于一条鞭法的推广，时人也给予了高度评价："江陵相当国，复下制申饬海内通行者将百年。"② 顾炎武也评价道："一条鞭法，最称简便直捷。"③ 一条鞭法施行，将徭役归入田赋，以银代役，使人身束缚关系得到一定程度上的解放，这在以往的封建社会中是没有过的举措，在实践中大大超出了均赋役的意义。以银代役政策的实施，使得不愿服徭役的只要出钱就可以免除力差，减轻了人身依附，同时也加速了货币流通，这对明后期商品经济的发展和资本主义的萌芽都起到了积极的促进作用。同时，以银代役政策的推行，促进了市镇经济的发展，也在一定程度上提高了商人的社会地位。

---

① 章培恒、喻遂生分史主编：《二十四史全译·明史》（第 3 册），汉语大词典出版社 2004 年版，第 1504 页。

② 孙承泽：《春明梦余录》（上册），北京古籍出版社 1992 年版，第 589 页。

③ 顾炎武：《天下郡国利病书·苏松》，转引自许苏民、申屠炉明《明清思想文化变迁》，南京大学出版社 2009 年版，第 306 页。

在政治、经济改革之外，张居正改革的措施还涉及军事、水利等方面。

（三）军事措施

为了防御蒙古鞑靼入寇边关，张居正派戚继光守蓟门，李成梁镇辽东，又在东起山海关、西至居庸关的长城上加修了"敌台"3000余座。从此，北方的边防更加巩固，在二三十年中，明朝和鞑靼没有发生过大的战争，使北方暂免于战争破坏，农业生产有所发展。万历七年（1579年），张居正又以俺答为中介，代表明朝与西藏黄教首领达赖三世建立了通好和封贡关系。在广东地区，先后任殷正茂和凌云翼为两广军备提督，先后领兵剿灭了广东惠州府的蓝一清、赖元爵，潮州府的林道乾、林凤、诸良宝和琼州府的李茂等叛乱分子，岭表悉定。这对安定各地人民的生活和保障生产正常进行，发挥了积极作用。

（四）水利兴建

万历六年（1578年），张居正推荐、启用总理河道都御史潘季驯治理黄河、淮河，并兼治运河。潘季驯在治河中遵循了"筑堤束沙，以水攻沙"的原则，很快取得了预期的效果。万历七年二月，河工告成，河、淮分流。计费不足50万两，为工部节省资金24万两。徐州、淮安之间800余里的长堤平等蜿蜒，河水安流其间。因而，"田庐皆尽已出，数十年弃地，转为耕桑"。黄河得到治理，漕船也可直达北京，"河上万艘得捷于灌输入大司农矣"。

（五）不足之处

张居正改革的成效是举世瞩目、彪炳史册的，但是，我们在盛赞张居正改革成功的同时，也应该探讨其不足之处。

（1）荒政重视不足

荒政指中国古代政府为应对灾荒而采取的救灾政策。张居正对于荒政问题不够重视，主要表现在两个方面：一是各地为备荒的预备粮仓不仅破败，而且备荒的谷物与所需相差甚远，难以起到赈荒作用；地方官对于备荒、救荒不能尽心尽力。二是朝廷在灾荒发生时，处理手段因循守旧，消极应对，更加剧了荒政的废弛。

（2）民族政策失误

张居正改革实行的民族政策主要为重点防御蒙古，完善北边军事防御体系；与周边少数民族开展茶马互市，调整对西南少数民族的贡赋制度；"以夷制夷"，对蒙古、女真采取分化瓦解政策。这些政策在当时确实取得了很大的效果，但是，张居正过于强调以蒙古为重点，而忽视了女真族的兴起。虽然已将军事防御和贡市贸易相结合，但又始终怀着"以贡市为羁縻，以战守为实事"的态度，扩充军队，军费骤增，遂增加赋役，百姓负担加重，导致社会动荡。最为严重的是，民族政策中带有浓厚的民族歧视。有些学者认为张居正改革时期，之所以未能相对彻底地解决民族问题，是因为其带有歧视的民族观。张居正等人最终还是无法摆脱传统的大汉族主义思想，继承了"内中国而外夷狄"的传统，对少数民族始终持有一种歧视、怀疑甚至敌对的态度。此外，也没有采取有效措施发展少数民族地区经济；忽视发展少数民族地区的文化教育事业，仍然是老一套的"以夏变夷"的思想；没有制定有效的民族政策，缓和各民族之间的矛盾和危机。

（3）禁毁天下书院

张居正对于书院的禁毁是尤其值得关注的。万历三年（1575 年）五月初三，张居正上《请申旧章饬学政以振兴人才疏》，建议神宗皇帝禁讲学、毁书院。他说："圣贤以经术垂训，国家以经术作人。若能体认经书，便是讲明学问，何必又别标门户，聚党空谭。"① 教官生儒应该"着实讲求，躬行实践，以需他日之用"。因此，他认为要实行教育改革，遏制空谈的局面，必须"不许别创书院，群聚徒党，及号招他方游食无行之徒，空谭废业。因而启奔竞之门，开请托之路。违者，提学御史听吏部、督察院考察奏黜；提学按察司官听巡按御史劾奏；游士人等，许各抚、按衙门访拿解发"②。此举遭到许多官员和生儒的反对，但张居正对此充耳不闻。更甚者，万历七年（1579 年），张居正加大对书院的打击，由"不许创建书院"升级到"诏毁天下书院"。万历年间因为张居正而遭毁废改卖的书院多达 64 所，但是实际禁毁的书院，甚至还要超过史志所记的 64 所，分布在今冀、鲁、晋、豫、江、浙、闽、赣、皖、湘、粤、桂、川等 13 个省区，范围极广，其危害不应被低估。此外，张居正禁毁的矛头主要指向讲学，张居正厌恶讲学而大毁书院的历史资料和文献在讲学事业发达而遭受重点打击的赣粤两省都大量存在。张居正禁毁天下书院，禁锢学术自由的错误策略是应该受到批判的，这点毋庸置疑。

---

① 同"谈"，下同。

② 张居正：《张太岳集》（上册），张嗣修、张懋修等编撰，中国书店 2019 年版，第 78 页。

三、不拘一格的用人之道

张居正在万历年间的改革，是一场剔除积弊、推陈布新的改革运动。改革必然会触及一批既得利益者，会遭到他们的强烈反对。针对时弊，张居正认为非得"磊落奇伟之士，大破常格，扫除廓清，不足以弭天下之患"①。针对卓荦奇伟之才，若不从科目出身就不能荣登高官的局面，他主张"立贤无方，唯才是用"。他认为重视出身、资格等选拔人才的传统观念，已经成为选拔优秀人才的障碍，过于重视这些，很难达到人尽其才的效果。在选才上，张居正认为应该不拘资格，不计品流，"虽越在万里，沉于下僚，或身蒙訾垢，众所指嫉，其人果贤，亦皆剔涤而简拔之"②，甚至下层平民，包括和尚、道士、衙卒都可以破格提拔重用。"无问是谁亲故乡党，无计从来所作眚过，但能办国家事，有礼于君者，即举而录之"③。在对待人才上，张居正反对求全责备，主张"毋以一事概其平生，毋以一眚掩其大节"④。他认为对于人才的任用，"要在权利害之多寡，酌长短之所宜"⑤，扬长避短，人尽其才。张居正的人才思想，力图消除明朝选才用人方面的种种弊端，适应改革的需要。正如谈迁在《国榷》中所说："一时才臣，无不乐为之用，用必尽

---

① 张居正：《张太岳集》（中册），张嗣修、张懋修等编撰，中国书店 2019 年版，第 353 页。

② 张居正：《张太岳集》（中册），张嗣修、张懋修等编撰，中国书店 2019 年版，第 152–153 页。

③ 张居正：《张太岳集》（中册），张嗣修、张懋修等编撰，中国书店 2019 年版，第 104 页。

④ 张居正：《张太岳集》（上册），张嗣修、张懋修等编撰，中国书店 2019 年版，第 5 页。

⑤ 张居正：《张太岳集》（上册），张嗣修、张懋修等编撰，中国书店 2019 年版，第 2 页。

其才，或推毂而至通显。"①

张居正在用人方面确实是不拘一格、很有见地的。被委以清丈田亩重任的张学颜，曾是张居正政敌高拱的门下；礼部尚书马自强，也因为与张居正有隙对入阁不抱希望，但张居正仍然推荐他入阁办事，连马自强自己也未能想到。历史上关于张居正不拘一格用人才的美谈，具体表现在张居正对潘季驯、戚继光、李成梁的重用上。戚继光是明代中后期一位难得的将才，张居正慧眼识珠，对戚继光非常赏识。戚继光由南方初调蓟州镇守，许多人怀疑他人地不宜，未必胜任，议论纷起。张居正说："戚之声名，虽著于南土，然观其才智，似亦非泥于一局而不知变者"②。为了让他施展才华，就必须"调适众情，消弭浮议，使之得少展布，即有裨于国家多矣"③。史书记载："居正尤事与商榷，欲为继光难者，辄徙之去。"④ 为了能够保护李成梁，"阁部共为蒙蔽，督抚、监司稍忤意，辄排去之，不得举其法。"⑤ 为了能够使良将忠心为朝廷效力，镇守边疆，督抚这样的高官，也不惜罢免去职，可见张居正对于良将的态度！

据《万历野获编》记载：

（嘉兴同知黄清）貌寝而眇一目，然才智四出，应变无穷，能持短长。郡县邑令，稍不加礼，即暴其阴事相讦，人畏之如蛇蝎。

---

① 谈迁：《国榷》，中华书局 1958 年版，第 4373 页。
② 张居正：《张太岳集》（中册），张嗣修、张懋修等编撰，中国书店 2019 年版，第 16 页。
③ 张舜徽：《张居正集》（第 2 册），湖北人民出版社 1994 年版，第 63 页。
④ 章培恒、喻遂生分史主编：《二十四史全译·明史》（第 7 册），汉语大词典出版社 2004 年版，第 4285 页。
⑤ 章培恒、喻遂生分史主编：《二十四史全译·明史》（第 7 册），汉语大词典出版社 2004 年版，第 4821-4822 页。

及高宝诸河议筑内堤，久不就，江陵公谓非清不可，乃改衔为淮安府，甫岁余，成功者已半，江陵大喜，加两淮运司同知。……是时用人能破格如此。[①]

明末大文豪钱谦益，在经历明亡前的混乱政治时，也不禁感慨："江陵所用之人，良马也；江陵之后所用之人，雄狐也，黠鼠也。"[②] 张居正慧眼识珠，用人唯才，时人无不钦佩。正所谓"江陵素留心人才，胸中富有所品骘"。大破常格的用人之道，也为万历初年国富民强局面的出现奠定了坚实的基础。

四、刚毅品格与风雷魄力

张居正改革彪炳史册，其行乃非常之事，其人自然也是非常之人。在改革中遇到重重困难，张居正凭借着刚毅的品格和风雷魄力，直面反对涛浪，似中流砥柱，虽万千艰难险阻，依然岿然不倒。万历五年（1577年）的"夺情"风波，把张居正非常之人的一面，表现得淋漓尽致。

任何改革大都不是一帆风顺的，而是有个一波三折的过程。张居正改革也是如此。张居正开始实行改革后，就饱受非议，朝野多有流言蜚语。在万历三年（1575年），就有余懋学、傅应祯、刘台等人相继上疏攻击新政"时政苛猛"，并含沙射影地指责张居正以"三不足"误导神宗皇帝，双方斗争不断。万历五年的"夺情"风波，将双方的斗争推向

---

① 沈德符：《历代笔记小说大观：万历野获编》，上海古籍出版社 2012 年版，第 247 页。

② 钱谦益：《牧斋初学集》（中册），钱曾笺注，钱仲联标校，上海古籍出版社 1985 年版，第 895 页。

高潮。

万历五年（1577 年），张居正之父去世。对于一般人来说，老父的去世是一家私事。然而对于张居正这样众目睽睽的首辅大臣而言，亡父的丧事处理就被蒙上了一层浓烈的政治色彩。在张父病重时，张居正思父心切，本想请假省亲，但由于要筹备神宗皇帝大婚之事，一直未能成行。本打算万历六年（1578 年）回乡探望老父，却不料万历五年九月即收到老父去世的噩耗，一时悲痛、悔恨、愧疚不已，并上书神宗以求回乡葬父。按照明朝"丁忧"制度，在职官员自闻丧月日为始，回乡丁忧，时长为不计闰月的二十七个月。待到服丧期满后，再出来视事，谓之起复。但是遇有特殊情况，经皇帝批准，可以穿素服办公，不必解职回乡，或提前复职，称为"夺情"。在明万历之前，也有过特例。宣德年间的杨溥、成化年间的李贤都是由皇帝夺情起复。因此，时任内阁辅臣的吕调阳与张四维上疏神宗，希望神宗引用前朝杨溥、李贤等"夺情"故事，挽留张居正。其时，改革措施正在逐步实施，内阁吕、张二位辅臣害怕张居正丁忧离职后，难以维持朝局；神宗皇帝也深感"顷刻离卿不得"。神宗接到吕、张二人奏疏后，顺水推舟，手谕张居正："朕览二辅所奏，得知先生之父，弃世十余日了，痛悼良久……今宜以朕为念，勉抑哀情，以成大孝。朕幸甚，天下幸甚。"[1] 张居正闻诏后，悲痛欲绝，再次上疏请求丁忧，但神宗态度坚决："元辅必不可离，即百疏不允。"[2] 其实，当时的张居正并不想真的丁忧守制，改革措施正在有条不紊地施行，各项政策也都由他悉心炮制。他要坐镇朝廷，统筹规划。此时离开，无疑是前功尽弃，改革有可能就此终结。张居正也意识到一

---

① 张居正：《张太岳集》（上册），张嗣修、张懋修等编撰，中国书店 2019 年版，第117 页。

② 张居正：《张太岳集》（下册），张嗣修、张懋修等编撰，中国书店 2019 年版，第383 页。

旦离职的严重后果："自以握权久，恐一旦去，他人且谋己。"① 这是张居正绝对不愿看到的。但碍于传统的伦理纲常，张居正又不敢冒天下之大不韪，只能一再请求丁忧，以表姿态。反对派趁机而起，以恪守礼制大造舆论，让张居正陷入进退两难的境地。为了应付舆论，张居正于九月底正式向神宗上疏乞恩守制，其中有几句话颇耐人寻味："臣在忧苦之中，一闻命下，惊惶无措。臣闻受非常之恩者，宜有非常之报。夫非常者，非常理之所能拘也。"② 既然皇上对臣子有非常之恩，臣子当然要对皇上有非常之报。在这样错综复杂的局面里，张居正的非常之报不言自明，就是不会被常理所拘，愿意听从神宗的安排，夺情起复。反对派对张居正口诛笔伐，攻讦不断。有的痛骂他贪图高位、为子不孝，有的甚至骂其为禽兽。张居正毫无畏惧，他说："苟有以成臣之志，而行臣之忠，虽被恶名，不难受也。"③ 他只是要做到进志进忠，至于辱骂、恶名之类，他视如浮云，不拘泥于小节，刚毅可见一斑！《明史》称张居正"勇敢任事，豪杰自许"④，果不其然。最终，双方采取"在官守制"的折中方案："朕元辅受皇考付托，辅朕幼冲，安定社稷，朕深切倚赖，其岂可一日离朕？父制当守，君父尤重。准过七七，不随朝。"⑤ 虽然张居正和神宗就夺情一事达成一致，但此举却在朝中激起轩然大波。翰林院编修吴中行、检讨赵用贤、刑部员外郎艾穆、主事沈思孝反对最为激烈。吴中行在奏疏上说："国家令甲丁忧守制二十七个月为满，虽庸人

---

① 夏燮：《明通鉴》，王日根、李一平、李斑等校点，岳麓书社 1999 年版，第 1871 页。

② 张居正：《张太岳集》（上册），张嗣修、张懋修等编撰，中国书店 2019 年版，第 121 页。

③ 张居正：《张文忠公全集》（上册），商务印书馆 1935 年版，第 97 页。

④ 章培恒、喻遂生分史主编：《二十四史全译·明史》（第 7 册），汉语大词典出版社 2004 年版，第 4310 页。

⑤ 张居正：《张太岳集》（上册），张嗣修、张懋修编撰，中国书店 2019 年版，第 121 页。

小吏匿丧有律……而未尝以介胄之士处辅弼之臣，即有往例可稽，亦三年未终，而非一日不去之谓也，且当时诤之后世讥之。"① 艾穆、沈思孝的奏疏更为严厉，他们指出："陛下之留居正也，动曰为社稷故。夫社稷所重，莫如纲常。而元辅大臣者，纲常之表也。纲常不顾，何社稷之能安？"② 张居正借助神宗对自己的庇护，对四人进行惩戒：命令锦衣卫逮捕吴、赵、艾、沈四人到午门前廷杖。其中吴、赵二人各杖六十，发回原籍为民，永不叙用；艾、沈二人各杖八十，发极边充军，遇赦不宥。四人遭到廷杖后，刑部办事进士邹元标再次上疏弹劾张居正"夺情"。在这篇奏疏里，他不但严词批评张居正，而且还否定张居正新政，以为张居正不堪重用，批评神宗"夺情"挽留张居正是失误之举。邹元标指责张居正"才虽可为，学术则偏；志虽欲为，自用太甚"③。邹元标的结局也如同前面几人，廷杖八十，发谪极边卫所充军。看似神宗对于反对"夺情"进谏诸人严惩不贷，实际上是张居正在利用神宗的皇权威严，打压反对派。反对派遭此严重打击，从此一蹶不振，再也没有公开地反对夺情者了。在惩罚反对者之际，礼部尚书马自强、翰林院掌院学士王锡爵都极力向张居正求情，希望张居正能够宽恕，但都遭到张居正的婉辞拒绝。张居正深切知道，在此紧要关头，他必须将反对派以强硬手段打压下去。只有这样，才能继续手握大权，改革才能继续进行。为了达到这个目的，他只能不去过多在意同僚们的质疑和非议，甚至不惜采用暴力手段进行打压。

---

① 吴中行：《赐余堂集》卷一，载沈乃文《明别集丛刊第三辑》（第 86 册），黄山书社2015 年版，第 3 页。

② 章培恒、喻遂生分史主编：《二十四史全译·明史》（第 7 册），汉语大词典出版社2004 年版，第 4649 页。

③ 章培恒、喻遂生分史主编：《二十四史全译·明史》（第 8 册），汉语大词典出版社2004 年版，第 4923 页。

五、难以克服的历史局限：钳制言官

张居正对于反对改革和"夺情"的官员给予了严厉的处罚。不仅如此，与他们相关的人员也遭到了一定程度的打击。对科道官毫不手软的压制，也造成了极大的弊端。一方面，决策权统一到首辅手中，有利于统筹规划，保证政务的顺利进行；另一方面，也容易形成其专断的作风，过于自满。与张居正同时代的于慎行在谈到张居正之败时，不无感慨地评价道："万历初年，江陵用事，与冯珰相倚，共操大权，于君德夹持，不为无益……江陵之所以败者，惟在操弄主之权，钤制太过耳。"①《明神宗实录》里也说他"小器易盈，钳制言官"②。由于言官与张居正存在着尖锐的矛盾，因此在张居正死后，神宗对张居正清算时，言官上疏弹劾张居正者众多。更为重要的是，张居正在处理与其他官员关系问题上的失误，产生了极为严重的后果。张居正对于反对改革者，或者是反对夺情者，或者是在其他事情上与他相左者，都采取了打压措施。这不仅体现在对反对者的严厉惩罚上，还体现在惩处反对者的范围过广上。正是由于张居正在任首辅期间，没有处理好统治集团内部的团结工作，使得明朝统治集团出现了几种矛盾：第一，张居正在对反对派的处理上过于严厉，形成了朝臣与张居正之间的矛盾。张居正大权独揽，无人能够撼动，但是群臣的不满情绪日益高涨，形成了朝臣间的分化。第二，张居正对待其他辅臣的方式，形成首辅张居正与其他辅臣之间的矛盾。张居正在担任首辅期间，对于其他辅臣压制太过，"视同列

---

① 于慎行：《谷山笔麈》卷4，于纬明天启五年刻本，第16页b、17页a。
② 《明神宗实录》卷125，万历十年六月丙午。

蔑如也"①。政务不与其他阁臣商议，都决于自己。其他阁臣虽然侍之恭谨若下属，但是内心的不满早已不言而喻。也正是因为如此，他们对"张居正的改革未能达成很好的认同，为张居正卒后改革的终止、政治的纷乱等形成一定的推动力"②。这些矛盾错综复杂，张居正离世后，在神宗皇帝清算张居正时，彻底爆发激化。倒张运动之所以声势浩大，与张居正没有处理好这些关系是有直接关系的。也正是由于倒张运动的日益扩大，朝臣之间相互攻伐，明朝逐渐陷入到纷乱的党派纷争的泥潭中。这在一定程度上也加剧了明王朝政治的腐败，加速了明王朝的覆亡。

第三节　"穷经巨擘"郝敬

一、郝敬生平及仕宦经历

郝敬，字仲舆，号楚望，晚明汉水流域著名经学家和思想家。因世居湖北京山，故称"郝京山先生"。其父郝承健，字惟顺，号玉吾，生于嘉靖九年（1530 年），嘉靖四十年（1561 年）中举，后核授四川嘉定州学正。任职期间清正廉明，曾将官员聚敛的"河坝税"用于赈济贫寒学子。由于郝承健个性率真耿直，其仕途并不平坦，最高官职只做到直隶河间府肃宁县知县。后因母丧归乡，终老田园。郝承健对《诗经》

---

① 章培恒、喻遂生分史主编：《二十四史全译·明史》（第 7 册），汉语大词典出版社 2004 年版，第 4430 页。

② 南炳文、庞乃明主编：《"盛世"下的潜藏危机——张居正改革研究》，南开大学出版社 2009 年版，第 233 页。

《春秋》颇有研究，曾与同乡才俊组建诗社，与后来成为文坛领袖的李维桢相交甚好，曾命郝敬从李维桢受业。郝父的性格和学识，对郝敬产生了重要的影响。

（一）坎坷少年

郝敬是郝承健次子，生于嘉靖三十七年（1558年），郝敬天资聪颖，少时即有神童之誉，5岁即随父学习时文及经书。有明一代，程朱理学是科举取士的标准，可是郝敬自小就对朱熹注解的四书五经保持一种怀疑的态度，这种态度导致童子试四试不第，后得其父至交李维桢相助，25岁才得传诸生籍。可是也就在这一年，父亲郝承健病殁，自己又被诬作杀人犯身陷囹圄。郝敬在晚年所撰的《生状死制》详细记载了此事的经过："比府君丧，而邻有病叟与家奴善，过而饮食之。醉饱，一夕暴亡。其子来殡，有嗾之者曰：'盍讼诸？'又有嗾之者曰：'讼奴不如讼主，奴主方失怙，不赂我辈，得免乎？'余闻而诮之，逢其怒，其党蜂起。诬告余杀人。"[1]

《明史》所载，郝敬"幼称神童，性跅弛，尝杀人系狱"[2]，指的就是这件事情。父亲的去世加上冤案的拖累，郝敬穷困潦倒，幸得李维桢不负郝父所托，不仅为郝敬洗清罪责，还为郝家提供居所，在经济上给予极大的帮助。在李维桢的关怀下，郝敬从此"折节读书"，万历十六年（1588年）中举，次年进士及第。在郝敬的这段生活中，李维桢扮演了举足轻重的角色。晚年郝敬在《心丧记》中写道："先生贤我亲我者

---

[1] 郝敬：《小山草》卷九《生状死制》，载《四库全书存目丛书补编》（第53册），齐鲁书社2001年影印版，第161页。

[2] 章培恒、喻遂生分史主编：《二十四史全译·明史》（第9册），汉语大词典出版社2004年版，第5886页。

至矣，幼而多难，微先生则为釜中之鱼，机上之肉矣。"① 可以说如果没有李维桢的帮助，就没有后来的"穷经巨擘"。

（二）坎坷仕途

万历十八年（1590），郝敬被任命为浙江缙云县知县，但任期仅一年即改调他地。对此，郝敬自己解释道："缙云故岩邑，有要人焉，余以方刚试宰，政小急，要人不便。"② 从此中可以看到，郝敬因施政严切而导致人际关系紧张。改调到温州府永嘉县任县令后，郝敬吸取教训，不仅政绩颇佳，与地方名流士绅也建立了良好的关系，故三年后升任礼科给事中，郝敬在此任上一年，即因家事告假归家。回乡后在李维桢的帮助下建造房屋，安顿家小，又于京山西郊十里之外购得一块土地，名为"康乐坂"。这次归乡历时三年，直到万历二十五年（1597 年）回京，复补户科给事中，在这个职位上，郝敬极尽谏诤及纠察之责，屡屡陷入政治争斗，直到万历三十二年（1604 年）挂冠而归。

郝敬担任户科给事中时正值万历皇帝因屡屡受挫而消极怠工之际，倭寇侵扰，财政混乱，郝敬不负纠察之责，曾在十个月内连上谏书十二份弹劾奸臣。

万历二十四年（1596 年），山东税监宦官陈增贪横，为益都知县吴宗尧所奏，神宗并没有加罪于陈增。朝堂诸公噤若寒蝉，唯独郝敬挺身而出，他在弹劾陈增的奏章中写道："开采不罢，则陛下明旨不过为愚

---

① 郝敬：《心衷记》，转引自汤勤福《半甲集》（上册），生活·读书·新知三联书店 2010 年版，第 128 页。
② 郝敬：《小山草》卷九《生状死制》，载《四库全书存目丛书补编》（第 53 册），齐鲁书社 2001 年影印版，第 161 页。

弄臣民之虚文。乞先停止，然后以宗尧所奏下抚按勘核，正增不法之罪。"① 神宗置之不理。不久，山东巡抚尹应元也上书指责陈增的不法行为，惹得昏庸的万历皇帝勃然大怒，非但没有降罪陈增，反而重责尹应元，斥吴宗尧为民。面对这颠倒是非的裁决，郝敬再上言曰："陛下处陈增一事，甚失众心。"② 郝敬指出："开采一事，诸臣百言而皇上百不听"，"开采之役不停，内臣之差遣不罢，虽禁其勿扰，而实教之扰也"，甚至提出"乞将臣疏与宗尧所奏一并批发，臣言是，陛下鉴其直而有其死，臣言非，则诛戮之、斥逐之，亦足以毕臣之言责，彰陛下之英断。倘一概含糊留中不发，忠欵徒勤，天听愈远，疾痛呼而不应，蟊贼猖而不诛，日积月累以致天变人离，虽遍大地为黄金，尽河沙为珠玉，而瓦解之势成，天下之事去矣。然后取臣今日之言，追思之取今日败坏天下之小人而族灭之，亦何补于危亡之数哉？"③ 言辞激烈、咄咄逼人，矛头直指万历皇帝，也许是自知理亏，也午是良心发现，他没有对郝敬施以"廷杖"，郝敬也算幸运，只受到罚俸一年的处罚。

郝敬任职礼科与户科给事中期间，日本入侵朝鲜，明朝派兵援助，但出师三年，国用耗尽却徒劳无功。为解决军费问题，朝廷实行通货膨胀政策。为救民于水火，郝敬"数有所论奏"，《钦定续文献通考》收有郝敬《条议钱法》及请铸大钱等奏疏，可以看出他对钱法、理财亦有独到的见解。明朝的钱法朝令夕改，货币管理制度极为混乱，郝敬上疏条议钱法，提出了切实可行的货币方案：其一，责专官。明确提出根据国

---

① 章培恒、喻遂生分史主编：《二十四史全译·明史》（第9册），汉语大词典出版社2004年版，第5886页。

② 章培恒、喻遂生分史主编：《二十四史全译·明史》（第9册），汉语大词典出版社2004年版，第5886页。

③ 徐国相、王新命修，宫梦仁、姚淳焘纂：（康熙）《湖广通志》，崇文书局2018年版，第1178页。

家钱法行事，选廉干属官分理监铸货币，并每年差督钱御史巡视。其二，定规则。有司征税除政府规定起运照旧收银外，其余存留支放银钱各半，不许只收银不收钱钞；规定纳户可赴各铸局换钱，纹银一钱换 85 文，官给钱与铺户变卖按 83 文，铺户卖出限 81 文，百姓互相交易限 80 文；而交纳银一钱折合钱 83 文。如此，"民有微息无不悦从矣"。而国家支付薪俸，银钱各半，赃罚纸赎亦银钱兼收，或全收钱。郝敬提出，"敢有勒要全银，希图收耗者，巡按参究"。其三，广铸局。郝敬提出要量州县之数作为建冶钱炉多寡的根据，规定各冶局铸钱铜锡比例，规定铸钱重量。三年后铸钱多时再商议减局。其四，采铜矿。郝敬提出选择干练廉洁官员赴云南、陕西、四川、广东等地专理采铜矿事宜，禁缉私贩。由各省派遣人员领回所需官铜，回省转给各府铸造。其五，处工本。即规定铸钱成本，防止铸钱成本过高而亏损。其六，算岁息。按照铜一斤铸钱 130 文，85 文卖银一钱计算，各冶局按年将所获利息解送京师，以充实国库。其七，听贩卖。郝敬认为国家严禁民间囤钱贩卖，是因为制钱少，民不足用。而一旦广开铸局，则制钱多，贩卖者自然停息，因此不必严禁制钱贩卖。[①] 郝敬的提议不但周密详细，而且充分考虑到具体操作的复杂与难度，具有切实可行性。但万历皇帝虽然同意他的意见，却未依计行事，以致银钱钞问题越演越烈，难以收拾。

与每一个青年一样，年轻的郝敬也有一番治国平天下的雄心壮志，他刻苦钻研经世之学，严格遵守言官"侍从规谏，补阙拾遗"的职责，不畏强权，不顾生死，竭力维护朝廷法纪，提出了很多切中时弊的建议。时人曹学佺对郝敬的奏疏给予了高度的评价，准确地概括出郝敬奏疏的因时制宜，远见务实的特质。如果在政治清明的时代，郝敬很可能成为一位治世能臣。但在万历年间的政治环境，忠直之臣很难有所作

---

① 王圻：《续文献通考》（第 1 册），浙江古籍出版社 1988 年版，第 2874-2875 页。

为。再说郝敬的性格过于率直，他曾经公开弹劾首辅赵志皋，多次指陈皇帝的过失，次次锋芒毕露，处处不依不饶，逐渐为当权者所不容。那些凝聚着他的心血的奏疏多被留中不发，让他对时局越来越失望。他在《省中遣怀》和《省中寄王不疑》中已经流露出辞官归隐的念头。

万历二十七年（1599 年）郝敬在京官春考中被评为"浮躁"，降为宜兴县丞，次年改任江阴知县。面对浑乱的时局，郝敬痛心疾首地写道："祖宗养士二百余年来，未有阉然无气息若今日者。上既贱士，士亦自贱。不知天下后世谁执其咎。方今国家多事，根本未植，忠正之心膂日退，小民之膏血日枯。"①世风日益沉沦，郝敬深感痛心和无奈，他只能独善其身，用自己的行动做螳臂当车般的努力。即使在贬官江阴期间，他仍念念不忘教化民众，亲自口受父老子弟"圣谕俗解"。但期满后的"下下"考评及再降的官职让郝敬彻底失望，万历三十二年（1604年），46 岁的郝敬"挂冠而归"，从此潜心学术，再未涉足官场。位卑未敢忘忧国，直到天启二年（1622 年），这位家居京山的一介布衣又撰《天山评》，讨论应对辽东危机之策，其拳拳爱国之心，天日可鉴。

（三）名士风流

中国知识分子讲究"三不朽"，辞官还乡意味着"立功"的大门永远关闭了。对自己忠君报国却屡遭贬抑的仕宦生涯，郝敬以坦然替代了怨恨："余少壮有志恢弘先业，而中道颠踬，不能立功显扬所生，天也。其立德立言为贤人君子，以不辱其先，此自不关天。子孙有志，亦为之

---

① 郝敬：《小山草》卷 7《京邸报方大杨直指》，载《四库全书存目丛书补编》（第 53 册），齐鲁书社 2001 年影印版，第 106 页。

而已矣。"① 由"立功"转向"立言",这是政治上的退却,也是文化上的崛起。从万历三十二年（1604 年）辞官回乡到崇祯十二年（1639 年）终老田园,郝敬最后 35 年的生活可以以"筑园著书,不通宾客"八字来概括。他在"康乐坂"的基址上建造"康乐园",在那里开始谈到读书的田园生活,以另一种途径恢弘先王之业。《明书》中这样描述他对学术的痴迷:"堂不设宾席,凡点窜涂抹纸札,压匣中,每岁除夕,辄令侍儿以楮囊示客,衡之中石,相与大笑,曰:'聊以为豪永日也。'因号'书痴'自嘲。邑令至不识其面。婢侍圉仆,秃裙敝履,操作户外。枕藉图史,虽幽忧疾痛中不暂辍。"② 在这远离政治文化中心的乡野里,他也曾感到空虚寂寞:"迩年考槃在涧,一乡之士,既不能友;远方之朋,又不能来。风力弱,不能扶一羽,扬之水,不能流一刍。德孤而邻寡,内无佳子弟,外无三益友,离群索居,吾谁与并为仁乎!"③ 他也曾因不被人理解而心怀愤懑:"知我者惟鱼鸟,好我者惟泉石已焉哉! 世弃予,予亦弃世。"④ 晚年妻儿相继离世,著书立说成为他排遣凄凉孤寂的唯一途径。不管境遇多么悲惨,郝敬始终以传承先人之道为己任,化悲愤为力量,把自己的一腔热血挥洒在解经注经、传承文明的名山事业上。

　　随着年龄的增长,他感到自己将不久于人世。在 74 岁的时候,他召

---

　　① 郝敬:《小山草》卷 8《郝氏族谱》,载《四库全书存目丛书补编》（第 53 册）,齐鲁书社 2001 年影印版,第 127 页。

　　② 查继佐:《二十五别史·明书》,齐鲁书社 2000 年版,第 2536-2537 页。

　　③ 郝敬:《小山草》卷 9《生状死制》,载《四库全书存目丛书补编》（第 53 册）,齐鲁书社 2001 年影印版,第 163 页。

　　④ 郝敬:《小山草》卷 5《康乐园记》,载《四库全书存目丛书补编》（第 53 册）,齐鲁书社 2001 年影印版,第 86 页。

集家人为自己择日卜地，自题"明给事中郝敬之墓"。崇祯十二年（1639）的冬天，郝敬离开了人世，时年81岁。《湖北旧闻录》所记其临终行状也极富传奇色彩：

> 早起衣冠，晡忽不怿，命内外埽，沐浴隐几，连草八札别友人。亲旧咸来视，危坐榻，拱手欷别，语止，笑乘鲭车至西山，索笔题别墅柱云："升沉难定，但深壑藏身，夜半凭谁有力；来去自由，如惊风飘瓦，天公于我何心。"少顷色变，属纩绝而卒。①

纵观郝敬的一生，他少称神童但命途多舛，25岁险成刀下冤魂；年过而立混迹官场十余年，虽立志报国但为世不容，最终未成大器；后35年勤学苦思，笔耕不辍，终成"穷经巨擘"。他性格耿直、疾恶如仇，路见不平即拔剑而起，直言清议连皇帝和首辅也不留面子。他身上有十分浓烈的书生意气，这种气息在别人眼里就是狂狷、浮躁。他也曾想在政治舞台上践行孔孟之道，但十余年的宦海生涯让他对官场彻底失望，于是毅然挂印归家，从此笔耕不辍，用另一种形式拯救日益沉沦的世风。即使在学术研究中，郝敬仍不失狂生本色，阐释义理，不以阳明为宗，注经解经，剽削朱子之道。不拘成说、锐意创新成为郝敬著作的基本特征。"唯大英雄能本色，是真名士自风流"，此谚可谓郝敬人生的真实写照。

---

① 陈诗：《湖北旧闻录》（下册），姚原、邱蕤，杨晓兰点校，湖北人民出版社1999年版，第1733页。

二、郝敬的主要著述和儒学思想

(一)郝敬的学术渊源

在郝敬的学术生涯中，有三个人对他影响巨大。第一个是他的父亲郝承健，也许是血缘的关系，也许是言传身教的影响，郝敬不仅继承了父亲耿直不羁的性格，也继承了家学，在父亲的潜移默化下接受了最早的学术启蒙。

第二个是他的老师李维桢，郝敬在他的指导下学习辞章之道，顺利获得功名，踏入仕途。如果没有他在生活上的帮助和经济上的接济，就没有后来的郝敬。郝敬对他的老师十分崇敬，称"先生高才博学，为一代文章宗盟"，"德行道谊尤为一代词林人物之孤表也"，甚至说"自孔孟没而六经义理曲畅旁通者百不得一焉，经术与文章浑融一贯者万不得一焉，惟吾师兼之"。①学生对恩师的赞颂，不免有溢美之嫌。李维桢曾直言自己对郝敬的学术研究没有多大启发："余卤钝面墙，仲舆徒游久，於经无半字发明指授。"②这句话显得过于自谦，但确有合理的成分：李维桢的成就集中在文学领域，而郝敬毕生研习儒家经典，经学成就远高于自己的老师。

第三个是郝敬在永嘉任知县时结识的良师益友鲍观白。鲍观白，字士龙，浙江省归安县人，曾师从阳明弟子王畿学良知之学，又从唐一庵主致良知，其学术思想以承袭王阳明良知学为主，但无门户之见。万历

---

① 郝敬：《心丧记》，载黄宗羲《明文海》（第 1458 册），台湾商务印书馆 1982 年影印，第 322 页。
② 李维桢：《旧刻攟经解序言跋》，载黄宗羲《明文海》（第 1458 册），台湾商务印书馆 1982 年影印本，第 323 页。

十九年（1591）郝敬任永嘉县令时，鲍士龙为温州教授，郝敬慕名拜访，相互视为知己。

郝敬中进士前后，以撰写文章见长。他的八股文一度广为流传，成为士子的范文。与其同年进士的探花陶望龄对他的八股造诣给予极高的评价："吾同年郝楚望诸作，能投弃绳检，恣心横口，枯者必腴，死者必活，直透此机，何题可缚？"① 可是郝敬与鲍观白相交后，兴趣发生了根本性的变化，他们的论学遍及三教，无所不包，让年轻的郝敬视野一开，俗情一扫，学问体系逐渐完善，治学方向随即从应试八股转向经学和理学。

（二）郝敬的经学著述

鲍观白的出现，促成了郝敬学术方向的转变。二人切磋砥砺，不断迸发思想火花，郝敬当时对鲍氏之论不以为意，专注学术以后，才发现其立论之高妙。可见当时的论学为郝敬辞官后的研究打下了良好的基础。万历三十二年（1604 年），46 岁的郝敬"挂冠而归"以后专注学术，35 年笔耕不辍，成为著作等身的一代宗师。其著作数量惊人，价值极高，经史子集无不涉猎，但主要集中在经学方面，其中《九部经解》是他穷 20 年之力完成的得意之作。之所以名为九经而非传统所言的五经，是因为他在五经之外加上《仪礼》《周礼》《论语》《孟子》，合为九经，其书目为：《周易正解》二十卷、《尚书辨解》十卷、《毛诗原解》三十六卷、《周礼完解》十二卷、《仪礼节解》十七卷、《礼记通解》二十二卷、《春秋直解》十五卷、《论语详解》二十卷、《孟子说解》十四卷，合计九部共一百六十六卷组成。在各经解的卷前分别有归

---

① 陶望龄：《歇庵集》卷 16，台北伟文图书出版有限公司 1976 年版，第 15 页。

结其要旨的论文《读易》《读书》《读诗》《读周礼》《读仪礼》《读礼记》《读春秋》《读论语》《读孟子》各一卷，以上总计达一百七十四卷一百六七十万余言。

郝敬学问非常广博，著述相当宏富，在明代汉水流域诸学者中，著作数量仅次于陈士元。除《九部经解》外，还有《山草堂集》，此书分为内编十五种和外编十二卷，内编有《谈经》九卷、《易领》四卷、《问易补》七卷、《学易枝言》四卷、《毛诗序说》八卷、《春秋非左》二卷、《四库摄提》十卷附录一卷、《时习新知》六卷、《闲邪记》二卷、《谏草》二卷、《小山草》十卷、《啸歌》二卷、《艺圃论谈》四卷、《史汉愚按》八卷、《四书制义》六卷、《读书通》二卷，外编多为史学和唐诗品评著作，有《批点左氏新语》二卷、《批点史记琐琐》二卷、《批点前汉书琐琐》四卷、《批点后汉书琐琐》四卷、《批点晋书琐琐》、《批点三国琐琐》、《批点南史琐琐》、《批点北史琐琐》四卷、《批点旧唐书琐琐》四卷、《批选杜诗琐琐》四卷、《批选唐诗琐琐》二卷、《蜡谈游艺之怀》六卷，合计达一百五十二卷。

（三）郝敬的主要思想倾向与学术创新

郝敬曾这样总结自己的思想发展历程："早岁出入佛老，中年依傍理学，垂老途穷，乃输心大道。"[1] 中年之前，他醉心于佛老之学，曾在给朋友的书信中说："昔我堕无明障，轮回七道中，垂十五年，阅历众生多矣。惟有老兄一人，妙净不染，每蒙慈诲，拔济弘多。别后二载，

---

① 永瑢等：《四库全书总目提要》（第 24 册），商务印书馆 1923 年版，第 70 页。

嚼铁吞针，以日为岁。"① 随着对理学研究的日益深入，他对佛学的态度由笃信到怀疑，最后转向彻底批判。这和思想转变可能因为他宦游期间目睹官场腐败又无力改变，进而把世风日下归咎于佛学。中年他曾一度专注于理学，但随着研究的日益深入，郝敬渐渐对诸家学说皆不满意，遂决心致力于解经注经，"输心大道"，自成一家之言。这正是他晚年专注经学的原因。当《九部经解》这部集多年心血的大成之作完成的时候，他在《送九经解启》中写道：

> 经教之衰，亦无如今日者矣！三百年来，雕龙绣虎，作者实繁，而含经味道，羽翼圣真，寂乎无闻。是吾衿之羞，历代之阙典也。某一介腐儒，有志未酬，十卄闭户，揣摩粗就，而瓠落无用，抱璞求沽。盖道有宗盟，非关私读，如百川望海，岂辞来同？②

上述之"一介腐儒""揣摩粗就"只不过是谦辞而已，抨击先儒，标榜自身才是郝敬的本意。他自视甚高，认为三百年来只有他真正理解孔孟之言，圣人之道。如今"为往圣继绝学"之大任普天之下非他莫属。然而事实上，佛老之学对他的思想影响并未随其理学研究的确立而完全消失，其晚年"输心大道"的经学研究也始终没有脱离理学的影响。郝敬的理学思想，可以概括为以气与理原本无二亦无先后为基本观点，认为"性善又岂有二"，"离才情无复有性"，主张天理与人欲、心与身的相互依存、统一。又在继承阳明知行合一思想的基础上，倡导

---

① 郝敬：《小山草》卷7《报张熙台学博》，载《四库全书存目丛书补编》（第53册），齐鲁书社2001年影印版，第109页。

② 郝敬：《小山草》卷7《送九经解启》，载《四库全书存目丛书补编》（第53册），齐鲁书社2001年影印版，第114页。

"先行后知"说，突显行的价值和地位。

理气关系是中国哲学的基本命题之一。二程以后，"理"或"天理"的概念被提升为最高哲学范畴。在这个问题上，郝敬的观点与二程、朱熹明显不同。他认为，宇宙万物包括人身皆属于气，"天地之间惟气，人身亦惟气，人与天地相通亦惟气；无气，则两间为顽虚"①。既然天地万物一切皆气，气是世界的本源乃至全部，那么离"气"自然无"理"。再者理本身也属于气的一部分，只有通过对气的观察，才能得出"理"。郝敬认为气与理浑沦为一，不分先后，不可将二者人为割裂：

> 宇宙间浑是气，而理就气上会出。谓气生形，则可；谓理生气，必不可。形气有先后，理气无先后也。气有形，理无形。气通于有无之间。气之可见者，即理之可见也，气通有无，即理之一贯也。②

理气既不是对立的关系，也无先后的顺序，郝敬的这种思想显然在于指出没有虚空玄妙的理，真正的理落在人情事物之中，理无形无状，只有在对日用寻常事物的体勘、践履中才能体验到理的存在。

程朱理学认为性分为天命（理义）之性与气质之性，前者源于理，故是纯善的，后者源于气，故良莠不齐有善有恶。而在郝敬的思想中，由于理气原本为一，自然不能把性做二元划分，"性善又岂有二？"他认为性只是一个善，人类社会的不善行为，皆是习所致，于性无关。那么怎么才能避免不善的思想和行为呢？郝敬又提出以性化习、反习归性的

---

① 郝敬：《时习新知》卷1，载《四库全书存目丛书》子部（第90册），齐鲁书社1997年影印版，第735页。

② 郝敬：《时习新知》卷4，载《四库全书存目丛书》子部（第90册），齐鲁书社1997年影印版，第785页。

主张。让纯善的性成为有善有恶的习的主宰，使习远离不善而成为善，导向性习二者的和合为一。

沿着理气为一的逻辑发展下去，郝敬认为，心也没有人心与道心的分别。身与心之间是相互依存的关系。"舍身亦复无心"，一个真正意义上的人，既不是徒有其心，亦不是空有其身，他的身与心是统一的。鉴于当时大多数儒者重心轻身的观念，郝敬尤其强调身对于人的重要性。关于心，他说："人生惟一片气，气中藏一点灵为心。"① 他把身分为作为躯壳的血肉之身和作为性命、心的真身。没有性命、心的内涵，身只是单纯的血肉之躯；没有躯壳的存在，心则无处安顿。所谓身，便是合外与内、有形与无形、宅所与性命于一体。鉴于此，郝敬尤其强调养身。由于身具有这两层含义，养身也相应包含养血肉之身与养真身。前者满足人的欲望，后者树立人的道德。郝敬谓养身曰："养身者，将天地万物，无边光彩，一齐收摄向身来酝酿停毓，然后发生。有身而后有天地万物，无己是无天地万物也。"② 养身即在于让身成为它的全部含义，让身成为一个中心。一方面天地间一切生生之物向这个中心汇聚凝结，一方面又由此中心向外生成一切，最终使宇宙万物的一切均在身这个中心往来循环，生生不息。尤其难能可贵的是，郝敬的养身观没有单纯强调养真身，而是提出两者兼养，不可偏废。躯体不存，又何言养真身？在郝敬看来，"毁形灭情苦节"从来都不是合理的养身，人的欲望也有合理的成分，只能调停节制，而不是完全杜绝，天理和人欲之间不是完全对立的关系，而是相互依存、对立统一的矛盾共同体。

在知行关系上，郝敬认为，知是每个人心中与生俱来的道德良知，

① 郝敬《孟子说解》，载《四库全书存目丛书》经部（第161册），齐鲁书社1997年影印版，第45页。

② 黄宗羲：《明儒学案全集》（第17册），浙江古籍出版社2012年版，第1438页。

知不可离开行，唯有付诸于行的知才是真知；同样，行亦不可离开知，行要以知作为内在依据。因此知行两者在根本上是同一的。知行合一的基础即在于，一方面知包含了行，即它是所谓的真知；另一方面行以知为自身的起始而涵盖了知，它表现为德行。因此，知行合一的过程便成为一个不断化知为行，由行明知的过程。从这种思想出发，郝敬格外重视道德践履之中的修养问题，亦即为学的问题。为此，他提出学贵时习、时习新知、温故而知新、下学而上达等一系列为学主张。毫无疑问，这种对孔子教育思想的发挥正是郝敬知行思想的具体表述。在知行先后问题上，郝敬解释道，只有行能够让本然、潜在形态的知转化并呈现出来，使之成为明觉、现实形态的知。知是圣人、常人皆有的，与生俱来的天赋，但是圣人能够生知安行，常人却不能。学者和常人的心常常为无明所遮蔽，必须通过后天的学习行为才能将被遮蔽的灵心重新呈现出来。因此对于我们常人而言，行先于知，行的价值和地位与知同样重要。基于对行的重要性的肯定，郝敬提出了力行的主张，所谓"士必力行，然后知之"，即在寻常日用中践行孔子所言"入则孝，出则悌，谨而信，泛爱众，而亲仁"等具体行为，让人潜在的道德良知在日常生活中自觉呈现出来。这种思想，无疑是对王阳明"不离日用常行内，直造先天未画前"的进一步发展。

　　郝敬的学术研究，无论是理学思想还是经学思想始终都贯穿着一条主线：依循圣人之道而倡实事、实践。他说："盖大道无隐秘，六经无奥义，惟是日用子臣弟友之常，身心视听言动之间而已。"[1] 其反复阐述论证的不过是入孝出悌、与人忠信这些儒家基本的伦理准则。因此，郝敬的思想实际上非常单纯。他用简单的、基本的，甚至是常识性的伦理

---

[1] 郝敬：《小山草》卷9《生状死制》，载《四库全书存目丛书补编》（第53册），齐鲁书社2001年影印版，第164页。

道德知识去批判整个宋明理学，又以对这种常识性的伦理道德的践行去应对晚明思想中存在的不良现象。正因为如此，郝敬的思想又不免缺乏系统性、深刻性，亦因此缺乏必要的理论说服力。所以在某种意义上，与其说他是位哲学家倒不如说他是道德家。然而，郝敬后半生是因为仕途受阻，才将理想寄托于学术，并试图突破前人之谬，自成一家之言。他毕竟是科举出身的普通文人，其思想依然相对守旧，注定无法走在时代的最前端，引领当时的学界潮流。因此，他所创立的学说只是为了矫枉，最终没有形成完备的、可以让后人沿袭发扬的思想体系，连他自己也未完全按照这套思想去做事、做人、做学问。不过，郝敬对经典的钻研，以及他所提出的新观点，都使沉寂一时的经史之学焕发新的生机与活力，让人们看到一股新的学风从浮泛的气氛中脱颖而出。

三、郝敬的学术成就与身后评价

郝敬的学术成就，主要集中在经学和理学两个领域。实际上这两者相互依存、相互阐释，很难做明确的区分。郝敬晚年致力于"输心大道"的名山事业，所谓"大道"就是圣人的精神。这种精神潜藏在儒家经典之中，只有通过解经注经才能完整准确地表达出来。这样，解经注经便有了非同一般的意义。其目的不在于疏通训诂字句，而在于揭示经之中的孔孟思想和传承圣人的精神。进而通过对这种精神的发扬解决人生、社会中的种种问题。

郝敬在选择注释文本时，突破了"四书""五经"的传统注经体系，他在五经之外加上《仪礼》《周礼》《论语》《孟子》，合为九经，做《九部经解》。这在朱子《四书章句集注》占主导地位的情况下，无疑具有与宋儒立异的特色。之所以如此，在于郝敬对于宋儒将经典文本隐秘化、深奥化的现象极为不满。他曾比较"四书"中的各部经典：

> 学惟《论语》为正宗，荡荡平平，所谓若大路然也；《孟子》
> 七篇较精深，《大学》又深于《孟子》，《中庸》又深于《大学》，
> 始终本末，微显高卑，下学而上达，底蕴尽矣。宋人理学又高于
> 《中庸》，近代诸儒讲良知，又高于宋人，大都被浮屠空寂之说汩
> 没，以明心见性为断然不易，将天命人性在日用寻常者，搬弄成鬼
> 道，使人不可知、不可能，以为秘。圣学荒芜久矣，不可不亟
> 反也。①

（一）郝敬的《论语》注释

郝敬认为，《论语》在众经中地位最高。圣人虽未言性与天道，但
性与天道尽在所言之日用常行、文行忠信、《诗》《书》执礼之中。故郝
敬于九经最推崇《论语》。在他看来，《论语》为九经之菁华所在，是理
解其他经典的前提。

既然《论语》为众经之首，那么注释《论语》自然是"输心大道"
之关键。在郝敬看来，历代大儒的注释都未能准确阐释圣人的精神。郝
敬注经解经，也确有自己的特色，他不拘成说，对包括朱熹、王阳明在
内的先儒提出很多率直的批评。如《学而》"贤贤易色"章，朱子认为
"贤贤易色"、事父母、事君、与朋友交，"四者皆人伦之大者"，而郝敬
则认为四者不能并列，"贤贤易色"为后三者之出发点。在批驳朱子学

---

① 郝敬：《时习新知》卷3，载《四库全书存目丛书》子部（第90册），齐鲁书社1997
年影印版，第754页。

和阳明学的基础上，郝敬提出自己的思想主张。如他在解释《公冶长》"我不欲人之加诸我"章时，指出"行恕是心上事，在默识躬行"。

郝敬注经解经，与其说是注释，不如说是借注经之名表达自己的思想。他从未把研究重点放在训诂考据上，也没有满足于批驳朱王空疏、玄虚之弊，而是强调由虚返实，回归经典的治学理路，继而提出重实践、重实事的思想精神，并突出利用经典解决当下问题的现实意义。这种治学理路，无疑为晚明日益走向玄虚的学界注入一股清新的学术风气，让经典因顺应时代潮流而散发出新的生机与活力。

（二）郝敬的《诗经》研究

《诗经》对郝敬来说有特别的意义，他的父亲就是靠《诗经》通过乡试而获取功名的，可以说《诗经》学是郝家的家学。郝敬本人也认为五经当中《诗经》处于最为重要的位置，但先人的解释太过肤浅，有待进一步深化。郝敬当仁不让，他关于《诗经》研究的著述有《毛诗原解》三十六卷，《毛诗序说》八卷以及《谈经》卷三中的"《毛诗》凡五十四条"。由于明朝科举制度的限制，郝敬早年只能接触朱熹的《诗集传》的观点，中年以后，开始接触到《诗序》、毛《传》等不同的解说，思想发生了根本性的变化。他在《毛诗序说题辞》中开宗明义地写道：

> 夫说《诗》与说他文字异，他文字切直为精核，《诗》含蓄为温厚。《古序》得其含蓄，朱《传》主于切直，反以含蓄为凿空，三百、《古序》，无一足解颐者矣。人非赐、商，未可与言《诗》。余幼承师说，守功令，何敢自寻？偶阅《古序》，觉食芹美。人各

有心，问之同学，可则与众公之，若其否也，野人无知，博一笑而已，其敢有它？①

可见郝敬在青年时期就对《诗集传》心存疑惑。专注学术以后，他极力批驳朱子的《诗集传》，呼吁学界回归经典，重新认识《古序》的价值。这首先表现在对《诗》的功能作用的认识上，郝敬认为，诗固然可以和于乐舞，并以乐舞的形式咏唱流传，但是《诗》的根本功能绝非娱乐而在于劝善遏恶。朱熹"专以乐舞论诗，遍改《古序》"无疑极大地贬低了《诗》的价值，因此《诗集传》在出发点上就已经偏离了正确的方向。鉴于此，郝敬主张摒弃《诗集传》，重新回到以《序》明《诗》的轨道。

由于朱子解《诗》不尊《诗序》，主张纯就《诗》的本文来论《诗》，因此望文生义，提出《国风》中有多篇"淫奔之诗"。郝敬认为这种说法不仅贬抑了神圣经典，而且败坏了学风："朱元晦于《国风》诸篇，语稍涉情致，即改为淫奔，遂使圣人经世之典，杂以谐谑，初学血气未定，披卷生邪思，环席听讲，则掩口而笑，致使蒙师辍讲，父兄不以授其子弟，甚违圣人雅言之意，其关系岂浅浅哉！"②郝敬认为朱子所谓的"淫奔之诗"实际上是"和勤之音，性情之始，非发男女之事也"，其意在因情利导，使正常的感情得以宣泄。因此孔子"思无邪"之论，才是真正道出了《诗》的真谛。郝敬对朱熹的有力批判，对《诗经》后期的解读和传播产生了重要的影响。

对于赋、比、兴的解释，郝敬也有不同于前人的见解，朱熹总结历

① 郝敬：《毛诗序说》，载《续修四库全书》（第 58 册），上海古籍出版社 2003 年影印版，第 517 页。
② 郝敬：《毛诗原解·读诗》，载《续修四库全书》（第 58 册），上海古籍出版社 2003 年影印版，第 235 页。

代关于赋、比、兴解释，重新将三者定义为："兴者，先言他物以引起所咏之辞也。""赋者，敷陈其事而直言之者也。""比者，以彼物比此物也。"① 朱子以此为依据将各篇分门别类。对这种做法，郝敬也不以为然。他说：

> 诗言微婉，托物为比，陈辞为赋，感动为兴，三义合而成诗。朱子断以某诗为赋，某诗为兴，某诗为比，非也。诗有无比者，未有无赋与兴者。兴不离比，比兴不离赋。古注未达，而朱子以兴为先言他物，兴起所咏之事，则兴比何别？子云："诗可以兴"，岂谓其可以先言他物与？舛误难通，各章旧分赋、比、兴，今尽削之，学者自以义求耳。②

郝敬认为赋、比、兴虽是三种修辞方法，但在《诗经》具体作品中是不可分割的，"一诗三体"，应合而观之。因此，他将前人所标的三义完全删除，要学者自我探究。以《关雎》为例，郝敬说："《关雎》本比，而其所兴之情与所赋之事，已寓于雎鸠二语中。"③ 可以说，正是因为一诗三义说的存在，我们才可以一方面以《诗序》作为解《诗》的依据，另一方面又能从《诗》文本中观诗人之志，从而将这两者统合起来。与此同时，又正是因为一诗三义说的存在，《诗》还成为与其他经书不同的文本存在样式，这也决定了说《诗》者必须寻找到一种适合说

---

① 朱熹注：《新刊四书五经·诗经集传》，中国书店 1994 年版，第 2、3、5 页。
② 郝敬：《毛诗原解》卷 1，载《续修四库全书》（第 58 册），上海古籍出版社 2003 年影印版，第 250 页。
③ 郝敬：《毛诗原解·读诗》，载《续修匹库全书》（第 58 册），上海古籍出版社 2003 年影印版，第 234 页。

《诗》的诠释原则和方法。①

　　郝敬的《诗经》研究，指出了朱熹《诗集传》存在的诸多问题，他所提出的以《序》明《诗》、一诗三义等观点，很有独到之处。尤其是他对朱熹"淫奔之诗"的批判，一定程度上具有思想解放的意义。但是他过于拘守《序》说，难免"以经就传"，有的地方刻意反对朱子《诗集传》，以至于不能平心议论。他的《诗经》研究著作，是经学史上的一朵奇葩。

（三）郝敬的文学理论和史学成就

　　中外学者研究郝敬，多着眼于其经学和理学著作，其实他在文学理论和考据学上也有独到的见解。郝敬毕生研究四书五经，不仅不遗余力地注经解经以光大孔孟之道，对经典的语言、文字之美，郝敬也情有独钟。他认为经典之所以能广为流传，垂范后世，一个重要的原因是文字简单，语言通俗，妇女儿童都能看懂。因此，他认为读书人的文章创作，应该学习经典的文风。

　　明代后期，以"前七子""后七子"为代表的复古派垄断文坛，倡言"文必秦汉，诗必盛唐"，在散文创作中抛弃了唐宋以来文学发展的既成传统，走上复古的道路。郝敬坚决反对这种理论，他认为汉唐文辞根本不值得师法，恰恰是汉朝以后，文章慢慢地脱离了经书平易通俗的特征，流于华美的形式，失去了"文以载道"这一文学创作的根本目的。再说对汉唐文章的刻意模仿必然使文章丧失了新鲜感，使创作变得毫无价值。对经典作品的继承，不能仅仅局限于形式，而要继承经书中

① 董玲：《郝敬思想研究》，中国社会科学出版社 2011 年版，第 169 页。

具有深刻底蕴的本质内涵。

综合郝敬的文学理论，大概有以下三点：首先，文贵简易，秦汉文辞晦涩奇险，不值得学习，先秦四书五经及受其影响的诸子之文才是文章的典范，他对古文辞派在现实社会中所产生的影响深感忧虑，认为韩愈、苏轼的文章较好地继承了经典的文风，是科举士子应该学习的对象；其次，文以载道，时文写作不是单纯的科举考试答案，阐释义理，光大孔孟之道才是文章灵魂所在；再次，文必创新，泥古复古让才智平庸之辈徒事剽窃，所创造的全是文字垃圾，要赋予文章新的生命，必须推陈出新。

郝敬对历史学也有比较深入的研究。例如他研究《史记》的《史汉愚按》和《批点史记琐琐》两部著作，既在疏解字词、考订史实、辨析取材方面用力甚深，也对司马迁的思想观念、《史记》的体例和写作特色有很多颇有新意的评论。我们从中可以感受到郝敬渊博的学识。关于孟子师从的问题，由于《孟子》语焉不详，导致后世众说纷纭。司马迁说孟子受业于子思门人，刘向认为孟子是子思弟子。后学班固、赵岐、韩愈、施德操等皆附议于刘向。陈士元又从子思和孟子的年龄记载入手，得出了孟子和子思不在同一时代的结论，认为孟子师从子思门人。郝敬对孟子师从子思或师从子思之门人两种观点都予以反对，在陈士元考证基础上，提出孟子"学无专师"的观点。古来主张孟子师从子思门人的多依据《孟子·离娄下》"予未得为孔子徒也，予私淑诸人也"之语，郝敬认为这种观点同样是错误的：

> ……或谓孟子私淑子思之门人，非也。夫以伯夷、伊尹、颜闵、游夏犹曰，舍是此，何人而能以孔子之道开来，岂在尹、夷、颜闵下？而孟子顾没其师使后世无传乎？则其人可知也。善无常

主，学无专师，前章以庶民造端，此章以诸人缩毂，盖道惟人为付托，惟几希为私淑。故自任继孔子而不言其事，即无言之述，点识之旨也。几希抉其微伦物指，其实仁义挈其领旨，酒善言四事，博其趣，故孔子亦不言事，而但举春秋，以正人伦。七篇之言仁义，即春秋也，所以为私淑也。①

郝敬一生的学术研究精力主要集中于理学和经学。他站在传统学者的角度，认为史学是经学的附庸，以史求故之学是愚者所为。也许正是这种立场偏见，致使他虽广读史书，却少有精诣。但他以其渊博的学识，引经据史，经史互证，往往发先儒所未发，让人耳目一新。尤其是对孟子"学无专师"的考证，拓宽了考证思路，对后人很有启发。在明末玄虚空疏的学术氛围下，郝敬善用材料，搜罗毕具，以资考证，实为清代考据学开风气之先。然而郝敬在经学上造诣太深，名声太大，以至于其史学成就多为经学所淹没。

郝敬学识渊博，涉猎广泛，其著述之富，在汉水流域明代学者中仅次于陈士元。对这样一位学富五车、著作等身的大儒，学界理应给予高度重视，事实却并非如此。其文学和史学著作，由于流传不广，没有引起足够的关注。其倾注一生的经学事业，后世评价呈现两极化的倾向。这种现象在其作品刚刚刊刻时就已存在，如黄宗羲的《明儒学案》赞扬他"发先儒所未发"，"疏通证明，一洗训诂之气。明代穷经之士，先生实为巨擘"②，对其经学成就推崇备至。而同时代的钱谦益却对其著作造成的影响相当不满："近代之儒，肤浅沿习，缪种流传，尝见世所推重

---

① 郝敬：《孟子说解》，载《四库全书存目丛书》经部（第 161 册），齐鲁书社 1997 年影印版，第 166 页。

② 黄宗羲：《明儒学案》卷 55，载《黄宗羲全集》（第 17 册），浙江古籍出版社 2012 年版，第 1429 页。

经学，远若季本，近则郝敬，踌驳支蔓，不足以点兔园之册，而当世师述之。"① 尽管钱谦益认为郝敬的著作肤浅到连做学童启蒙课本的资格都没有，但其言语中也透露出时人取法郝敬者也不在少数。这说明在明末清初时，郝敬的经学研究至少得到了一定范围的认可和赞誉。但随着学风的转变，郝敬著作所受非议越来越多，清代乾隆年间修纂《四库全书》，对其著作一概不录，《四库全书总目》虽有介绍、评价，亦完全是严苛的批评，如谓《尚书辨解》曰："其说多与先儒异，盖敬之解经，无不以私意穿凿，亦不但此书为然也"②；谓《礼记通解》："得者仅十之一二，失者乃十之八九"③；又谓《孟子说解》："书中所解，往往失之粗犷，好议论而不究其实，盖敬之说经，通坐此弊，不但此书矣。"④总之，自作聪明、滥发议论、主观臆断、穿凿附会成为对郝敬解经的评语，而这种评语亦成为清乾隆之后学者们对郝敬思想的共识。自此以后，郝敬的经学著作连同儒学思想逐渐湮没无闻。

经过乾隆以来长时间的湮没，近年来，郝敬的著述及思想渐渐浮出水面。首先关注郝敬学术思想的是日本学者。如冈田武彦在《王阳明与明末儒学》一书中将郝敬列为与湛门派、东林学相并列的批判与复古派人物。他认为郝敬是以"复归古学而立论，并从这一立场出发彻底批判了宋明的理（性理）学"⑤，其为学之纲领可归纳为"实事实践"。进而指出："程朱性学是以事理之切要教导吾人，而陆王心学是以心之切要教导吾人，与此相反，吴苏原、郝楚望的气说则是以实践之切要教导吾

---

① 钱谦益：《牧斋初学集》（下册），上海古籍出版社 1985 年版，第 1707 页。
② 永瑢等：《四库全书总目提要》（第 3 册），商务印书馆 1923 年版，第 102 页。
③ 永瑢等：《四库全书总目提要》（第 5 册），商务印书馆 1923 年版，第 63 页。
④ 永瑢等：《四库全书总目提要》（第 8 册），商务印书馆 1923 年版，第 32 页。
⑤ 冈田武彦：《王阳明与明末儒学》，上海古籍出版社 2000 年版，第 284 页。

人。"① 新世纪前后，台湾学界也对郝敬产生了浓厚的兴趣。如张晓生在《郝敬儒学思想述论》一文中指出郝敬的儒学思想重视现实、强调践履，是与时代对话的结果，具备直面现实、"反映时代"及"反省时代"的特质。蒋秋华对郝敬的《诗经》研究给予了高度评价，也对郝敬身后评价的两极化现象做了合理的解释：在明末希望突破传统的风潮下，郝敬敢于提出新的注经方式，自然容易受到称誉。而清代乾嘉时期兴起的考据学风，解经重尚实据，对于抒发一己之见，以义理见长的经解，便很难受到青睐。郝敬就在这种学术风潮的转变下，接受颂扬与唾弃的起伏对待，其间的落差，确实令人怅叹。② 在中国大陆，郝敬家乡学者也开始关注这位被黄宗羲尊为"穷经巨擘"的明末大儒，如董玲认为："郝敬本人不仅充当了晚明思想的批判者角色，亦充当了明末清初返虚入实的努力者的角色。同时，他的思想不仅是对宋明理学进行反思的体现，亦未尝不是明末清初学术思想的先声。"③ 对郝敬承前启后，开风气之先的学术地位给予高度的评价。总体看来，近年中外学者对郝敬的研究越来越多，评价也日趋客观。相信随着研究的深入，这位大儒的深邃思想和学术地位将得到更加广泛的认可。

后人对自己的是非毁誉，郝敬似乎早有预感，他曾谓："知我者惟鱼鸟，好我者惟泉石已焉哉！世弃予，予亦弃世。"④ 真是无私无求，无畏无惧，损益毁誉由人！世人弃我，我何尝未弃世人？淡泊明志，宁静致远，惟其不惧弃，方其人难弃！自己著述的目的是"锲之家塾，梾而

---

① 冈田武彦：《王阳明与明末儒学》，上海古籍出版社 2000 年版，第 11-12 页。
② 蒋秋华：《郝敬的诗经学》，《中国文哲研究集刊》第 12 期，中研院文哲研究所 1998 年印。
③ 董玲：《郝敬思想研究》，中国社会科学出版社 2011 年版，第 202 页。
④ 郝敬：《小山草》卷 5《康乐园记》，载《四库全书存目丛书补编》（第 53 册），齐鲁书社 2001 年影印版，第 86 页。

藏之，诒我子孙"①。无论是非毁誉，对祁敬而言都是多余。世人不理解他并不要紧，因为他根本不需要世人的理解。

第四节　李维桢与晚明文学

一、李维桢生平事迹述略

（一）李维桢其人其德其风

李维桢，字本宁，号翼轩，自称角陵里人、大泌山人，湖北京山人，为"末五子"之一，是公安派、竟陵派的前辈。李维桢一生历经嘉靖隆庆万历泰昌天启五朝，足迹遍布大江南北，交游广泛，生活阅历丰富。他亲身经历了晚明社会政治、文化的种种变迁，对于当时不同地域、阶层、流派的思想既有深入全面的接触与了解，又有兼容并蓄的碰撞化合。对于李维桢的生平志趣，可供参考的文献较少，较为完整的记载包括张维任的《太史公李本宁先生全集序》及李维桢的《小草三集自序》，均见于大泌山房集（一百三十四卷）卷首，另《明史·文苑四》有李维桢本传，钱谦益的《南京礼部尚书赠太子少保李公墓志铭》大致记载了其生平活动。

李维桢天生聪慧，过目不忘，从小即受到良好的教育，13 岁中秀才，18 岁中举人。22 岁时，考中进士，选庶吉士，授编修。在史馆，其

---

① 郝敬：《小山草》卷 8《郝氏族谱》，载《四库全书存目丛书补编》（第 53 册），齐鲁书社 2001 年影印版，第 127 页。

学识受到同僚的肯定与称赞，将他与同馆许国齐称："记不得，问老许；做不得，问小李。"① 在翰林院期间，李维桢为仁圣皇太后修巨马桥，撰写的碑文受到首辅张居正的赏识。文坛领袖王世贞将其列为"末五子"之首，期许映带一世，衣被千古。万历三年（1575 年），《穆宗实录》修成，李维桢由编修升为修撰。当时李维桢年仅 29 岁，如能以此趋势发展，他似乎有入阁拜相的可能。然而，就在升修撰不久后，李维桢被外放为陇西右参议。虽是由从六品之修撰升为从四品之参议，但其发展前景却远不及在翰林院。在赴陕西的途中，两个儿子又相继夭亡。如此厄运，令李维桢对以后的仕途深感恐惧。正如他所预感到的，他的宦途以此为转折点，不再如年少时的一帆风顺，而是屡遭挫折。在其后四十余年间，李维桢辗转于大江南北，所至之处，危险重重。仕途萎顿，李维桢由繁华的京城去到荒凉、战事频繁的边塞，其心境的落差可想而知。

万历二十六年（1598 年），李维桢由江西参政升四川参政，负责督办朝廷采木事宜。李维桢一到其驻地夔门，即拜祭江神，祈祷采木工程的平安顺遂。作为一个有责任心的官员，李维桢看到了当地百姓在采木、兵事、旱疫等的重重压榨下，已经是不堪其重、饥寒交迫了。李维桢想到自己此行目的，只能是加重百姓的痛苦，万分无奈，情难自禁，在墨池上写下"惟寂惟寞，自投于阁；爱清爱净，无作符命"，清晰地透露出其迷茫失望、期待隐退江湖、不愿做官的情绪。

好友于慎行对于他的遭遇报以深切的同情，在其《后赠李本宁歌》中描绘深切："李君李君，汝今坎壈何甚哉。七命藩臣二十载，朝天又奉除书回。忆昔蓬莱开内院，翩翩二九凌霄汉。大者为相小乃卿，君乎锻羽来何晏。"皇天浩荡，但一日遭遇刻薄寡恩，就是天上人间，天壤

① 章培恒、喻遂生分史主编：《二十四史全译·明史》（第 9 册），汉语大词典出版社 2004 年版，第 5885 页。

之别。除李维桢外，其同年好友大多数没有离开史局而晋升较快，大者为相，小乃卿。据《万历野获篇》记载，与李维桢同榜进士中，赵志皋、张位、陈于陛、沈一贯、王家屏、朱赓、于慎行等7人均登阁拜相，而李维桢却被放诸江湖，宦海沉伏，一蹶不起。

从万历三年开始，李维桢七命藩臣，历经陇西右参议、陕西副使、秦督学使、河南左参政、江西右参政、四川左参政、浙江按察使等职位，走过烽烟四起的戈壁荒漠，也踏过瘴疠弥漫的深山老林，几乎遍履大江南北、长城内外。从万历九年（1581年）到万历二十七年（1599年）的18年间，李维桢官只升了一级，由从三品之参政升到正三品之按察使。从万历九年（1581年）到万历三十五年（1607年），李维桢当了26年的参政。

李维桢遭此宦途坎坷的原因，大致有二：其一是声誉过隆，遭人嫉妒。李维桢在史馆"斐然号良史"，其才华又受到首辅张居正的赏识，而当时文坛领袖王世贞对他也是赞誉有加，将他列为"末五子"之首，并曾赋诗对他寄予厚望："雄飞岂复吾曹事，狎主凭君异日盟。"（《李本宁大参自楚访我弇中经别二章》其二）尽管李维桢屡遭弹劾而辞官归田，但声誉反而比以前更盛。在王世贞、汪道昆相继谢世后，李维桢成为文坛新一代的领袖。如此盛誉令海内谒文者趋走如市，但同时也惹恼了某些当朝权贵。

其二是正直敢言，不阿权贵。李维桢深受其父及岳父影响，为人处世不畏权势。其父李淑性情耿直，不愿攀附当朝权贵，曾拒绝严嵩的召见，"江西重相严曰：'闻楚有才士李某者，吾乡人也，能一见我乎?'公逡巡谢，弗肯往"［王世贞《五华李公（李淑）墓志铭》］。李淑祖籍江西吉水，是严嵩的同乡，本可借此同乡之谊投靠严嵩，作为升迁的捷径。可是李淑不屑与之为伍，拒绝了严嵩的示好。此后严嵩利用权势，处处压制李淑，以至于李淑虽精明能干却无法升迁，被迫辞官归田。其父如此，其岳父亦如是。其岳父王宗茂是嘉靖朝有名的直臣，与杨继盛、沈链、徐学诗等一起弹劾严嵩，嘉靖三十一年（1532 年）被贬为平阳县丞，不久辞官归隐。真乃宁为玉碎，不为瓦全。

　　物以类聚，人以群分。在其父辈的耳濡目染、潜移默化之下，李维桢为人处世如出一辙。如万历十年（1582 年），沈懋孝主考南京，不慎取中张居正的亲戚，遭人诽谤而被谪。此时张居正已败，然而李维桢并没有害怕卷入张居正事件，毅然上书为沈懋孝鸣冤。此外，李维桢为人坦荡磊落，快人快语而不拘小节，一些不合时宜的言论在刻意传播下，不期然就得罪了当朝权贵。据《明史》刘台上疏劾辅臣张居正文中曰："编修李维桢偶谈及其豪富，不旋踵即外斥矣。"[1] 对于李维桢这种直言不讳、无所顾忌的个性，妻子忧心忡忡，一再劝诫他说：君与人交道一般却坦诚交言，荡荡磊落，心无猜忌，一旦遇上别有用心的人，就容易留下不可挽回的祸患。好友陈于陛反复规劝他一定要谨言慎行、慎言寡交，但他却从来都是充耳不闻，最终导致仕途惨淡，历经官场坎坷。

（二）李维桢对待山人特殊的情怀

　　在一个非常注重名分、等级的社会，看重门阀、对等交往司空见惯，无可厚非；而超越阶层、无视差别则往往被视为另类。李维桢却恰恰是另类中的大员。终其一生，李维桢都没有囿于门户之见及传统士大夫的等级观念，而是以志同道合、知己知心、心心相印为念，交友范围非常广泛，就隆庆万历间文坛而言，前辈如王世贞、汪道昆、张九一、

---

　　[1]　章培恒、喻遂生分史主编：《二十四史全译·明史》（第 7 册），汉语大词典出版社 2004 年版，第 4637 页。

张佳胤、吴国伦、王世懋等，同辈如于慎行、汤显祖、屠隆、胡应麟等，后进如袁宏道、钟惺、谭元春等，与李维桢均交情匪浅。除此之外，特别值得推重的是李维桢对待山人和布衣特殊的情怀。同声相应，同气相求，唯有灵犀方能相通，李维桢的交游对象中占较大比重是山人等布衣之辈。后人评价他"宾客杂进"，"交游猥杂"，即源于此。

有明一代，随着人口的增长，科举制度的发达，读书人日渐增多，但科举的录取名额却没有相应增加。在僧多粥少的环境下，大量士子或在科举中失利，或不满于科举制度，于是弃举学诗，山人队伍迅速膨大。到万历之季，甚至出现了山人遍天下的奇特社会现象。李维桢为人乐易阔达，重气轻财，与人交往不论其身份地位，因此山人多愿与之结交。李维桢对待山人的态度着重表现在以下四个方面：

一是淡化出身地位，奖掖提携山人。李维桢宦迹遍布大江南北，每至一处，均与当地的山人结交，在其《大泌山房集》中，收入了大量为山人而作的诗序、寿序、墓志铭、象赞、题跋等。

二是李维桢出于思想上的独立，对山人有其自己的评价标准。在李维桢看来，布衣崛起，无所因籍，方是山人本色，而一些世家弟子、太学生自称山人，则名不副实，不伦不类。李维桢对于混迹于山人中的纨绔败类嗤之以鼻、深恶痛绝，认为他们既无真才实学，又无胸襟品德，为人虚诞放肆，拨弄是非，导致士大夫讳与山人交。但真正的山人如汪明生之辈与他们则截然不同，真正的山人生活是素净雅致的，精神是自由洒脱的，人格是独立真诚的。

三是李维桢一生中结识了大批大江南北有才华的山人，成为更让他引以为豪的乐事，"江都陆无从、吴门张伯起、王百穀，新都汪仲嘉，余皆与之游"[①]。吴兴吴允兆与李维桢久已相知，但相见恨晚。过了不

---

① 李维桢：《大泌山房集》卷35，明万历刻本，第14页b。

久，李维桢客居金陵，吴允兆听说之后，专门买船前来拜访，二人聚谈三个月才离开。吴梦阳，字允兆，归安人，秉性强直，不避权贵，有《射堂诗钞》。这些人均才华横溢，闻名于世，李维桢能皆与之游，可谓是非常难得。

沈德符《万历野获篇》对李维桢好与山人交游的原因有所揣测："此辈率多儇巧，善迎意旨，其曲体善承，有倚门断袖所不逮者，宜仕绅溺之不悔也。"① 沈德符认为山人与李维桢交，完全不是为了以文墨糊口，而是因为山人擅长奉承，能投其所好，蒙蔽迷惑了李维桢。其实，就曾有山人毫不客气地批评过李维桢："公才不逊古人，亦落弇州、大函窠臼耶！"（钱谦益《列朝诗集》丁集下"程布衣可中"）。此人名程可中。程可中去世后，其子因家贫向李维桢求助，李维桢割润笔之资助其渡厄，可见其胸襟气度，并非好谀之人，反倒是一腔热血的侠肝义胆。李维桢在《戴瞻侯题辞》中说："'亿兆之人，无官者十居其九，岂皆高士哉？' 今之所谓高士者，皆名山人。而山人多以诗自高，要以冀荐绅唇齿为糊口计。"② 李维桢对与山人交往自有分寸，还是有清醒判断的。

李维桢正是因为悯世爱才，既欣赏山人的才情，又同情山人的困境，方才提携山人。李维桢非常重视与山人间的真挚友情，晚年客居金陵时，他在《赠陆无从》一诗中说"幸托布衣交最贵，罢官殊胜上扬州"，是山人在他人生的困顿坎坷关头，给了他难得的陪伴、温暖和慰藉。

---

① 沈德符：《万历野获编》（下册），文化艺术出版社 1998 年版，第 626 页。
② 李维桢：《戴瞻侯题辞》，载陆云龙等《明人小品十六家》（下册），浙江古籍出版社 1996 年版，第 379 页。

（三）李维桢的平实豁达人生

达则兼济天下，穷则独善其身，这几乎是中国古代知识分子的不二选择。万历中后期，政治日益腐败，朝野上下隔绝，官府矿税横征，缙绅官僚树党，明王朝走向它最黑暗迷乱的时期。儒家兼济天下的清明社会环境已经消失，大量士人不再愿为了微薄的俸禄而远离故土亲人，卷入官场的纷争，忍受官场种种繁文缛节的束缚。他们开始追求一种自适的生活，有的专注于适情适性，有的专注于适时适世，以期把自我与社会相对隔离开来，达到自我满足、自我实现的目的。譬如著名的公安三袁之袁中道所追求的是适意："人生贵适意，胡乃自局促。欢娱极欢娱，声色穷情欲。"① 他的适意，在于对感性生命的追求，纵情享乐，放纵欲望，极一时之欢娱。袁宏道则更羡慕适世之人，他在给徐汉明的书信中说："其人甚奇，然亦甚可恨。以为禅也，戒行不足；以为儒，口不道尧、舜、周、孔之学，身不行羞恶辞让之事，于业不擅一能，于世不堪一务，最天下不要紧人。"② 袁宏道向往这种完全不问是非、与世推移，随波逐流，放弃社会责任，超脱自由的生活方式。在写给友人的信中，他每每述说当县令身不由己、进退失据之苦，每每畅想飞鸟归林、池鱼回渊的快乐，后终辞官。

而李维桢却大大不同。对于仕途的不顺，李维桢不无委屈和伤痛："金紫参藩二十余，白头林下奉除书。少年颜驷空成老，圣主恩深汉不如。"（《丙午晋中除夕》）一个"空"字蕴涵了万千感慨与委屈，表达出了无限的无奈和哀伤。作为馆阁文人，李维桢的可贵在于：当儒家兼

---

① 袁中道：《小修诗注》，崇文书局 2014 年版，第 72 页。
② 袁宏道：《袁中郎诗文选注》，任亮直选注，河南大学出版社 1993 年版，第 325 页。

济天下的理想破灭后，他能怨而不怒，顺其自然地转而向道家、佛家寻求心理慰藉，他畅游天下名山，在佛教圣地五台山的晨钟暮鼓中体悟到"心自清凉境自幽"的禅境。

与三袁有所不同，尽管他有时也想超越礼法的束缚，也想挣脱官场的羁绊，但儒家教义对他一生都有着坚韧的约束力。有时因种种缘故解职了，获得了暂时的自由和心灵的放飞，可一旦朝廷征用，他必然放下闲雅自适的生活去完成其社会责任。因此，他只能在个体生命的满足与社会责任的承担之间寻求一个平衡点。而这个平衡点的坚定则昭示出李维桢道德精神境界的本相与高度。对此，有明一代文化大家王世贞称赞他"进而不夺其才，退而不夺其志"，做官时则在其位谋其政，政务之余则专心著述，悠游山林。李维桢没有一般腐儒的假清高，从不自持为翰林学士的身份而轻视吏事，也没有世俗懦夫的逃避软骨，不因命运多舛而荒于政务，而是兢兢业业做好本职工作。事实上，李维桢拥有经世致用的才干，早在阁试时的策论如《春和赈贷议》《闽广善后事宜议》等文中即显现出来。

李维桢的坚毅平实、百折不挠体现在他人生不同阶段的方方面面。在他浮沉外僚的几十年间，他认真做好刑名、钱谷、版筑、甲兵等与著书立说完全不同的工作。万历三年（1575年），参议陕西，驻扎和昌，为抵御吐蕃的入侵，增筑城墙北部，开东西北三门，并建楼其上。这是其胆识才干的佐证。万历六年（1578年），督学关西，视察宁夏儒学时，发现宁夏诸生无廪食，乃提出创议，希望能改善诸生的待遇。这是其关注人才、体贴民生的体现。万历二十八年（1600年），任浙江按察使，时逢浙妖赵一平、陈天宠、王氏叛乱，在其他官员互相推诿之际，李维桢挺身而出，与徐、淮备兵使互通有无，平定了叛乱。这是其智勇双全、勇于担当的体现。万历三十四年（1606年）至万历三十七（1609

年）年间，李维桢在山西任参政、按察佥，以断案才能及爱护百姓受到当地百姓的称赞。期间，他选拔人才，编纂《山西通志》，并亲自加以考核，得到了很高的评价。此外，李维桢曾多次入闱比士，为朝廷选拔人才。因为能公正无私，唯才是举，其门生大多闻名一时，如陈长祚、叶向高、顾起元等。在《小草三集自序》卷首中，李维桢自述了将文集命名的原因："名之曰小草，云'处则远志，出则小草'，取晋人语自嘲尔……草自小耳，不出山与出山何异?"① 远志、小草本是一种药草的两种名称，"处则远志，出则小草"的典故出于《世说新语》，李维桢以小草自喻，自比于东晋不愿出仕的谢安，愿隐居山林，专心著述，以此成一家言，传声名于后。对于官位权势，他并不眷恋，反而认为这些会妨碍著述，阻碍传声名于后世的理想。当他解甲归田时，不同于一般不得志之文人才子浸淫酒色，而是"帘阁据几，焚膏秉烛，捃摭旧闻，钻穴故纸"（钱谦益《南京礼部尚书赠太子少保李公墓志铭》），精心钻研学问。他在《小草三集自序》中叙述家居生活："独不胜杯酌，不善博弈，不问家人生产作业……取所藏书，校雠讽诵。"② 因此他的文名日重，即使杜门在家，也有许多文人特意到其家向他请教。

当年，为李维桢带来最大荣耀和声名的是其宏大有才气的文章，据传求他文章的人络绎不绝，他也尽量满足别人的要求。他的文章有的被铭刻于碑石上，有的被雕版付印，传至各地，一时被奉为可居奇货。其门人招富商大贾，收取其金钱，代为请求，李维桢总是孜孜不倦地为他们撰写，名声日高，并持续四十年而不衰。令人遗憾的是，这些文章大多是应酬文章，格调不高。

回归自然、豁达无累是李维桢人生超迈洒脱的标志。在政务之余，

① 李维桢：《大泌山房集》自序，明万历刻本，第 2 页 b、3 页 b。
② 李维桢：《大泌山房集》自序，明万历刻本，第 1 页 b。

李维桢也不乏忘情畅游山水的时候。他的足迹遍及大江南北之名山胜水，甚至在七十岁时还入岭南，览羊城、龙编、魏沱、陆贾、安期生、葛洪诸胜迹而归。即使是杜门在家，也将读书处修建于环境清幽的观音崖，古木峭壁，高瀑竞响。李维桢与乡中隐士优游其间，敲棋呼卢，相与酗饮，或踞石而卧，掬泉而浣，倚杖放歌。远离尘世的喧嚣，忘记世俗的纷争，忘情于山水之间，岂不乐哉！

　　李维桢的真正传世之作和对传统文化的贡献是他的文学批评、文学思想和诗歌创作。

二、李维桢的文学批评

（一）李维桢对竟陵诗派和公安派的正面肯定

　　张惟任的《太史公李本宁先生全集序》以复古为中轴，将明代文学的杰出代表称为"五宗"：李梦阳、李攀龙、王世贞、李维桢、汪道昆。作为被认为是后七子派"一宗"的李维桢，公开情况下对竟陵派和公安派也似乎没什么不满，这似乎很有些文如其人的印记。在《大泌山房集》卷二十《郭原性诗序》中他说："《三百篇》亡，而楚人《离骚》出，自我作祖，不傍门户。迩日公安、江陵诸君子称诗，能于《三百篇》外，自操机杼，无论汉、魏、六朝、三唐。今得原性羽翼接响。惟楚有材，讵不信哉！"[1] 似乎赞赏两派能独自立标、别开生面，而不随人后，并为楚地人才众多高兴。在卷一百三十二《二陵杂著跋》中，他称赞李贽、袁宏道"两公才高一代，识贯三才"，又批评效法之者，"后进好事，无晋江之奥衍，袭其僻；无公安之新丽，仿其率。初犹东家效

---

① 李维桢：《大泌山房集》卷20，明万历刻本，第28页b。

颦，久乃逢蒙射羿矣"①。肯定李贽的奥衍与公安的新丽，也明白无误地道出二者分别存在的僻奥与粗率，将李贽和公安派的特点和缺点分开，并未一棍子打死，而将批判的锋芒指向了弃长学短的末流，显见得他对末流画虎类犬、误学盲从的切骨之恨。在卷九《宋元诗序》中，他将曾为《宋元诗选》作序的袁宏道和王世贞、胡应麟等后七子派人士合称为"二三大家"，也主张"一代之才即有一代之诗，何可废也"，提出他"宋诗有宋风，元诗有元风"的观点。在他看来，尖锐对立的公安派和后七子派之间似乎也有内在精神与灵魂的相似与共识之处。

在《董文岳诗序》中李维桢也提到了袁宏道，虽然是借用杨万里的评价，巧妙地说明对学古所应采取的态度：既不能不学古，又不能泥于学古，即他所言的，要"学无常师，而后庶几风雅"。他要以此"叩会中郎"，当然也有和袁宏道讨论正确的作诗之法的意味，但并未撕破面皮，只是旁敲侧击，至于将董和徐渭的为人、作诗比较，认为"非伦"，似乎也无贬义。唯独一次例外出现，在《徐文长诗选题辞》中，李维桢对袁宏道极推徐渭诗为明人第一的做法大加嘲讽，借"大雅之士"之口称其是"逐臭嗜痂，不可为训"，接着阐明他的诗文主张："夫诗文自有正法，自有至境，情理事物，孰有不经古人道者，而取古人所不屑道，高自标帜，多见其不知量也。"② 在这里，严厉无情到极似苛刻，其旗帜鲜明的尖锐已经是掩抑不住了。

李维桢的文学批评往往都是温文尔雅、大度温和的，他对年辈更晚的竟陵派，其正面提到的文字也都很温和宽容、理性客观，并无突兀的恶词。《大泌山房集》卷二十一《玄对斋集序》乃为钟惺作，他赞赏钟惺重视传统底蕴，能真复古，"而汉、魏、六朝、三唐人语，若起其人

---

① 李维桢：《大泌山房集》卷132，明万历刻本，第30页b。
② 李维桢：《大泌山房集》卷132，明万历刻本，第17页a、b。

于九京，口占而腕书者"①。又赞赏其不愿以文人终身的志向，字里行间奖掖推重后辈之意昭然若见。

在《谭友夏诗序》中李维桢表现出与谭友夏的同调共识，表达了对李攀龙的肯定赞赏："友人谭友夏尝序钟伯敬诗，谓：'子亦口实历下生耶?'不知者河汉其言，而余窃以为独知之契也。轮扁不云乎，古之人与，其不可传也，死矣；今所读书，古人之糟粕耳。取糟粕而为诗，即《三百篇》、汉魏、六朝、三唐清言秀句，皆若残津余沫，而何有于历下。"对谭友夏求新的倾向表示赞赏，同时又称赞其作品，"友夏诗无一不出于古，而读之若古人所未道"，并概括其理论为学古而能求新，师古而不泥古，相反是别创一格，古为今用，进而别开生面，别成一体："友夏持论类此，宜其诗之不为今人为古人，不为古人役而使古人若为受役也。"② 如此看来，他又似乎能从创作实践出发，抓住竟陵派作诗的特点，而不用七子派的习惯立场与方式来评论与之不同类的竟陵派，而能直面现实，尊重他人的特点。难能可贵的是，他居然能对批判（"口实"）李攀龙的钟、谭大留余地、有所欣赏，看来，其宗派学门观念是比较淡薄的。"因此，仅从李维桢正面提到公安派、竟陵派的文字，不大能看出他的厌恶，反而能看见他的欣赏。"③

（二）李维桢对当世文学的批评

从为人处世看，毫无疑问李维桢更多的是淡然自处、外柔内刚，而从其文学批评的尖锐看，有时却恰恰相反，虽不好说锋芒毕露，却也刚

---

① 李维桢：《大泌山房集》卷20，明万历刻本，第18页a。
② 李维桢：《大泌山房集》卷23，明万历刻本，第5页b、6页a。
③ 冯小禄：《明代诗文论争研究》，云南人民出版社2006年版，第356页。

肠嫉恶、掩抑不住。特别是对于群体性的文坛恶劣现象，他常常疾言厉色，多次批判。不仅如此，难能可贵的是，李维桢往往敢于将批评的锋芒指向自己所在的阵营，勇于自我解剖。大约在公安派未起之前，李维桢批判的对象主要是后七子派的模拟末流和越来越多的山人，又常常将他们并论，认为他们搅乱了诗坛。因关此两者都与李维桢本人身处的后七子派有关，所以后人将他对此的批判称为"自我"批判。

李维桢的批评集中在三个方面：一是对当代诗歌泛滥和诗人泛滥进行尖锐批评。他对遍地皆称诗人的局面，不以为"盛"，反以为"衰"，体现了他深刻的洞察力和思想理论上的清醒。

> 盖今之能为诗者，所在而有。其法取嘉、隆以来诸公，上及三唐而止，不能求诸六朝、汉魏，安问三百？其材取诸诗而止，不能求诸史与子与经；其体五七言律而止，不能求诸乐府、骚、雅；其人则游大人以成名，或广引侪类，互相标帜，而酒人博徒，跳浪恣詈，迫胁士大夫以张其声誉。诗道之衰，莫斯为甚矣。①

这是批判后七子派的末流固守门户，只是取法当代名人，不能放眼古今；学识浅薄，不能博采广收；才具贫乏，却善于相互抬举，呼朋引类，不能为真正的古文辞。在《董文岳诗序》中，他也批评了后七子派末流这种格局狭隘的拘守做法，"韵必沈休文，格必大历以上，事必无使宋以后，卒不能自振拔，与李杜并驱。此无他，学李杜而失之者也"②。这些本是七子派首领向大众推行的诗歌理念，但真到了末流那里，他们就不明所以，手舞鸡毛当令旗，无所不用其极，致使物极必

---

① 李维桢：《大泌山房集》卷 23，明万历刻本，第 16 页 b。
② 李维桢：《大泌山房集》卷 21，明万历刻本，第 32 页 a。

反，到了荒唐滑稽的地步，以致首领们也觉得难堪。

二是针对文坛的拉帮结派、沽名钓誉，以及欺世盗名等卑劣行径，对当代诗人的人品与文品进行了尖锐的批评。最让李维桢难以沉默的是一些人为了张扬声势、求名求利，不计手段，让他们这帮有名的"士大夫"也觉得难以对付，甚至出现了为标榜斯文才气，一个出钱、一个出古文辞的丑恶现象。李维桢认为正是这些人导致了"诗道陵迟"：

> 夫缙绅布衣之交为尤难。缙绅治举子业，经术通明而不暇为诗；布衣不习举子业而为诗，经术缺如。缙绅折节布衣，以取好士声，耻于见短，而时假手布衣以文其陋；布衣贫困，好为游，或以其长傲缙绅，不然者，行卷充赞，冀脂膏余润而已。盖上者殉名，下者殉利，追趋逐嗜之意多，而匠心师古之指少。诗道陵迟，无惑其然。①

正如冯小禄先生所指出的，文坛已非净土，早已经被蝇营狗苟、追名逐利之徒污染殆尽。图利的布衣无心在这里"匠心师古"，有钱的缙绅所求的则是能够沽名钓誉的古文辞的名声。正是无耻的缙绅和贫穷的布衣联合作假，混淆视听，才搅浑了原本应该高洁清澄的复古诗坛。②

三是反映对山人诗人的冷静认识，为明代诗坛败象敲响警钟。大江以南，山人诗人多如云，他抨击的对象其实主要就是这些盛行一时、日渐其盛的山人。他从山人诗人近似病态的繁盛之中，洞察到必然到来的"衰兆"：

---

① 李维桢：《大泌山房集》卷22，明万历刻本，第12页b。
② 冯小禄：《明代诗文论争研究》，云南人民出版社2006年版，第358页。

> 诗于今无一体不具，诗人于今无一地不有，号为极盛，而衰相业已兆矣。其人才小识偏，心粗气浮，涉猎卤莽，间有所窥，遂自以为得秘密正印，前无古人，而古人诗法从此败坏。余日与二三作诗者谈，未尝不有隐忧也。①

王世贞也曾对大批不学无术的欺世盗名之徒进入诗坛进行无情的揭露和抨击，认为这些人鱼龙混杂、泥沙俱下，损毁践踏了文人和文坛的神圣与清誉，委实可耻可恨：

> 大抵世之于文章，有挟贵而名者，有挟科第而名者，有挟他技如书画之类而名者，有中于一时之好而名者，有依傍先达、假吹嘘之力而名者，有务为大言、树门户而名者，有广引朋辈，互相标榜而名者。要之，非可久可大之道也。迩来狙狯贾胡，以金帛而买名；浅夫狂竖，至用詈骂谤讪，欲以胁士大夫而取名。唉，可恨哉！②

但把诗道之坏全归结为山人，又明显透露出作为文化权力的既得利益者的优越感。

（三）李维桢对公安派的批评

在激烈的文坛交锋中，虽然李维桢本人没有成为公安派攻击的对象，但他身属的后七子派那个群体的末流和领袖们，都遭受了有史以来

① 李维桢：《大泌山房集》卷 23，明万历刻本，第 37 页 b。
② 何文焕、丁福保：《历代诗话统编》，北京图书馆出版社 2003 年版，第 509、510 页。

最猛烈的批判。对此，作为同道同派同人的李维桢本人感受殊深，自然不能置身事外。正如冯小禄先生所指出的，虽然他愿意自觉地把自己和末流分开，但他无法割开与后七子派领袖的联系。他们曾亲密交往，彼此有深厚感情，在文学上也抱有大体相同的复古志向，而且这些领袖曾对他寄予厚望，视他为后七子派事业的接班人。对此，李维桢不可能像潘之恒、梅蕃祚、皇甫仲璋等人那样，弃置原有的身份认同和风格崇尚，而追随像公安派这样新起的诗文时尚。潘之恒辈则大不然。譬如，潘之恒曾从游王世贞、汪道昆之门，有后七子派的诗文好尚。后从游公安派，弃其旧习，而有公安派的诗文作风。这也许与他的布衣身份和在后七子派中的地位不高有关：对他来说，幡然改辙也许不难。梅蕃祚乃吴中青年后生，据袁宏道讲，即使袁宏道批评他的"旧师友"，他也不以为忤，而"的然以为是"；皇甫仲璋是皇甫汸之子，有很深的吴中传统，对七子派的模拟剽剥本自不满，能与公安派同路，却不算太稀奇①。

作为一个理性自持、思想独立者，李维桢既坚定又清醒，有时甚至左右开弓：为保持复古派在组织上的纯洁性和创作与理论的本色，既对后七子派末流继续猛烈批判，也对公安派的猛烈进攻发动同样猛烈的反击。这种情形在《邵仲鲁诗草序》中可以见出端绪。李维桢指出：

> 嘉隆间称诗者必则古昔，如故国旧家，守其先世之遗，无敢失坠，故诗与开元、大历相上下。自项好奇者学怪于李长古，学浅于白居易，学僻于孟郊，学涩于樊宗师，学浮艳于《西昆》，而诗之体敝矣。②

① 冯小禄：《明代诗文论争研究》，云南人民出版社 2006 年版，第 360 页。
② 李维桢：《大泌山房集》卷 23，明万历刻本，第 27 页 b。

在这里，他批评"好奇者"公安派怪、浅、涩和浮艳的追求，导致了走偏锋、脱正道的"诗之体敝"。强调学诗要像邵氏，得"师承正"，守传统，重规范，遵法度，而所谓正的"师承"，是"语不袭古，法不拘今……高华而不浮艳，如布帛有幅，如木从绳，盖开元，大历之支流、余裔，而嘉、隆诸子之羽翼也"①，即要作七子派宗法的护持者和继承人。在《吴韩诗选题辞》中，李维桢又说："七子没垂三十年，而后生妄肆诋诃，左祖中晚唐人，信口信腕，以为天籁元声。殷丹阳所胪列野体、鄙体、俗体，无所不有。寡识浅学，喜其苟就，靡然从之。诗道陵迟，将何底止？"②李维桢批评的内容，在袁宏道《雪涛阁集序》中都能找到语源。他将诗歌创作水平的下降、各种诗体的泛滥成灾，乃至诗人禀赋修为的不堪，"诗道陵迟"之罪，统统都归咎于公安派。不仅于此，他甚至称公安等人为"妖孽"，是"大雅罪人"：

> 今为诗者，仿古人调格，摘古人字句，残膏余沫，诚可取厌。然而诗之所以为诗，情景事理，自古迄今，故无二道。惟才识之士，拟议以成变化，臭腐可为神奇，安能离去古人，别造一坛宇耶？离夫古人而自为之，譬之易四肢五官以为人，则妖孽而已矣！盖近日有自号作祖以倡天下者，私心非之，不敢讼言。比得邹彦吉先生序朱修能诗，雅与愚意合。修能选体法汉魏，律体法唐大历以前。古人成法，得修能而益见其精，修能韵致得古人而善用其长。死鬼之常辞，为贤哲之话言。彼恣心信腕，偷取一时之名，庸夫俗子，岂不甚快，而卒为大雅罪人。下乔木入幽谷，亦不善变者

---

① 李维桢：《大泌山房集》卷23，明万历刻本，第27页b。
② 李维桢：《大泌山房集》卷132，明万历刻本，第17页b。

矣……窃附同声相应之谊焉。①

李维桢对公安派的批评核心有四个方面：一是无"古"，背离传统，所谓"离去古人，别造一坛宇"；二是无"法"，不守规矩，不守法度，所谓"冶金自跃，要驾自骋"；三是敝体，格调粗俗，体式混乱，所谓"怪""浅""僻""涩""浮艳"；四是语俗，过于日常大众，缺乏文雅隽美，所谓"抑或取里巷语，不加修饰润色"。李维桢对公安派的批评可谓要言妙道，精准地击中了要害。对此冯小禄指出，"虽说对复古末流之病他也讨厌、痛恨，称他们败坏了诗坛复古的良好氛围，但毕竟和对公安派的态度不同。对复古派表现出来的病症，他以为不是师古的错，而是学习者学非得法，流于剽剥，或者是学习者动机不纯，只为追名逐利。如此认识复古派末流，一颇有点自家的孩子再丑也可爱的味道，二也有划分阵线的意思，表明这是复古派内部的事情，由不得他人来干涉，更别说改变。看来他是宁愿'正确'的臭腐，也不要'错误'的新奇。即使学古表现出了很多'可厌'的病症，也不准他人寻觅新的出路，而只希望人们在'拟议以成变化'的复古方法中打转。他喜欢时人在古人死鬼和古书糟粕中做活计，所谓'死鬼之常辞，为贤哲之话言'，其实质即是如此。"②

在李维桢看来，胆敢背叛作为"明诗正宗"的七子派，不去虔诚地做七子派之"羽翼接武"，其实就是不讲来历，不重师承的"自号作祖"，是随心所欲的"恣心信腕"，是自信过度、自以为是、妄自尊大、"偷取一时之名"的"庸夫俗子"所为，其弊将至不可收拾。这种态度颇有一点蛮不讲理的味道。此时的李维桢，完全撕开了泛爱容众的假面

① 李维桢：《大泌山房集》卷 129，明万历刻本，第 32 页 b、33 页 a。
② 冯小禄：《明代诗文论争研究》，云南人民出版社 2006 年版，第 362 页。

具，露出的是学门宗法分子的狭隘面目：这是一个门户意识极浓的学者和诗人的悲哀。难怪后来钟惺在批判后七子派及其末流时会顺带把他囊括在内，称"他"是在教导人们回到"向之极肤极狭极套"中去。所以，在李维桢并列师古和师心的病症时，其潜在的态度是绝不一样的。比如他说："今诗之弊约有二端：师古者排而献笑，涕而无从，甚则学步效颦矣；师心者冶金自跃，要驾自骋，甚则驱市人野战，必败矣。"① 总之，前伤偏执泥古，后伤无"法"元度。因此，他又说："为文而必欲古人所不道，与为文而必欲古人所已道，皆非也。学焉各得其性之所近，成其才之所宜"②，希望能在古作和创作者之间找到合适的联结——相近的性情和才气。

正如冯小禄先生所指出，因为李维桢既能认识到泥古带来的病症，又能认识到公安派平心师心引出的末流，所以他构建出来的复古理论，综合来看，虽仍然是尊古师古的，但并不守旧、僵化、呆板，有时还很灵活、辩证，能有效反映万历时期复杂的文学风尚。③ 譬如他说："体格法古人，而不必立异于今人；句意超今人，而不必袭迹于古人。"④ 郭绍虞先生说他的理论得益于论争，因为真理越辩越明，在反复的论争中就实现了扬弃的升华⑤。其《董元仲集序》表现了他对其时正在运动的当代文学的总体认识：

> 本朝人文极盛。成、弘而上，不暇远引，百年内外，约有三变。当其衰也，几不知有古。德靖间二三子反之，而化裁未尽；嘉

① 李维桢：《大泌山房集》卷 131，明万历刻本，第 19 页 b。
② 李维桢：《大泌山房集》卷 12，明万历刻本，第 27 页 b，28 页 a。
③ 冯小禄：《明代诗文论争研究》，云南人民出版社 2006 年版，第 363 页。
④ 李维桢：《大泌山房集》卷 23，明万历刻本，第 23 页 b。
⑤ 郭绍虞：《中国文学批评史》（下册），商务印书馆 2017 年版，第 387 页。

隆间二三子广之，而模拟遂繁；万历间二三子厌之，而雅俗杂糅。一变再变，骑于师古，三变骑于师心……师古可以从心，师心可以作古，臭腐为神奇，而嘻笑怒骂悉成章矣。①

"三变"之说清晰地勾勒出由成、弘到万历的文学风尚的迁替和变换，由前七子派到后七子派再到公安派、竟陵派，而归结为师古和师心之变，可以说非常准确。而用"骑"（偏于一面的意思）来评论此前的师古、师心关系，体现了他精准客观的批评定位和融通包容的思想姿态。

李维桢弟子张惟任继承了他批判公安派的精神，不仅大张其本，为其摇旗呐喊，更兼推波助澜，犀利尖锐，将公安派的短处不堪穷形尽相，入木三分。他叙述汪道昆之后的文坛状况是："因此而遂有矫枉、吊诡之弊，缪以空同似椎，历山似棘，弇山似放，黄山似拘，径欲凌驾其上，别出一人间世，而孤骞超诣，品外、真如之说昌矣。若曰偏师间道，直捣中权，卸尽铅华，独存本色，而不知其堕于唅蜡也，空花也，画脂也，拾瀋也。所谓皮之不存，毛将焉附，赢军野战，泥淖土崩而已。安能出则堂堂正正，入则萧萧悠悠，军实军容，双美甚盛哉！则在余师太史公矣。"② 并称公安派、竟陵派连"偏师间道"都不如，无味、非真、徒美、不新，简直一无是处，不可观瞻，不及乃师之"堂堂正正"，表现了其自信自足、自居正统的宗法意识。

---

① 李维桢：《大泌山房集》卷 11，明万历刻本，第 24 页 b、25 页 a。
② 张惟任：《太史公李本宁先生全集序》，转引自冯小禄《明代诗文论争研究》，云南人民出版社 2006 年版，第 364 页。

三、李维桢的诗歌创作

据徐利英、周榆华《李维桢诗歌的辨体批评》一文研究，李维桢诗作流传至今的并不多，早期的文集《新刻楚郢大泌山人四游集》（二十二卷本）并没有收入诗作，仅《大泌山房集》收入六卷。李维桢的诗歌成就并没有达到其诗学理论的高度，但也不时给人意外之喜，同样有较多可观之处。纵观其诗集，内容丰富，才气横溢，风格多样，语言隽永，创作时大都能遵循"缘机触变，各适其宜"的诗学思想。《大泌山房集》中收入的诗歌共六卷，古体、近体、五言、六言、七言，律诗、绝句、长律等体裁一应俱全。尽管如多数明代诗人一样，李维桢有着"众体皆备"的理想，但受才情、生活、境界、时代的限制，只能擅长其中几种体裁。在诗集中，古诗中七言歌行最多，律诗中七言律诗的数量远远超过五律，绝句中七言绝句的数量占绝对优势。由此可见，李维桢擅长七言，多用七言抒写情怀，展现学识。这里，我们主要以徐利英、周榆华《李维桢诗歌的辨体批评》一文为基础，着重展开对李维桢诗歌创作的分析。

（一）李维桢的七言歌行

歌行体是诗歌中最自由的一体，最能让诗人冲破各种诗律的限制，让思想感情激荡跳跃、纵横驰骋，充分发挥诗人之才情与个性。李维桢指出："歌行伸缩由人，即情才俱胜俱不失体。"[1] 胡应麟指出："凡诗诸

---

① 李维桢：《大泌山房集》卷 9，明万历刻本，第 20 页 b。

体皆有绳墨，惟歌行出自《离骚》、乐府，故极散漫纵横。"①　"歌行大小短长，错综阖辟，素无定体，故极能发人才思。"②七言歌行以七言为主，或齐言，或杂言长短句，是一种亦歌亦诗、亦文亦赋、节奏感很强的古代自由体诗歌。其篇幅长短皆宜，语句自由灵活，声韵变化无常，便于叙事、抒情、议论，尤其适宜于感情的率性抒发。李维桢七言歌行数量不多，仅 25 首，按题材可分为四类：

一为感怀身世之作，如《舍舟走宜城薄暮仆马还泞闻偶语作》《别方子谦还永嘉》《六歌》等，多以杜甫的歌行作为模拟的对象，将悲怆无奈之情融入顿挫沉郁的笔调中，以展现人生之多艰、世事之沧桑。以《别方子谦还永嘉》为例，可以窥见此类诗歌风貌一斑：

> 昔岁共君西入蜀，我鬓渐斑君尚绿。今年忆我来晋阳，将君须已半生霜。晋阳使者衰甚矣，回首十年浑不似。人间光景过隙驹，相见百悲赢一喜。才悲相见复相离，后会前程付流水。六十老翁多病身，三分有二堕风尘。盐车委顿太行陂，敝帷底事烦他人。青鞋布袜何难辨，莫使羊裘骄富春。③

与友人十年离别，再次相见时身心困顿，容颜已老，一身的病痛，满腔的落寞，诗人不禁发出"人间光景过隙驹"的感叹。匆匆相聚后又面临离别，此时年已花甲，疾病缠身，再次见面几乎没有可能，只有前路漫漫，前途无期，诗人情绪转入无奈感伤。最后一句化用杜甫《奉先刘少府新画山水障歌》中的诗句："吾独何为在泥滓，青鞋布袜从此

---

① 胡应麟：《诗薮》，上海古籍出版社 1979 年版，第 48 页。
② 胡应麟：《诗薮》，上海古籍出版社 1979 年版，第 55 页。
③ 李维桢：《大泌山房集》卷 1，明万历刻本，第 32 页 a、b。

始"，表达出远离仕途、隐居山林的渴望。全诗用语平易，感情深挚。

二为赠答友人之作，如《答费国聘》《答范生漫翁》《送金明甫归省母》《送屠生还四明》等，多以中唐以来的叙事歌行作为学习师法的对象，以叙事为主结合抒情。以《答范生漫翁》为例，可以窥见此类诗歌的风采：

> 范生诗画皆妙手，落魄吴门行寡偶。杖头不半百文钱，典衣取醉金陵酒。金陵朝贵五云居，转日回天力有余。游客但携蒯侯剑，一歌得鱼再得车。咄尔范生何肮脏，贵人不肯通名状。天地岂私贫尔哉，尔笔原非食肉相。昨朝同尔过韩郎，陆机墨迹锦装潢。草草八行半灭，尚道千金非所屑。顾谓范生休自轻，古人生无一日欢，死有万世名。尔诗尔画知名入士衡，来生受者即今生。①

此诗塑造出一个穷困潦倒，走投无路，却又不愿趋炎附势、阿谀奉承权贵的落魄文人范生的形象。在范生身上，存在着两种力量，即贫弱的世俗物质力量和强大的主体精神智慧力量：一方面是身无长物，一穷二白，而另一方面则是意气冲天，才倾五岳。它们的失衡与紧张，既充分昭示了社会的黑暗不公，更凸显出范生的铮铮铁骨与睥睨世俗的精神高贵。其中，蕴含着作者旗帜鲜明的社会批判和人文认同，充满了对善诗善画才华横溢范生的同情和褒举，很有一种自我哀怜和感同身受的意味。全诗感情悲愤苍凉，慷慨奔涌，起伏回荡，难以自抑；前半部四句一换韵，平仄交替，快速的转韵形式使节奏变得紧促有力，后五句句式有所改变，又使全诗有了一种流动感。

---

① 李维桢：《大泌山房集》卷1，明万历刻本，第34页 a、b。

　　三为聚会之作。如《刘将军招游北郊饮杏花下作》《丘使君招集傅园看花是日雨雪》等。这里我们仅以《刘将军招游北郊饮杏花下作》为例，来感受此类诗歌的风貌：

　　　　岁岁江南三月春，杏花狼藉马蹄尘。三月晋阳春薄暮，探春初著杏花新。北郊杏林王孙墅，将军载酒邀宾侣。昨朝雪片如花飞，今日晴曛花正吐。花下歌儿劝巨罗，花外健儿催羯鼓。邂逅东西南北人，君为酒主春谁主？春色自生花自开，迟速同春任领取。青天成幕草成茵，移席移尊无定处。看花酌酒兴方酣，问君酒钱能几许？一花一杯君莫倦，明年花底人应变。纵使旧人续旧游，难将花貌方人面。人面由来不可常，花貌经年才一见。①

　　春的慷慨、花的宝贵、钱的平常鄙贱、岁月生命的易逝，构成了此诗的四大基本意象，凝聚了诗人对自然与人生、世情与物理的深刻思考。其中花、春这两个主题词在诗中屡屡反复，连缀不止，依稀可见初唐刘希夷《代悲白头翁》中"年年岁岁花相似，岁岁年年人不同"之感叹时光流逝的主题。正因为花易凋谢，春光易逝，美好难永，更兼青春不再，年岁易老，所以李维桢劝慰人们要珍惜生命，及时行乐。"一花一杯君莫倦，明年花底人应变"，抒发出珍惜眼前美好时光的旷达情怀。诗中应用了同字反复、对仗、回环等修辞手法，营造了流利晓畅、变化多姿的表达效果。同时，此诗三次换韵，随韵成适，由此可见作者非同凡俗的语言文字驾驭功夫。

————————

　　① 李维桢：《大泌山房集》卷1，明万历刻本，第31页b。

　　四是题书画之作，共 13 首，清代陈邦彦编《御定历代题画诗类》选，其中《题画》《题函谷瑶池图》《为李郡伯题喜祝三公图》《五马图歌》《题竹溪图寿竹溪老人》《题玉淙图》等 6 首被选入。这里且看其《题玉淙图》：

　　　永嘉万山万芙蓉，中有大壑流淙淙。斧凿犹存神禹迹，苍苔碧藓千古衣。蒙茸微飔拖练鱼，落霞散绮霓裳秾。天瓢倩客时为泻，云硾无人夜自舂。并州快刀剪青缬，匡庐瀑布挂白龙。溪谷谽谺，盘石激冲，骤雨注射，跳波衡纵。骇若挽金伐鼓斩蛟浔阳江，怒若胥涛雷行马奔兔赭不能容，疾若三门竹箭秋放溜，缓若武陵桃花春溶溶，大若轩辕帝张咸池之乐洞庭野，细若山玄水苍佩玲珑，众若锡鸾和铃千官朝闾阖，微若一琴一咏深林独往无人从。何物王生能好事，自道此物情所钟。寻源进半艇，挂颊任孤筇。洗耳濯缨足，漱齿荡襟胸。鸟歌松籁难属和，游鱼出听口喁喁。钧天九奏柱成梦，安问人间万石钟。呜呼！王生乐此忘饥且忘死，胡不取一丸泥为尔封。龙湫雁荡恐相妒，令尔往来心忡忡。①

　　全诗以七言为主，中间夹以骈赋的笔法，韵散交叠，句式参差错落，体物精微，状物传神，描摹细腻、真切、形象，尤其是其中对溪流瀑布的描写，运用了多维全景式观照的笔法，写出了其骇、怒、疾、缓、大、细、众、微等多种姿态，无疑是栩栩如生的。以淋漓酣畅的铺排，开合动荡的气势，转换层叠的结构，自由挥洒。笔调宏肆，章法多

---

① 李维桢：《大泌山房集》卷 1，明万历刻本，第 32 页 b、33 页 a。

变，神气飞扬，才华横溢，虽无李白歌行之豪迈飘逸，却也呈现出铺张闳丽、汪洋恣肆、纵横雄放之风。①

（二）李维桢的七言律诗

李维桢之七律创作较多，数量远远超过其他诗体，且艺术成就在前后七子中也足称不同凡响。李维桢认为七律"惟杜工部独擅大家"，故总是以杜甫七言为标杆，在字法、句法、章法等方面多习杜诗之风。在字法上，李维桢善用百、千、万等词来体现雄健壮阔之风。类似情形从以下句摘可见一斑：

> 宗盟磐石千秋固，天路银潢一派通。（《晋王举中子开宴西园应教》）
> 六朝山色残春树，万里江声咽海潮。（《报李民部金陵书》）
> 霜飞万树青春晚，云锁千峰白昼寒。（《春暮登城为同人宽旅况作》）
> 安堵百城连紫塞，寻源万里尽黄河。（《于文若中丞出抚三秦寄赠》）
> 含情砧杵千门月，极目风霜万树秋。（《清源诸公出饯留别》）
> 紫陌烟花千地起，黄图云物万灵朝。（《城南登眺》）

在这里，巨大的数字总是与悠远的时间、雄阔的空间、繁复的物

---

① 徐利英、周榆华：《李维桢诗歌的辨体批评》，赣南师范学院学报 2010 年第 2 期，第 84 页。

相、冲天的气势、雄豪超迈的胸襟等紧密相连，形成一种强劲伟岸、雄伟崇高、壮阔豪迈之风。

在句法上，杜甫七律句式多样，常打破上四下三的七律常用句式。李维桢七律也不拘格套，常常有一些突破常规的句式，如"银光纸/养/芙蓉粉，金缕衣/薰/豆蔻香"，"胭脂井/腻/佳人色，烽火楼/销/候骑尘"，"五十里/将天共远，一孤舟/与雪争寒"等，句式的变化，带来的是吟诵的突兀，吟诵的突兀，带来的是感受与审美的新鲜与变调。其中第一句被清代诗论家吴景旭评为"比偶中佳语"。在章法上，李维桢常用组诗形式表现复杂的思绪和丰富复杂的社会生活与自然物相。七律的组诗形式称为七律联章诗，杜甫最为擅长，如《咏怀古迹五首》等诗以组诗形式将单篇零散的作品组成一个完整严密的作品群，使它们各自独立，脉络清晰，又结构完整，承接如一。李维桢此类诗作较多，兹录《南都》以作一斑窥貌：

> 旧邦偏霸一隅雄，帝命维新自不同。再辟乾坤清朔漠，双悬日月启鸿濛。春开仓震青阳后，斗直黄旗紫盖中。率土王臣修职贡，江流万里亦朝东。
>
> 亲提三尺渡江来，宇宙东南帝业开。不尽风云生沛泽，方升海日见蓬莱。河山两戒朝宗地，草昧诸臣将相才。高庙神灵时出王，龙文五色正昭回。
>
> 旌旗剑佩拥椒除，尚想戎衣革命初。绿草不侵雕辇路，红云常护紫宸居。金银宫阙三山外，烟雨楼台六代余。谁谓长江天作堑，八荒今日共车书。
>
> 钟山龙跃大江前，六位时乘起御天。述作圣明三纪度，本支孙

子万人传。黄图汉室诛秦定，苍篆周京卜镐先。即有新都开洛水，忧勤莫忘肇基年。①

南都指金陵（今南京），是明朝开国之地。四首诗结构严谨，逻辑严密。第一首追述明太祖朱元璋的创国之功：开天辟地，四海一统，万象更新，一往无前。意象宏大豪迈，气势遒劲奔放。第二首描绘了朱元璋所创造的繁荣盛世：如日中天，帝业兴旺。山河壮丽，人才济济。第三首中诗人思绪由追忆历史回到现实：岁月峥嵘，创业艰辛，帝业辉煌，不忘来路。颔、颈两联对仗工整，声调和谐，浓墨重彩地描绘眼前繁华的景象。第四首中诗人进一步回首历史，告诫勉励后人要铭记历史，继续奋斗。诗歌上承前三首之气势，笔调渐入平实，最后一句"忧勤莫忘肇基年"，点出本诗主旨。"万历年间，神宗荒于朝政，耽于逸乐，在繁荣盛事外表掩盖下的是政治腐败，宦官横行，党派林立，叛乱频起，外敌入侵，内忧外患交加，社会动荡不安。对此，李维桢忧心忡忡，希望统治者能及时醒悟，重振朝纲，再创盛世。清代朱彝尊《明诗综》仅选前三首，显然没有完全把握全诗的整体结构。"②

（三）李维桢的七言绝句

绝句是律诗中精品中的精品，其最大的优势就是短小精悍，蕴藉含蓄，语约意丰，从而达到以小见大、尺幅天涯的效果。李维桢认为：

---

① 李维桢：《大泌山房集》卷4，明万历刻本，第1页 a、b。
② 徐利英、周榆华：《李维桢诗歌的辨体批评》，赣南师范学院学报2010年第2期，第85页。

"绝句意在笔先，韵在言外，春容警策，短长合度。"① 秉持如此主张，李维桢创作七言绝句多以意为主，追求意在言外，意兴而辞工，有些诗作达到"清水出芙蓉，天然去雕饰"的自然之境。如《赠顾生》：

> 廉吏无家子食贫，天涯风雪梦中身。不知何度逢优孟，双泪时时向故人。

此诗形象真切，声调流畅，意境苍凉悲慨，句意含蓄深婉。钟惺评之曰："作盛唐诗，不独声调浑融，而浑融中要有可思处，要愈淡愈深，味之不尽。本宁太史诗声调逼入盛唐，而予独爱此，虽读百遍不厌也。"② 此是解语。

---

① 李维桢：《大泌山房集》卷 20，明万历刻本，第 15 页 b。
② 钟惺、谭元春：《明诗归》卷 5，转引自张银飞、章瑞《李维桢辨体论视野下的风格论审视》，六盘水师范学院学报 2019 年第 4 期，第 37 页。

参考文献

[1] 张建民. 湖北通史·明清卷[M]. 武汉：华中师范大学出版社，1999.

[2] 张正明. 楚史[M]. 武汉：湖北教育出版社，1995.

[3] 蔡靖泉. 楚文学史[M]. 武汉：湖北教育出版社，1996.

[4] 张正明，刘玉堂. 荆楚文化志[M]. 上海：上海人民出版社，1998.

[5] 冯天瑜. 汉水文化研究[M]. 北京：中国国际广播音像出版社，2006.

[6] 王光德，杨立志. 武当道教史略[M]. 北京：中国地图出版社，2006.

[7] 冯天瑜. 中国文化史[M]. 上海：上海人民出版社，2005.

[8] 黄元英. 商洛民俗文化述论[M]. 西安：三秦出版社，2006.

[9] 左鹏. 汉水[M]. 南京：江苏教育出版社，2006.

[10] 张正明. 楚文化史[M]. 上海：上海人民出版社，1987.

[11] 张伟然. 湖北历史文化地理研究[M]. 武汉：湖北教育出版社，2000.

[12] 鲁西奇. 城墙内外：古代汉水流域城市的形态与空间结构[M]. 北京：中华书局，2011.

[13] 陈良学. 明清川陕大移民[M]. 北京：中国文联出版社，2009.

[14] 匡裕从. 十堰移民史[M]. 武汉：长江出版社，2010.

[15] 杨郧生. 汉水流域民俗文化[M]. 武汉：湖北人民出版社，2018.

[16] 潘世东. 汉水文化论纲[M]. 武汉：湖北人民出版社，2018.

[17] 潘世东，王道国. 汉水文化概论[M]. 武汉：湖北人民出版社，2010.

[18] 许钢伟，杨树喆. "民俗"——一个处于历史过程阐释中的概念[J]. 铜仁学院学报，2011，13(1)：47-50.

[19] 巫其祥. 汉水流域的民居和民居风俗说略[J]. 汉中师院学报(哲学社会科学版)，1991，9(1)：31-36.

[20] 梁中效. 汉水流域历史文化的和谐特色[J]. 陕西理工学院学报(社会科学版)，2006，24(2)：21-25，34.

[21] 喻斌. 十堰历史文化十四讲[M]. 武汉：湖北人民出版社，2009.

[22] 潘世东，饶咬成，聂在垠. 汉水文化研究论文集(2)[M]. 上海：上海世界图书出版公司，2012.

[23] 刘克勤. 文化襄阳[M]. 武汉：湖北人民出版社，2009.

[24] 王美英. 明清长江中游地区的风谷与社会变迁[M]. 武汉：武汉大学出版社，2007.

[25] 吕农. 安康民俗文化研究[M]. 西安：陕西师范大学出版总社有限公司，2011.

[26] 刘克，徐宛春. 南阳民俗文化[M]. 开封：河南大学出版社，2003.

[27] 柳长毅，匡裕从. 郧阳文化论纲[M]. 武汉：湖北人民出版社，2012.

[28] 周积民. 湖北文化史[M]. 武汉：湖北教育出版社，2006.

[29] 王学范. 王世贞抚郧诗文集[M]. 武汉：长江出版社，2010.

[30] 李西月. 张三丰全集合校[M]. 郭旭阳，校订. 武汉：长江出版社，2010.

[31] 魏昌. 楚国历史文化读本[M]. 武汉：湖北人民出版社，2009.

[32] 张义明. 汉水文化研究集刊4[M]. 西安：西北大学出版社，2013.

[33] 鲁西奇，潘晟. 汉水中下游河道变迁与堤防[M]. 武汉：武汉大学出版社，2004.

[34] 张晓红. 文化区域的分异与整合[M]. 上海：上海书店出版社，2004.

［35］李世桥，高梓梅．南阳艺术文化［M］．开封：河南大学出版社，2003.

［36］刘克，徐宛春．南阳民俗文化［M］．开封：河南大学出版社，2003.

［37］王一军．明清郧阳历史文献笺注稿［M］．北京：当代中国出版社，2004.

［38］杨中永．荆州水文化［M］．武汉：长江文艺出版社，2008.

［39］秦晖，韩敏，邵宏谟．陕西通史·明清卷［M］．西安：陕西师范大学出版社，1997.

［40］陈劳生．武当诗联［M］．北京：中国文联出版社 2003.

［41］刘志琴．张居正评传［M］．南京：南京大学出版社，2006.

［42］南怀瑾．中国道教发展史略［M］．上海：复旦大学出版社，1996.

［43］郑晓．今言［M］．北京：中华书局，1984.

［44］范文澜．中国通史简编［M］．3 版．北京：人民出版社，1955.

［45］王美英．明清长江中游地区的风俗与社会变迁［M］．武汉：武汉大学出版社，2007.

［46］孙希清．房陵史话［M］．十堰：湖北省房县新闻出版局，2000.

［47］程明安．武当山游记校译［M］．合肥：合肥工业大学出版社，2013.

［48］康平，李征康．武当山民间文化抢拾述论［M］．武汉：湖北人民出版社，2013.

［49］赖家度．明代郧阳农民起义［M］．武汉：湖北人民出版社，1956.

［50］仲富兰．中国民俗文化学导论［M］．杭州：浙江人民出版社，1998.

［51］朱英，郑成林．商会与近代中国［M］．武汉：华中师范大学出版社，2005.

［52］闻扬春，闻静．襄阳成语典故［M］．北京：中国文联出版社，2011.

［53］冷遇春，冷小平．郧阳抚治两百年［M］．武汉：湖北人民出版社，2004.

[54] 程少瑛. 汉水听涛[M]. 武汉：长江文艺出版社，2000.

[55] 屈微. 赊店风云[M]. 北京：中国广播电视出版社，2003.

[56] 刘玉堂. 楚学论丛[M]. 武汉：湖北人民出版社，2017.

[57] 何光岳. 汉源流史[M]. 南昌：江西教育出版社，1996.

[58] 胡崇俊. 黑暗传：汉民族首部神话史诗[M]. 武汉：长江文艺出版社，2002.

[59] 张歌莺，杜明亮. 房县民歌集[M]. 武汉：长江出版社，2007.

[60] 师永学，李相斌. 房县民间故事集[M]. 武汉：长江出版社，2007.

[61] 王启云，肖鸿. 房县民间歌曲集[M]. 武汉：长江出版社，2007.

[62] 潘彦文，王一军. 郧阳府志 [M] 武汉：长江出版社，2007.

[63] 潘彦文. 十堰历史建置考[M]. 武汉：长江出版社，2011.

[64] 潘彦文，龚德亮. 十堰文物志[M]. 北京：长江出版社，2007.

[65] 叶孟理. 汉水文化研究集刊[M]. 西安：西北大学出版社，2006.

[66] 王立新. 汉水文化研究集刊（2）[M]. 西安：西北大学出版社，2009.

[67] 张社民. 汉水文化研究[M]. 西安：西北大学出版社，2011.

[68] 王雄. 汉水文化探源：一个河流守望者的文学手记[M]. 北京：中国青年出版社，2007.

[69] 徐少华. 荆楚历史地理与考古探究[M]. 北京：商务印书馆，2010.

[70] 刘玉堂，张硕. 长江流域服饰文化[M]. 武汉：湖北教育出版社，2005.

[71] 王齐洲. 长江流域文章风格的流变[M]. 武汉：湖北教育出版社，2005.

[72] 陈文华. 长江流域茶文化[M]. 武汉：湖北教育出版社，2005.

[73] 夏日新. 长江流域的岁时节令[M]. 武汉：湖北教育出版社，2004.

[74] 杨立志，李程. 道教与长江文化[M]. 武汉：湖北教育出版社，2005.

［75］李光富. 张三丰传说［M］. 武汉：长江出版社，2012.

［76］肖儒彪. 武当道教医药［M］. 北京：中国地图出版社，2006.

［77］张良皋. 武当山古建筑［M］. 北京：中国地图出版社，2006.

［78］李发平. 大岳武当［M］. 北京：中国地图出版社，2006.

［79］陶真典，范学锋. 武当山明代志书集注［M］. 北京：中国地图出版社，2006.

［80］刘洪耀，陶真典. 武当山武术精粹［M］. 北京：中国地图出版社，2006.

［81］陶真典. 武当山神仙大观［M］. 北京：中国地图出版社，2006.

［82］张华鹏，张富明. 武当官山文明［M］. 武汉：长江文艺出版社，2011.

［83］张明义，柯尊勇. 武当山100个为什么［M］. 武汉：湖北科学技术出版社，2009.

［84］江敏，李征康. 吕家河民歌村民俗与研究［M］. 武汉：长江出版社，2010.

［85］陈锷. 襄阳府志［M］. 武汉：湖北人民出版社，2009.

［86］吕思勉. 中国民族史［M］. 北京：中国大百科全书出版社，1987.

［87］倪建中. 人文中国：中国的南北情貌与人文精神［M］. 北京：中国社会出版社，2008.

［88］王雄. 阴阳碑［M］. 北京：中国文联出版公司，1997.

［89］梁中效. 试论汉水流域的历史文化特征［J］. 汉中师范学院学报（社会科学版），2003（2）：1-7.

［90］爱德华·B. 费梅尔. 清代大巴山地开发研究［J］. 中国历史地理论丛，1991（2）：113-146.

［91］胡哲. 武当方圆［M］. 北京：中国旅游出版社，2005.

[92] 傅广典. 中国历史上的首个特区[M]//刘石. 和谐 2010 第 3 辑. 武汉：武汉出版社，2010.

[93] 柳长毅，匡裕从. 郧阳文化论纲[M]. 武汉：湖北人民出版社，2012.

[94] 贾勇. 郧阳抚治与明代十堰的文教发展[J]. 郧阳师范高等专科学校学报，2015(4)：21-25.

[95] 徐永安. 明朝郧阳抚治对郧阳府区域文明的历史贡献与启示[J]. 湖北社会科学，2011(12)：116-120.

[96] 黄忠富. 明清郧阳抚治二百年[J]. 世纪行，2012(2)：13-17.

[97] 战继发. 论隆武帝[J]. 学术交流，1993(3)：105-112.

[98] 林乾. 论明代的总督巡抚制度[J]. 社会科学辑刊，1988(2)：83-87.

[99] 冷小平，冷遇春，冷静. 郧阳历史文化探研[M]. 北京：中国国际广播出版社，2018.

[100] 葛剑雄，曹树基. 中国人口史：第四卷 明时期[M]. 上海：复旦大学出版社，2005.

[101] 尹玲玲. 明清长江中下游渔业经济研究[M]. 济南：齐鲁书社，2004.

[102] 丁铃. 河西教育史[M]. 兰州：甘肃人民出版社，2006.

[103] 蒋显福，匡裕从，杨立志. 沧桑与瑰丽：鄂西北历史文化论纲[M]. 武汉：湖北人民出版社，2004.

[104] 故宫博物院，武当山特区管委会. 故宫·武当山研讨会论文集[M]. 北京：紫禁城出版社，2012.

后　记

著作《明代汉水》源于我 2006 年申报的一个国家社科项目"汉水文化史"。当时我首次担任湖北省政协委员，和我同室的是省社科院文学研究所所长黄南珊研究员。得知我研究的是汉水文化，他高度赞赏并热忱鼓励，毫无保留地向我传授研究成功秘诀，一起拟定研究大纲，推敲项目细节。可能是由于积累不足，或功力不逮，此次申报无果而终。而黄所长古道热肠、成人之美、奖掖后进的高风亮节却让我久久无法忘怀。时隔三年，在新一届湖北省政协委员中我又与时任省社科院副院长的刘玉堂教授结识了，我和他一起被划入社科界别，而且他被任命为我们界别小组第一召集人。刘玉堂院长是一代楚辞学术研究大家张正明先生的关门弟子，在楚文化研究上苦心孤诣，著作等身，不仅独树一帜，享名遐迩，而且非常关心省会城市以外的地方文化研究发展，乐于在地方广交朋友，培植新人，普洒阳光雨露。适值他也申报成功了"汉水文化史"系列丛书的省级重大项目，得知我早已属意这个课题，自然便将我纳入了课题组，真是风云际会、机缘巧合，自此我便开始了《汉水文化史》的研究和写作。2014 年，我成功获得了湖北省社科基金资助；2020 年，在武汉理工大学出版社科学与艺术分社杨涛社长的大力提携下，该课题正式入选了国家出版基金项目。这些更为我的研究平添了助力，使得研究得风得雨，进展顺利。适值本书出版在即，回顾研究路途经历的点点滴滴，首先，我要感恩一路走来随时随地垂顾关爱我的各路福星和师长，感恩我工作单位的领导和同事，是他们的热情鼓励、主动担当和大力支持给了我写作的时间和信心；感恩对本书出版付出了心血与汗水的责编刘凯女士，是她的辛劳认真、远见卓识使本书锦上添花。

由于我兼任十堰市政协副主席、汉江师范学院校领导和中国民主促进会十堰市委主委等多重行政管理事务和党派社会职务，精力时间有限，只有充分利用周末了。为在规定时间内完成本课题，因此特让我的外甥左攀和女儿潘龚凌子参与项目。左攀是兰州大学历史文化学院博士生，耕读诗书传家，苦读勤学精研，早有名山后世之志，年纪轻轻就在《清史研究》等权威核心期刊公开发表专业学术论文数10篇，实为一代有为学术青年。他参与了本书大多章节的研讨与写作，碍于学校要求在读博士学术成果重质轻量，他不仅放弃了与我联合署名的初约，而且不少章节他放弃署名。为人治学如斯，不能不令人感佩而别有寄望！本书中"明代汉水上游的水利事业与水利文化""嘉靖皇帝与汉江文化""'穷经巨擘'郝敬"3部分皆由他执笔。潘龚凌子硕士毕业于湖北师范大学文学院，完成了本书多个部分的写作。本书"武当道教"章节和"郧阳抚治"章节的写作，直接或间接采用了王光德与杨立志、匡裕从与枊长毅等人《武当道教史略》和《郧阳文化论纲》的研究成果，在此特别申明并诚挚致谢。

在此，我还要特别向湖北省政协原主席王生铁，湖北省人大常委会周洪宇副主任，湖北省政协副主席张维国，湖北省社科院原副院长刘玉堂，中国地域文化研究委员会主任傅广典，北京师大教授萧放，北京大学教授陈连山，中国音乐学院教授李月红，武汉大学 冯天瑜 教授，湖北大学周积明教授，武汉大学晏昌贵教授、徐少华教授，著名历史小说作家姚雪垠、二月河先生，著名报告文学作家梅洁女士，著名汉水文化散文作家碧野，著名汉水文化小说作家贾平凹和王雄、李绍六先生，华中师大刘守华教授、张正明 教授、王齐洲教授、陈建宪教授、王玉德教授、姚伟钧教授、刘固盛教授、刘韵军教授、萧汉明教授，华中科技大学张良皋教授、雷家宏教授，中南民族大学的杨万娟教授，湖北大学 张国光 教授，湖北省社科院黄南珊研究员、夏日新研究员、张硕研究员，武汉市社科院张笃勤研究员、尹弘兵研究员，湖北大学吴成国教授、张敏副教授，武汉音乐学院杨匡民教授、孙晓辉教授等国家、省文化社科界的领导专家致以崇高的敬意，没有他们的关注支持、指导和鼓励，没有他们开辟的学术道路和铺垫的坚实的地方文化研究基础，没有他们提供的便利的平台和数代人百余年的文化积累，就没有我们今天的收获。

同饮一江水，终是一家人。因为研究汉水文化的关系，我几乎走遍了汉水流域的各个县市和知名文化历史要地，了解结识了方方面面的同人、师长和宿儒，从他们那里，不仅获得了宝贵的知识与经验，更确立了自己人生事业的标杆和精神品格的丰碑，沉淀积累了奋斗创造的力量，真切感受到了冥冥之中知音友谊和惺惺相惜的无上宝贵。因而，在这里我更要诚挚感谢汉水流域所有的地方文化研究的知名学者，他们其中的突出代表分别是陕西理工大学前书记张社民与前校长何宁及叶孟理教授、巫其祥教授、马强教授、梁中效教授、张西虎教授等，安康市和安康学院的戴承元教授、刘永强教授、刘继鹏教授、周政教授、余海章先生等，商洛市和商洛学院的黄元英教授、李继高先生、刘克先生等，南阳市和南阳师范学院的郑先兴教授、刘克教授、刘太祥教授、李法惠教授、杜青山教授、王连生教授、逵富太先生等，荆门市和荆楚理工学院的杜汉华教授、梁小青教授、全展教授等，孝感学院的吴崇恕教授、叶继宗教授，湖北省孝文化研究会的王勇、彭汉庆、万由祥和田寿永先生，襄阳市和湖北文理学院的黄有柱教授、朱运海教授、魏平柱教授、毛运海教授、张羖教授、刘克勤先生、李治和先生、李秀桦先生，十堰市汉水文化和文学艺术界的杨立志教授、喻斌教授、程明安教授、郝文华教授、罗耀松教授、王道国教授、王洪军教授等，他们有的给了我直接的指导、指示和帮助，有的给了我极大的鼓励和关切，他们的探索和成果，既给了我极多的营养和启发，也极大程度地丰富了本书的内容。借此机会，让我向他们致以崇高的敬意和深深的谢意！没有他们的支持和帮助，我就无法进入汉水文化的广阔天地和沃野丛林，更无从谈起广泛收罗、深耕细作了。

潘世东于汉江师范学院图书馆 502 室

2023 年 10 月 24 日